fit fürs abi

Oberstufenwissen
Deutsch

Schroedel

Oberstufenwissen
Deutsch

für Schülerinnen und Schüler zur Vorbereitung auf das Abitur

Autoren:

Friedel Schardt hat über 35 Jahre am Gymnasium unterrichtet und Lehrer für das Fach Deutsch ausgebildet. Er hat viele Handreichungen für Lehrer und auch zahlreiche Schülerhilfen veröffentlicht. Zurzeit arbeitet er als Coach für Lehrer und Schüler.

Thorsten Zimmer ist Deutschlehrer am Gymnasium. Außerdem arbeitet er in der Lehreraus- und weiterbildung. Er hat zahlreiche Lernhilfen und Unterrichtsmodelle veröffentlicht und arbeitet als Autor und Herausgeber an verschiedenen Unterrichtswerken mit.

© 2012 Bildungshaus Schulbuchverlage
Westermann Schroedel Diesterweg
Schöningh Winklers GmbH, Braunschweig
www.schroedel.de

Das Werk und seine Teile sind urheberrechtlich geschützt. Jede Nutzung in anderen als den gesetzlich zugelassenen Fällen bedarf der vorherigen schriftlichen Einwilligung des Verlages. Hinweis zu § 52a UrhG: Weder das Werk noch seine Teile dürfen ohne eine solche Einwilligung gescannt und in ein Netzwerk eingestellt werden. Dies gilt auch für Intranets von Schulen und sonstigen Bildungseinrichtungen.
Auf verschiedenen Seiten dieses Buches befinden sich Verweise (Links) auf Internet-Adressen. Haftungshinweis: Trotz sorgfältiger inhaltlicher Kontrolle wird die Haftung für die Inhalte der externen Seiten ausgeschlossen. Für den Inhalt dieser externen Seiten sind ausschließlich deren Betreiber verantwortlich. Sollten Sie bei dem angegebenen Inhalt des Anbieters dieser Seite auf kostenpflichtige, illegale oder anstößige Inhalte treffen, so bedauern wir dies ausdrücklich und bitten Sie, uns umgehend per E-Mail davon in Kenntnis zu setzen, damit beim Nachdruck der Verweis gelöscht wird.

Druck [4] / Jahr 2014

Redaktion: Dr. Christine Steinhoff
Kontakt: lernhilfen@schroedel.de
Herstellung: Sandra Grünberg
Umschlaggestaltung und Innenlayout: Janssen Kahlert Design & Kommunikation, Hannover
Satz: imprint, Zusmarshausen
Druck und Bindung: westermann druck GmbH, Braunschweig

ISBN 978-3-507-**23044**-6

Inhalt

Vorwort 6

1 Hinweise zu den Prüfungen 7

1.1 Schriftliche Prüfung
Die Tasche packen 7
Zeitmanagement 7
Das abschließende Korrekturlesen 9

1.2 Mündliche Prüfung
Häusliche Vorbereitung 11
Direkte Vorbereitung der Prüfung 13
„Taktische" Vorbereitung – Verhalten während der Prüfung 15

2 Tendenzen der Literaturgeschichte 17

2.1 Höfische Literatur im Mittelalter 17

2.2 Die Zeit des Barock 22

2.3 Literatur der Aufklärung 27

2.4 Dichtung des Sturm und Drang 40

2.5 Die Weimarer Klassik 47

2.6 Die Romantik 52

2.7 Biedermeier, Vormärz, Junges Deutschland 61

2.8 Der bürgerliche Realismus 68

2.9 Der Naturalismus 80

2.10 Literatur der Jahrhundertwende 88

2.11 Expressionismus 95

2.12 Literatur seit dem Zweiten Weltkrieg 105

2.13 Deutschsprachige Literatur außerhalb
der Bundesrepublik Deutschland 114

2.14 Deutsche Literatur ab 1990 117

3 Wissen über Sprache 120

3.1 Zur Sprachgeschichte des Deutschen
Probleme der Phasierung 120
Das Hochdeutsche als Untersuchungsgegenstand 120
Sprachgeschichtliche Gliederung 121

3.2 Sprache als System
Beteiligte Wissenschaftszweige 125
Die Beschreibungsebenen des Sprachsystems 126

3.3 Die kommunikative Funktion der Sprache
Die Relevanz des Anforderungsbereichs 129
Das einfache Kommunikationsmodell 129
Weitere Kommunikationsmodelle 131
Die Kommunikationsregeln nach Watzlawick 132
Die vier Seiten einer Nachricht 133

3.4 Sprachphilosophie
Die moderne Sprachphilosophie 135
Sapir-Whorf-Hypothese 136
Sprachphilosophie heute 137

3.5 Sprache – Denken – Wirklichkeit
Sprechen – Denken 138
Leistungen der Sprache für das Denken 140
Die sprachliche Erschließung der Welt 141

4 Interpretation literarischer Texte 147

4.1 Grundsätzliches 147

4.2 Epik
Begriffsbestimmung 148
Epische Formen 149
Vorgehensweise bei der Interpretation 151

4.3 Lyrik
Textwiedergabe 167
Textbeschreibung 169
Die Interpretation/Deutung 173
Gedichtvergleich 174

4.4 Dramatik
Konfigurationsaspekte 180
Das Sprechen der Figuren 182
Handlungsstrukturen 183

5 Interpretation von nicht literarischen Texten 191

5.1 Grundsätzliches
Textarten, die hierher gehören 191
Vorgehensweise 193

5.2 Die Analyse einer Rede
Die Geschichte der Rhetorik 197
Absichten einer Rede 198
Der Aufbau einer Rede 199
Argumentationsweise und Sprache von Reden 200
Vorgehensweise bei der Analyse von Reden 203

5.3 Analyse von theoretischen oder philosophischen Texten
Intentionen/Themen der Texte 205
Schritte hin zum Verstehen 206
Vergewisserung/Stellungnahme 209

5.4 Analyse medial vermittelter Texte
Untersuchung von Filmsequenzen 210
Analyse journalistischer Textsorten 214

6 Textproduktion 217

6.1 Erörterndes Erschließen ohne Textvorlage – Die freie Erörterung
Das Klären der Themenstellung 218
Die Stoffsammlung 220
Die Ausformulierung der Erörterung 221

6.2 Verfassen einer Erörterung zu einem Text
Worum geht's? 225
Vorgehensweise bei der Texterörterung 225

6.3 Gestaltendes Erschließen
Grundsätzliche Anforderungen 229
Gestaltendes Erschließen literarischer Texte 231
Gestaltendes Erschließen pragmatischer Texte 235

Glossar 238

Stichwortverzeichnis 251

Vorwort

Während Ihrer Zeit in der Oberstufe müssen Sie sich im Fach Deutsch mit einer Fülle von Fakten und Methoden auseinandersetzen. Manches wird Ihnen dabei mehr „liegen" als anderes, vieles werden Sie behalten, weil es Sie besonders anspricht, anderes ist vielleicht weniger nachhaltig. Auch die Gründlichkeit und Ausführlichkeit Ihrer Mitschriften und Materialsammlungen zu den einzelnen Themen wird sicherlich sehr unterschiedlich sein.

Berücksichtigung der offiziellen Prüfungsvorgaben

Mit dem Band **Deutsch Oberstufenwissen** aus der Reihe **Fit fürs Abi** möchten wir Ihre Vorbereitungen auf einzelne Klausuren, vor allem aber auf die schriftlichen und mündlichen Abiturprüfungen unterstützen. Der Band berücksichtigt ausdrücklich die in den „Einheitlichen Prüfungsanforderungen" (EPA) der verschiedenen Bundesländer formulierten Anforderungsprofile.

Zu vielen Themengebieten der Literatur- und Sprachwissenschaft – etwa zu den einzelnen **Literaturepochen** oder zu **sprach- und kommunikationstheoretischen Themen** – sind wichtige Fakten übersichtlich zusammengestellt. Sie können hiermit Ihre eigenen Unterlagen entsprechend überprüfen und ergänzen oder sich im Notfall sogar ganz auf unsere Ausführungen verlassen. Anhand einiger ausgewählter **Beispielaufgaben** zeigen wir Ihnen auch, wie Sie das Faktenwissen überzeugend anwenden können.

Analysehilfen zu allen abiturrelevanten Textsorten

Neben der Zusammenstellung dieser Fakten bieten wir Ihnen einen leicht verständlichen, praktikablen und effizienten Einblick in die gängigen **Methoden zur Analyse von literarischen und nicht-literarischen Texten**. Auch zum Umgang mit kreativen Aufgaben zur **Analyse von Filmen und journalistischen Textsorten** haben wir auf der Grundlage der offiziellen Anforderungsbereiche zahlreiche Tipps und Strategien zusammengestellt.

alle wichtigen Fachbegriffe auch als App

Ein **Glossar** am Ende des Bandes erklärt die wichtigsten Fachbegriffe. Fürs Nachschlagen und Lernen unterwegs gibt es dieses Glossar auch als **App für Ihr Smartphone**. Einfach im *Apple App Store* oder bei *Google Play* „Fit fürs Abi" eingeben und kostenlos herunterladen. Die App erklärt wichtige Fachbegriffe nicht nur für das Fach Deutsch, sondern auch für sieben weitere Abiturfächer. Digitale „Karteikarten" erleichtern das Auswendiglernen.

Wir hoffen, dass sich unsere Hilfen in Ihren Prüfungen anwenden lassen und wünschen Ihnen viel Freude, Kraft und Geduld bei der Prüfungsvorbereitung, faire Prüfungssituationen und viel Erfolg bei Ihren Abiturprüfungen.

Hinweise zu den Prüfungen

1

*Bei den Prüfungen zum Abitur handelt es sich um ganz beson-
dere Prüfungssituationen. Natürlich wird erwartet, dass Sie ein
gewisses Maß an Wissen und Können unter Beweis stellen. Darüber hinaus aber sind diese Prüfungssituationen von einer Reihe
von Faktoren mitbestimmt, die wesentlich am Ergebnis beteiligt
sind. Wir wollen hier zunächst auf diese Faktoren eingehen, um
es Ihnen zu erleichtern, die Prüfungssituation gut zu bewältigen.*

1.1 Schriftliche Prüfung

Die Tasche packen

Natürlich kennen Sie die Situation „Prüfungsklausur" bzw. „Klassenarbeit"
seit vielen Jahren. Aber einiges ist im Abitur doch anders und darauf sollten
Sie sich einstellen. Sie werden über fünf Zeitstunden arbeiten. Da wird einiges an Energienachschub notwendig. Aber wichtiger sind vielleicht doch die
Arbeitsutensilien, die Sie bereithalten sollten.

- Sie werden vermutlich mit Texten zu tun haben, die zu bearbeiten sind.
  Dafür brauchen Sie **Textmarker** in verschiedenen Farben.
- Sie werden sich viele Notizen machen. Das notwendige Papier wird
  Ihnen zur Verfügung gestellt, nicht aber das **Schreibgerät**. Wir empfeh-
  len für diesen Zweck den guten, alten Bleistift. Für die „Reinschrift", das
  heißt für die ausgearbeitete Fassung Ihrer Arbeit, empfehlen wir den
  Füller oder einen geeigneten Faserschreiber. Vermeiden Sie den Kugel-
  schreiber!

Mehr sollten Sie nicht in Ihre Tasche packen. Lassen Sie auf jeden Fall Ihr
Handy zu Hause (das könnte massiven Ärger geben!).

Handy, Smartphone
etc. zu Hause lassen!

Zeitmanagement

In der schriftlichen Abiturprüfung werden Sie sehr lange und sehr konzentriert an einem einzigen Thema arbeiten. Deshalb sollten Sie wenigstens
zweimal übungshalber ein Thema „durchspielen". Vielleicht machen Sie sogar Ernst und halten die vollen fünf Zeitstunden durch, die Ihnen im Abitur
zur Verfügung stehen?
Eine so lange Zeit bringt Vorteile mit sich: Man kann mit mehr Ruhe nachdenken, kann verschiedene Formulierungen durchprobieren, man muss sich

nicht sofort für ein Thema entscheiden usw. Aber sie kann auch zum „Trödeln" verführen und ehe man sich's versieht, gerät man doch noch unter Zeitdruck. Deshalb finden Sie unten in der Tabelle einen Tipp zur Zeiteinteilung, den Sie für sich selbst erproben und gegebenenfalls auf Ihre Bedürfnisse zurechtschneiden sollten.

Tipp

Zeitmanagement während der Prüfung

15 Minuten	Texte überfliegen, Wahl des Themas
25 Minuten	erste Arbeitsversuche (kurze Notizen)
5 Minuten	Überprüfung: Lässt sich das Thema Erfolg versprechend weiterbearbeiten? Gegebenenfalls neue Themenwahl. Wir gehen davon aus, dass Sie beim ersten Mal schon richtig gewählt haben. Ist das nicht der Fall, so müssen Sie im Anschluss umso zügiger arbeiten.
15 Minuten	Über die weitere Arbeitsmethodik nachdenken; mögliche Arbeitsschritte konzipieren, Ideen sammeln. Hier werden Sie immer wieder mal einen Blick auf den Text bzw. auf das Thema werfen. Im Übrigen aber sollten Sie ruhig „kreuz und quer" denken und sich auch auf den ersten Blick „verrückte" Einfälle notieren. Am Ende sollten Sie Ihre Einfälle ordnen und Ihr weiteres Vorgehen fixieren. Notieren Sie ruhig Ihren Arbeitsplan auf einem Blatt!
60 Minuten	Intensive Textarbeit: Jetzt können Sie sich an den Arbeitsschritten orientieren, die wir in den folgenden Kapiteln den einzelnen Aufgabenarten entsprechend vorschlagen.
15 Minuten	„schöpferische Pause"
15 Minuten	Überprüfung des bisher Zusammengetragenen
30 Minuten	erneute bzw. vertiefte Bearbeitung, nochmaliges Durchlaufen der Arbeitsschritte
30 Minuten	Erstellen einer ausführlichen, detaillierten Gliederung
90 Minuten	Ausformulieren der Arbeit

Wir halten nichts vom „**Konzipieren**", das heißt vom schriftlichen Fixieren des Endtextes, der dann nochmals ins Reine geschrieben werden muss. Sie sollten sich um eine einigermaßen lesbare Handschrift bemühen, dann ist auch Ihr erster Entwurf akzeptabel, sofern Sie sich vorher die Mühe gemacht haben, eine ausführliche Gliederung zu erstellen. Sollten allerdings Ihre Lehrerin oder Ihr Lehrer auf einer „**Reinschrift**" bestehen, so müssten Sie den Plan entsprechend straffen. Auf keinen Fall aber sollten Sie die Zeit im Bereich „Erstellen einer ausführlichen, detaillierten Gliederung" einsparen! Am ehesten könnten Sie wohl auf die zweite Arbeitsphase nach der Pause verzichten, falls Sie in Zeitnot geraten.

wichtig: ausführliche Gliederung

Sparen Sie beim Konzipieren Ihrer Gliederung nicht an Papier. Sehen Sie für jedes Großkapitel eine eigene Seite vor, auf der Sie dann die Teilkapitel notieren, denen Sie die einzelnen Abschnitte zuordnen. So haben Sie die Möglichkeit, durch einfaches Verschieben der Blätter die Gesamtgliederung flexibel zu handhaben oder doch verschiedene Anordnungen erst einmal zu „erproben".

> **Tipp**
>
> So können Sie erproben, ob die einzelnen Kapitel im thematischen Rahmen verbleiben: Formulieren Sie das Thema als Frage und überprüfen Sie, ob das Kapitel als Antwort auf diese Frage gelesen werden kann. (Dieses Verfahren lässt sich – entsprechend verändert – auch für die Abschnitte in ihrem Bezug zum jeweiligen Teilkapitel und die Teilkapitel im Bezug auf die Kapitel anwenden!)

Zur „schöpferischen Pause": Sie sollten sich nie so sehr unter Druck setzen, dass Sie darauf verzichten. Wir können Ihnen nur empfehlen diese Zeit unbedingt einzuplanen, in der Sie Ihre Arbeit ganz unterbrechen, um etwas Abstand zu gewinnen und so der Gefahr zu entgehen, sich zu verbohren, zu „verrennen" oder Ähnliches. Vielleicht sollten Sie sogar schon nach den ersten 45 Minuten eine kurze Pause einschieben, ehe Sie eine doch endgültige Entscheidung treffen! In der 15-Minuten-Pause sollten Sie auch für „Energienachschub" sorgen. Versuchen Sie aber das Essen auf die Zeit dieser Pause zu beschränken. Für ausreichend Getränke haben Sie selbstverständlich gesorgt. Fünf Stunden sind eine lange Zeit!

Pause machen

Das abschließende Korrekturlesen

Neben den inhaltlichen Qualitäten spielen auch formale Kriterien bei der Bewertung der Abiturarbeiten eine Rolle. Schon während der Ausformulierung der Arbeit sollte möglichst darauf geachtet werden, den formalen Anforderungen gerecht zu werden. Einige Fehler lassen sich auch in einer abschließenden Korrekturphase noch verbessern. Die folgende Hinweisliste berücksichtigt typische Fehler von umfangreichen Klassenarbeiten.

Fehler im Gesamttext/Gliederung

- ⊙ Die Arbeit sollte einen **„Kopf"** haben, der mindestens das Datum und die übergeordnete Themenstellung enthält.
- ⊙ Eine **klare Gliederung** erleichtert das Lesen der Arbeit und verbessert den Gesamteindruck erheblich. Es ist wichtig, auf klare Gliederungssignale wie Zwischenüberschriften, Zusammenfassungen und Überleitungen zu achten. Die Zwischenüberschriften dürfen auch sauber unterstrichen werden.

klare Gliederungssignale setzen

- **Eigene Thesen und Interpretationsansätze** müssen unbedingt begründet werden. Eine Aufzählung unbegründeter Aussagen wirkt zu spekulativ und genügt nicht den Anforderungen an eine Abiturarbeit.
- Alle Thesen und Aussagen sollten klar formuliert werden. Dafür ist es wichtig, **lange Schachtelsätze zu vermeiden**. In der Regel genügt es, einem Hauptsatz nur einen Nebensatz unterzuordnen. Zu lange und unübersichtliche Sätze sollten nachträglich noch zerteilt werden.

jeden Abschnitt mit neuer Zeile beginnen

- Jeder wichtigen Aussage sollte **ein eigener Textabschnitt** zugestanden werden, in welchen neben der These auch die Argumente und Beispiele aufgenommen werden. Mehrere unterschiedliche Aussagen in einen einzigen Aussagesatz zu packen, sollte unbedingt vermieden werden.
- Bei Interpretationen und Stellungnahmen sollte die **Unterscheidung zwischen Thesen, Argumenten und Beispielen** durch die üblichen Formulierungen – vor allem die Konjunktionen – deutlich werden.
- Abschnitte, die sich mit speziellen Themen und Aussagen befassen, sollten durch Einleitungen und Zusammenfassungen ausdrücklich und deutlich an die **Gesamtthematik rückgebunden** werden.

Fehler auf der Satzebene

- Natürlich ist auf eine korrekte Interpunktion zu achten. Folgenden typischen Fehlern sollte besonderes Augenmerk geschenkt werden:
Konjunktionalsätze (Adverbialsätze) werden durch ein Komma vor der Konjunktion vom Hauptsatz getrennt. Bei eingeschobenen Konjunktionalsätzen steht auch am Ende ein Komma.

auf Grammatik und Rechtschreibung achten

Infinitivgruppen mit „zu" sollten generell durch ein Komma abgetrennt werden. Obligatorisch ist die Abtrennung, wenn der Infinitiv von einem Nomen oder einem Verweiswort (meist „es" oder „darauf" im Hauptsatz) abhängt. Beispiele: „Die Schüler bedankten sich für die Mühe, die Klassenfahrt zu organisieren. Es ist ihre Absicht, der Lehrerin dafür ein Geschenk zu machen. Diese freut sich darauf, das Geschenk entgegenzunehmen." Auch **Infinitivgruppen**, die **mit „um", „ohne", „statt", „anstatt", „als" und „außer"** eingeleitet sind, müssen durch ein Komma abgetrennt werden.
- Ein häufiger Fehler ist die **Wortstellung bei Konjunktionalsätzen**. Die korrekte Schriftsprache setzt das Prädikat des Nebensatzes an den Schluss und nicht – wie es sich in der Umgangssprache immer mehr verbreitet – unmittelbar hinter die Konjunktion.
Es heißt also: *„Er zitterte, weil er zu wenig für die Arbeit gelernt hatte."*
Falsch ist: *„Er zitterte, weil er hatte zu wenig für die Arbeit gelernt."*
- Eine **indirekte Rede** wird ebenfalls durch ein Komma abgetrennt. Die Konjunktion „dass" wird immer mit „ss" geschrieben (Relativpronomen, Demonstrativpronomen und der Artikel: „das").

Fehler auf der Wortebene

- In Textabschnitten, in denen es nicht um eine persönliche Stellungnahme geht, sollte das Personalpronomen **„ich"** möglichst vermieden werden.
- Man sollte eine angemessene **Fachsprache** benutzen und vor allem die Fachbegriffe, die im Unterricht angesprochen wurden, verwenden. Falscher Fremdwortgebrauch ist tunlichst zu vermeiden. Ein Blick in ein Rechtschreibwörterbuch kann manchmal auch bei der Erklärung von Fremdwörtern helfen.
- Dass auf eine angemessene **Orthografie** geachtet wird, ist äußerst wichtig. Auch hierbei hilft natürlich ein Blick in das Rechtschreibwörterbuch.

Fachbegriffe verwenden

1.2 Mündliche Prüfung

Häusliche Vorbereitung

Es ist heute an vielen Schulen üblich, Prüfungsbereiche abzusprechen, auf die sich der Prüfungskandidat gezielt vorbereiten kann. So wird dann ein Prüfungsgespräch möglich, das über ein oberflächliches „Abfragen von Faktenwissen" hinausgeht. Besprechen Sie rechtzeitig mit Ihrem Lehrer bzw. Ihrer Lehrerin die mündliche Prüfung. Auch wenn es bei Ihnen nicht üblich sein sollte, Prüfungsgebiete abzugrenzen bzw. festzulegen, sollten Sie doch auf ein solches Vorgespräch Wert legen und Ihre Lehrerin bzw. Ihren Lehrer um konkrete Hinweise für die Prüfungsvorbereitung bitten. Geben Sie sich nicht zufrieden mit allgemeinen Aussagen wie „Alles, was im Unterricht besprochen wurde". Sie sollten ruhig als Vorbereitung auf ein solches Gespräch einen Blick in die – auch für Ihre Lehrerin bzw. Ihren Lehrer verbindlichen! – EPAs werfen und nachschauen, was dort über die „Anforderungen für die mündliche Prüfung" festgelegt ist.

Vorgespräche mit der prüfenden Lehrkraft führen

Wenn es möglich ist, ein bis zwei „Spezialgebiete" festzulegen, so sollten Sie sich von Ihrem Lehrer beraten lassen. Natürlich werden Sie selbst den einen oder anderen Vorschlag zu machen haben und dabei auf die Bereiche zurückgreifen, die Ihnen besonders „liegen". Sie sollten aber auch auf den Rat Ihres Lehrers hören. Er kennt Sie recht gut und weiß, was er Ihnen in der Prüfung zumuten kann. Versuchen Sie den Umfang des Prüfungsgebiets bzw. der -gebiete klar zu bestimmen. Dabei geht es nicht darum, das Gebiet möglichst eng zu halten. Bedenken Sie: Ein ganz enges Prüfungsgebiet lässt dem Prüfenden selbst kaum noch Chancen auszuweichen, falls Lücken oder

1 Hinweise zu den Prüfungen

Schwächen auftreten. Allerdings sollten die Gebiete auch nicht zu umfangreich sein. Man könnte etwa sagen: Ein Roman ist zu wenig, eine Epoche ist zu viel.

inhaltliche Vorbereitung der mündlichen Prüfung

Ihre Lehrerin/Ihr Lehrer wird Ihnen bestimmt konkrete Hinweise darauf geben, was Sie alles als Vorbereitung auf die Prüfung in einem „Spezialgebiet" tun können, was Sie lesen sollten, worüber Sie nachdenken sollten, womit Sie sich beschäftigen könnten. Ist das nicht der Fall, so sollten Sie von sich aus zumindest die Primärwerke (Romane, Dramen ...) noch einmal ansehen. Darüber hinaus könnte es nicht schaden, wenn Sie einen Blick in eine Literaturgeschichte werfen und das eine oder andere zum Autor und zur jeweiligen Epoche nachlesen würden. Wichtige Interpretationshinweise geben auch Standardwerke (Kindlers Literaturlexikon usw.). Natürlich werden Sie sich auch das, was im Unterricht zum entsprechenden Autor, Thema usw. gesagt wurde, in Erinnerung rufen. Hier könnten Sie auch noch einmal durchgehen, was zu verwandten Themen gesagt wurde.

Falls es bei Ihnen nicht üblich ist, Prüfungsgebiete abzusprechen, müssen Sie sich auf das einstellen, was im Unterricht behandelt wurde. Natürlich werden Sie da zunächst einmal auf die beiden letzten Halbjahre zurückgreifen. Aber vernachlässigen Sie die Themen der vorausgehenden Jahrgangsstufen nicht ganz.

Rückgriff auf die Literaturgeschichte

Auch in diesem Fall ist es empfehlenswert, die im Unterricht behandelten Epochen in einer knapp und übersichtlich angelegten **Literaturgeschichte** noch einmal durchzugehen. Die Hinweise, die wir in diesem Band zu den Epochen geben, werden Ihnen dabei schon etwas weiterhelfen. Auch wenn Sie ein oder zwei Prüfungsgebiete vereinbart haben, sollten Sie diesen Hinweis beherzigen. Ihre Lehrerin bzw. Ihr Lehrer muss auch über die engen Grenzen des abgesprochenen Prüfungsgebiets hinaus übergreifende Fragen stellen. Und da bieten sich eben „Ausflüge" in epochale oder auch epochenübergreifende Zusammenhänge geradezu an.

Verfahren der Texterschließung auch in der mündlichen Prüfung nutzen

Sie können davon ausgehen, dass Ihnen in der mündlichen Prüfung in aller Regel ein Text vorgelegt wird. Dabei können prinzipiell alle Textarten infrage kommen, die auch für die schriftliche Prüfung herangezogen werden. Sie sollten deshalb die Einübung verschiedener Verfahren der **Texterschließung und -interpretation** als wichtigen Teil der Vorbereitung der mündlichen Prüfung betrachten. In diesem Zusammenhang sollten Sie die Hinweise zurate ziehen, die wir anlässlich verschiedener Aufgabenstellungen für die schriftliche Prüfung zusammengestellt haben.

Natürlich werden Sie nicht alle Arbeitsschritte in den verfügbaren Minuten der Vorbereitung durchführen können, wohl aber müssen Sie schnell entscheiden können, welche Schritte Sie durchführen, und in der Prüfung selbst müssen Sie auf Rück- bzw. Zusatzfragen des Prüfenden richtig und sachangemessen reagieren können und die entsprechenden Zugriffe beherrschen. Wir empfehlen Ihnen daher, als Einübung die vorgeschlagenen Arbeitsschritte alle durchzuführen. Dann werden Sie in der Prüfungssituation die nötige Sicherheit haben und können gezielt auswählen.

- ⊙ Versuchen Sie nicht am Tag unmittelbar vor der Prüfung all das nachzuholen, was Sie in den Jahren vorher versäumt haben. Ein solches Unterfangen würde scheitern und Sie nur unnötig verwirren.
- ⊙ Rekapitulieren Sie noch einmal die wesentlichen Punkte, die Sie im Laufe Ihrer Vorbereitungen zusammengetragen haben.
- ⊙ Prägen Sie sich die Grundzüge des Textbearbeitungsrasters ein.
- ⊙ Überfliegen Sie, was Sie in Ihrer Literaturgeschichte als besonders wichtig markiert haben.
- ⊙ Versuchen Sie, möglichst ausgeruht und ausgeschlafen in die Prüfung zu gehen.

Direkte Vorbereitung der Prüfung

Sie nehmen das Prüfungsthema in Empfang und haben eine gewisse Zeit (in der Regel 20 Minuten), sich mit ihm zu beschäftigen und gezielt die Prüfung vorzubereiten. Wahrscheinlich müssen Sie sich mit einem Text auseinandersetzen, sei es, dass der Text sich mit einem Fachproblem beschäftigt (also theoretischer Natur ist), oder dass es sich um einen fiktionalen Text handelt, den Sie interpretieren sollen.

Versuchen Sie, in 15 Minuten mit der Bearbeitung des Textes fertig zu werden. Arbeiten Sie mit mehreren Arbeitsblättern. So sparen Sie die mühsame Arbeit des Zusammenordnens; Sie brauchen die Blätter am Ende nur noch anzuordnen.

Machen Sie sich ausgiebig Notizen. Sagen Sie nicht: „Ich werd' schon dran denken". In der Prüfungssituation ist schon manchem das Licht ausgegangen!

Lesen Sie den Text zunächst durch und versuchen Sie nach dem ersten Lesen die Textthematik zu formulieren. Gelingt Ihnen das nicht, so sollten Sie den Text ein zweites Mal lesen und dabei nach Schlüsselwörtern, auffallenden Bildern usw. suchen. Notieren Sie Ihre Textwiedergabe in Stichpunkten. Formulieren Sie aus diesen Stichpunkten einen umfassenden Satz nach dem Muster „In dem Text geht es um die Frage …" oder: „Im Mittelpunkt des Textes steht das Thema …" oder: „Auf den ersten Blick hat man den Eindruck, es gehe in dem Text um …".

wichtige Aspekte der Textbearbeitung

Wählen Sie die wichtigsten Aspekte der Textbeschreibung aus. Sie müssen sich angesichts der knappen Vorbereitungszeit auf wenige Gesichtspunkte beschränken. Auf jeden Fall sollten Sie folgende Schritte durchführen:

- ⊙ Beschreibung des thematischen Aufbaus (Gliederung); das gilt sowohl für expositorische wie für fiktionale Texte;
- ⊙ Beschreibung der Schlüsselbegriffe und ihrer Bedeutung bzw. der Begriffszusammenhänge (in theoretischen Texten);
- ⊙ Beschreibung der Bilder und Bildstrukturen (in Gedichten);
- ⊙ Beschreibung der Handlungsstrukturen sowie der Figuren (in erzählenden und dramatischen Texten).

Je nach „Lage der Dinge" werden Sie sich auch auf die Untersuchung besonderer sprachlicher bzw. stilistischer Mittel einlassen müssen, besonders wenn bestimmte Auffälligkeiten zu beobachten sind (z.B. fehlende Verben …).

Bei **Gedichten** werden Sie wohl auf die Klanggestalt (Metrum, Reimbindungen, Rhythmus, Lautthemen usw.) achten. Bei erzählenden Texten sollten Sie unter Umständen Wortwahl und Syntax beachten. Dabei werden Sie z.B. nicht nur die Satzlänge ins Auge fassen, sondern auch bestimmte Besonderheiten des Satzbaus in Ihre Beschreibung einbeziehen.

Es kann sein, dass in dem Ihnen vorgelegten Text eine Struktur besonders auffällig ist, die hier nicht genannt wurde. Dann werden Sie sich natürlich dieser Struktur trotzdem besonders zuwenden.

Formulieren Sie eine Gesamtdeutung. Versuchen Sie Ihre eingangs formulierte Hypothese aufzunehmen, sie zu erweitern bzw. sie zu modifizieren. Versuchen Sie auch einige Einzelaspekte hervorzuheben und einzeln zu deuten. Hierzu müssen Sie diese im Gesamtkontext reflektieren. Aber oft ist es auch hilfreich, sie in die jeweilige Epoche einzubinden. Besonders wenn es um Aussagen zur Form oder zu bestimmten Motiven geht, ist eine solche Epocheneinbindung zu empfehlen. (Beachten Sie in diesem Zusammenhang das, was wir im Kapitel 2 dargestellt haben!) Halten Sie das, was Ihrer Meinung nach die Gesamtbedeutung des Textes ausmacht, in Stichpunkten fest.

„Taktische" Vorbereitung – Verhalten während der Prüfung

Die letzten Minuten Ihrer Vorbereitungszeit sollten Sie dazu nutzen, sich noch einmal Ihr Vorgehen beim Prüfungsgespräch einzuprägen. Wir empfehlen Ihnen:

- Begrüßen Sie die Prüfungskommission und warten Sie dann, bis Sie aufgefordert werden, mit Ihren Ausführungen zu beginnen.

Strategien des Prüfungsgesprächs

- Fragen Sie zunächst nach Begriffen, Sätzen usw., die Sie nicht verstanden haben. Scheuen Sie sich nicht, entsprechende Fragen zu stellen. Bedenken Sie, dass auch Ihre Fähigkeit, gezielt und verbindlich Informationen einzuholen, bewertet werden kann.
- Nachdem Sie aufgefordert wurden, mit Ihren Darlegungen zu beginnen, sollten Sie den Text selbst vorstellen. Geben Sie Autor, Titel und Textart an und lesen Sie dann den Text, falls dies gewünscht wird, angemessen vor. Achten Sie dabei auf eine saubere Artikulation.
- Schließen Sie die Textwiedergabe an und erläutern Sie die Ergebnisse Ihrer Textbeschreibung. Stützen Sie sich auf Ihre Aufzeichnungen und bilden Sie zu Ihren Stichwörtern nach Möglichkeit ganze Sätze.
- Wenn der Prüfer Sie unterbricht, nehmen Sie seine Anregungen bzw. Einwände oder Ergänzungen auf. Wenn Ihnen allerdings seine Hinweise nicht ganz ins Konzept passen, haben Sie den Mut und stellen Sie sie zurück. Sagen Sie, dass Sie später darauf zurückkommen werden, jetzt aber erst den angefangenen Gedanken zu Ende bringen möchten.
- Versuchen Sie auch am Ende der Textbeschreibung darzustellen, dass Sie in der knappen Zeit eben nicht weiter gekommen sind, wohl aber in der Lage wären, Weiteres herauszuarbeiten. (Nennen Sie z. B. weitere Elemente der Textbeschreibung, die gegebenenfalls mit Gewinn beachtet werden sollten.)
- Formulieren Sie zurückhaltend und vorsichtig. Lassen Sie, soweit dies möglich bzw. notwendig ist, auch Alternativen in Ihren Formulierungen zu.

Nach Ihren zusammenhängenden Darlegungen wird die Prüferin/der Prüfer ein Prüfungsgespräch führen. Achten Sie genau auf die Fragen. Sie orientieren sich zunächst an dem, was Sie dargestellt haben. Da geht es in der Regel um eine weiterführende Klärung oder auch um eine Richtigstellung. Weichen Sie nicht aus, aber fragen Sie ruhig zurück, wenn Ihnen die Fragen nicht klar sind. Sie haben ein Recht auf klar gestellte Fragen. Sie können auch versuchen, unklar formulierte Fragen selbst umzuformulieren. Lassen Sie sich dann Ihre Formulierung bestätigen („Meinen Sie damit ..."). Im weiteren Verlauf wird der Prüfer den Horizont ausweiten und vielleicht auch auf

Dinge zu sprechen kommen, die nicht so ganz in Ihr enges Gebiet gehören, das Sie vorbereitet haben. Achten Sie in solchen Fällen auf die Richtung, die sich abzeichnet. Ist Ihnen etwas unklar, fragen Sie so, dass deutlich wird: Sie bemühen sich darum mitzudenken. („Ihre Frage geht, so vermute ich einmal, in die Richtung ...")

Sollten Sie etwas definitiv nicht wissen, bleiben Ihnen zwei Möglichkeiten:
① Bluffen Sie und geben Sie eine Antwort, die zumindest überzeugend klingt. (Wenn Sie Glück haben, ist sie auch noch richtig und man wird Ihre Umsicht bewundern ... Wenn Sie aber Pech haben, ...)
② Erklären Sie ruhig und offen: „Das weiß ich nicht."

Nun können Sie nur noch hoffen,
▶ dass Sie der Prüfer nicht allzu sehr auf's Glatteis führt, bzw.
▶ dass die Fragen, die über Ihr vorbereitetes Fachgebiet hinausgehen, Sie nicht an Ihrer „verwundbaren Stelle" treffen, oder aber
▶ dass Ihnen die Geister, die Ihnen bisher geholfen haben, auch noch auf dem letzten Rest Ihrer gymnasialen Wegstrecke die Treue halten.

Wir drücken Ihnen die Daumen!

Tendenzen der Literaturgeschichte

2

*Manches Werk lässt sich nur schwer in „Epochenschubladen"
einordnen, sodass die Gliederung der Literaturgeschichte nach
Epochen oft kritisiert wird. Dennoch ist es gerade in der Schule
hilfreich, die vielen Informationen des Literaturunterrichts in
einer einfachen Struktur zu ordnen. Die folgende Übersicht stellt
die gängigen Epochen mit ihren zeitgeschichtlichen Hintergründen und typischen Kunstvorstellungen vor.*

2.1 Höfische Literatur im Mittelalter

Zeitgeschichtliche Rahmenbedingungen

Die Zeit ist geprägt von der Herrschaft der staufischen Könige, unter welchen
es trotz wiederholter und intensiver Machtstreitigkeiten mit dem welfi-
schen Adelshaus und dem politisch ebenfalls sehr einflussreichen Papsttum
zu einer kulturellen Blüte des damaligen Deutschland kommt. Namentlich
Friedrich I. Barbarossa, sein Sohn Heinrich VI. und sein Enkel Friedrich II. stehen für eine Zeit politischer Konstanz und hohen Kulturbewusstseins, wie es
sich zum Beispiel 1184 auf dem „Hoftag zu Mainz" konkretisiert. Zahlreiche
Geistliche, Fürsten, Gesandte fremder Länder, Dichter und Sänger treffen
sich zu einem prächtigen mehrtägigen Fest, auf welchem auch die Söhne
des Kaisers zu Rittern geschlagen werden.

kulturelle Blüte

Weltbild, Menschenbild und Lebenskonzept

Finden sich Schriftkultur und Literaturschaffen im frühen Mittelalter vor
allem im geistlichen Bereich der Klöster, so avanciert ab der Mitte des 12.
Jahrhunderts der weltliche Adel – das Rittertum – zum neuen Kultur- und
Literaturträger in Europa. Durch spezifische Vorstellungen von Rechten und
Pflichten, von Moral und Ehre sowie von weltlicher und geistlicher Bewährung prägt diese Gesellschaftsschicht das öffentliche und kulturelle Leben
maßgeblich und elitär. Der Ritter definiert sich im Wesentlichen durch seinen Aufgabenbereich, seine kriegerische Tätigkeit. Schwert und Rüstung
werden zu seinen Standessymbolen, bei der sogenannten Schwertleite erfolgt die feierliche Initiation in den ritterlichen Stand.

*Rittertum als
Kulturträger*

Insgesamt sieht sich das Rittertum integriert in das mittelalterliche Lehns-
wesen als umfassendes Konzept vielfältiger hierarchischer Beziehungen
und gegenseitiger Verpflichtungen, wie es sich im mittelalterlichen Treue-
begriff (mhd. *triuwe*) manifestiert. Die Erfüllung der militärischen und stän-
dischen Verpflichtungen gehören zur unbedingten Lebenseinstellung des
Ritters (mhd. *êre*), die sich weiterhin an den höfischen Tugenden wie Charak-
terfestigkeit (mhd. *staete*), Bescheidenheit und Selbstdisziplin (mhd. *mâze*
und mhd. *zucht*) oder Barmherzigkeit (mhd. *milte*) orientiert. Erst der Adlige,
der sich diese Tugenden zu eigen macht, kann als höfisch bezeichnet werden. Die literarisch überlieferte Idealkultur des Hohen Mittelalters wird vor
diesem Hintergrund auch als *höfische Kultur* bezeichnet.

höfische Tugenden: triuwe, êre, staete, mâze, zucht, milte

Auch wenn das Stadtbürgertum in der Stauferzeit einen merklichen politischen und wirtschaftlichen Aufschwung erlebt, bleibt es in der Kultur des
Hohen Mittelalters relativ einflusslos und in der literarischen Überlieferung
kaum erwähnt. Erst im ausgehenden Mittelalter nimmt der Einfluss dieser
Gesellschaftsschichten mit dem allmählichen Aufgaben- und Prestigever-
lust des Rittertums zu.

Ästhetische Theorie

Das Kunstkonzept des Hohen Mittelalters ist eng verbunden mit den höfisch-ritterlichen Wertvorstellungen. Kunstschaffende und Rezipienten gehören in der Regel zur adligen Gesellschaftsschicht. Die Kunst des Mittelalters ist weniger ein individuelles Bekenntnis ihres Dichters als die teilweise
idealisierende Darstellung und Reflexion des ritterlichen Lebens in verschiedenen Bereichen.

Sprache

Mit dem Erwachen eines nationalen kulturellen Selbstbewusstseins etabliert sich die Verwendung der deutschen Volkssprache als Literatur- und
Schriftsprache, sodass die deutsche Sprache des Hohen Mittelalters — das
Mittelhochdeutsche — zu einer gleichberechtigten Literatursprache neben
das Lateinische tritt. Stellte letzteres die Sprache der Geistlichen an den
klösterlichen Schreiborten dar, so benutzt das nun selbstbewusst gewor-
dene Rittertum mit dem höfischen Mittelhochdeutsch seine eigene Sprachform. Militärischer und kultureller Austausch führt dabei zu merklichen Ausgleichstendenzen zwischen den bis dato sehr unterschiedlichen deutschen
Dialekten. Der Wortschatz des damaligen Mittelhochdeutsch ist geprägt

Literatursprache Mittelhochdeutsch

von Begriffen aus dem Umfeld des ritterlichen Lebens, die oft aus dem Französischen entlehnt werden.

Themen, Motive, Gattungen

Die Gattungen, mit denen sich die hochmittelalterliche Literaturepoche im Wesentlichen definieren lässt, sind der **Minnesang** und die **höfische Epik**, die sich auf je verschiedene Art und Weise mit der Lebenswelt und den Tugendvorstellungen der ritterlichen Gesellschaft befassen. Beweis und Bewährung des ritterlichen Lebens, Akzeptanz zugewiesener gesellschaftlicher Rollen und das Beherrschen von damit verbundenen Konventionen sind gängige Themen der damaligen Literatur. In diesen beiden Gattungen – ergänzt um die mittelalterliche **Heldenepik** – werden zum ersten Mal umfangreiche und ernst zu nehmende Werke der deutschen Literatur greifbar, deren Themen nicht religiös-geistlicher Natur, sondern weltlich orientiert sind.

weltliche Literatur

Die **Minnelyrik** begegnet als eine spezifische, kunstvolle und vielgestaltige Form der Liebesdichtung, bei welcher das auftretende → lyrische Ich, dessen Angebetete und die Beschreibung der Beziehung zwischen Liebendem und Geliebter sich ganz anders gestalten als in der modernen Liebesdichtung. Angelehnt an die französische Troubadourlyrik wird die hohe Minnelyrik von einer typischen Werbesituation bestimmt, bei welcher der Mann die angebetete, königlich verehrte Dame als unerreichbar erfährt, die unvermeidbare Ablehnung durch eine Beteuerung der ritterlichen Tugenden kompensiert und sich damit als sittlich gereift und ritterlich erweist. **Kreuzlieder**, in welchen die Minnesituation mit der Kreuzzugsthematik verbunden wird, und **Tagelieder**, die den Abschied der Liebenden bei Tagesanbruch beschreiben, sind andere Ausprägungen der Gattung.

Begriffe, die auf den Pfeil → folgen, finden Sie im Glossar näher erläutert.

Beweis ritterlicher Tugendhaftigkeit

Man geht davon aus, dass die Minnelieder mündlich vorgetragen – sicherlich auch gesungen – wurden. Selbst wenn die Dichter ihre Lieder aufschrieben, waren diese zunächst nicht für ein Lesepublikum vorgesehen. Erst mit dem allmählichen Abklingen der höfischen Kultur entstanden im städtisch-patrizischen Milieu schriftliche Sammlungen der Minnelyrik, die prächtig und aufwändig ausgestattet und mit kostbaren Illustrationen – sogenannten Miniaturen – versehen waren und wohl als Statussymbole fungierten. Die umfangreichste und bekannteste dieser Handschriften ist der *Codex Manesse*, die große *Heidelberger Liederhandschrift*, die Anfang des 14. Jahrhunderts entstanden ist und sich heute in der Universitätsbibliothek in Heidelberg befindet.

Liederhandschriften

Auch das **höfische → Epos** – oder der **höfische Roman** – transportiert die Rollenvorstellungen der höfisch-ritterlichen Gesellschaft und idealisiert deren Verfechter. Die höfischen Epen bedienen sich antiker, orientalischer und vor allem keltischer Legenden- und Erzähltraditionen, wobei die Artusromane des französischen Dichters Chrétien de Troyes zu gattungsprägenden Vorbildern der deutschen höfischen Epik werden. Hierin geht es meist um die ritterlichen Helden aus dem Umfeld des sagenumwobenen britannischen Königs Artus, welche sich in zahlreichen Abenteuern als Ritter bewähren und ihre Fähigkeit, am Leben des Hofes teilnehmen zu können, beweisen müssen. Auch wenn die Werke teils in der Lebenswelt ihrer Rezipienten – also dem ritterlich-höfischen Milieu – angesiedelt sind, spiegeln sie keine wahren Begebenheiten, sondern dienen der Idealisierung und Bestätigung der als überlegen empfundenen ritterlichen Wertvorstellungen.

Vermittlung ritterlicher Werte durch den höfischen Roman

Die Motive der mittelhochdeutschen **Heldenepik** reichen zurück in die Ereignisse der Völkerwanderungszeit und greifen die Stoffkomplexe alter germanischer Heldensagen auf. Die bekanntesten Beispiele dieser Gattung sind das *Nibelungenlied* (um 1200) und das *Kudrunlied* (13. Jahrhundert).

Nibelungenlied (ca. 1200)

Autoren und Werke

Gottfried von Straßburg (2. Hälfte 12. bis Anfang 13. Jahrhundert) gilt – obwohl nicht aus dem hohen Adel stammend – als äußerst gebildet. Er schuf das literarisch anspruchsvolle höfische Epos *Tristan und Isolde*, das sich im thematischen Rahmen einer außerhöfischen Liebesbeziehung kritisch mit den Wertvorstellungen der Minne und des Rittertums befasst.

Hartmann von Aue (um 1165 bis um 1215) war ein ritterlich-adliger Minnesänger und Verfasser höfischer Epen. Seine Epen *Erec*, *Gregorius* und *Iwein* befassen sich im Umfeld des Artussagenkreises mit höfischen Idealen und der Bewährung ritterlicher Tugenden.

Der wohl aus niederem Adel stammende Wanderdichter **Walther von der Vogelweide** (um 1170 bis um 1230) gilt wegen der Formkunst seiner Gedichte, seinen hohen ethischen Ansprüchen und dem großen Themenspektrum seiner Werke als der bedeutendste mittelalterliche Lyriker. Sehr bekannt ist die Anfangszeile einer seiner Reichston-Strophen: *Ich saz ûf eime steine.*

Wolfram von Eschenbach (um 1170 bis nach 1220), Minnedichter und bedeutender Autor höfischer Epik, kontrastiert in seinem höfischen Roman *Par-*

zival die höfischen Ideale mit christlichen Wertvorstellungen, indem er die stufenweise Entwicklung des Toren Parzival zu christlicher Ritterlichkeit und seinen Aufstieg zum vorbildlichen König der Gralsgesellschaft beschreibt.

Überblick

Höfische Literatur im Mittelalter	
Begriff und Eingrenzung	Die Dichter und Rezipienten der Literatur waren meist Adlige, die am Hofe lebten.
zeitgeschicht-liche Rahmen-bedingungen	kulturelle Blüte zur Zeit der staufischen Könige
Weltbild, Menschenbild und Lebenskonzept	erste deutsche und weltliche Schreibkultur gesellschaftliche Ordnung im Lehenswesen Entstehung des Adelsstandes der Ritter mit bestimmten Moralprinzipien
ästhetische Theorie	Kunst dient zur Idealisierung des ritterlichen und höfischen Lebens
Sprache	Die mittelhochdeutsche Schreibsprache löst das Lateinische ab.
Gattungen	Minnelyrik Höfische Epen Heldenepen
Autoren und Werke	Gottfried von Straßburg (um 1170 bis ca. 1215): *Tristan und Isolde* (um 1210) Hartmann von Aue (12./13. Jhd.): *Erec, Gregorius, Iwein* Walther von der Vogelweide (um 1170 bis ca. 1230): Minnelyrik Wolfram von Eschenbach (um 1170 bis ca. 1220): *Parzival* (um 1210), *Nibelungenlied* (um 1200)
Zitate und Sprüche	Uns ist in alten maeren, wunders vil geseit/von helden lobebaeren, von grô-zer arebeit/von fröuden, hôchgezîten, von weinen und von klagen/von küener recken strîten, muget ir nu wunder hoeren sagen. – Übertragung: In alten Erzählungen ist uns viel Bewundernswertes überliefert: Von lobenswerten Helden, von großen Mühen, von Freuden und Festlichkeiten, auch von Weinen und Klagen und von Kämpfen kühner Krieger werdet ihr nun Wunderbares sagen hören. [...] (Beginn des Nibelungenlieds) [...] diu zwei sint êre und varnde guot,/daz dicke ein ander schaden tuot:/ daz dritte ist gotes hulde,/der zweier übergulde./die wollte ich gerne in einen schrîn. [...] – Übertragung: [...] Die zwei sind Ehre und zeitliches Gut, wobei die oft einander schaden, das Dritte, das ich mir wünsche, ist Gottes Gnade, sie ist mir noch wichtiger als die beiden anderen. Die drei Schätze hätte ich gerne in einen Schrein. [...] (Walther von der Vogelweide)

2.2 Die Zeit des Barock

Politische Zustände der Epoche

Dreißigjähriger Krieg

Die Epoche ist geprägt vom Dreißigjährigen Krieg (1618–1648), in dem die religiöse Auseinandersetzung zwischen Reformation und Restauration ihren Höhepunkt erreicht. Der religiöse Fanatismus, der am Beginn des Krieges stand, wird ausgehöhlt. Am Ende geht es um politische Interessen einzelner Länder, entsprechend sind die jeweiligen Allianzen nicht mehr durch Religionszugehörigkeit geprägt.

Das alte Kaiserreich zerfällt, die entstehenden Länder werden absolutistisch regiert. Im deutschen Sprachraum profilieren sich einzelne Herrschergestalten und verschaffen ihren Ländern größere Bedeutung (der Große Kurfürst, Brandenburg; August der Starke, Sachsen; Kaiser Leopold I., Österreich). In der Folge der Kriegswirren entwickelt sich die städtische Bevölkerung zum wichtigen Kulturträger. Der Adel zerfällt bzw. wird durch den Hofadel (Verwaltung) ersetzt. Das Modell eines absolutistischen Zentralstaates bestimmt die gesellschaftliche Organisationsform.

Weltbild, Menschenbild und Lebenskonzept

Mehr und mehr gewinnt die **Bildung** an Bedeutung. Die **Freien Künste** werden zum zentralen Unterrichtsstoff der Gymnasien wie auch der nun entstehenden Universitäten. Die Kriegswirren führen oft zum Studium im Ausland (die Stadt Leiden spielte eine große Rolle), aber auch zu einer verstärkten Tätigkeit der Jesuiten (**Gegenreformation**) in Schulen und Universitäten.

carpe diem = nutze den Tag

Das Weltbild ist geprägt durch zwei gegensätzliche Pole: Einerseits durch die Hinwendung zum Jenseits als der eigentlichen Bestimmung des Menschen (die Erde wird so zum „Jammertal", in dem sich der Mensch bewähren muss); andererseits findet sich die Hinwendung zum Lebensgenuss *(carpe diem)*, solange die Wirren des Krieges das zulassen. In dieser Spannung muss der Mensch sein Leben gestalten, man verzichtet aber letztlich auf ein Aushalten der möglichen Dialektik zugunsten der **Jenseitsorientierung**.

vanitas = Nichtigkeit

Die Einheit von Gott und Welt wird als ein geordnetes Ganzes gesehen. Die **analogia entis** gilt immer noch: Man sieht in der irdischen Ordnung einen (unvollkommenen) Spiegel der göttlichen Heilsordnung. Unter diesem Aspekt erscheint dann das Diesseits als Vanitas. Trotz allem aber beginnt sich ein neues Selbstbewusstsein zu manifestieren: Zwar spielte die Empirie noch kaum eine Rolle, doch beginnen gerade im naturwissenschaftlichen Bereich erste Arbeiten, vorläufig noch in dubiosen Umfeldern (Alchemisten, Astrologen ...). **Kopernikus** bringt die entscheidende Wende: Er schafft die Basis für naturwissenschaftliches Denken. (Die Erde und der Mensch stehen nicht mehr im Mittelpunkt, damit kann die Aufmerksamkeit wissenschaftlichen Denkens sich auf die „Dinge" konzentrieren.)

Ästhetische Theorie

Die ästhetische Theorie der Zeit wird zum einen bestimmt durch die **Zweipoligkeit** (eine der Grundstrukturen stellt die Ellipse mit zwei Mittelpunkten dar). Grundsätzlich aber gilt für die Welt wie für die Kunst: Menschliche Ordnung ist als **Spiegel der Heilsordnung** zu sehen. Der Ordnungsrahmen wird ungefragt akzeptiert. Diesem Ordnungsprinzip entspricht die **Strenge der Form**, wie sie in der Literatur gefordert wird. Die *Regelbücher* (Opitz, Harsdörffer) geben Anweisungen; Beispielsammlungen liefern Vorbilder, die nachgeahmt werden sollen. Zu besonderer Bedeutung gelangen die Bilder, die nun als Embleme symptomatisch sind für die gleichnishafte Interpretation von Wirklichkeit.

feste Regeln für die Literatur

Dichtung war öffentlich, keineswegs Ausdruck individueller Bedürfnisse. Sie diente der Repräsentation, der Huldigung, der Geselligkeit. (Lediglich das Kirchenlied wendet sich in Ansätzen der individuellen seelischen Situation zu.)

Sprache

Zu Beginn dominiert noch das Lateinische (als Sprache der Gebildeten). Zunehmend erwacht ein nationales Sprachbewusstsein und profiliert sich gegenüber dem **A-la-mode-Sprechen**, wie es Gryphius im *Horribilicribrifax* kritisiert. Es entstehen Sprachgesellschaften, die sich die Pflege der deutschen Sprache wie der deutschen Literatur zur Aufgabe machen. So geht mit dem ersten Bemühen um eine patriotisch orientierte „Nationalliteratur" auch das Bemühen um eine nationalsprachliche Identität einher. Charakteristisch in diesem Zusammenhang sind die Arbeiten von Schottel, dessen 1661 erschienene *Teutsche Sprachkunst* eine Sammlung von Lobreden auf die deutsche Sprache darstellt, wobei ein erstes Bemühen erkennbar wird, die deutsche Sprache und ihre Gesetzmäßigkeiten beschreibend zu erfassen.

vom Lateinischen zum Deutschen

Themen, Motive, Gattungen

Leid versus Lust

Immer wieder tauchen die thematischen Reihen auf, die sich durch die Motive Krieg, Leid, Not, Tod ergeben. Heldentum wird in seiner Brüchigkeit erkennbar, die Flüchtigkeit und Vergänglichkeit aller menschlichen Bestrebungen treten in den Vordergrund. Die Gegenreihe wird bestimmt durch die Themen Lust, Lebensgenuss, Sinnenfreude.

Die drei wesentlichen Gattungen finden gleichermaßen Berücksichtigung. Sowohl die Lyrik (hier insbesondere Sonett und Ode) als auch das Drama (Trauerspiel und Komödie) und schließlich die ersten großen Romane sind zu finden.

Schelmenroman

Die Reihe der **Romane** wird eröffnet durch die „Schäferey", eine Übernahme italienischer Vorbilder. Spanischer Einfluss wird deutlich im Schelmenroman, dessen Reihe gleich durch den wichtigsten *(Simplicissimus)* eröffnet wird.

Das **Drama** setzt ein mit dem Jesuitendrama in lateinischer Sprache. (Die Jesuitenschulen führten jährlich Dramen auf.) Unter dem Einfluss des Fastnachtsspiels entwickelt sich ein umfassendes Spielkonzept, das in die Oper mündet. Die Oster-/Passions- und Märtyrerspiele werden weiterentwickelt und es entsteht im Anschluss an Seneca und die römische Tragödie das Trauerspiel (Gryphius, Lohenstein). Die Helden sind geprägt durch eine christlich-stoische Grundhaltung, wobei die Tragik aufgehoben wird durch die Heilsgewissheit, die den Helden zum Märtyrer macht. Unter dem Einfluss der umherziehenden Theatergruppen entwickelt sich eine Theatertradition im Anschluss an Shakespeare, die sich mit Namen wie Christoph Blümel verbindet.

Vanitas-Gedanke: Es ist alles nichtig und vergänglich.

In der **Lyrik** dominieren das → Sonett und die → Ode. Die bestimmenden Themen sind einerseits der **Vanitas-Gedanke** (wie ihn die Zerstörungen des Krieges nahelegen), der **Fortuna-Gedanke** (Zufälligkeit des Schicksals) und andererseits die **Lebenslust** und Sinnenfreude.

Autoren und Werke

Martin Opitz (1597–1639) gilt als der wichtigste „Theoretiker" der Epoche. Sein *Buch von der deutschen Poeterey* wird zur Orientierung für seine Zeitgenossen. Er verhilft dem → Alexandriner zum Durchbruch und liefert für die einzelnen relevanten Gattungen die entscheidenden Definitionen.

Paul Gerhardt (1607–1676) gilt als Dichter des Kirchenlieds *(Nun ruhen alle Wälder; O Haupt voll Blut und Wunden; Wach auf, mein Herz und singe).*

Simon Dach (1605–1659) löst sich vom gelehrten Ballast und greift zur schlichten Form. Er versucht, Stimmungen zu vermitteln, und wendet sich dem Lied zu. Er gilt als der Dichter des *Ännchen von Tharau.*

Paul Fleming (1609–1640) ist wohl der bedeutendste Opitz-Schüler, wird bereits mit 22 Jahren „poeta laureatus" (zum Dichter gekrönt). Er beginnt mit lateinischer Dichtung, übersetzt Psalmen und schafft dann erste Möglichkeiten, sich im deutschen Gedicht freier zu äußern.

Andreas Gryphius (1616–1664) beginnt seine Dichterkarriere in lateinischer Sprache, wendet sich dann entschieden der deutschen Sprache zu, hält sich aber an die klassischen Regeln, die er im Ausland kennengelernt hat. In seinen Dramen gibt es zwar den tragischen Konflikt, am Ende aber siegt immer die Moral *(Catharina von Georgien, Cardenio und Celinde).* Zeitkritisch äußert er sich in seinen Komödien *(Herr Peter Squentz, Horribilicribrifax).* In seiner Lyrik setzt er sich mit Zeitproblemen, aber auch mit zeitlosen, die menschliche Existenz betreffenden Fragen auseinander *(Tränen des Vaterlandes, Vanitas ...).*

Angelus Silesius (Johannes Scheffler; 1624–1677), in Breslau geboren, schreibt den *Cherubinischen Wandersmann.* Seine alexandrinischen Zweizeiler können angesehen werden als Bindeglied zwischen Lyrik, religiöser Spruchdichtung und Philosophie. Es geht Silesius um die Beziehung zwischen Gott und den Menschen, wobei es ihm gelingt, abstrakte Gedanken in knappe, fast aphoristische Formen zu fassen.

Märyterdrama

Grimmelshausen (1621/22–1676) legt den ersten großen deutschen Roman vor, *Der Abenteuerliche Simplicissimus Teutsch,* der seine Zeit deutlich überdauert, einen Zeit- und Kriegsroman, dessen Held alle Höhen und Tiefen menschlicher Existenz in den Kriegswirren des 30-jährigen Kriegs durchlebt und schließlich sein Leben als Einsiedler beendet. Die aneinandergereihten Episoden umfassen den gesamten Lebenskreislauf und geben immer wieder Anlass zur Reflexion über Sinn und Ziel menschlichen Lebens und Handelns.

Catharina Regina von Greiffenberg (1633-1694) schreibt vornehmlich religiöse Lyrik und legt besonderen Wert auf strenge Formen (Sonett). Ihre eindringliche Sprache schafft Raum für Gefühl (religiöse Empfindungen, aber auch neues Naturgefühl).

Überblick

Zeit des Barock	
Begriff und Eingrenzung	Die Bezeichnung wurde ursprünglich als abschätzige Benennung verwendet (portugiesisch *barrocco* = schiefrunde Perle) und bezeichnete verzerrte, übertriebene Erscheinungen der Kunst. Erst am Ende des 18. Jahrhunderts wurde der Begriff als Epochenbezeichnung für die Kunst des 17. Jahrhunderts gebraucht.
zeitgeschicht-liche Rahmen-bedingungen	Aus den Glaubenskämpfen (Reformation, Gegenreformation) entwickelt sich der Dreißigjährige Krieg, der weite Teile Deutschlands verwüstet; Zerfall des alten Reiches, Beginn zentral gelenkter Staaten (Brandenburg, Sachsen, Österreich).
Weltbild, Menschenbild und Lebenskonzept	Die Weltordnung ist Spiegel der göttlichen Ordnung; das Diesseits ist Bewäh-rungsraum für das Jenseits; Vanitas-Gedanke
ästhetische Theorie	– Klare Regeln bestimmen das künstlerische Schaffen. – Kunst ist eine „öffentliche Angelegenheit". – In der Kunst spiegeln sich gesellschaftliche Gegebenheiten.
Sprache	– Zunächst Latein als Sprache der Wissenschaft (Theologie, Philosophie) und der Kunst. – Dann setzt sich das Bemühen um die deutsche Sprache durch. Die deut-sche Sprache war noch wenig geschmeidig (fehlende Begriffe; durchsetzt mit „modischen" Fremdwörtern (schwedisch, spanisch, französisch …). – Sprachgesellschaften bemühen sich um die Sprache, erste wissenschaftli-che Sprachuntersuchungen.
Gattungen	Lyrik (Sonett, Ode, Lied), Roman (Schäferroman, Schelmenroman) und Drama (Trauerspiel, Komödie) sind vertreten.
Autoren und Werke	– Bidermann, Jakob (1578–1639): *Cenodoxus* – Fleming, Paul (1609–1640), Lyrik – Grimmelshausen, Hans Jakob Christoffel von (um 1622–1676): *Der Aben-teuerliche Simplicissimus Teutsch* – Gryphius, Andreas (1616–1664): Lyrik, Trauerspiele *(Catharina v. Georgi-en)*, Komödien *(Peter Squentz)* – Opitz, Martin (1597–1639): Theorie *(Buch von der deutschen Poeterey)*, Lyrik – Scheffler, Johannes (Angelus Silesius, 1624–1677): *Cherubinischer Wandersmann* – Spee von Langenfeld, Friedrich (1591–1635): *Trutz-Nachtigall* (religiöse, mystische Lyrik) – Zesen, Philipp von (1619–1689): Lyrik, theoretische Abhandlungen
Zitate und Sprüche	– *Du siehst, wohin du siehst, nur Eitelkeit auf Erden* (Gryphius) – *Der Mensch, das Spiel der Zeit* (Gryphius) – *Ich trage Gottes Bild, wenn er sich will besehn, so kann es nur in mir, und wer mir gleicht, geschehn. (Cherubinischer Wandersmann)* – *Die Wollust bleibet doch der Zucker dieser Zeit.* (Hoffmannswaldau)

2.3 Literatur der Aufklärung

Begriff

Im allgemeinen Sinn versteht man unter „Aufklärung" eine Geisteshaltung, die sich zum Ziel gesetzt hat, mittels der Vernunft alle Fragen der Welt- und Selbstdeutung zu klären, mit Vorurteilen aufzuräumen, Autoritäten, die sich nicht der Vernunft stellen, infrage zu stellen. Vernunft, Erkenntnis und wissenschaftlich-naturwissenschaftliches Denken bestimmen das Weltbild.

Aufklärung: Vernunft als zentrale Größe

Im engeren Sinn versteht man unter Aufklärung eine Epoche der Menschheitsgeschichte, die im 16. Jahrhundert schon in Ansätzen zu finden ist, die sich dann im 18. Jahrhundert im gesamten europäischen Raum etabliert und jegliche Bevormundung des Denkens ablehnt, stattdessen ein Weltkonzept entwickelt, das auf den Säulen Vernunft (Rationalismus), sinnliche Wahrnehmung (Sensualismus) und Erfahrung (Empirismus) ruht.

Politische Zustände der Epoche

Nach dem Dreißigjährigen Krieg existiert das „Heilige Römische Reich Deutscher Nation" nur noch „symbolisch". Das Reichsgebiet ist in über dreihundert souveräne Einzelstaaten zerfallen, Deutschland erholt sich nur langsam von den Folgen des Krieges. Alle wichtigen Entscheidungen in Politik, Wirtschaft und Gesetzgebung, aber auch die kulturellen Entscheidungen werden souverän von den Einzelstaaten und ihren absolutistischen Machthabern getroffen. Neben Österreich (Maria Theresia als Herrscherin) profiliert sich mehr und mehr Preußen (Schlesische Kriege 1740–1742 und 1744–1745 und Siebenjähriger Krieg 1756–1763) unter Friedrich dem Großen als Großmacht, die die europäische Politik mitbestimmt.

Das Bürgertum gewinnt mehr und mehr an Bedeutung, vor allem in geistiger und ökonomischer Hinsicht. Die großen Handelsstädte Hamburg, Zürich und Leipzig werden zu kulturellen Mittelpunkten. Allerdings bleibt zu beachten, dass sich infolge der Aufsplitterung in Kleinstaaten der politische und wirtschaftliche Einfluss des Bürgertums kaum entfalten kann. Der Dritte Stand, die akademisch Gebildeten (hier zunächst die Theologen und Philologen), kann sich politisch nicht entfalten, bleibt machtlos und konzentriert sich mehr und mehr auf die Entfaltung der intellektuellen Fähigkeiten. Viele deuten diesen Prozess als ein Ausweichen in eine Ersatzwelt aus Idealismus.

Politische Ohnmacht des dritten Standes führt zur Konzentration auf die Entfaltung intellektueller Fähigkeiten.

Weltbild, Menschenbild und Lebenskonzept

Der Mensch ist wesentlich geprägt durch die Vernunft.

Der Mensch wird neu definiert als ein Wesen, das geprägt ist durch die Vernunft. Die Kräfte des Verstandes werden positiv gewertet, die Bindung an eine jenseitige Größe wird ersetzt durch eine selbstbewusste Mündigkeit (Kant: *„Sapere aude!"*). Aus dem neu gewonnenen Selbstbewusstsein heraus wird Kritik geübt an der Offenbarungsreligion. Die Existenz Gottes als Weltschöpfer wie auch als Garant einer höheren Moralität wird zwar nicht angetastet, aber irdisches Glück, so wird nun behauptet, lässt sich durch Befolgen der dem Verstand zugänglichen Tugendregeln erreichen. (Konsequent wird nun auch dem Geburtsadel ein Tugendadel gegenübergestellt, zu welchem der Zugang jedem möglich ist.)

Der Mensch ist „bildbar".

Der menschliche Geist wird gesehen als erkenntnisfähige und bildbare Größe. Damit fällt der Erziehung und Bildung eine ganz besondere Aufgabe zu, sodass schließlich Aufklärung nichts anderes bedeutet als Bildung/Ausbildung (= Erziehung) des menschlichen Geistes gemäß seinen Anlagen. So werden dem Menschen dann selbstverantwortliche Entscheidungen möglich (Stichwort: Mündigkeit!).

Der Philosoph Christian Wolff versucht, das Leibniz'sche Denken in ein vernunftgemäßes System zu gießen und eine praktikable Philosophie auszuformulieren, deren Ideal, der gesunde Menschenverstand, als die wesentliche Quelle menschlichen Glücks und menschlicher Moral gesehen wird. Kant schließlich führt das Aufklärungsparadigma „Rationalität", wie es von Descartes *(Cogito, ergo sum.)* kam, und das von Hume entwickelte Paradigma „Erfahrung und Skepsis" zusammen, betont einerseits die Notwendigkeit der Erfahrung (Empirie), sieht aber andererseits auch das Erkenntnisvermögen, das mit dem Menschsein gegeben ist. So kann Kant dann zu der Forderung gelangen: *„Sapere aude! Habe Mut, dich deines eigenen Verstandes zu bedienen."*

Ästhetische Theorie

Kunst steht im Dienst einer Erziehung zur Mündigkeit.

Kunst steht ganz im Dienste der „Aufklärung", das heißt, einer Erziehung zur Mündigkeit. Es entstehen immer mehr Zeitungen und Zeitschriften, die die Gedanken der Aufklärung im Bürgertum verbreiten. Das vernunftgeprägte Menschenbild impliziert die Idee der Toleranz, was sich insbesondere auf die Einschätzung anderer Religionen auswirkt und zum Gedanken des Weltbürgertums führt.

2.3 Literatur der Aufklärung

Literatur hat erklärtermaßen eine didaktische, belehrende Funktion. Sie bestimmt sich in ihrer Zielsetzung: Oberstes Ziel ist Aufklärung des Publikums, wobei unter „Aufklärung" die Anleitung zum optimalen Gebrauch der Vernunft zu verstehen ist. Damit ist zwangsläufig eine ethisch-moralische Erziehung des Publikums verbunden, sodass sich ethische und ästhetische Zielsetzungen verbinden.

Belehrende Funktion von Literatur

Kunst versucht, Natur nachzuahmen. Damit werden vernünftige Regeln möglich, die die Kunstproduktion zu steuern vermögen. Es wird nun möglich, Kunstregeln rational zu erschließen (Natur und Vorbilder) und für die gegenwärtige Produktion zu nutzen. Ganz im Sinne dieses Konzepts verfährt Johann Christoph Gottsched, wenn er mit seinem *Versuch einer Critischen Dichtkunst* Regeln für die Dichtung entwirft.

Vernünftige Regeln steuern die Kunstproduktion

Themen, Motive, Gattungen

Da die Dichtung der Aufklärung zunächst und vor allem belehren will (natürlich will sie das auf unterhaltsame Art und Weise!) sind ihre bevorzugten Formen diejenigen, die entweder selbst in ihrer Struktur schon belehrend sind (Lehrgedicht, Fabel), oder die eine Belehrung durch ausführliche Demonstration am exemplarischen Fall erlauben (Roman und Drama).

Die → Fabel zeigt das „fabula docet" unmittelbar auf; das **Lehrgedicht** versteht sich als Belehrung, die in eine wohlgefällige Form gebracht wurde. Das **Drama** will (mimetischer Grundzug) die Wirklichkeit nachahmend (und das heißt auch: modellbildend) darstellen und damit besonders interessante Phasen und Ausschnitte der Wirklichkeit (Konflikte, Konfigurationen) vorführen und musterhaft durchführen. Der **Roman** gestattet demgegenüber eine breite Darstellung von Zuständen, Entwicklungen und Zusammenhängen. Insbesondere in England (Swift: *Gullivers Reisen*; Defoe: *Robinson Crusoe*) und Frankreich (Rousseau: *Émile*) wird der Roman zum Instrument, mittels dessen das Schicksal einzelner Individuen, ihre Entwicklung und die Einflüsse auf diese vorgeführt werden können, nicht zuletzt, um die Leser zu instruieren, wie im konkreten Fall des Erziehens zu verfahren sei.

Genres:

Fabel (fabula docet)

Drama (mimetischer Grundzug)

Roman (Entwicklungen und Zusammenhänge)

Schließlich sind noch die Formen zu nennen, die sich sozusagen von Natur aus als kritische verstehen: → Satire und → Epigramm.

Als Thema tritt immer wieder der Mensch auf, der in die Gesellschaft finden muss, der aber auch in Konflikte gerät mit Mächtigen, denen er nichts außer seiner „Tugend" entgegenzusetzen hat, oder mit verbohrten Verfechtern von Ideologien, die stur ihre Ziele verfolgen.

Autoren und Werke

Johann Christoph Gottsched (1700–1766): In Juditten bei Königsberg (Ostpreußen) geboren, studiert Theologie, Philosophie und konzentriert sich mehr und mehr auf die Ästhetik. Nach dem Magisterexamen geht er nach Leipzig, wo er ab 1725 Vorlesungen zu philosophischen und literarisch-ästhetischen Problemen hält. 1730 wird er außerordentlicher Professor der Poesie, vier Jahre später ordentlicher Professor (Logik und Metaphysik). Zu den Aufgaben des Professors für Poesie gehört es, bei Gelegenheit auch Gedichte zu verfassen, und so erscheinen vom ihm drei Bücher mit Oden und ein Buch mit Gedichten (1736). Bleibende Verdienste erwirbt er sich im Bereich der Theaterreform. Er kümmert sich zunächst um Übersetzungen aus dem

Gottsched: Mustertragödie

Französischen (Racine) und legt dann (1731) auch selbst eine Tragödie gewissermaßen als „Muster" für seine theoretischen Überlegungen vor, den *Sterbenden Cato*. Nur etwa ein Zehntel der Verse stammt von Gottsched selbst, alles andere übernimmt er von Addison und Deschamps, doch hat das Stück Erfolg, da es als Modell für das poetologische System Gottscheds angesehen wird. In Zusammenarbeit mit der Neuber'schen Truppe (Schauspieler) kon-

französisches Theater als Muster

zipiert er ein neues Theater. Im Mittelpunkt seines Konzepts steht das französische Theater als Muster. Die bisherigen Formen werden abgelöst: Die Haupt- und Staatsaktion wird durch die regelmäßige Tragödie ersetzt, die Oper durch das Schäferspiel, die Hanswurstposse durch das neue Lustspiel. 1730 erscheint sein *Versuch einer Critischen Dichtkunst vor die Deutschen*. Orientiert an den französischen Vorbildern entwickelt er ein rationalistisches

Das Ästhetische ist machbar nach den Regeln der Vernunft.

Konzept, das an die Machbarkeit des Ästhetischen, an konstruierendes Zusammensetzen glaubt. Die Grundsätze der Dichtung lassen sich als Regeln vernunftgemäß und mit Mitteln der Vernunft entwickeln.

Christian Fürchtegott Gellert (1715–1769) ist besonders bekannt für seine in wirkungsvoller Form vorgelegten Fabeln.

Immanuel Kant (1724–1804): In Königsberg geboren, aus einer Handwerkerfamilie kommend und im Sinne des Pietismus erzogen, studiert Kant Mathematik, Naturwissenschaften und Philosophie, wird 1770 Professor der Logik und Metaphysik, kommt in seinem Leben nie aus Königsberg heraus und stirbt dort 1804. Seine bedeutendsten Werke sind die *Kritik der reinen Vernunft* (1781), die *Prolegomena zu einer künftigen Metaphysik* (1783), die *Grundlegung einer Metaphysik der Sitten* (1785) und die *Kritik der praktischen*

2.3 Literatur der Aufklärung

Vernunft (1788), schließlich die *Kritik der Urteilskraft* (1790). 1784 unternimmt er es, die in einer Zeitschrift aufgeworfene Frage „Was ist Aufklärung?" zu beantworten und liefert die gültige Definition und Erläuterung des Begriffs: *„Aufklärung ist der Ausgang des Menschen aus seiner selbstverschuldeten Unmündigkeit".* Gleichzeitig formuliert er den zentralen Appell der Epoche: *„Sapere aude. Habe Mut, dich deines eigenen Verstandes zu bedienen!"*

Gotthold Ephraim Lessing (1729–1781): Er stammt aus einem lutherischen Pfarrhaus in Kamenz (Oberlausitz), ist Schüler der Fürstenschule St. Afra in Meißen und erhält so eine fundierte Bildung, studiert in Leipzig Theologie, gibt das Studium auf und wendet sich der Philologie zu, ehe er mit der Neuberin zusammenkommt und sich mit dem Theater beschäftigt. Er lebt längere Zeit als Schriftsteller und Rezensent, gelegentlich arbeitet er an Zeitschriften mit, ist Sekretär und dann in Hamburg als Kritiker und Dramaturg am Nationaltheater tätig, ehe er (1770) als Bibliothekar in Wolfenbüttel eine feste Stellung übernimmt. Lessing wirkt auf drei Ebenen: Als Kritiker setzt er sich vor allem mit Gottsched und den von ihm initiierten Tendenzen auseinander. Gleichfalls kritisch nimmt er zu theologischen Fragen Stellung. Als Theoretiker konzipiert er ein deutsches Nationaltheater nach shakespeareschem Vorbild und als Schriftsteller versucht er, sein in der Theorie entworfenes Konzept praktisch umzusetzen und gleichzeitig die Kunst in den Dienst der Aufklärung zu stellen. Mit seinen Dramen *Miss Sara Sampson* (1755) und *Emilia Galotti* (1772) (der Tugendadel stellt die bürgerliche Antwort auf den moralisch heruntergekommenen Geburtsadel dar) schafft er Modelle, die seine Theorie belegen sollen. Im Zuge seiner theologischen Auseinandersetzungen (er engagierte sich als Herausgeber textkritischer Schriften) wird ihm ein Schreibverbot erteilt und er zieht sich auf seine „alte Kanzel", die Bühne, zurück und schreibt das Drama *Nathan der Weise* (1779), in dem er ein vernunftgemäßes Menschen- und Weltbild entwickelt und seine Vorstellung von Humanität unter dem Leitbegriff der Toleranz entfaltet. In der Fabel sieht Lessing ein Instrument der Erziehung und Belehrung. In ihr ist es möglich, auch abstrakte Gedanken konkret ins Bild zu setzen.

Lessing: Auseinandersetzung mit Gottsched

Kunst im Dienst der Aufklärung

Humanität unter dem Leitbegriff der Toleranz

Christoph Martin Wieland (1733–1813): Als Pfarrersohn im schwäbischen Oberholzheim bei Biberach geboren. Er ist nach seinem Studium in Zürich bei verschiedenen Schweizer Familien Hauslehrer, ab 1760 Kanzleidirektor in Biberach, 1769 geht er als Professor der Philosophie und der schönen Wissenschaften nach Erfurt, 1772 geht er nach Weimar als Erzieher der beiden Söhne von Herzogin Anna Amalia. Nicht nur Shakespeares Werke überträgt er ins Deutsche, sondern auch Werke der Antike. Mit seiner *Geschichte des Agathon* steht er am Anfang des deutschen Erziehungs- und → Bildungsro-

Wieland: erster deutscher Erziehungs- und Bildungsroman

mans, in dem der Weg des nachdenkenden Individuums von versponnener, realitätsferner Idealität hin zu Realität dargestellt wird, wobei sich am Ende die Widersprüche von Natur und Geist in einer höheren Einheit aufheben. Der Held des Romans, der verschiedene philosophische Konzepte erprobt und überprüft, gelangt schließlich zur Erkenntnis, dass *„wahre Aufklärung zu moralischer Besserung das Einzige ist, worauf sich die Hoffnung besserer Zeiten, das ist: besserer Menschen gründet."*

Georg Christoph Lichtenberg (1742–1799): Er ist Professor für Mathematik und Physik in Göttingen. Er tritt nicht als Dichter in Erscheinung, wohl aber als Aphoristiker, der in knappster Form grundlegende Erkenntnisse so formuliert, dass Zeitfragen und -probleme scharf pointiert und erhellt, gegebenenfalls auch polemisch kritisiert werden.

Beispiel	**Epochenvergleich Barock – Aufklärung**

Andreas Gryphius

Catharina von Georgien. Bewehrete Beständigkeit

4. Abhandlung; 223–430 (Auszüge)

<table>
<tr><td>Catharina hat die Wahl</td><td>**Cath.**</td><td>Auß zweyen Ubeln muß man stets das minst' erwehlen.</td></tr>
<tr><td></td><td>Iman</td><td>Sie wehle weil sie kan / für Ubel grosses Gutt</td></tr>
<tr><td></td><td>**Cath.**</td><td>Wir thuns! vnd wagen frisch für Gut die handvol Blutt.</td></tr>
<tr><td></td><td>Iman</td><td>Deß gutten falscher Schein pflegt offtmals zubetrigen.</td></tr>
<tr><td>„Eitelkeit" als markantes Zeichen des Diesseits</td><td>**Cath.**</td><td>Der die Gott stärckt wird nicht die Eitelkeit obsigen.
[...]</td></tr>
<tr><td></td><td>Iman</td><td>Princessin muß ich denn so hefftig sie betrüben?</td></tr>
<tr><td></td><td>**Cath.**</td><td>Erfreuen / grosser Fürst!</td></tr>
<tr><td></td><td>Iman</td><td>Sie kan den Tod auffschiben!
Sie tregt jhr Leben / Heil / vnd Sterben in der Hand.</td></tr>
<tr><td></td><td>**Cath.**</td><td>O Tod! gewündtschter Tod! O angenehmes Pfand!</td></tr>
<tr><td></td><td>Iman</td><td>Die grause sterbens Art / ist grauser als das Sterben.</td></tr>
<tr><td></td><td>**Cath.**</td><td>Gott muste selbst sein Reich durch grause Pein erwerben.
Zagt nicht / geehrter Fürst! schlagt vns die Schmertzen für
Wir finden vns bereit.</td></tr>
<tr><td></td><td>Iman</td><td>Sie lese diß Papir.</td></tr>
<tr><td>Tod als Befreiung
Motiv der Krone
Freiheit der Seele
im Tod</td><td>**Cath.**</td><td>O freudenvolle Schrifft! O auffgelöste Bande!
O vberreichte Cron! O abgelegte Schande!
O Freyheit meiner Seel! O längst verhoffte Ruh!
O ewig Königreich! O Vaterland! glück zu.
Die Marter (wir gestehns!) scheint freylich nicht zu tragen</td></tr>
</table>

2.3 Literatur der Aufklärung

Doch was kan solch' ein Geist den JEsus stärckt nicht wagen!
Durch jhn hat auch ein Kind der Hencker Trotz verlacht! Ohn jhn
/ hat Menschen Krafft auch sonder Noth / gekracht!
Ade! geehrter Fürst! last vns den Kampff vollenden
Vnd in die Ruh eingehn.

[...]

Cath.   nicht mehr von dem! wir wissen Abas Danck/
Daß er nach so vil Ach / vnd langer Kercker Zwang /
Vns seine Cron auffträgt / vnd weil wir die ausschlagen /
Veranlast nach der Cron der Ewigkeit zu fragen.

Iman   Ade denn wertte Fraw! die bessern Glückes wert

Cath.   Diß ist das höchste Glück das heut vns widerfährt.

[...]

Catharina/Salome mit dem gantzen Frauen-Zimmer.
Der Blutrichter mit den Soldaten vnd Henckern.

Cath.   Wir Salome sind frey! der Höchste reist die Bande
Deß langen Kerckers auff! vnd führt vns auß dem Lande
Da Tod vnd Marter herscht / in das gewündtschte Reich /
Der ewig steten Lust. Wir lassen dise Leich
Dem Chach zum Lösegeld. Der Geist ist dem befohlen
Der vns ins Vaterland wil auß dem Elend holen
Nemm't jhr das Ebenbild der leidenden in acht;
Vnd habt von vns zu letzt / O Libsten! gute Nacht!

[...]

Wir wolten (möcht es seyn!) nicht vnsers Bluttes schonen
Wenn euch zu helffen wär! Ach / aber vns're Cron
Fil mit der Freyheit hin! das Glück hat Gut vnd Thron
Vnd Schätz vnd Geld geraubt! wir haben nichts behalten
Als den gebundnen Leib der jtzund soll erkalten!
Ach! lernt wie vnversehns der Erden Lust vergeh!
Auff wie nicht festem Grund' all vnser Hoffen steh'
Vnd schlagt was euch die Welt; was Abas an mag bitten
Großmüttig auß der acht! es sind nur reine Sitten
Die den gerufften Geist begleiten für Gericht
Wenn Gott nach vnserm Thun / den letzten Schluß außspricht.
Ade! traurt nicht vmb vns! wir sind nicht zubeweinen!
Der HErr! der Herren HErr wird vns voll Lust erscheinen
Wir gehn durchs Finsternüß zu Gott der Licht von Licht
Beschwer't doch vnsern Tod mit euren Thränen nicht.
Beklagt die / die sich hir ob jhrer Sünd ergetzen /
Vnd auff vergänglich Gut den Grund der Hoffnung setzen /

>> **Beispiel**

Die zu erwartenden Qualen schrecken nicht.

Tod als Vollendung und Eingehen in die Ruhe

Die Krone, die Abbas anbietet, steht gegen die Krone der Ewigkeit.

Tod als Befreiung! Das Diesseits als Ort, an dem Tod und Marter herrschen, steht gegen das Jenseits, das Reich der ewig steten Lust.

Das „Glück" hat alles weggenommen.

Vergänglichkeit der irdischen Lust

Trauer ist fehl am Platz
Gegensatz Finsternis – Licht

>>

2 Tendenzen der Literaturgeschichte

>> **Beispiel**

Es ist nicht winselns Zeit / glaubt! es ist jauchtzens wert
Daß vnser Bräutgam vns die Marter-Cron beschert.

[...]

Die Tugenden.

Zusammenfassung:
Wer bis zum Tod
liebt, kann nicht
vergehen.

Wer biß zum Tode libt wird ewig stehen /
Vnd kan im Tode nicht vergehen.
Es hilfft nicht daß man kämpff vnd ringe
Das Ende krönet alle Dinge /
Wer angefangen / muß vollbringen /
Wo er ein Sige-Lid wil singen.
Wer biß zum Brand-Pfahl Gott getreue

Wer sich durch die
Marter und auch
durch Macht nicht
beeinflussen lässt,
erlangt die Krone (im
Jenseits).

Wer nicht für Zang vnd Schwerdt ist scheue /
Wer mit der Grufft verwechselt Stat vnd Thron
Derselb erlangt die herlichst Ehren-Cron.

Text nach: http://gutenberg.spiegel.de

G. E. Lessing

Emilia Galotti

Siebenter Auftritt
Emilia. Odoardo.

Emilia   Wie? Sie hier, mein Vater? – Und nur Sie? – Und meine Mutter? nicht hier? – Und der Graf? nicht hier? – Und Sie so unruhig, mein Vater?

Emilias Ruhe fällt auf.
Ihre Antwort lässt
auf eine gewisse
Entschlossenheit
schließen.

Odoardo   Und du so ruhig, meine Tochter? –

Emilia   Warum nicht, mein Vater? – Entweder ist nichts verloren: oder alles. Ruhig sein können und ruhig sein müssen: kömmt es nicht auf eines?

Odoardo   Aber, was meinest du, daß der Fall ist?

Bewusstsein, dass
alles verloren ist

Emilia   Daß alles verloren ist – und daß wir wohl ruhig sein müssen, mein Vater.

[...]

Emilia   ... wenn der Graf tot ist, wenn er darum tot ist – darum! was verweilen wir noch hier? Lassen Sie uns fliehen, mein Vater!

Odoardo   Fliehen? – Was hätt' es dann für Not? – Du bist, du bleibst in den Händen deines Räubers.

Emilia   Ich bleibe in seinen Händen?

Odoardo   Und allein, ohne deine Mutter, ohne mich.

Emilia   Ich allein in seinen Händen? – Nimmermehr, mein Vater. – Oder Sie sind nicht mein Vater. – Ich allein in seinen Händen?

2.3 Literatur der Aufklärung

	– Gut, lassen Sie mich nur, lassen Sie mich nur. – Ich will doch sehn, wer mich hält – wer mich zwingt – wer der Mensch ist, der einen Menschen zwingen kann.	**>> Beispiel**

[...]

Odoardo ... Denke nur: unter dem Vorwande einer gerichtlichen Untersuchung – o des höllischen Gaukelspieles! – reißt er dich aus unsern Armen und bringt dich zur Grimaldi.

Emilia Reißt mich? bringt mich? – Will mich reißen, will mich bringen: will! will! – Als ob wir, wir keinen Willen hätten, mein Vater!

Odoardo Ich ward auch so wütend, daß ich schon nach diesem Dolche griff *(ihn herausziehend)*, um einem von beiden – beiden! – das Herz zu durchstoßen.

Emilia Um des Himmels willen nicht, mein Vater! – Dieses Leben ist alles, was die Lasterhaften haben. – Mir, mein Vater, mir geben Sie diesen Dolch.

Odoardo Kind, es ist keine Haarnadel.

Emilia So werde die Haarnadel zum Dolche! – Gleichviel.

Odoardo Was? Dahin wäre es gekommen? Nicht doch; nicht doch! Besinne dich. – Auch du hast nur ein Leben zu verlieren.

Emilia Und nur eine Unschuld!

Odoardo Die über alle Gewalt erhaben ist. –

Emilia Aber nicht über alle Verführung. – Gewalt! Gewalt! wer kann der Gewalt nicht trotzen? Was Gewalt heißt, ist nichts: Verführung ist die wahre Gewalt. – Ich habe Blut, mein Vater, so jugendliches, so warmes Blut als eine. Auch meine Sinne sind Sinne. Ich stehe für nichts. Ich bin für nichts gut. Ich kenne das Haus der Grimaldi. Es ist das Haus der Freude. Eine Stunde da, unter den Augen meiner Mutter – und es erhob sich so mancher Tumult in meiner Seele, den die strengsten Übungen der Religion kaum in Wochen besänftigen konnten! – Der Religion! Und welcher Religion? – Nichts Schlimmers zu vermeiden, sprangen Tausende in die Fluten und sind Heilige! – Geben Sie mir, mein Vater, geben Sie mir diesen Dolch.

Odoardo Und wenn du ihn kenntest, diesen Dolch! –

Emilia Wenn ich ihn auch nicht kenne! – Ein unbekannter Freund ist auch ein Freund. – Geben Sie mir ihn, mein Vater, geben Sie mir ihn.

Odoardo Wenn ich dir ihn nun gebe – da! *(Gibt ihr ihn.)*

Emilia Und da! *(Im Begriffe, sich damit zu durchstoßen, reißt der Vater ihr ihn wieder aus der Hand.)*

Randnotizen:

Einsetzendes Selbstbewusstsein – Wandlung

Betonung des eigenen Willens

Hinweis auf die „letzte Konsequenz" Unschuld wird – als Tugend – höher bewertet

Tugend ist gefährdet durch Verführung (= wahre Gewalt)

Vorbild der Märtyrer

>>

36 — 2 Tendenzen der Literaturgeschichte

>> Beispiel

Odoardo Sieh, wie rasch! – Nein, das ist nicht für deine Hand.

Emilia Es ist wahr, mit einer Haarnadel soll ich – *(Sie fährt mit der Hand nach dem Haare, eine zu suchen, und bekommt die Rose zu fassen.)* Du noch hier? – Herunter mit dir! Du gehörtest nicht in das Haar einer – wie mein Vater will, daß ich werden soll!

Motiv der Rose (vom Negativen her gedeutet: Rose ist nichts für eine Dirne)

Odoardo Oh, meine Tochter! –

Emilia Oh, mein Vater, wenn ich Sie erriete! – Doch nein, das wollen Sie auch nicht. Warum zauderten Sie sonst? –
(In einem bittern Tone, während daß sie die Rose zerpflückt.) Ehedem wohl gab es einen Vater, der seine Tochter von der Schande zu retten, ihr den ersten, den besten Stahl in das Herz senkte – ihr zum zweiten Male das Leben gab. Aber alle solche Taten sind von ehedem! Solcher Väter gibt es keinen mehr!

Erinnerung an die Virginia der Antike (Deutung: Durch Tötung ein zweites Leben gebend)

Odoardo Doch, meine Tochter, doch! *(Indem er sie durchsticht.)* – Gott, was hab ich getan! *(Sie will sinken, und er faßt sie in seine Arme.)*

Emilia Eine Rose gebrochen, ehe der Sturm sie entblättert. – Lassen Sie mich sie küssen, diese väterliche Hand.

Rose-Motiv als Selbstdeutung Emilias

Text nach: http://gutenberg.spiegel.de

Aufgabenstellung
Vergleichende Interpretation der beiden Szenen
1. Ordnen Sie die Szenen in den jeweiligen dramatischen Kontext ein.
2. Erläutern Sie das jeweilige Lebenskonzept.
3. Vergleichen Sie beide Konzepte vor dem jeweiligen Epochenhintergrund.

Auszüge einer Ausarbeitung

Catharinas Lebenskonzept: Beständigkeit

[...] Catharinas Grundeigenschaft, das gibt schon der Untertitel des Dramas zu erkennen, ist die Beständigkeit. Unbeirrt und unerschütterlich verfolgt sie ihr Ziel, bleibt ihrem Staat wie ihrem Konzept treu, ist nicht von ihrer Linie abzubringen, weder durch Versprechungen (Chach Abbas bietet ihr die Heirat an!) noch durch Drohungen (im letzten Brief werden ihr die Folter sowie der Feuertod in Aussicht gestellt). Damit könnte man ihr eine gewisse Starrheit und Inflexibilität unterstellen. Allerdings findet ihr gesamtes Handeln seine Grundrechtfertigung in der Auffassung vom irdischen Leben. Eigentlich wird dieses irdische Leben nur negativ gesehen. Nur negative Eigenschaften werden genannt. So ist von Eitelkeit gleich zu Beginn des Textabschnitts die Rede.

2.3 Literatur der Aufklärung

>> **Beispiel**

Das gesamte Leben stellt sich als „Kampff" dar. Es wird als ein Ort gesehen, „da Tod vnd Marter herscht". Alles, was hier erreicht werden kann, bleibt letztlich „vergänglich Gut". Auf dem Weg durch diese „Finsternüß" gibt es nur einen Wegweiser: Gottes Licht. Das moralische Konzept bestimmt sich von dieser Ewigkeit her. Nur in dieser Ewigkeit wird eine „ewig stete Lust" erreichbar. Dort wird es Ruhe geben, dort winkt die „Cron der Ewigkeit". So zeigt sich Catharina in ihrer Entscheidung keineswegs stur, sondern frei, indem sie die radikale Freiheit gegenüber der Welt, für die Chach Abbas steht, für sich reklamiert. Aus der so entstehenden Gewissheit heraus akzeptiert sie das unumgängliche Martyrium, allerdings keinesfalls im Sinne eines bloßen Duldens, sondern sie fordert es geradezu. Sie trifft die Entscheidung, wobei anzumerken ist, dass diese Entscheidung für sie eine Selbstverständlichkeit darstellt. Sie zieht das Ewige dem Vergänglichen vor, denn sie weiß, das jedenfalls betonen die Tugenden in ihrem Lied: „Wer bis zum Tode liebt, wird ewig stehen und kann im Tode nicht vergehen." So wird verständlich, dass sie angesichts der Blutrichter ausruft: „Wir Salome sind frey!"

Catharinas Freiheit

[…] Emilia war in ihrem bisherigen Leben durchgehend fremdbestimmt: Im Rahmen der familiären Strukturen war sie als Frau und Tochter dem Willen des Vaters untergeordnet. Neben dem Gehorsam spielt eine zweite Größe eine wichtige Rolle: der bürgerliche Tugendbegriff, für den Odoardo steht, dem aber auch Claudia und nicht zuletzt Emilia verpflichtet sind. Emilia reagiert in allen Situationen recht ängstlich und kennt keine größere Angst, als die, den Willen des Vaters zu verfehlen bzw. ihre Tugend infrage stellen zu lassen. Im siebten Auftritt des 5. Aktes zeigt sich Emilia auffallend ruhig. Woher nimmt sie diese Ruhe, die ihr Vater erst einmal nicht begreifen kann? Es ist keinesfalls die Ruhe der Gewissheit, es sei alles in Ordnung. Vielmehr weiß Emilia, „dass alles verloren ist" und dass sie „wohl ruhig sein" muss.

Emilias Leben: fremdbestimmt

Dass ihre Befürchtungen nicht aus der Luft gegriffen sind, beweist die Nachricht vom Tod des Grafen. An dieser Stelle scheint Emilia eine Wandlung durchzumachen. Ihr Vater stellt ihr vor Augen, dass sie nun in den Händen ihres Räubers bleiben müsse. Genau an diesem Punkt gewinnt Emilia ihren eigenen Willen: „Ich will doch sehen, wer mich hält ... Wer der Mensch ist, der einen Menschen zwingen kann." Noch deutlicher wird diese Wandlung, wenn sie dem Wollen des Prinzen ihren eigenen Willen entgegenstellt: „Als ob wir, wir keinen Willen hätten, mein Vater!" Freilich: Emilia scheint noch nicht so recht zu wissen, welche Konsequenzen sich daraus ergeben.

Emilias „Wandlung": eigener Wille

Sie entscheidet sich für diese „Unschuld", für ihre Tugend. Sie weiß gleichzeitig: Es wird schwer, wenn nicht gar unmöglich, diese Position angesichts der anstehenden „Versuchungen" durchzuhalten. Gegen Gewalt könnte sie sich wehren, aber: „Verführung ist die wahre Gewalt". Und dagegen fühlt sie sich nicht so sicher. Sie hat schon im Hause der Grimaldis erfahren, wie schnell

>>

>> Beispiel	sich „mancher Tumult in [ihrer] Seele" erhob. Angesichts dieser Gefährdung sieht sie nur den Tod als Ausweg, wenn sie ihre Tugend erhalten will.

An dieser Stelle verweist sie auf das Vorbild der Märtyrer. Allerdings vermag dieser Hinweis nicht zu überzeugen. Eine Märtyrerin im „klassischen Sinn" ist Emilia nicht. Da fehlen ihr alle transzendenten Orientierungen. Für sie stellt die Tugend einen nicht mehr weiter hinterfragbaren Wert dar. Nun aber kann sie von ihrem Vater, der doch immer gerade für diese Tugend stand, den Dolch fordern. Der gibt ihn ihr und nimmt ihn wieder zurück. Emilia geht in ihrer Auseinandersetzung mit dem Vater bis zum Äußersten und wirft ihm vor, er wolle sie letztlich ehrlos machen. (So ist wohl das Rosenmotiv zu deuten: Die Rose – sie steht für die der Tugend sichere Frau – gebührt einer solchen … nicht mehr!) Odoardo sieht wohl keine andere Möglichkeit mehr, die Tugend zu retten. Er „bricht" die Rose, „ehe der Sturm sie entblättert".

Es war also, das lässt sich nun feststellen, keineswegs Odoardo, der letztendlich Emilias Tod wollte, sondern es war diese selbst, die in autonomer Entscheidung sich ihres Willens bewusst geworden diesen durchsetzt. Dass sich allerdings die Aktion nicht gegen den, der die Tugend gefährdete, richtete, sondern gegen das eigene Leben, hängt wohl mit der Tragik des Bürgertums selbst zusammen. Darauf wird noch einzugehen sein.

War Emilia auch über weite Strecken des Stückes nur Objekt, am Ende handelt sie selbst, genau an der Stelle, wo sie in ihrer Tugend gefährdet ist. Erst in dieser extremen Situation wird sie zur selbstbestimmt handelnden Figur, auch wenn diese Selbstbestimmung zur Selbstzerstörung führt.

[…] Ordnet man nun beide Figuren in ihre Epochen ein, dann wird deutlich: Catharina sieht sich in der Spannung Diesseits – Jenseits, einer Spannung, welche die gesamte Zeit des Barock bestimmte. Gerät der barocke Mensch in einer solchen Spannung in einen Konflikt, so kann es für ihn nur eine sinnvolle Orientierung geben: die Transzendenz als „Licht", als „ewiges Glück". Derjenige, der sich für dieses Jenseits entscheidet, kann sich des Heils sicher sein, auch wenn er im Diesseits (vorübergehende) Qualen zu erdulden hat. Emilia dagegen können wir im Rahmen aufklärerischer Gedanken betrachten: Dem Geburtsadel wird der Tugendadel als das bürgerliche Gegenkonzept gegenübergestellt. Kant fordert den mündigen Bürger, der autonom handelt, der sich frei macht von Vormündern und deren Gängelungen, den Bürger, der seine Entscheidungen selbst fällt, auch wenn das mit Schmerzen verbunden ist.

Für Emilia entsteht so eine ausweglose Situation. Will sie autonom entscheiden, muss sie sich selbst zerstören. Entscheidet sie sich nicht, lässt sie sich also ein auf das Spiel der Mächtigen, dann ist sie in ihrem Tugendsystem bereits „tot". Eine transzendente Begründung oder Orientierung wird für Emilia nicht notwendig. Tugend als moralische Größe genügt sich selbst.

Randnotizen:

„Tugend" als Wert

Emilias autonome Entscheidung

Emilias Selbstbestimmung

Vergleich von den Epochenkonzepten her

Catharinas religiöse Orientierung vs. Emilias aufgeklärte Orientierung

2.3 Literatur der Aufklärung

Vergleichen wir beide Konzepte, so stellen wir fest: Auf der einen Seite gibt es die Heilsgewissheit Catharinas, auf der anderen Seite finden wir die tragische Situation Emilias. In einem Fall wird bewusst eine Entscheidung vollzogen für das Jenseits, im anderen Fall liegt eine bewusste Entscheidung gegen die eigene Existenz im Interesse einer übergreifenden Größe vor. [...]

>> Beispiel
Heilsgewissheit vs. Tragik

Überblick

Literatur der Aufklärung	
Begriff und Eingrenzung	*„Aufklärung ist die Maxime, jederzeit selbst zu denken."* (Kant) Der Begriff bedeutet somit: mittels des Verstandes Klarheit schaffen.
zeitgeschichtliche Rahmenbedingungen	Kleinstaaterei; Preußen und Österreich sind auf dem Weg, Großmächte zu werden; Bürgertum gewinnt an Bedeutung (vor allem in ökonomischer und kultureller Hinsicht)
Weltbild, Menschenbild und Lebenskonzept	− Die Welt ist durchschaubar, wissenschaftliche Erkenntnis schafft mehr und mehr Klarheit. − Der Mensch ist ein vernunftbegabtes Wesen und als solches auch fähig, eigenverantwortlich zu handeln. − Der Mensch ist bildbar, er kann sich in die Lage versetzen, sich seines Verstandes ohne fremde Hilfe zu bedienen. − Mittels der Vernunft ist es möglich, ethische Normen zu entwickeln.
ästhetische Theorie	Kunst hat die Aufgabe, an der Bildung des Menschen mitzuwirken. Sie steht damit ganz im Dienst der Aufklärung und hat vor allem erziehende und belehrende Funktion. Diese Belehrung kann direkt erfolgen, es ist aber auch möglich, in wohlgefälliger Form Modelle (Geschichten, Modellfälle ...) als Erkenntnishilfen vorzustellen.
Sprache	Infolge der philosophischen Bemühungen wird die Sprache geschmeidiger, es werden viele neue Begriffe geprägt.
Gattungen	Im Vordergrund stehen die didaktischen Gattungen (Fabel, lehrhafte Erzählung, Lehrgedicht), aber auch die Gattungen, die es erlauben, Entwicklungen darzustellen (Roman), sowie die von Natur aus kritischen Textarten (Satire, Epigramm, Aphorismus). Das Drama wird gewissermaßen für den deutschen Kulturraum neu entdeckt und entwickelt.
Autoren und Werke	− Johann Christoph Gottsched (1700−1766): Gedichte, Übersetzungen, *Der sterbende Cato, Versuch einer Critischen Dichtkunst vor die Deutschen* − Christian Fürchtegott Gellert (1715−1769): Fabeln, *Das Leben der Schwedischen Gräfin von G**** − Immanuel Kant (1724−1804): *Kritik der reinen Vernunft, Kritik der praktischen Vernunft, Kritik der Urteilskraft* − Gotthold Ephraim Lessing (1729−1781): Theaterkritiken, *Miss Sara Sampson, Emilia Galotti, Nathan der Weise*, Fabeln − Christoph Martin Wieland (1733−1813): *Geschichte des Agathon* − Georg Christoph Lichtenberg (1742−1799): *Aphorismen*
Zitate und Sprüche	− *„Sapere aude! Habe Mut, dich deines eigenen Verstandes zu bedienen!"* − *„Aufklärung ist der Ausgang des Menschen aus der selbstverschuldeten Unmündigkeit"* (Kant)

2.4 Dichtung des Sturm und Drang

Begriff und Eingrenzung

Die Strömung, die – in Anlehnung an den Titel eines Dramas von Friedrich Maximilian Klinger – in der Literaturgeschichte als „Sturm und Drang" bezeichnet wird, ist im Wesentlichen in den 70er- und frühen 80er-Jahren des 18. Jahrhunderts greifbar. Namentlich das Aufeinandertreffen von Johann Gottfried Herder und Johann Wolfgang Goethe in Straßburg im Jahr 1770 gilt als hypothetischer Anfangspunkt dieser – auf den deutschen Sprachraum beschränkten – Bewegung, deren Aufbruchsstimmung keinen langfristigen Einfluss auf die Gesellschaft hat und infolgedessen bei vielen ihrer Vertreter in Resignation endet.

Goethe und Herder in Straßburg

Zeitgeschichtliche Rahmenbedingungen

Der Sturm und Drang steht in unmittelbarer zeitlicher Nähe zur Aufklärung, die polit-historisch vor allem durch die allmähliche Ablösung des Absolutismus durch den aufgeklärten Absolutismus zu charakterisieren ist. Friedrich II., der Große, erkämpft im Siebenjährigen Krieg (1756–1763) eine Österreich ebenbürtige Stellung für Preußen und fördert die Entstehung einer nationalen Identifikation in Deutschland. In Amerika kommt es zum Unabhängigkeitskrieg gegen England (1774–1783), von welchem Deutschland insofern tangiert ist, als sich einzelne Territorialfürsten darauf einlassen, ihre Untertanen als Soldaten an die kriegstreibenden Parteien zu verkaufen. Obwohl die Ideen der Aufklärung allmählich Einfluss auf das politische Leben nehmen, wird die Herrschaft vieler Fürstentümer durch Machtgier und Prunksucht ihrer Herren bestimmt.

aufgeklärter Absolutismus

Weltbild, Menschenbild und Lebenskonzept

Das Verhältnis des Sturm und Drang zur Aufklärung ist ambivalent und wird in der Literaturgeschichtsschreibung unterschiedlich eingeschätzt. Die jungen Dichter und Intellektuellen gruppieren sich in kleinen Kreisen – zum Beispiel in Straßburg – und setzen sich kritisch mit den Ideen und der Lebenswirklichkeit ihrer Zeit auseinander. Mit der Aufklärung teilen sie die Forderung nach Individualisierung, Selbstverwirklichung und Selbstständigkeit. Hierbei wird der Mensch allerdings nicht als Teil eines geordneten Systems gesehen, sondern als autonomes Zentrum einer je eigenen Welt.

ambivalentes Verhältnis zur Aufklärung

2.4 Dichtung des Sturm und Drang

Die Vernunftbetontheit und die reine Zweckorientierung der Aufklärung lehnen die Stürmer und Dränger als einseitig ab. Sie kritisieren die Vernachlässigung der Gefühlsebene und propagieren in Anlehnung an die Gedanken des französischen Philosophen Jean Jacques Rousseau (1712–1778) die Orientierung an dem Ideal eines natürlichen, von negativen menschlichen Einflüssen unberührten Menschen und damit die Wertschätzung der menschlichen Ursprünglichkeit und alles Individuellen und Intuitiven. Die Vernunftidee der Aufklärung wird dabei zwar nicht abgelehnt; als Ideal gilt allerdings die ganzheitliche Verbindung des Rationalen mit dem subjektiven Gefühl.

Vernunft und Gefühl

Ein zentraler Gegenstand der Auseinandersetzung ist infolgedessen die **Natur**. Man interpretiert sie als kreative Größe, die selbst göttlichen Charakter besitzt. In ihr sieht man eine Manifestation der schöpferischen Kraft schlechthin. Die Natur ist gerade nicht das vernünftig Geordnete, ihr Wert, ihre Wahrheit und Wahrhaftigkeit liegen in der Verkörperung des ursprünglich Lebendigen.

Göttlichkeit der Natur

Auch wenn der Begriff der **Freiheit** zur Terminologie des Sturm und Drang gehört, ist die Bewegung zunächst kaum ausdrücklich politisch. Die Freiheitsidee bezieht sich weniger auf politische Konzepte als auf die Gewährung einer persönlichen Freiheit mit möglichst großem Spielraum zur Selbstverwirklichung.

Selbstverwirklichung

Ästhetische Theorie

Kreativität, Schöpfertum, Ursprünglichkeit und Genialität werden zu Schlagworten der Kunst, die sich gegen jeglichen Manierismus und vor allem gegen die starre Normenorientierung der französischen Klassik wendet. Der englische Dramatiker Shakespeare (1564–1616) und seine Stücke werden zu Exempeln einer natürlichen Kunst, die ihre Regeln aus sich selbst heraus gewinnt, und die sich in der Orientierung an inneren Notwendigkeiten und individueller Intuition als echt und nachahmenswert erweist. Es gilt nicht, durch Kunstwerke die Natur nachzuahmen, der Künstler soll selbst schöpferisch tätig sein. Das Kunstwerk wird mit einem natürlichen Organismus verglichen, die Grenzen zwischen Natur und Kunst werden als fließend angesehen.

Orientierung an Shakespeare

Das Künstlerbild des Sturm und Drang ist eng verbunden mit dem **Geniekult**. Das schaffende Künstlergenie wird mit dem Schöpferischen der Natur gleichgesetzt. Es ist allen äußeren Regeln enthoben und trägt die organischen Regeln in sich, es drängt nach schrankenloser Selbstverwirklichung.

Genie

Der Dichter des Sturm und Drang ahmt nicht nach, sondern ist selbst eine „naturhafte" Kraft.

Sprache

Volkssprache

Die Betrachtung der Sprache wird in den Kontext der Suche nach Ursprünglichkeit und Natürlichkeit gestellt. Herder charakterisiert die unverstellte Sprache des Volkes als Möglichkeit, dem göttlichen Geheimnis der Welt, des Menschen und der Völker auf den Grund zu gehen. Intensiv beschäftigt er sich mit der Volkssprache und -dichtung.

Die Sprache der Sturm-und-Drang-Dichter selbst ist geprägt von Vokabeln aus dem Umfeld von Schöpfertum, Natürlichkeit, Individualität und Freiheit. Wortneuschöpfungen werden zu einem typischen Symptom der individuell verstandenen Kreativität.

Themen, Motive, Gattungen

Ablehnung von Konventionen

Natur, Individualität, Kreativität, Freiheit und unmittelbares Erlebnis sind entsprechend der gesamten Weltdeutung und -anschauung der jungen Dichter die prägenden Motive des Sturm und Drang. Eine effiziente Möglichkeit zur Umsetzung und zur weiteren Verbreitung der neuen Ideen sieht man in den Theaterbühnen, sodass das **Drama** zur bevorzugten Gattung des Sturm und Drang wird. Schon formal zeigen die Theaterstücke der Zeit den Drang nach Freiheit und die Auflehnung gegen zu enge traditionelle Konventionen. Das Figureninventar, die → Akt-Einteilung, die vorkommenden Sprachebenen und die Vernachlässigung der Drei-Einheiten-Regel sind häufige Kennzeichnen der Sturm-und-Drang-Dramatik. Inhaltlich thematisieren die Stücke des Sturm und Drang häufig Standes- und Familienkonflikte. Sozialkritische Aspekte, die Zerrissenheit des Menschen zwischen Gefühl und Verstand und die Auflehnung eines nach Freiheit strebenden Individuums gegen einengende gesellschaftliche Normen sind ebenfalls gängige Motive.

→ Beispiel auf Seite 44 ff.

Romane und Erzählungen spielen im Sturm und Drang quantitativ kaum eine Rolle, obwohl es sich bei einem der bekanntesten und exemplarischsten literarischen Werk der Epoche um einen **Roman** handelt: Goethes Briefroman *Die Leiden des jungen Werthers*.

Charakteristisch ist auch eine neue Form der Erlebnisdichtung. Wiederum als Umsetzung der gesamten Weltanschauung begegnet sie als intensiver Ausdruck subjektiver Erfahrungen, emphatischen Lebensgefühls und inniger Naturerlebnisse. Volkstümliche Lieder, → Balladen und vereinzelte politische Gedichte finden sich im Sturm und Drang ebenfalls.

Autoren und Werke

Johann Gottfried Herder (1744–1803) bildet mit Goethe in Straßburg den Kopf der dortigen Dichtergemeinschaft. Er ist Theologe, Philosoph, Dichter und Autor verschiedener (kunst-)theoretischer Schriften. Herder hat großen Einfluss auf Goethes Frühwerk und weckt dessen Begeisterung für Shakespeare. Er selbst befasst sich mit der Volkssprache, in der er Natürlichkeit und Ursprünglichkeit vermutet. Seine Werke wie *Fragmente über die neuere deutsche Literatur* (1767/1768) oder *Kritische Wälder oder Betrachtungen die Wissenschaft und Kunst des Schönen betreffend* (1769) bilden eine wichtige Grundlage der Sturm-und-Drang-Bewegung.

Der junge **Johann Wolfgang von Goethe** (1749–1832) beginnt, nachdem eine schwere Krankheit seinen ersten Studien-Anlauf in Leipzig beendet hat, im Jahre 1770 in Straßburg mit einem Jura-Studium. Vor allem seine Begegnung mit Herder, der ihn für seine Vorstellungen von Schöpfertum, Genialität und Originalität begeistern kann, prägen die Denkweise des jungen Studenten maßgeblich.
Während seiner Zeit in Straßburg schafft Goethe – inspiriert durch seine Liebesbeziehung zur Sesenheimer Pfarrerstochter Friederike Brion – mit den *Sesenheimer Liedern* (entstanden 1771) charakteristische emotionale und unmittelbare Erlebnisgedichte. Seine eigene Shakespeare-Begeisterung formuliert er nach seiner Rückkehr nach Frankfurt in der Rede *Zum Schäkespears Tag* (1771), ebenfalls in dieser Zeit entstehen die hymnischen Dichtungen wie *Prometheus* und *Ganymed* (1774), nachdem schon vorher das Drama *Götz von Berlichingen* (1773) fertiggestellt worden war. Den publikumswirksamen → Briefroman *Die Leiden des jungen Werthers* verfasst Goethe im Frühjahr 1774 und verarbeitet darin seine unglückliche Liebe zu Charlotte Buff, die er in Wetzlar kennengelernt hat.

Weitere Autoren
- **Friedrich Maximilian Klinger** (1752–1831)
- **Heinrich Leopold Wagner** (1747–1779)
- **Jakob Michael Reinhold Lenz** (1751–1792)
- **Gottfried August Bürger** (1747–1794)
- **Ludwig Hölty** (1748–1776)

2 Tendenzen der Literaturgeschichte

Beispiel	**Motive des Sturm und Drang**

Goethes Briefroman *Die Leiden des jungen Werthers* vermittelt einen anschaulichen Eindruck von den Gedanken und Empfindungen der Sturm-und-Drang-Dichter. Anknüpfend an seine unglückliche Liebe zu Charlotte Buff zeigt Goethe im *Werther* einen jungen Mann, dessen hochgesteigerte Leidenschaften und Kunstvorstellungen an derart schmerzhafte Grenzen stoßen, dass der Selbstmord zum scheinbar letzten Ausweg wird.

Der Brief vom 10. Mai stammt aus dem ersten Teil Buches. Werther hat sich gerade aus seinem früheren Umfeld gelöst und ist verreist. Lotte hat er noch nicht kennengelernt.

Johann Wolfgang von Goethe

Die Leiden des jungen Werthers (1774)

Am 10. Mai

Eine wunderbare Heiterkeit hat meine ganze Seele eingenommen, gleich den süßen Frühlingsmorgen, die ich mit ganzem Herzen genieße. Ich bin allein und freue mich meines Lebens in dieser Gegend, die für solche Seelen geschaffen ist wie die meine. Ich bin so glücklich, mein Bester, so ganz in dem Gefühle von ruhigem Dasein versunken, daß meine Kunst darunter leidet. Ich könnte jetzt nicht zeichnen, nicht einen Strich, und bin nie ein größerer Maler gewesen als in diesen Augenblicken. Wenn das liebe Tal um mich dampft, und die hohe Sonne an der Oberfläche der undurchdringlichen Finsternis meines Waldes ruht, und nur einzelne Strahlen sich in das innere Heiligtum stehlen, ich dann im hohen Grase am fallenden Bache liege, und näher an der Erde tausend mannigfaltige Gräschen mir merkwürdig werden; wenn ich das Wimmeln der kleinen Welt zwischen Halmen, die unzähligen, unergründlichen Gestalten der Würmchen, der Mückchen näher an meinem Herzen fühle, und fühle die Gegenwart des Allmächtigen, der uns nach seinem Bilde schuf, das Wehen des Alliebenden, der uns in ewiger Wonne schwebend trägt und erhält; mein Freund! Wenn's dann um meine Augen dämmert, und die Welt um mich her und der Himmel ganz in meiner Seele ruhn wie die Gestalt einer Geliebten – dann sehne ich mich oft und denke: ach könntest du das wieder ausdrücken, könntest du dem Papiere das einhauchen, was so voll, so warm in dir lebt, daß es würde der Spiegel deiner Seele, wie deine Seele ist der Spiegel des unendlichen Gottes! – mein Freund – aber ich gehe darüber zugrunde, ich erliege unter der Gewalt der Herrlichkeit dieser Erscheinungen.

Goethes Werke Band VI. Romane und Novellen I. Textkritisch durchgesehen von E. Trunz. Kommentiert von E. Trunz und B. von Wiese. 13. durchgesehene und erweiterte Auflage. München, Verlag C. H. Beck 1981. S. 9.

Seitenkommentare (linke Spalte):

Die Stimmung („Seele") wird mit einem Naturereignis („Frühlingsmorgen") verglichen.

Häufung von Personalpronomen der 1. Person Singular

subjektives Empfinden als Qualitätskriterium der Kunst

stimmungsvolle Naturbeschreibung: vom Makrokosmos („Tal", „Sonne") bis zum Mikrokosmos („Halme", „Würmchen")

Nähe des Individuums zur Natur, Sakralisierung der Natur und des persönlichen Empfindens, biblisches Vokabular.

mystische Nähe des Individuums zur Natur

Kunst als authentischer Ausdruck des subjektiv Empfundenen

2.4 Dichtung des Sturm und Drang

Sturm und Drang – Motive im Brief vom 10. Mai >> Beispiel

Der frühe Werther-Brief greift sehr anschaulich einige Motive des Sturm und Drang auf. Diese werden genutzt, um die positive Stimmung auszudrücken, von der Werther seinen Neuanfang am neuen Wirkungsort begleitet sieht. Wie der Frühling für das Lebendigwerden der Natur am Jahresanfang steht, so hofft auch Werther auf ein Erwachen, auf neue Kraft und Lebendigkeit.

Der Brief liefert in erster Linie eine **Naturbeschreibung**. Werther beschreibt das morgendliche Tal, die aufgehende Sonne, den Wald und den Bach und bezieht schließlich auch die Details der „kleinen Welt", Grashalme, Würmer und Mücken in seine Beschreibung ein. Werthers Naturverständnis erscheint dabei umfassend, Makrokosmos und Mikrokosmos sind gleichwertig, sie gehören zusammen und bilden gemeinsam seine Umwelt.

Im Zentrum der umfassenden Naturbeschreibung steht Werther selbst. Die Anhäufung von Pronomen der 1. Person Singular (ich, mir usw.) unterstützt den Eindruck der **subjektiven Schilderung**. Werther empfindet und schildert sich in der beschriebenen Einsamkeit als einen Teil der Natur, er erlebt sich in ihrer unmittelbaren Nähe (vgl. „Wenn das liebe Tal um mich dampft" oder „an der Finsternis meines Waldes ruht"). Die Naturschilderung ist aus diesem Grunde auch nicht deskriptiv-naturwissenschaftlich, sondern deutlich emotional und persönlich. Werther sieht seine Umwelt nicht nur, er empfindet sie, wobei es Goethe durch Verwendung einer **poetischen – fast lyrischen – Sprache** gelingt, dieses Empfinden auf den Leser zu übertragen, ohne es explizit zu benennen. Die beschriebenen Einzelphänomene, etwa das dampfende Tal oder die ruhende Sonne, werden durch passende Attribute und Personifizierungen dezent charakterisiert, sodass sie sich mit den Natur- und Frühlingserfahrungen des Lesers verbinden und wiederum Stimmungen auslösen können.

Die euphorische Naturbeschreibung wird schließlich noch gesteigert, indem **mystische und religiöse Motive aufgegriffen werden**. Werther vergleicht die Natur mit der „Gestalt der Geliebten" und sieht in ihr eine Manifestation Gottes – des „Allmächtigen", des „Allliebenden", des „unendlichen Gottes". Die sprachlichen Anlehnungen an die Schöpfungserzählungen der Bibel sind deutlich, haben aber an dieser Stelle eher eine poetische als eine religiöse Funktion. In späteren Briefen wird Werther sich entsprechend auf andere Traditionstexte – etwa Homer oder Ossian – beziehen.

Werther beobachtet und empfindet die Natur auch als Maler und offenbart dabei seine zum Sturm und Drang passende **Kunstvorstellung**. Der eigentlichen Produktivität vor- und übergeordnet muss das echte Empfinden der Natur, das Einswerden von Stimmung und Natur stehen. Werther sieht die vergöttlichte Natur als Spiegel seiner Seele und wünscht sich eine Kunst, >>

>> **Beispiel**

die wiederum zum authentischen Spiegel der Natur wird. Gott, Schöpfung, künstlerische Empfindung und künstlerischer Ausdruck sollen in unmittelbarem Zusammenhang stehen und eine Einheit bilden.

In aller positiven Stimmung und Zufriedenheit deutet sich der **weitere Verlauf des Briefromans** hier allerdings leitmotivisch an. Schon der Vergleich der Natur mit der „Geliebten" nimmt Werthers Begegnung mit Lotte vorweg und vor allem die Reihung der Konditionalsätze, deren schlussendliche Feststellung ja gerade das Ungenügen des Künstlers Werther aufzeigt, spielt bereits auf sein Scheitern am Ende des Romans an.

Überblick

Sturm und Drang	
Begriff und Eingrenzung	von der Nachwelt in Anlehnung an das Drama *Sturm und Drang* (ursprünglich: *Wirrwar*) zur Bezeichnung der Geniebewegung benutzt
zeitgeschichtliche Rahmenbedingungen	Unmittelbare zeitliche Nähe zur europäischen Aufklärung. Nach dem Siebenjährigen Krieg (1756–1763) entstand allmählich ein deutsches Nationalbewusstsein. Die Aufgeklärtheit, die sich allmählich in Herrschaftsformen konkretisiert („Aufgeklärter Absolutismus"), ist in den zahlreichen Territorialfürstentümern kaum verwirklicht. Unterdrückung und Ausbeutung der Untertanen zur Finanzierung fürstlicher Prunksucht und Machtgier bestimmen in vielen Gebieten die politische Realität.
Weltbild, Menschenbild und Lebenskonzept	– Ablehnung einer reinen und einseitigen Vernunft-Orientierung – Ideal: Verbindung des Rationalen mit dem Emotionalen – Orientierung an der Natürlichkeit des Menschen – Streben nach individueller Freiheit und Selbstverwirklichung
ästhetische Theorie	– Genialität und subjektive Schöpferkraft ersetzen jegliche Regelhaftigkeit. – Das Kunstwerk wird mit einem natürlichen Organismus verglichen.
Sprache	Hinwendung zur Natürlichkeit und Ursprünglichkeit der Volkssprache
Gattungen	– Dramen – Erlebnisdichtung/politische Dichtung – Briefroman
Autoren und Werke	– Johann Gottfried Herder (1744–1803): *Fragmente über die neuere deutsche Literatur, Kritische Wälder oder Betrachtungen die Wissenschaft und Kunst des Schönen betreffend* – Johann Wolfgang Goethe (1749–1832): *Sesenheimer Lieder, Frankfurter Hymnen, Götz von Berlichingen, Die Leiden des jungen Werthers* – Friedrich Maximilian Klinger (1752–1831): *Sturm und Drang* – Heinrich Leopold Wagner (1747–1779): *Die Kindesmörderin* – Jakob Michael Reinhold Lenz (1751–1792): *Der Hofmeister, Die Soldaten* – Gottfried August Bürger (1747–1794): Balladen, *Leonore*
Zitate und Sprüche	– *„Das Gefühl ist mehr als die Vernunft!"* (Rousseau) – *„Ich! Der ich mir alles bin, da ich alles nur durch mich kenne! So ruft jeder, der sich fühlt."* (Goethe, Rede *Zum Schäkespears Tag*)

2.5 Die Weimarer Klassik

Begriff

Schon die Herkunft des Begriffes lässt mehrere Bedeutungen vermuten. Der lateinische Begriff „classicus" bezeichnet einen Bürger, der der höchsten Steuerklasse angehört, also schon deutlich herausragt aus dem Feld des „Durchschnitts". Daneben bezeichnet „scriptor classicus" einen Schriftsteller sozusagen der „Spitzenklasse". Entsprechend mehrdeutig wird auch heute noch der Begriff verwendet: „klassisch" bedeutet neben „der Klassik zuzurechnen" auch „zeitlos gültig", „vollkommen", vorbildlich" (besonders im künstlerischen Bereich). Mit „Klassik" wiederum bezeichnet man eine zeitlich fixierte Epoche, in der, so formuliert es Herder, ein Volk das „Maximum seiner Bildung" erreicht, in der dann Kunstwerke von einmaligem Rang (eben im Rahmen dieser Nation) entstehen. Im deutschen Kulturraum spricht man von der „**Weimarer Klassik**" und meint damit den Zeitraum, der begrenzt wird vom Beginn der Italienreise Goethes (1786) einerseits und dem Tod Schillers andererseits (1805) bzw. dem Tod Goethes (1832).

klassisch = vollkommen, zeitlos gültig

Zeitgeschichtliche Rahmenbedingungen

1789 beginnt die Französische Revolution, die Bastille wird gestürmt, die Menschen- und Bürgerrechte werden erklärt. 1792 beginnt die Herrschaft der Jakobiner und die Zeit des Terrors. 1794 wird Robespierre gestürzt, 1799 gelangt Napoleon an die Macht. 1804 wird er französischer Kaiser, 1806 wird das Heilige Römische Reich aufgelöst, 1812 zieht Napoleon gegen Russland, 1813 beginnen die Befreiungskriege, die in der Schlacht bei Waterloo ihr Ende finden. Im Wiener Kongress 1815 beginnt man, Europa neu zu ordnen.

Weimar ist ein deutscher Kleinstaat, an dessen Spitze ein aufgeklärter Herzog mit einem deutlichen Interesse an Kunst und Wissenschaft steht. Goethe kommt 1775 an den Hof als Ratgeber und Vertrauter des Herzogs und wird bald Minister, hat aber genügend Zeit zum Forschen (naturwissenschaftliche Studien) und Dichten sowie für die Leitung des Hoftheaters.

Der Hof selbst stellt keine bedeutende politische Größe dar, so wird die Aufnahme übergreifender Ideen nicht behindert. Im Rahmen des so entstehenden geistigen Horizonts taucht erstmals der Begriff „Weltbürger" auf.

Weltbild, Menschenbild und Lebenskonzept

Man wendet sich von den Grausamkeiten der Französischen Revolution ab und befasst sich nur noch „philosophisch" mit den blutigen Ereignissen. So bleibt die Weimarer Klassik gewissermaßen unpolitisch.

Der Mensch nimmt nach Meinung der Klassiker zunächst eine Mittelstellung ein: Durch seinen Geist hat er teil an der „Gottheit", seine Natur lässt ihn an der „Tierheit" teilhaben. Goethe sucht die Einheit (Harmonie) in der Natur, Schiller wendet sich mehr der Geschichte zu.

In der Nachfolge der Aufklärung geht man von der Bildbarkeit des Menschen, von seiner Erziehbarkeit zum Guten aus. Dabei geht es nicht um die Erziehung zu einzelnen Tugenden (wie etwa der Toleranz), sondern um die Ausbildung einer harmonischen Gesamtpersönlichkeit, die Gefühl und Verstand umgreift.

Der Mensch ist autonom und frei; Harmonie in allen Bereichen

Sittlichkeit wird nicht mehr von einer Transzendenz her motiviert, sondern dem Menschen als Vernunftwesen unterstellt (kategorischer Imperativ). Der Mensch, der in seinem Geist die moralischen Gebote entwirft und in seinen Willen aufnimmt, wird so autonom und frei, er ist in der Lage, alle Zwänge (selbst den Tod) dem Begriff nach aufzuheben. So wird die „reine Menschlichkeit" zum humanistischen Ideal, das den Ausgleich, die Harmonie in allen Bereichen verfolgt, nicht nur den Ausgleich zwischen Geist und Gefühl, sondern auch den Ausgleich von Natur und Mensch und nicht zuletzt auch den Ausgleich von Individuum und Gesellschaft. Zwar befinden sich auch Pflicht und Neigung meist im Einklang („schöne Seele"), doch kann es zu Diskrepanzen kommen. Dann wird der Mensch seine „Würde" wahren, die Neigung überwinden und seine „Erhabenheit" unter Beweis stellen.

Ästhetische Theorie

Verwirklicht sieht die Klassik ihre Ideale in der griechischen Antike. Hier folgt man Winckelmann, der in seinem Buch über die *Nachahmung der griechischen Werke in der Malerei und Bildhauerkunst* (1755) das Konzept der Antike in eine griffige Formel gießt und von „edle Einfalt, stille Größe" spricht, wobei er besonders betont, dass „der Ausdruck in den Figuren der Griechen bei allen Leidenschaften eine große und gesetzte Seele" zeigt. Damit wird der Kunst eine entscheidende Funktion zugewiesen: Sie verarbeitet die Wirklichkeit und zeigt das Ideal, sie gestaltet nicht Wirklichkeit, sondern zeigt Wahrheit. Sie kann den Ausgleich zwischen Geist und Sinnlichkeit, zwischen Pflicht und Neigung, zwischen sinnlichem Trieb und dem Gesetz der Vernunft im Rahmen einer höheren Harmonie schaffen. So stellt nach

Kunst zeigt das Ideal

Schiller der „Spieltrieb" den humanen Ausgleich zwischen „Formtrieb" und „Stofftrieb" her und lässt den Menschen zum Menschen werden.

Sprache

Der gehobene Gegenstand fordert die gehobene Form. Das betrifft nicht zuletzt auch die Sprache. Die Klassik bemüht sich um eine Überhöhung auch auf der sprachlichen Ebene. Davon betroffen ist nicht nur die Wortwahl, sondern auch die Syntax.

Themen, Motive, Gattungen

Die grundsätzliche Ausrichtung des klassischen Konzepts führt zu einer gleichfalls grundsätzlich orientierten Themenwahl. Der Alltag tritt zurück, die großen Stoffe, die eine grundsätzliche Bedeutung erkennen lassen, werden bevorzugt. So geht es um Fragen der Humanität (*Iphigenie*), Freiheit und Zwang (*Wallenstein*), Genie und Gesellschaft (*Torquato Tasso*), Einbindung des Individuums in die Gesellschaft (*Wilhelm Meister*), Ideen und geschichtliche Wirklichkeit (*Don Carlos*).

Humanität, Freiheit, Gesellschaft und Individuum, Idee und Wirklichkeit

Als Gattung steht das **Drama** im Vordergrund, aber auch Gedankenlyrik findet sich und nicht zuletzt der → Bildungsroman. Eine besondere Form stellen die → Balladen dar. Goethe glaubt in ihnen das „Urei" der Dichtung gefunden zu haben, da sie Elemente der drei Gattungen (Lyrik, Epik, Dramatik) in sich vereinigen.

Autoren und Werke

Der „Weimarer Klassik" im engeren Sinn rechnet man nur die beiden Autoren Johann Wolfgang von Goethe (1749–1832) und Friedrich von Schiller (1759–1805) zu. Im erweiterten Sinn wird man auch Herder (1744–1803) nennen müssen. Die wichtigsten Werke sind:

Johann Wolfgang von Goethe: 1784 *Iphigenie auf Tauris*, auf dem Weg nach Italien umgearbeitet. Im Zentrum der Handlungsmotivik steht das „verteufelt Humane", wie es Goethe selbst nennt; 1788 *Egmont*; 1790 *Torquato Tasso*: Der Dichter/Künstler in seiner Auseinandersetzung mit gesellschaftlichen Restriktionen/Verpflichtungen; 1795/96 *Wilhelm Meisters Lehrjahre*: das umfassende (Aus-)Bildungskonzept: über Irrtum zum Tätigsein, humanistische Grundtendenzen, der Einzelne auf dem Weg zum Ausgleich mit der Gesellschaft; 1798: *Herrmann und Dorothea*: Beförderung der Humanität, Engagement des Einzelnen für das Gemeinwesen als Ausdruck der Humanität.

Friedrich von Schiller: 1787 *Don Carlos*: der Mensch zwischen Idealen und Geschichte; 1795 *Briefe über die ästhetische Erziehung des Menschen*: Funktion der Kunst für den Menschen und seine „kulturelle Entwicklung"; 1795/96: *Über naive und sentimentalische Dichtung*: Voraussetzungen und Merkmale der Kunst, der moderne Dichter im Vergleich mit der Antike; 1798/99: *Wallenstein*-Trilogie; 1804 *Wilhelm Tell*

Johann Gottfried Herder: *Briefe zur Beförderung der Humanität*: Es wird versucht, auf theoretische Weise zu klären, wie Humanität begründet und entwickelt werden kann.

Autoren, deren schriftstellerische Tätigkeit zumindest in einer gewissen zeitlichen Nähe zur Klassik steht, sind **Friedrich Hölderlin** (1770–1843) und **Heinrich von Kleist** (1777–1811). Hölderlin sucht mehrfach den Kontakt zu den klassischen Dichtern und findet in Schiller tatsächlich einen Förderer. Vor allem formal erinnert seine Dichtung an die antikisierenden Verse Schillers. Kleist wirkt vor allem als Dramatiker. Bekannte Werke sind *Amphitryon, Das Käthchen von Heilbronn* und *Der zerbrochene Krug*.

2.5 Die Weimarer Klassik

Überblick

Klassik	
Begriff und Eingrenzung	– Das lateinische Wort *„classicus"* bezeichnet einen Bürger, der der höchsten Steuerklasse angehört, also schon deutlich herausragt aus dem Feld des „Durchschnitts". – „Klassisch" bedeutet neben „der Klassik zuzurechnen" auch „zeitlos gültig", „vollkommen", „vorbildlich" (besonders im künstlerischen Bereich). – „Klassik" wiederum bezeichnet eine zeitlich fixierte Epoche, in der Kunstwerke von einmaligem Rang entstehen. – „Weimarer Klassik" meint den Zeitraum vom Beginn der Italienreise Goethes (1786) bis zum Tod Schillers (1805) bzw. zum Tod Goethes (1832).
zeitgeschichtliche Rahmenbedingungen	– 1789 Französische Revolution (Sturm der Bastille, Menschen- und Bürgerrechte) – 1792 Jakobiner, Zeit des Terrors; 1794 wird Robespierre gestürzt, 1799 gelangt Napoleon an die Macht. 1804 wird er französischer Kaiser, 1806 wird das Heilige Römische Reich aufgelöst, 1812 zieht Napoleon gegen Russland, 1813 beginnen die Befreiungskriege, die in der Schlacht bei Waterloo ihr Ende finden. – Im Wiener Kongress 1815 beginnt man, Europa neu zu ordnen. – Weimar ist ein deutscher Kleinstaat mit einem aufgeklärten Herzog mit Interesse an Kunst und Wissenschaft. – 1775: Goethe kommt an den Hof als Ratgeber. Der Hof selbst stellt keine bedeutende politische Größe dar.
Weltbild, Menschenbild und Lebenskonzept	– Der Mensch in einer Mittelstellung: Durch seinen Geist hat er teil an der „Gottheit", seine Natur lässt ihn an der „Tierheit" teilhaben. – Bildbarkeit des Menschen (Nachfolge der Aufklärung), Erziehbarkeit zum Guten, Ausbildung einer harmonischen Gesamtpersönlichkeit, die Gefühl und Verstand umgreift. – Sittlichkeit: Mensch als Vernunftwesen, autonom und frei, in der Lage, alle Zwänge (selbst den Tod) dem Begriffe nach aufzuheben – „reine Menschlichkeit", humanistisches Ideal, Ausgleich, die Harmonie in allen Bereichen
ästhetische Theorie	– Ideale in der griechischen Antike (Winckelmann) – Kunst verarbeitet die Wirklichkeit und zeigt das Ideal. – Kunst schafft den Ausgleich zwischen Geist und Sinnlichkeit, zwischen Pflicht und Neigung, zwischen sinnlichem Trieb und dem Gesetz der Vernunft im Rahmen einer höheren Harmonie.
Sprache	gehobene, durchgeformte Sprache
Gattungen	Drama, Ballade, Gedankenlyrik; (Bildungs-)Roman
Autoren und Werke	– Goethe: *Iphigenie auf Tauris, Egmont, Torquato Tasso, Herrmann und Dorothea, Wilhelm Meister,* Balladen – Schiller: *Don Carlos, Wallenstein, Über die ästhetische Erziehung des Menschen, Wilhelm Tell,* Balladen
Zitate und Sprüche	– *„Edle Einfalt, stille Größe"* (Winckelmann) – *„Edel sei der Mensch, hilfreich und gut"* (Goethe)

2.6 Die Romantik

Begriff und Eingrenzung

Was heißt „romantisch"?

Noch zu Lebzeiten Goethes etablieren sich Ideen, die sich von den kalten, als philisterhaft bezeichneten Idealen einer einseitig aufklärerischen Gesellschaft und Kunst abwenden und dabei zu einer neuen, „romantischen" Sicht und Bewertung der Wirklichkeit gelangen. Das Adjektiv „romantisch" meint zunächst „im Roman vorkommend" und damit – abschätzig – „phantastisch", „unwirklich" und „überspannt". Werden derartige Tendenzen vor dem Hintergrund der Weltdeutung von Aufklärung und Klassik zunächst als unangemessen und krank bewertet, kommt es im Laufe der Epoche zu einer immer größeren Akzeptanz. Schließlich sieht man in der Betonung des Gefühlvollen, des Fantastischen und Irrationalen eine zeitgemäße Antwort auf die einseitige Weltsicht des Rationalismus. Orientiert an freundschaftlichen und verwandtschaftlichen Bindungen, an gemeinsamen Ideen und geographischen Gegebenheiten unterscheidet die Literaturgeschichtsschreibung zwischen der **Frühromantik** oder **Jenaer Romantik**, der **Heidelberger Romantik** oder **Hochromantik** und der **Spätromantik**.

Zeitgeschichtliche Rahmenbedingungen

Die Künstler der Romantik erleben enorme politische Bewegungen und Veränderungen im Europa nach der Französischen Revolution. Der Bogen spannt sich vom Aufstieg und Fall Napoleons über die Restauration bis zu den liberal-demokratischen Unabhängigkeitsbewegungen in der Mitte des 19. Jahrhunderts.

Ästhetische Theorie

Die Frühromantik

das romantische Lebensgefühl

Schlagworte wie **Freiheit**, **Unendlichkeit**, **Sehnsucht** und **Universalität** umschreiben die Tendenzen und das Lebensgefühl, mit denen sich die neue Dichtergeneration von den moralisierenden und übertrieben rationalen und profanen Grundsätzen der Aufklärungsnachfahren, der „Philister", abzugrenzen versucht. Die Betonung von emotionalen Kräften und individuellem Fühlen sowie das Einlassen auf die Stimme des Herzens werden als angemessene Formen der Wirklichkeitswahrnehmung und -deutung propagiert und als Möglichkeit gesehen, empfundene Disharmonien und Einseitigkeiten des Lebens zu überwinden.

2.6 Die Romantik

Die Poesie selbst gilt nun als Medium zur Versöhnung und Verbindung der immer differenzierter werdenden Lebens- und Kunstbereiche wie auch der unterschiedlichen literarischen Gattungen. Friedrich Schlegel spricht im *116. Fragment* seiner Zeitschrift *Athenäum* von einer „progressiven Universalpoesie". Klare Definitionen und eindeutige Abgrenzungen von Lebensbereichen und Kunstformen, wie sie in der Aufklärung propagiert und konstruiert werden, sollen aufgehoben und geöffnet werden. So wie das Leben nicht als klar definierte Größe aufgefasst und rational durchdrungen werden kann, soll die Poesie auch offen, unabgeschlossen, erweiterbar und fortschreitend – „progressiv" sein. Die universale Vorstellung von Poesie und Kunst setzt sich über die Grenzen von Gattungen und Kunstformen hinweg. *„Die romantische Poesie ist eine progressive Universalpoesie. Ihre Bestimmung ist nicht bloß, alle getrennten Gattungen der Poesie wieder zu vereinigen [...], sie soll auch Poesie und Prosa, Genialität und Kritik, Kunstpoesie und Naturpoesie bald vermischen, bald verschmelzen"*, heißt es bei Schlegel.

Poesie als „progressive Universalpoesie"

Programmatische Unterstützung finden die Frühromantiker bei den Theologen und Philosophen Friedrich Schleiermacher (1768–1834), Johann Gottlieb Fichte (1762–1814) und Friedrich Wilhelm Schelling (1775–1854), deren Lehrtätigkeit an der Universität in Jena der neuen Bewegung ein geographisches Zentrum verleiht und ihr den Beinamen **Jenaer Romantik** verschafft. Die Themen der frühromantischen Philosophie sind entsprechend der Weltwahrnehmung ihrer Zeitgenossen die Subjektivität der Wirklichkeitswahrnehmung und das Verhältnis zwischen Ich und Welt, zwischen Subjekt und Objekt. Als Höhepunkt und gleichzeitig symbolischer Endpunkt der Frühromantik gilt das Werk des Dichters **Novalis**. Der Blick in das Innere der Menschen, die Erfahrung der Nacht und des Todes sind die von ihm erklärten Wege zur Daseinserfüllung jenseits der erfahrenen Begrenztheit und Endlichkeit des Lebens.

Philosophie der Frühromantik

Die Heidelberger Romantik und die späte Romantik

Zwischen 1805 und 1808 findet sich um die befreundeten Schriftsteller **Clemens Brentano** (1778–1842) und **Achim von Arnim** (1781–1831) in Heidelberg ein weiterer Kreis von Autoren und Intellektuellen zusammen, die der Romantik zugerechnet werden. Die Ablehnung einer übertriebenen, einseitig rationalen Aufklärung und eines Klassizisimus, dessen Wertvorstellungen sich allein an der strengen Einhaltung formaler und äußerlicher Regeln orientiert, verbindet den Dichterkreis – zu dem auch **Joseph Görres** (1776–1848), **Karoline von Günderrode** (1780–1806) und die Brüder **Jacob** (1785–1863) und **Wilhelm Grimm** (1786–1859) gehören – zumindest inhaltlich mit der Jenaer Romantik. Im Gegensatz zu den Frühromantikern ist der Heidelberger Kreis allerdings weniger philosophisch und theoretisch ausgerichtet. Die Besinnung auf das Nationale, auf Natur, Heimat und Volkstümliches wird angesichts der Bedrohung durch Napoleons Aufstieg zum Leitmotiv der Heidelberger Romantik. Im Gegensatz zur Klassik, deren Kunst- und Weltideal auf die griechische und römische Antike blickte, zeigen sich die Romantiker vom deutschen Mittelalter fasziniert. Die vermeintlich klaren und stimmigen Vorstellungen von Moral und Gesellschaft werden zu einem idealisierten Sehnsuchtsort, der Halt und Geborgenheit verspricht. Der Schwerpunkt der Romantik verlagert sich weiterhin nach Berlin, wo **Joseph von Eichendorff** (1788–1857), der auch dem Heidelberger Kreis schon nahestand, und **E. T. A. Hoffmann** (1776–1822) als wesentliche Vertreter der neuen Richtung zu nennen sind.

Sehnsucht nach dem Mittelalter

Spätromantik

Themen, Motive und Gattungen

Vermischung der Gattungen

Die Frage nach den typischen Gattungen der Epoche muss berücksichtigen, dass die Romantiker eine bewusste Grenzvermischung der Gattungen propagiert und ansatzweise verwirklicht haben, um der Vorstellung von einer alle Gattungen vereinenden Universalpoesie nahezukommen. Häufig finden sich in diesem Zusammenhang die romantischen Romane und Novellen mit Gedichten und märchenhaften Elementen vermischt. Eine neue – typisch romantische – Kunstform ist das **Fragment**. In den absichtlich unvollendet belassenen Werken will man auf die Zerrissenheit der Wirklichkeit und die Unmöglichkeit, etwas Umfassendes und Verbindendes zu schaffen, anspielen.

Suche nach der „blauen Blume"

Hauptgattung der frühen Romantik ist der **Roman**. Es werden zahlreiche Romane begonnen, von denen allerdings nur wenige zu Ende geführt werden. Das bekannteste Romanfragment der Frühromantik ist wohl Novalis' *Heinrich von Ofterdingen* (1802); es geht um die Suche eines mittelalterlichen Minnesängers nach der „blauen Blume", einem Symbol für Erfüllung und harmonischer Vollendung. Entgrenzung, Hinwegsetzung über die genaue Wirklichkeitsdarstellung sowie die Verwischung von Traum und Wirklichkeit kennzeichnen den Roman entsprechend. Die Träume, Sagen, Lieder und Märchen, mit welchen der Roman durchsetzt ist, sind formale Konkretisierungen der Universalpoesie und dem Streben nach Allharmonie.

Neben den Romanfragmenten wird häufig auch die **Lyrik** als typische Gattung der Romantik angesehen. Hierbei darf allerdings nicht ignoriert werden, dass viele der bekannten romantischen Gedichte nicht als eigenständige Werke veröffentlich wurden, sondern häufig in Roman- oder Novellenkontexte integriert sind. In derartigen Gedichten begegnen also zunächst nicht die Aussagen eines isoliert zu betrachtenden lyrischen Ich, sie müssen vielmehr den Erzählsituationen, denen sie entstammen, zugeordnet werden. Insgesamt orientiert sich die romantische Lyrik deutlich an Stimmungen und Gefühlen. Inhaltlich und formal finden sich volksliedhafte Elemente. Man konstruiert einfache, singbare Strophen mit Reimen und Refrains, lässt Wanderer, Handwerker und andere typische Volksgruppen auftreten. Auch hier finden sich Motive aus dem Mittelalter, aus der Sagen- und Märchenwelt oder aus der Natur.

Motive der Lyrik

Vertreter und Werke der Romantik

Novalis (Georg Philipp Friedrich Freiherr von Hardenberg; 1772–1801) gilt als der größte Dichter der Frühromantik. Die Verwischung von Traum und Wirklichkeit, das Spielen mit Ahnungen und Andeutungen sind ebenso Kennzeichen seines Werks wie die melancholisch-schwermütige Sprache.

Wilhelm Heinrich Wackenroder (1773–1798) und **Ludwig Tieck** (1773–1853) verkörpern mit ihren Werken – etwa *Franz Sternbalds Wanderungen* (1798) – sehr früh die Tendenzen der Romantik und werden damit zu Begründern und Wegweisern der neuen Kunst- und Denkrichtung.

Als ein Produkt der Freundschaft zwischen den Dichtern **Clemens Brentano** (1778–1842) und **Achim von Arnim** (1781–1831) entsteht zwischen 1806 und 1808 die Volksliedsammlung *Des Knaben Wunderhorn*, deren vermeintlich echte Volkslieder inhaltlicher und formaler Orientierungspunkt der volksliedhaften romantischen Dichtung werden.

Joseph von Eichendorff (1788–1857), aus einer katholischen preußischen Offiziersfamilie stammend, gilt als der bedeutendste Vertreter der Hochromantik. Neben charakteristischen volkstümlich-einfachen Gedichten verfasst er erzählende Literatur, etwa die Novelle *Aus dem Leben eines Taugenichts* (1826).

Als wichtigster Vertreter der Spätromantik gilt **E.T.A. (Ernst Theodor Amadeus) Hoffmann** (1776-1822). Hoffmann stammt aus Königsberg und lebt – nach Aufenthalten an anderen Orten – ab 1814 in Berlin. Seine Werke sind geprägt von der Motivik des Unheimlichen und Skurrilen, von Spukgestalten und Geheimnisvollem. Bekannte Werke sind etwa *Der goldene Topf* (1814), *Die Elixiere des Teufels* (1815/16), *Der Sandmann* (1816/17), *Das Fräulein von Scuderi* (1819/21) oder *Lebensansichten des Katers Murr* (1819/21).

2 Tendenzen der Literaturgeschichte

Beispiel

Klassik und Romantik im Vergleich

Künstlerische und private Gründe führen im Jahr 1786 zu Goethes fluchtartigem Aufbruch nach Italien, wo er sich bis 1788 aufhalten wird. Briefe aus Rom und das später überarbeitete Reisetagebuch *Italienische Reise* zeugen von Goethes grundlegender Bewusstseinsveränderung während dieses Aufenthaltes. Auch die Gedichtsammlung *Römische Elegien* belegt die Tiefe seiner Begegnung mit Italien und der Antike, gleichwohl sie erst nach der Rückkehr verfasst wurde. Bezüge zur Französischen Revolution und die Verarbeitung der Bekanntschaft mit Christiane Vulpius – Goethes späterer Frau – machen die *Elegien*, die Goethe 1795 in Schillers Zeitschrift *Die Horen* veröffentlichte, zusätzlich beachtenswert. Die Gedichtsammlung verwebt die Begegnung mit der Kunst, der Architektur, dem Menschenbild und den Wertvorstellungen der Antike mit der Erfahrung von Sinnlichkeit und Liebe. Die *V. Elegie* ist eine der exemplarischsten und bekanntesten.

Johann Wolfgang von Goethe

V. Elegie

Emphatischer Ausdruck des neuen Lebensgefühls Verbindung von Vergangenheit und Gegenwart Hand!

Ganzheitliche Zeiterfahrung

Froh empfind ich mich nun auf klassischem Boden begeistert,
Vor- und Mitwelt spricht lauter und reizender mir.
Hier befolg ich den Rat, durchblättre die Werke der Alten
Mit geschäftiger Hand, täglich mit neuem Genuß.
Aber die Nächte hindurch hält Amor mich anders beschäftigt;
Werd' ich auch halb nur gelehrt, bin ich doch doppelt beglückt.
Und belehr ich mich nicht, indem ich des lieblichen Busens
Formen spähe, die Hand leite die Hüften hinab?

Hand! Ganzheitliches Verständnis von antiker Kunst und gegenwärtigem Erleben; Hand! Verbindung von Nacht und Tag Auch in der Liebe: Ganzheitlichkeit von Fühlen und Denken Echte Dichtung als Teil des Lebens Hand!

Dann versteh ich den Marmor erst recht: ich denk und vergleiche,
Sehe mit fühlendem Aug', fühle mit sehender Hand.
Raubt die Liebste denn gleich mir einige Stunden des Tages,
Gibt sie Stunden der Nacht mir zur Entschädigung hin.
Wird doch nicht immer geküßt, es wird vernünftig gesprochen;
Überfällt sie der Schlaf, lieg' ich und denke mir viel.
Oftmals hab' ich auch schon in ihren Armen gedichtet
Und des Hexameters Maß leise mit fingernder Hand
Ihr auf den Rücken gezählt. Sie atmet in lieblichem Schlummer,
Und es durchglühet ihr Hauch mir bis ins Tiefste die Brust.

Amor als Verbindung von Antike und Gegenwart: Anspielung auf die spätrömischen Liebeselegien

Amor schüret die Lamp' indes und gedenket der Zeiten,
Da er den nämlichen Dienst seinen Triumvirn getan.

Goethes Werke. Band I. Gedichte und Epen. Textkritisch durchgesehen und kommentiert von Erich Trunz. 15., durchgesehene Auflage. C. H. Beck, München, 1993, Seite 160.

2.6 Die Romantik

>> **Beispiel**

Das bekannte Gedicht *Sehnsucht* ist wie viele andere Gedichte Eichendorffs eigentlich Teil eines Romans und damit ein Beispiel für die gattungsüber- greifende bzw. -nivellierende romantische Vorstellung von einer Univer- salpoesie. Vorgetragen wird das Gedicht in der Novelle *Dichter und ihre Gesellen* (1834) von der Protagonistin Fiametta. Sängerin und Lied lassen sich im Gesamtkontext des Romans deutlich als Anspielungen auf die Mignon-Figur in Goethes Roman *Wilhelm Meisters Lehrjahre* und damit auch als Hinweise auf die frühe Goethe-Verehrung Eichendorffs deuten.

Joseph von Eichendorff

Sehnsucht

Es schienen so golden die Sterne,
Am Fenster ich einsam stand
Und hörte aus weiter Ferne
Ein Posthorn im stillen Land.
Das Herz mir im Leib entbrennte,
Da hab ich mir heimlich gedacht:
Ach, wer da mitreisen könnte
In der prächtigen Sommernacht!

Zwei junge Gesellen gingen
Vorüber am Bergeshang,
Ich hörte im Wandern sie singen
Die stille Gegend entlang:
Von schwindelnden Felsenschlüften,
Wo die Wälder rauschen so sacht,
Von Quellen, die von den Klüften
Sich stürzen in die Waldesnacht.

Sie sangen von Marmorbildern,
Von Gärten, die überm Gestein
In dämmernden Lauben verwildern,
Palästen im Mondenschein,
Wo die Mädchen am Fenster lauschen,
Wann der Lauten Klang erwacht
Und die Brunnen verschlafen rauschen
In der prächtigen Sommernacht.

Typische „Schwellen- situation": Andeutung der Kontraste und der inneren Empfindun- gen des lyrischen Ich.

akustische Erinnerung an Bewegung und Veränderung

wird im letzten Vers nochmals aufge- griffen

Kontrast zur Einsam- keit des lyrischen Ich

Kontrast zur Statik des lyrischen Ich

insgesamt: Motive einer urtümlichen, wilden Natur

Anspielungen auf Ita- lien als harmonischen Idealort

insgesamt: Motive einer gepflegten Kultur

Parallele zur Situation des lyrischen Ich

Aufgreifen des letzten Verses der ersten Strophe

Gedichte der deutschen Romantik. Hrsg. v. Karl Otto Conrady. München: Artemis und Winkler 1994. Seite 229.

>>

2 Tendenzen der Literaturgeschichte

>> Beispiel

Goethe: Die Verarbeitung der durch die Weimarer Hofgesellschaft verpönten Beziehung zu Christiane Vulpius, die Auseinandersetzung mit widersprüchlichen Wertvorstellungen und die erfahrene Inhumanität der Französischen Revolution sind sicherlich Aspekte, die bei der Deutung der Römischen Elegien eine zentrale Rolle spielen müssen. Auch textimmanent lässt sich anhand der *V. Elegie* allerdings einiges über die Lebenseinstellung und die Kunstvorstellung der Weimarer Klassik erkennen. Bereits bei der rein inhaltlichen Betrachtung liegt das Klassische der Elegien auf der Hand: Der Dichter der Gegenwart begegnet den Werken der Antike und fühlt sich von diesen zu eigener Produktivität angeregt. Eindeutig und ausdrücklich stellt er sich und seine Dichtung in den letzten Versen der *V. Elegie* in die Tradition der spätantiken Liebeselegiker Catull, Tibull und Properz. Die Begegnung mit den Orten und den Werken der Antike führt zu einer emphatischen Begeisterung, Beginn und Ende des ersten Verses rahmen das Bekenntnis eindrucksvoll und belegen seine Dimension. Der Kontakt mit der Vergangenheit ist dabei nicht rational und rein wissenschaftlich, sondern wird durch entsprechende Begriffe mehrfach auch als emotionales Erlebnis geschildert. Die Konsequenz der Begeisterung besteht in der tiefen Öffnung für Vor- und Mitwelt, für Vergangenes und Gegenwärtiges. Eine umfassend erfahrene Ganzheitlichkeit muss als das zentrale Thema der *V. Elegie* festgestellt und beschrieben werden. In der Begegnung mit Rom und der Geliebten, die sicherlich auch als Personifikation des Rom- und Antikenerlebnisses gedeutet werden darf, vollziehen sich für das lyrische Ich die Vereinigungen von Antike und Vergangenheit, von Nacht und Tag, Fühlen und Denken, von Kunstwerk und Modell, von Rezeption und Produktion. Mehrfach sind diese Dimensionen innerhalb des Gedichtes verwoben. Verknüpfend wirkt das Hand-Motiv. Die Hand dient dem Buchstudium, sie nimmt sinnlichen Kontakt zur Geliebten auf, sie vereint Fühlen und Sehen und äußert das Empfundene in neuen Hexametern und wird damit zum Symbol der Ganzheitlichkeit des beschriebenen Erlebnisses. Auch der Gott Amor hat eine ähnliche verknüpfende und vernetzende Funktion: Er ist das Thema in den täglich zu studierenden Büchern und gleichzeitig die Verkörperung der erfahrenen nächtlichen Sinnlichkeit. Die Form der Elegien trägt ihrerseits zur Verknüpfung von Antikem und Gegenwärtigem bei. Goethe ahmt durch die Verwendung des elegischen Distichons – Hexameter- und Pentameterverse werden kombiniert – das Versmaß der antiken Elegien nach. Schon während der Gedichtlektüre bekommt der Leser den Eindruck, gerade die Verse vor sich zu haben, die der Liebhaber seiner Geliebten auf den Rücken zählt. Noch in der Rezeption vollzieht sich dabei eine weitere Verbindung – die fiktive Gleichzeitigkeit von Textproduktion und Rezeption.

2.6 Die Romantik

Eichendorff: Titel, Motivik und Menschenbild des Gedichtes sind typisch für den Dichter Joseph von Eichendorff und die Romantik. Die Situation ist leicht wiederzugeben: Ein → lyrisches Ich beschreibt, wie es am Fenster steht und durch ein Posthorn und ein Wanderlied zum Träumen angeregt wird. Es träumt von einem Aufbruch in ein Traumland, welches durch eine Natur- und Kulturbeschreibung anschaulich wird. Eine symmetrische Zweiteilung des Gedichtes lässt sich nach dem Doppelpunkt im 4. Vers der 2. Strophe vornehmen. Der erste Teil beschreibt die Sinneseindrücke und Emotionen der am Fenster stehenden und in die Ferne lauschenden Person, der zweite Teil beschreibt – präsentiert als Lied der Wandergesellen – die poetische Traumwelt. Eine Verbindung der beiden Ebenen – der sehnsüchtige Blick des Ich aus dem Fenster mit den Bildern der Traumwelt – wird durch die Aufnahme der Fenstersituation im viertletzten Vers und die Wiederholung der „prächtigen Sommernacht" am Schluss hergestellt. Anders als in Goethes Elegie erfährt das Ich in seiner Situation keine Ganzheitlichkeit und keine Vereinigung von Widersprüchlichem. Es nimmt das Trennende und Getrennte wahr und erlebt seine eigene Situation als Sehnsucht. Wie in der *V. Elegie* sind verschiedene Kontraste angedeutet, etwa Nähe und Entfernung, Statik und Wanderschaft, reale Welt und Traumwelt, Innen und Außen, Sehen und Fühlen, Einsamkeit und Kameradschaft, Stille und Geräusch oder Natur und Kultur. Der Ort, an dem das Ich die Sehnsucht erlebt, ist dabei bezeichnend: Mit seinem Blick aus dem Fenster begibt es sich an die Schwelle zwischen Innen und Außen und damit – symbolisch – an die Schwelle zwischen den genannten Kontrastbereichen. Dass die Sehnsucht hier aber nicht den Wunsch zum Überschreiten der Schwelle, sondern ein nicht bewertetes Gefühl des romantischen Menschen beschreibt, deutet sich in den Parallelen zwischen der Ich-Situation am sommernächtlichen Fenster und den erträumten Frauen in eben derselben Situation an. Das Sehnsuchtsgefühl, welches im Herz des träumenden Ichs entbrennt (V. 4), löst eben nicht den Aufbruch des Ichs aus, sondern findet in dem beschriebenen Traum seine adäquate Antwort. Der Traum weist letztendlich auf den Träumer und seine Situation zurück. Im **Gegensatz zur Klassik** weiß der romantische Mensch, dass Ganzheit und Harmonie nicht in seiner Verfügbarkeit liegen. Er erlebt sich entfremdet und beschreibt sich in dieser Situation. Sehnsucht nach Ganzheit und Vollkommenheit gehören zu den unbedingten Attributen seines Menschseins, das Trennende kann zwar festgestellt, aber nicht beseitigt werden. Auch das angedeutete Italienbild steht anders als bei Goethe nicht für eine Möglichkeit des Ausgleichs, sondern bleibt ein nur in Träumen erreichbares Ideal. Die regelmäßige und harmonische Form des Gedichtes drückt dabei ebenso die Melancholie des Träumenden wie auch seine Ruhe aus. Eine Ruhe, die nur in der Sehnsucht zu finden ist.

>> **Beispiel**

Überblick

Romantik	
Begriff und Eingrenzung	Das Adjektiv „romantisch" bedeutet zunächst „romanhaft, phantastisch" und wird auch in den negativen Bedeutungen „unwirklich" oder „überspannt" gebraucht – erst allmählich benutzt man das Attribut zur positiven Kennzeichnung der neuen Lebenseinstellung, die sich von der übertrieben rationalen Weltsicht der Aufklärung abgrenzt.
zeitgeschichtliche Rahmenbedingungen	enorme politische Umbrüche in Europa zwischen der Regierungszeit Napoleons und dem Beginn der liberal-demokratischen Erhebungen in der Mitte des 19. Jahrhunderts
Weltbild, Menschenbild und Lebenskonzept	– Ablehnung einer reinen und einseitigen Vernunft-Orientierung – Ablehnung der „philisterhaften" Spießigkeit und Angepasstheit der Menschen
Frühromantik/ Jenaer Romantik	– Streben nach Freiheit, Unendlichkeit und Universalität als Kontrast zur Aufklärung – Betonung der emotionalen Kräfte und Einlassen auf die Stimme des Herzens – Poesie als Verbindungsmedium der ausdifferenzierten Erfahrungswirklichkeit und Kunstvorstellungen – Anbindung an die philosophischen Ideen von Schleiermacher, Fichte und Schelling.
Heidelberger Romantik und Späte Romantik	– Gruppierung von Dichtern in Heidelberg – Ablehnung der Einseitigkeiten von Aufklärung und Klassik – Besinnung auf Nationalgedanken, Natur und Heimat – Anlehnung an eine idealisierte Mittelaltervorstellung – Schließlich: wesentlich von Eichendorff und Hoffmann geprägte Schwerpunktverlagerung
Sprache	– Verwendung typischer Motive: Wald, Einsamkeit, Stimmungsbilder, Wanderschaft, Mittelalter – Nachahmung der Volkssprache in den Kunstmärchen – Beginn der systematischen Erforschung der deutschen Sprache und ihrer Geschichte
Themen, Motive, Gattungen	– bewusste Grenzverwischung zwischen den Gattungen („Universalpoesie") – Romane und Novellen sind mit typischen romantischen Gedichten durchsetzt. – Fragmente – Kunstmärchen
Autoren und Werke	– Novalis (1772–1801): *Heinrich von Ofterdingen*, Gedichte – Ludwig Tieck (1773–1853): *Franz Sternbalds Wanderungen* – Wilhelm Heinrich Wackenroder (1773–1789) und Ludwig Tieck: *Herzensergießungen eines kunstliebenden Klosterbruders* – E.T.A. Hoffmann (1776–1822): *Phantasiestücke in Callots Manier* – Clemens Brentano (1778–1842): Gedichte – Achim von Arnim (1781–1831): *Des Knaben Wunderhorn* – Joseph von Eichendorff (1788–1857): *Aus dem Leben eines Taugenichts*, Gedichte
Zitat	*„Die romantische Poesie ist eine progressive Universalpoesie"* (Schlegel)

2.7 Biedermeier, Vormärz, Junges Deutschland

Begriff und Eingrenzung

Die Mitte des 19. Jahrhunderts lässt sich kaum in bestimmte, klar trennbare Literaturepochen einteilen, gleichwohl einzelne Strömungen in ihren Anliegen und Erscheinungsformen zusammengefasst werden können. Nach dem Wiener Kongress (1814/15) werden unterschiedliche Arten der Reaktion auf die restaurativen Tendenzen der europäischen Politik greifbar: Resigniert ziehen sich einige Schriftsteller in den überschaubaren Bereich des Privaten zurück. In Anlehnung an eine Figur aus einer Satirezeitschrift, die ihrerseits durch private Redlichkeit und fehlendes politisches Engagement charakterisiert ist, werden sie als Schriftsteller des **Biedermeier** zusammengefasst.

Politische Restauration als Grundlage

Demgegenüber – ausdrücklich gesellschaftlich und politisch ausgerichtet – vertreten einige Autoren die Ideen des **Vormärz**. Die Bezeichnung versteht sich ebenfalls politisch und beschreibt die Zeit vor den Umstürzen im März 1848. Wie andere Autoren des Vormärz tritt auch die Schriftstellergruppe des **Jungen Deutschland** für liberale, demokratische und nationale Ideale ein.

Zeitgeschichtliche Rahmenbedingungen

Spätestens seit der Auseinandersetzung mit Napoleon in den Befreiungskriegen entwickelt sich in Deutschland eine tiefes Nationalbewusstsein. Erwartungsvoll erhofft man sich durch den Wiener Kongress (1814/1815) eine demokratische und liberale Neuordnung Europas, wird aber von den restaurativen Bemühungen Metternichs und der anderen Verantwortlichen enttäuscht. Es kommt zu einer Konfrontation politischer Konzepte, in deren Folge die Obrigkeiten sich um eine Unterdrückung nationaler, demokratischer und liberaler Forderungen bemühen.

aufkommendes Nationalbewusstsein

Außerdem findet eine Beschränkung der Freiheitsrechte statt, die Zensur wird verstärkt, Intellektuelle und das gesamte öffentliche Leben werden überwacht – was sich zum Beispiel in den Karlsbader Beschlüssen (1819) konkretisiert. Trotz derartiger Bemühungen gelingt es der restaurativen Politik nicht, die revolutionären Ideen des immer selbstbewusster werdenden Bürgertums wirkungsvoll zu beseitigen. Kundgebungen auf der Wartburg (1817) und auf dem Hambacher Fest (1832) sowie der Sturm auf die Frankfurter Hauptwache (1833) werden zu Ventilen des bürgerlichen Engagements für Freiheit und Demokratie. Die Spannungen kulminieren in den Unruhen des Jahres 1848.

Karlsbader Beschlüsse

Freiheit und Demokratie

Weltbild, Menschenbild und Lebenskonzept

In dieser Zeit zwischen Klassik/Romantik und dem Jahr 1848 lässt sich kaum von einem einheitlichen Menschenbild sprechen. Hier kollidieren verschiedene Strömungen, in denen die Ansätze der Klassik, der Romantik, des Idealismus, der neuen bürgerlich-liberalen Bewegungen und der restaurativen Bemühungen erkennbar sind. Allenfalls aufgrund des Umgangs mit der politisch-öffentlichen Situation lassen sich bestimmte Gruppierungen mit einheitlichen Lebenskonzepten feststellen.

Ästhetische Theorie

Enttäuscht von den Ergebnissen des Wiener Kongresses und den restaurativen Bestrebungen der Politiker, ziehen sich die bürgerlichen Autoren des **Biedermeier** in die Sphären des Privaten und Unpolitischen zurück. Auch thematisch beschäftigt man sich mit privater Abgrenzung gegenüber äußerer Bedrohung und dem Wert persönlicher Sittlichkeit gegenüber inneren Anfechtungen.

Biedermeier: Rückzug ins Private

Wegen ihrer Zurückgezogenheit und der fehlenden Beteiligung an öffentlichen Diskussionen kann man kaum von einem einheitlich abgestimmten Programm der Biedermeier-Autoren sprechen. Ihre fehlende politische Ausrichtung scheint konservativ und wirkt ungewollt stützend auf die Politik der Restauration. Vertreter des literarischen Biedermeier sind Johann Nepomuk Nestroy (1801–1862), Franz Grillparzer (1791–1872), Adalbert Stifter (1805–1868) und Annette von Droste-Hülshoff (1797–1848).

Einige Autoren in der Zeit des **Vormärz** engagieren sich demgegenüber ausdrücklich politisch. Ihre Bestrebungen basieren – in Anlehnung an die Ziele der Französischen Revolution – auf demokratischen und liberalen Ideen. Man propagiert eine Änderung des Gesellschaftssystems, die vor allem die Positionen der bisher unterdrückten Gesellschaftsschichten verbessern soll. Georg Büchner (1813–1837), Heinrich Heine (1797–1856) und Ludwig Börne (1786–1837) können mit ihren Ideen der politischen Situation des Vormärz zugeordnet werden.

Politisches Engagement der Autoren des Vormärz

Eine literarische Bewegung, die sich ebenfalls ausdrücklich den politischen Bemühungen der Vormärz-Zeit verschreibt, wird von den Autoren des **Jungen Deutschland** begründet. Man prangert jede unpolitische Haltung und jede Anlehnung an alte Autoritäten – greifbar in der absolutistischen Staatsform und der Kirche – an und propagiert den demokratischen Liberalismus.

2.7 Biedermeier, Vormärz, Junges Deutschland

Die Abschaffung der Zensur, Beendigung der Kleinstaaterei und Verbesserung der Frauenrechte waren weitere Themen der Bewegung, deren Schriften im Dezember 1835 durch den Frankfurter Bundestag verboten wurden.

Als Dichter des Jungen Deutschland gelten Karl Gutzkow (1811–1878), Heinrich Laube (1806–1884), Theodor Mundt (1808–1861) und Ludolf Wienbarg (1802–1872).

Themen, Motive, Gattungen

Die Autoren des **Biedermeier** arbeiten vor allem episch. In langen Ausführungen beschreiben sie die abgeschlossene bürgerliche Welt oder einzelne Naturphänomene. Hierin zeigt sich die resignative Vorstellung, die Gesellschaft ohnehin nicht durch polemische und aktionsgeladene Literatur ändern zu können. Die Menschen werden in abgeschlossenen, überschaubaren Welten dargestellt, ihre Probleme möglichst nachvollziehbar geschildert. Namentlich die beliebte Gattung der Dorfgeschichte ist ein Beispiel für derart unpolitische Literatur. Darüber hinaus entstehen im Umfeld des Biedermeier große historische Dramen wie diejenigen des Österreichers Franz Grillparzer. Die Lyrik befasst sich ebenfalls mit Naturidyllen und privaten Stimmungen.

Biedermeier: überschaubare Welten

Passend zu den Konzepten der Autoren des **Vormärz** und des **Jungen Deutschland** geben sich deren Werke deutlich gesellschaftskritisch und politisch-kämpferisch. Politische Agitation mit liberalen, demokratischen und nationalen Tendenzen wird in vielen politischen Liedern und Gedichten greifbar. Das *Lied der Deutschen* von Hoffmann von Fallersleben (1798–1874) ist ein Beispiel dafür.

Engagierte Literatur

Literaturgeschichtlich beachtenswert sind die gesellschaftsanalytischen und -kritischen und politisch engagierten Dramen **Georg Büchners**, die sich zugunsten von pointierten Demonstrationen menschlicher und gesellschaftlicher Realitäten deutlich von den bisherigen Theatertraditionen – vor allem dem Konzept der Klassik – abwenden. Auch formal steht Büchner durch das Figureninventar, die offene Form seiner Stücke und das verwendete Sprachniveau im Kontrast zum bisherigen Theater. Als neue, einflussreiche Textsorten und -gattungen etablieren sich in der Mitte des 19. Jahrhunderts darüber hinaus verschiedene journalistische Formen (Flugblätter, Berichterstattungen), in denen die politischen und kämpferischen Ziele schnell verbreitet werden können.

Büchner: Abkehr von der Tradition

Autoren und Werke

Georg Büchner (1813–1837) spricht sich in seiner sozial-revolutionären Flugschrift *Der hessische Landbote* (1834) für eine Auflehnung gegen die Unterdrückung durch die Obrigkeit aus und muss daraufhin aus seinem Studienort Gießen fliehen. In seinem Drama *Dantons Tod* (1835) beschäftigt er sich mit der Französischen Revolution und thematisiert die Sinnlosigkeit menschlichen Handelns aufgrund eines unumgänglichen Schuldigwerdens und des Fatalismus der Geschichte, der jedes menschliche Bemühen zur Macht- und Einflusslosigkeit verdammen kann. Büchners Stück *Woyzeck* thematisiert die Determiniertheit des menschlichen Handelns aufgrund der gesellschaftlichen Verhältnisse und zeigt die negativen Konsequenzen eines rein materialistisch und positivistisch orientierten Weltbildes. Weitere Werke Büchners sind das Lustspiel *Leonce und Lena* (1836) und die Erzählung *Lenz* (1835).

Annette von Droste-Hülshoff (1797–1848) ist vor allem als Lyrikerin bekannt. Ihr Werk ist geprägt von ihrer katholischen Weltanschauung und tiefer Religiosität. Düstere Themen und Visionen, Schwermut und untergründige Ahnungen sind weitere Kennzeichen ihrer Gedichte ebenso wie eine vielschichtige und vielgestaltige Naturschilderung. Mehrfach thematisiert sie die empfundenen mythisch-dämonischen Urkräfte der Heide- und Moorlandschaft ihrer westfälischen Heimat. Die Autorin ist außerdem bekannt für die Novelle *Die Judenbuche*.

Die literaturgeschichtliche Einordnung des Dichters **Heinrich Heine** (1797–1856) ist nicht unproblematisch, steht er mit seinem Werk doch für die Übergangszeit zwischen der Romantik und der politisch engagierten Literatur des Vormärz. Heine schuf romantisch-volksliedhafte Stimmungsgedichte *(Die Loreley)*, Liebeslyrik, Balladen, später auch zeitkritische und politische Literatur *(Deutschland. Ein Wintermärchen)*. Außerdem war er journalistisch tätig.

Beispiel

Das Menschenbild Georg Büchners

1835 schreibt Georg Büchner das Revolutionsdrama *Dantons Tod*. Das Stück wird veröffentlicht, erscheint aber mit erheblichen Kürzungen und Veränderungen, die vor allem seine heftig kritisierte thematische und sprachliche „Unsittlichkeit" reduzieren sollen. Büchner ist über diesen Umgang mit seinem Werk äußerst verärgert. In einem Brief an seine Eltern rechtfertigt er dessen Stil und die Thematik und gibt Einblicke in seine Vorstellungen von der Aufgabe des Theaters.

2.7 Biedermeier, Vormärz, Junges Deutschland

Büchner

>> **Beispiel**

Brief an die Familie (1835)

Brief an die Familie. Straßburg, 28. Juli 1835

[...] Gutzkows glänzende Kritiken habe ich gelesen und zu meiner Freude dabei bemerkt, daß ich keine Anlagen zur Eitelkeit habe.

Was übrigens die sogenannte Unsittlichkeit meines Buchs angeht, so habe ich Folgendes zu antworten: der dramatische Dichter ist in meinen Augen nichts, als ein Geschichtsschreiber, steht aber über Letzterem dadurch, daß er uns die Geschichte zum zweiten Mal erschafft und uns gleich unmittelbar, statt eine trockne Erzählung zu geben, in das Leben einer Zeit hinein versetzt, uns statt Charakteristiken Charaktere, uns statt Beschreibungen Gestalten gibt. Seine höchste Aufgabe ist, der Geschichte, wie sie sich wirklich begeben, so nahe als möglich zu kommen. Sein Buch darf weder sittlicher noch unsittlicher sein, als die Geschichte selbst; aber die Geschichte ist vom lieben Herrgot nicht zu einer Lektüre für junge Frauenzimmer geschaffen worden, und da ist es mir auch nicht übel zu nehmen, wenn mein Drama ebensowenig dazu geeignet ist. Ich kann doch aus einem Danton und den Banditen der Revolution nicht Tugendhelden machen! Wenn ich ihre Liederlichkeit schildern wollte, so mußte ich sie eben liederlich sein, wenn ich ihre Gottlosigkeit zeigen wollte, so mußte ich sie eben wie Atheisten sprechen lassen. Wenn einige unanständige Ausdrücke vorkommen, so denke man an die weltbekannte, obszöne Sprache der damaligen Zeit, wovon das, was ich meine Leute sagen lasse, nur ein schwacher Abriß ist. Man könnte mir nur noch vorwerfen, daß ich einen solchen Stoff gewählt hätte. Aber der Einwurf ist längst widerlegt. Wollte man ihn gelten lassen, so müßten die größten Meisterwerke der Poesie verworfen werden. Der Dichter ist kein Lehrer der Moral, er erfindet und schafft Gestalten, er macht vergangene Zeiten wieder aufleben, und die Leute mögen dann daraus lernen, so gut, wie aus dem Studium der Geschichte und der Beobachtung dessen, was im menschlichen Leben um sie herum vorgeht. Wenn man so wollte, dürfte man keine Geschichte studieren, weil sehr viele unmoralische Ding darin erzählt werden, müßte mit verbundenen Augen über die Gasse gehen, weil man sonst Unanständigkeiten sehen könnte, und müßte über einen Gott Zeter schreien, der eine Welt erschaffen, worauf so viele Liederlichkeiten vorfallen. Wenn man mir übrigens noch sagen wollte, der Dichter müsse die Welt nicht zeigen wie sie ist, sondern wie sie sein solle, so antworte ich, daß ich es nicht besser machen will, als der liebe Gott, der die Welt gewiß gemacht hat, wie sie sein soll. Was noch die sogenannten Idealdichter anbetrifft, so finde ich, daß sie fast nichts als Marionetten mit himmel

---

Bezug auf Vorwürfe gegenüber seinem Stück

Kunstauffassung: Der Dichter ist mit einem Historiker zu vergleichen. Er soll Geschichtliches vermitteln, dies aber lebendig und authentisch anstatt deskriptiv und trocken.

Wirklichkeitsnähe ist die höchste Aufgabe des Dichters.

Da allerdings die Geschichte nicht immer sittlich ist, kann auch die Dichtung nicht immer sittlich sein.

Exemplarische Belege der grundsätzlichen Überlegungen aus *Dantons Tod*

Kunstauffassung: Der Dichter lehrt die Moral nicht ausdrücklich, er zeigt nur die (historische) Realität, woraus der Zuschauer selbst seine Lehren ziehen kann.

Kunstauffassung: Gegen die Idealisierung der Welt und der Menschen auf der Bühne. Die Welt muss so gezeigt werden, wie sie ist.

Kritik an den Idealdichtern

2 Tendenzen der Literaturgeschichte

>> **Beispiel**

Ihre Figuren sind nicht authentisch, sie taugen nicht zur Einfühlung.

Ausdrückliche Ablehnung von Schillers Theaterkonzept.

blauen Nasen und affektiertem Pathos, aber nicht Menschen von Fleisch und Blut gegeben haben, deren Leid und Freude mich mitempfinden macht, und deren Tun und Handeln mir Abscheu oder Bewunderung einflößt. Mit einem Wort, ich halte viel auf Goethe oder Shakspeare, aber sehr wenig auf Schiller.

Georg Büchner. Sämtliche Werke und Briefe. Historisch-kritische Ausgabe mit Kommentar. Hrsg. v. Werner R. Lehmann. Band 2. München: Carl Hanser Verlag 1972. Seite 443 f.

Büchners Vorstellungen vom Theater – Brief an die Familie …

Im Zusammenhang der Rechtfertigung der „Unsittlichkeiten" in seinem Stück *Dantons Tod* bietet Büchners Brief einen Einblick in die Vorstellungen des Dichters vom Theater, dessen Möglichkeiten und Zwecken. Büchner erkennt hinter den Kritikern die Anhänger des idealisierten Theaters der Klassik, wie er es vor allem durch Friedrich Schiller verkörpert sieht. Anders als Büchner es fordert, bemüht Schiller sich darum, Idealwelten, das heißt, Charaktere, wie sie sein sollten und nicht wie sie wirklich waren, auf die Bühne zu bringen. Ausdrücklich wendet sich Büchner nicht allein gegen die Kritiker seiner eigenen Stücke, sondern benutzt die Argumentation, um Schillers Auffassung grundsätzlich zu kritisieren. Anders als Schiller – wie es etwa in dessen Vortrag *Die Schaubühne als moralische Anstalt betrachtet* (1784 bzw. 1801) deutlich wird – zielt Büchners Theater nicht ausdrücklich auf eine Moralisierung der Zuschauer. Was der Zuschauer mit den dargestellten Konflikten anfängt, ist für Büchner vergleichbar mit der alltäglichen Lernsituation, die der Mensch im Umgang mit seinen Mitmenschen vollzieht. Wichtiger als zu moralisieren, ist ihm die möglichst wahrheitsgetreue Darstellung. Er sieht es als höchste und anspruchsvollste Aufgabe des Dichters, historisch authentisch zu sein. Büchner vergleicht den Dichter mit einem Historiker. Anders als der Historiker solle der Dichter jedoch nicht nur trocken beschreiben, sondern die Ereignisse anschaulich und lebendig vermitteln. Nur das ermögliche eine Einfühlung des Publikums. Die Figuren des klassischen Theaters bezeichnet er als marionettenhaft und affektiert. Im Zusammenhang mit seiner Forderung nach möglichst wirklichkeitsnaher Darstellung auf der Bühne entkräftet Büchner auch den Vorwurf, sein Danton sei zu unsittlich. Er verweist darauf, dass das menschliche Leben nicht immer sittlich ablaufe, sodass auch dessen Darstellung im Theater nicht immer sittlich sein kann. Die Unsittlichkeit des Danton ist daher kein bewusst eingesetztes oder gar auf Provokation zielendes Stilmittel, sondern notwendige Konsequenz der unsittlichen Realität zur Zeit der Französischen Revolution.

2.7 Biedermeier, Vormärz, Junges Deutschland

Überblick

Biedermeier, Vormärz und Junges Deutschland	
Begriffe und Eingrenzung	– Biedermeier: benannt nach der Figur Gottlieb Biedermeier, einer Parodie auf den treuherzigen Spießbürger in der Zeitschrift *Münchener Fliegende Blätter* – Vormärz: bezeichnet insgesamt die Zeit vor der bürgerlichen Revolution im März 1848 – Junges Deutschland: zeitgenössischer und literaturwissenschaftlicher Begriff, der die zugehörigen Autoren zusammenfasst
zeitgeschicht-licher Rahmen	– Zeit der Restauration und der Auseinandersetzung mit ihren Symptomen – Zeit im Vorfeld der Märzrevolution 1848
Weltbild, Men-schenbild und Lebenskonzept	– resignierter Rückzug in Privatheit – politisches Engagement, meist liberal-demokratische Bemühungen
ästhetische Theorie	– Biedermeier: Beschäftigung mit den Möglichkeiten privater Abgrenzung, Sorge um persönliche Redlichkeit – Vormärz-Autoren und Junges Deutschland: Ausdrückliches politisches Engagement, Einsatz für unterdrückte Gesellschaftsschichten
Themen, Moti-ve, Gattungen	**Biedermeier** – lange epische Ausführungen zur bürgerlichen Welt – Naturbeschreibungen – Dorfgeschichten **Vormärz und Junges Deutschland** – politisch engagierte Lyrik und Lieder – Flugschriften – Zeitschriften
Autoren und Werke	Autoren des **Biedermeier** – Franz Grillparzer (1791 – 1872): *König Ottokars Glück und Ende* – Annette von Droste-Hülshoff (1797 – 1848): *Die Judenbuche,* Gedichte – Johann Nepomuk Nestroy (1801 – 1862): *Der Talisman* – Adalbert Stifter (1805 – 1868): *Nachsommer* Autoren, die den Idealen des **Vormärz** nahestehen – Heinrich Heine (1797 – 1856): Gedichte – Georg Büchner (1813 – 1837): *Woyzeck, Dantons Tod* – Ludwig Börne (1786 – 1837): *Briefe aus Paris* Autoren des **Jungen Deutschland** – Ludolf Wienbarg (1802 – 1872): *Ästhetische Feldzüge* – Heinrich Laube (1806 – 1884): *Die Bernsteinhexe* – Theodor Mundt (1808 – 1861): *Thomas Münzer* – Karl Gutzkow (1811 – 1878): *Die Ritter vom Geiste*
Zitate und Sprüche	– *„Friede den Hütten, Krieg den Palästen!"* (Büchner) – *„Denk ich an Deutschland in der Nacht, dann bin ich um den Schlaf gebracht"* (Heine)

2.8 Der bürgerliche Realismus

Politische Zustände der Epoche

Scheitern der Revolution von 1848

Am 18. Mai 1848 tagt in der Frankfurter Paulskirche das erste deutsche Nationalparlament und arbeitet eine Verfassung aus. Im März 1849 lehnt der preußische König Friedrich Wilhelm IV. die ihm vom Parlament angebotene Kaiserwürde ab. Das Parlament wird vom Militär aufgelöst, Aufstände in einzelnen Kleinstaaten blutig niedergeschlagen. Damit ist das Scheitern der Nationalversammlung besiegelt. 1861 wird Wilhelm I. König von Preußen, 1862 Otto von Bismarck preußischer Ministerpräsident.

1864 kommt es zum deutsch-dänischen Krieg (Schleswig und Holstein fallen an Preußen und Österreich). Im preußisch-österreichischen Krieg (1866) siegt Preußen, 1867 wird der Norddeutsche Bund gegründet. Der deutsch-französische Krieg (1870–1871) führt zur Kapitulation Frankreichs. Die süddeutschen Staaten treten nun dem Norddeutschen Bund bei. Am 18. Januar 1871 kommt es in Versailles zur Reichsproklamation. Der preußische König wird zum deutschen Kaiser, Bismarck zum Reichskanzler.

Weltbild, Menschenbild und Lebenskonzept

hohe Bedeutung der Empirie

Positivismus und historischer Materialismus bestimmen die Philosophie der zweiten Hälfte des 19. Jahrhunderts. Der Positivismus vertritt die These, Erkenntnis lasse sich nur aus empirischer Beobachtung der Natur und aus Erfahrung ableiten.

Entsprechend entwirft man ein Bild von der Entwicklung der Menschheit in verschiedenen Stadien und dem Menschen als eingebunden in seine soziale Umgebung:

- Auguste Comte (1798–1857), Dreistadiengesetz: Die Geschichte menschlichen Denkens durchläuft die drei Stadien:
  a) theologisches Denken,
  b) metaphysisches Denken,
  c) positivistisches Denken = Beschränkung auf Beschreibung der Phänomene und ihrer Zusammenhänge
- Hippolyte Taine (1828–1893): *Milieutheorie*
- K. Marx (1818–1883) und L. Feuerbach (1804–1872): Der historische Materialismus untersucht die menschliche Entwicklung unter Verzicht auf metaphysische Orientierung. Im Zuge der naturwissenschaftlichen

Orientierung wird der Mensch mehr und mehr aus „transzendenten Bindungen" gelöst. Der Glaube an die Technik setzt ein.

Ästhetische Theorie

Fontane formuliert 1853 folgende Definition des Realismus: *„Er ist die Wi-derspiegelung alles wirklichen Lebens, aller wahren Kräfte und Interessen im Elemente der Kunst ..."*

Die realistische Literatur läuft Gefahr, das Vorhandene einfach widerzuspie-geln, also dringen die entscheidenden Theoretiker (die auch Praktiker sind) auf eine Verarbeitung der Realität. Dabei bleibt umstritten, ob das Konzept des poetischen Realismus auf eine Flucht vor der Wirklichkeit hinausläuft oder ob es tatsächliche Erkenntnis vermittelt. Man will über eine bloße Widerspiegelung der Wirklichkeit hinaus, ohne im Idealismus zu enden. So kommt es zum zentralen Gedanken der Modellbildung, der Abstraktion, ohne dass die Rückbindung an die Wirklichkeit aufgegeben wird.

ausgewählte und überformte Wirklichkeit

Somit wird der Kunst eine besondere Leistung bezogen auf die Wirklichkeit zugewiesen: Sie nutzt besonders ihre Fähigkeit, Elemente der Wirklichkeit so auszuwählen und zu formen, dass Wirklichkeit ins Bild gesetzt, veranschau-licht und erläutert wird.

Themen, Motive, Gattungen

Dinggedicht: In einem → Dinggedicht wird ein „Ding" objektiv und distan-ziert vorgestellt. Dabei wird vom Unwesentlichen abgesehen und eine Kon-zentration auf das Wesentliche bewirkt. So kann dann wieder ein Symbol entstehen, das besonders aussagekräftig wird.

Das Drama: Das Drama hatte im Realismus keine allzu große Bedeutung. Le-diglich Hebbel, Grillparzer und vielleicht Anzengruber sind hier als Autoren zu nennen. Hebbels Vorbilder waren Kleist, Lessing und Schiller. Die Drama-tik seiner Stücke resultiert aus dem Gegensatz zwischen dem Individuum und der umgebenden Gesellschaft. Hebbel ging es auf der Bühne weniger um eine Nachgestaltung der Realität als vielmehr um eine künstlerisch ge-formte, verarbeitete Realität.

Entwicklungsroman: Die Entwicklung des „Helden" wird vorgestellt. Dabei geht es um eine allmähliche Eingliederung in die Welt und Gesellschaft; also um einen „Ausgleich" zwischen den Interessen und Bedürfnissen des Individuums einerseits und den Ansprüchen der Gesellschaft andererseits. Kellers *Der grüne Heinrich* stellt in diesem Sinne eher einen „Anti-Entwicklungsroman" dar. (Der Held scheitert und endet als Außenseiter.)

Gesellschaftsroman: Die gesellschaftlichen Zustände der Zeit werden genau dargestellt und analysiert, insbesondere in ihren Auswirkungen auf das Individuum. Dabei wird in der Regel Kritik geübt an Missständen.

Novelle: Die Novelle hat ein unerhörtes Ereignis zum Gegenstand. Sie bietet eine geschlossene Form, in der knapp und ausschnitthaft die Fäden zusammengeführt, verknüpft und auf überraschende Weise gelöst werden.

Dorfgeschichten: Der Form nach Novellen, die im dörflich-bäuerlichen Milieu spielen und die Perspektive der einfachen Leute widerspiegeln. Dabei wird das dörfliche Leben oft idyllisch verklärt (Auerbach, Rosegger). Storm, Keller und Stifter dagegen lehnen die Idylle ab. Ihre Figuren müssen sich mit den Problemen, die sich aus dem Zusammenleben ergeben, auseinandersetzen.

Autoren und Werke

Theodor Fontane (1819–1898), Romane: *Vor dem Sturm* (1878), *Schach von Wuthenow* (1883), *Irrungen Wirrungen* (1888), *Stine* (1890), *Unwiederbringlich* (1891), *Frau Jenny Treibel* (1892), *Effi Briest* (1894/95), *Die Poggenpuhls* (1895/96), *Der Stechlin* (1899). Balladen: *Die Brück' am Tay, Herr von Ribbeck auf Ribbeck im Havelland*

Franz Grillparzer (1791–1872), österreichischer Dramatiker: *Das goldene Vlies* (1822), *König Ottokars Glück und Ende* (1825), *Ein treuer Diener seines Herrn* (1830), *Des Meeres und der Liebe Wellen* (1840), *Der Traum ein Leben* (1840), *Weh dem, der lügt!* (1840), *Ein Bruderzwist in Habsburg* (1872), *Die Jüdin von Toledo* (1873)

Friedrich Hebbel (1813–1863), Dramen: *Judith* (1841), *Maria Magdalene* (1844), *Agnes Bernauer* (1855), *Die Nibelungen* (1862); Hauptthema: Scheitern des tragischen Individuums

Gottfried Keller (1819–1890): *Der grüne Heinrich* (1854/55, 1879: bedeutendster Entwicklungsroman nach Goethe), wichtiger Novellenzyklus: u.a. *Die Leute von Seldwyla* (1856, 1874) (Dorfgeschichten aus der Perspektive der „einfachen Leute")

Otto Ludwig (1813–1865), bedeutender Theoretiker: *Der poetische Realismus, Shakespeare-Studien*

Conrad Ferdinand Meyer (1825–1898), Gedichte: *Der römische Brunnen*; Novellen: *Das Amulett* (1873), *Der Schuß von der Kanzel* (1877), *Gustav Adolfs Page* (1882)

Wilhelm Raabe (1831–1910), Romane: *Die Chronik der Sperlingsgasse* (1857), *Der Hungerpastor* (1864), *Stopfkuchen. Eine See- und Mordgeschichte* (1891)

Adalbert Stifter (1805–1868), Erzählungen *(Bunte Steine)* und Romane *(Nachsommer)*

Theodor Storm (1817–1888), Lyrik (erinnert noch an die Romantik), Novellen, u.a. *Immensee* (1850), *Pole Poppenspäler* (1874), *Der Schimmelreiter* (1888).

Paul Heyse (1830–1914): Romane und Novellen, besondere Bedeutung als Theoretiker der Novelle *(Falke)*

Realismus   Beispiel

Theodor Fontane

M1   Die Brück' am Tay

(28. Dezember 1879)   *When shall we three meet again? Macbeth*
„Wann treffen wir drei wieder zusamm'?"
   „Um die siebente Stund', am Brückendamm."
      „Am Mittelpfeiler."
         „Ich lösche die Flamm'."
„Ich mit."
   „Ich komme vom Norden her."
„Und ich vom Süden."
      „Und ich vom Meer."
„Hei, das gibt einen Ringelreihn,
Und die Brücke muß in den Grund hinein."

„Und der Zug, der in die Brücke tritt
Um die siebente Stund'?"
      „Ei, der muß mit."
„Muß mit."
      „Tand, Tand
Ist das Gebilde von Menschenhand!"

>>

>> **Beispiel**

Auf der Norderseite, das Brückenhaus –
Alle Fenster sehen nach Süden aus,
Und die Brücknersleut' ohne Rast und Ruh
Und in Bangen sehen nach Süden zu,
Sehen und warten, ob nicht ein Licht
Übers Wasser hin „Ich komme" spricht,
„Ich komme, trotz Nacht und Sturmesflug,
Ich, der Edinburger Zug."

Und der Brückner jetzt: „Ich seh' einen Schein
Am anderen Ufer. Das muss er sein.
Nun, Mutter, weg mit dem bangen Traum,
Unser Johnie kommt und will seinen Baum,
Und was noch am Baume von Lichtern ist,
Zünd' alles an wie zum heiligen Christ,
Der will heuer zweimal mit uns sein, –
Und in elf Minuten ist er herein."

Und es war der Zug. Am Süderturm
Keucht er vorbei jetzt gegen den Sturm,
Und Johnie spricht: „Die Brücke noch!
Aber was tut es, wir zwingen es doch.
Ein fester Kessel, ein doppelter Dampf,
Die bleiben Sieger in solchem Kampf.
Und wie's auch rast und ringt und rennt,
Wir kriegen es unter, das Element.

Und unser Stolz ist unsre Brück';
Ich lache, denk' ich an früher zurück,
An all den Jammer und all die Not
Mit dem elend alten Schifferboot;
Wie manche liebe Christfestnacht
Hab' ich im Fährhaus zugebracht
Und sah unsrer Fenster lichten Schein
Und zählte und konnte nicht drüben sein."

Auf der Norderseite, das Brückenhaus –
Alle Fenster sehen nach Süden aus,
Und die Brücknersleut' ohne Rast und Ruh
Und in Bangen sehen nach Süden zu;
Denn wütender wurde der Winde Spiel,

2.8 Der bürgerliche Realismus 73

Und jetzt, als ob Feuer vom Himmel fiel',
Erglüht es in niederschießender Pracht
Überm Wasser unten ... Und wieder ist Nacht.

>> **Beispiel**

„Wann treffen wir drei wieder zusamm'?"
    „Um Mitternacht, am Bergeskamm."
        „Auf dem hohen Moor, am Erlenstamm."
„Ich komme."
    „Ich mit."
        „Ich nenn' euch die Zahl."
„Und ich die Namen."
        „Und ich die Qual."
„Hei!
Wie Splitter brach das Gebälk entzwei."
    „Tand, Tand
Ist das Gebilde von Menschenhand."

Aus: Theodor Fontane: Werke, Schriften und Briefe. Hrsg. v. W. Keitel; H. Nürnberger 1961–1997. Band 6, 3.
Auflage. Hanser, München, 1996.

M2 Vossische Zeitung vom 30.12.1879

Die Eisenbahnbrücke über den Firth of Tay, der breiten meerartigen
Mündung des Tay, die im Mai vorigen Jahres dem Verkehr übergeben
wurde, ist eines der Wunder der Brückenbaukunst gewesen; sie ist ohne
Frage die längste Brücke in der Welt, sofern die Breite des fließenden
Wassers, welches überspannt ist, in Betracht gezogen wird. Mit
Einschluß der Verlängerung am nördlichen Ufer mißt sie 10 612 Fuß
englisch in 85 Spannungen verschiedener Weite. Elf Bögen haben 245'
Weite. Am Ufer lag sie auf 70 bis 80' über dem Meere, in der Mitte war
sie 130' hoch über Hochwasser. Alle Hilfsmittel, welche die moderne
Technik an die Hand giebt, waren aufgeboten, um dies Werk herzustellen. Die größten Schwierigkeiten bot der Grund. Am Ufer machte
der felsige Boden die Fundirung der Pfeiler leicht, in der Mitte dagegen
mußte durch mit Beton gefüllte Cylinder fester Grund gewonnen
werden. [...]
Der ganze Bau hatte ein höchst gefälliges und leichtes Aussehen. Er
ist so lang, so luftig, so dünn, daß, von den Höhen von Newport (an
der Südseite des Tay) aus gesehen, die Brücke wie ein von Ufer zu Ufer
gezogenes Tau aussieht, und der Anblick eines über die Brücke dahin-
rollenden Eisenbahnzuges unwillkürliche nervöse Unruhe verursacht.
Leider scheint dieser ängstigende Eindruck richtiger gewesen zu
sein, als die Berechnungen der Techniker, obwohl im Augenblick die

>>

>> Beispiel

Nachrichten über die entsetzliche Katastrophe noch so widersprechend sind, daß sich noch kaum mit absoluter Sicherheit angeben läßt, ob die Brücke durch den Sturm zerstört und dadurch der Zug ins Verderben gestürzt ist oder ob der entgleiste Zug mehrere Joche der Brücke zum Einsturz gebracht hat.

Die telegrafischen Meldungen über das Unglück besagen folgendes: Ein entsetzlicher Sturm fegte heute (Sonntag) Nacht über Dundee hin und riß einen Theil der Taybrücke nieder, auf welcher sich der um 7 ¼ Uhr fällige Eisenbahnzug von Edinburg befand. Man nimmt an, daß der Zug im Wasser begraben ist, allein der Sturm ist immer noch so heftig, daß kein Dampfboot im Stande war, sich der Brücke zu nähern. Von der Fifeseite war gehörig signalisirt worden, daß der Zug 14 Minuten nach 7 Uhr die Dundeebrücke überschritten habe; man hat denselben auch auf der Brücke gesehen und kurz darauf einen plötzlichen Feuerstrahl. [...]

Über die Anzahl der Passagiere, welche sich im Zuge befanden, verlautet bislang nichts Bestimmtes; man spricht unterschiedlich von 150 bis 200 Personen. (Die Zahl der Opfer stellt sich mittlerweile auf ca. 90). [...]

Die Scenen am Bahnhof in Dundee, woselbst Angehörige der auf dem Zuge befindlichen Reisenden deren Ankunft erwartet hatten, sollen über alle Maßen ergreifend gewesen sein.

Vossische Zeitung, 30.12.1879

Theodor Fontane

📖 **M3 Der Realismus unserer Zeit**

[...] Was unsere Zeit nach allen Seiten hin charakterisiert, das ist ihr *Realismus*. Die Ärzte verwerfen alle Schlüsse und Kombinationen, sie wollen Erfahrungen; die Politiker (aller Parteien) richten ihr Auge auf das wirkliche Bedürfnis und verschließen ihre Vortrefflichkeitsschablonen ins Pult; Militärs zucken die Achsel über unsere preußische Wehrverfassung und fordern „alte Grenadiere" statt „junger Rekruten"; vor allem aber sind es die materiellen Fragen, nebst jenen tausend Versuchen zur Lösung des sozialen Rätsels, welche so entschieden in den Vordergrund treten, daß kein Zweifel bleibt: Die Welt ist des Spekulierens müde und verlangt nach jener „frischen grünen Weide", die so nah lag und doch so fern.

Dieser Realismus unserer Zeit findet in der *Kunst* nicht nur sein entschiedenstes Echo, sondern äußert sich vielleicht auf keinem Gebiet unsers Lebens so augenscheinlich wie gerade in ihr. [...]

2.8 Der bürgerliche Realismus

>> **Beispiel**

[Wir] zögern [...] nunmehr nicht länger, unsere Ansicht darüber auszusprechen, was wir überhaupt unter Realismus verstehen.

Vor allen Dingen verstehen wir *nicht* darunter das nackte Wiedergeben alltäglichen Lebens, am wenigsten seines Elends und seiner Schattenseiten. Traurig genug, daß es nötig ist, derlei sich von selbst verstehende Dinge noch erst versichern zu müssen. Aber es ist noch nicht allzu lange her, daß man (namentlich in der Malerei) *Misere* mit Realismus verwechselte und bei Darstellung eines sterbenden Proletariers, den hungernde Kinder umstehen, oder gar bei Produktionen jener sogenannten Tendenzbilder (schlesische Weber, das Jagdrecht u. dgl. m.) sich einbildete, der Kunst eine glänzende Richtung vorgezeichnet zu haben. Diese Richtung verhält sich zum echten Realismus wie das rohe Erz zum Metall: die Läuterung fehlt. Wohl ist das Motto des Realismus der Goethesche Zuruf:

Greif nur hinein ins volle Menschenleben,

Wo du es packst, da ist's interessant,

aber freilich, die Hand, die diesen Griff tut, muß eine künstlerische sein. Das Leben ist doch immer nur der Marmorsteinbruch, der den Stoff zu unendlichen Bildwerken in sich trägt; sie schlummern darin, aber nur dem Auge des Geweihten sichtbar und nur durch seine Hand zu erwecken. Der Block an sich, nur herausgerissen aus einem größern Ganzen, ist noch kein Kunstwerk, und dennoch haben wir die Erkenntnis als einen unbedingten Fortschritt zu begrüßen, daß es zunächst des Stoffes, oder sagen wir lieber des Wirklichen, zu allem künstlerischen Schaffen bedarf. Diese Erkenntnis, sonst nur im einzelnen mehr oder minder lebendig, ist in einem Jahrzehnt zu fast universeller Herrschaft in den Anschauungen und Produktionen unserer Dichter gelangt und bezeichnet einen abermaligen Wendepunkt in unserer Literatur. [...] Wenn wir in Vorstehendem – mit Ausnahme eines einzigen Kernspruchs – uns lediglich negativ verhalten und überwiegend hervorgehoben haben, was der Realismus nicht ist, so geben wir nunmehr unsere Ansicht über das, was er ist, mit kurzen Worten dahin ab: Er ist die Widerspiegelung alles wirklichen Lebens, aller wahren Kräfte und Interessen im Elemente der Kunst; er ist, wenn man uns diese scherzhafte Wendung verzeiht, eine *„Interessenvertretung"* auf seine Art. [...] Der Realismus will nicht die bloße Sinnenwelt und nichts als diese; er will am allerwenigsten das bloß Handgreifliche, aber er will das *Wahre.* Er schließt nichts aus als die Lüge, das Forcierte, das Nebelhafte,

>>

>> **Beispiel**

das Abgestorbene – vier Dinge, mit denen wir glauben, eine ganze
Literaturepoche bezeichnet zu haben. [...]

Aus: Theodor Fontane: Unsere lyrische und epische Poesie seit 1848 (1853). In: Theodor Fontane: Sämtliche
Werke. Band 21,1. Hrsg. von Edgar Groß und Kurt Schreinert. Nymphenburger Verlagsbuchhandlung, München, 1963, Seiten 7 – 13 (Auszüge).

Aufgaben

1. Erläutern Sie den theoretischen Text (**M3**): Wie stellt sich dem Realisten
   Fontane das Verhältnis Kunst – Wirklichkeit dar?
2. Vergleichen Sie die Texte **M1** und **M2**: Kommentieren Sie die Ergebnisse
   des Vergleichs vom theoretischen Text her.

Ausschnitte einer Bearbeitung

Textwiedergabe (M3)

In dem vorgelegten Textausschnitt behandelt Fontane die Frage nach dem
Verhältnis von Kunst und Wirklichkeit und kommt so zum Begriff des Realismus, der in seiner Zeit eine besondere Rolle spielte. In seinen Ausführungen
weist Fontane zunächst nach, in welchen Bereichen „Realismus" eine Rolle
spielt, ehe er den Begriff auch in der Kunst lokalisiert. Er nähert sich dem
Begriff, indem er zunächst sagt, was mit „Realismus" nicht gemeint ist, erläutert dann anhand der Aufgabe des Künstlers, was die Aufgabe der Kunst
im Rahmen eines realistischen Konzepts sein muss, und fasst schließlich
Konzept und Intention des Realismus zusammen.

Bei den Definitionsversuchen fällt auf, dass Fontane eigentlich nur vom Negativen her argumentiert, wenn er zusammenstellt, was Realismus nicht ist.
Letztendlich geht es ihm darum, das, was spätere Zeiten als „Naturalismus"
bezeichnen, auszuklammern. Das heißt, Realismus ist auf keinen Fall Abbildung von Elend, ist nicht Misere, ist nicht nacktes Abbilden des täglichen
Lebens.

Zuspitzung der Text-
aussagen: Definition
Kunst – Künstler –
Wirklichkeit

Fontane macht deutlich: Es gibt einen wesentlichen Unterschied zwischen
Leben und realistischer Kunst. Das Leben liefert nur das Material, während
das Kunstwerk eben das Werk des Künstlers ist. Zwar ist Stoff/Material immer Voraussetzung auch allen künstlerischen Schaffens, doch ist Kunst im
realistischen Konzept wesentlich Werk des Künstlers und nicht Wirklichkeit
selbst. [...]

Im Realismus spiegelt Kunst das wirkliche Leben wider, allerdings nicht in
einer „Eins-zu-eins-Abbildung". Es ist vielmehr Aufgabe des Künstlers, aus
dem „Steinbruch Wirklichkeit" geeignetes Material auszuwählen und dieses
Material zu ordnen und anzuordnen, das heißt, der Künstler gibt dem Material erst eine Form, eine Gestalt. Der Künstler – das will wohl der Vergleich
von Metall und rohem Erz sagen – läutert und erläutert Wirklichkeit und
macht aus ihr „Kunst". [...]

2.8 Der bürgerliche Realismus

Was dieses hier abstrakt vorgestellte Konzept wirklich für das Verhältnis der Kunst zur Wirklichkeit bedeutet, lässt sich verdeutlichen auf der Basis eines Textvergleichs, wie er in der Aufgabe gefordert wird.

Redegegenstand von **M2** ist ein Geschehen, das sich unmittelbar vor Erscheinen des berichtenden Textes abgespielt hat. Gleichzeitig wird dieses Geschehen eingebettet in erweiternde Informationen zu technischen Zusammenhängen und Gegebenheiten der Zeit, die eine Beurteilung des Geschehens im Ansatz ermöglichen sollen.

Der Text wählt aus dem Kontinuum des Geschehens einzelne dem Autor wichtig erscheinende Fakten und Geschehensteile aus und stellt sie dar. So werden z. B. die Besonderheiten des Brückenbaues, seine herausragende Stellung unter den Bauwerken seiner Zeit, besonders betont.

Aus den mehr oder weniger deutlich einlaufenden Teilnachrichten zum Unglück werden einzelne Elemente ausgewählt und damit hervorgehoben, so etwa der Zeitpunkt des Unglücks, die geschätzte Zahl der Opfer usw.

Will man die Schwerpunktsetzung des Autors genauer beurteilen, so empfiehlt es sich, die Textlänge genauer in den Blick zu nehmen. Dann wird deutlich, dass sehr viel gesagt wird zu den technischen Gegebenheiten des Brückenbauwerks, während die Unglücksmeldung selbst auf wenige Zeilen zusammengezogen wird. Insgesamt wird am Ende weder bewertet noch beurteilt. Es ist eben von einem Unglück die Rede, dessen Hintergründe und Ursachen noch nicht bekannt sind.

[...]

M1 bearbeitet denselben Stoff. Aber es wird da schon besonders deutlich, dass die Auswahl eine völlig andere ist: Das Gesamtgeschehen wird eingebettet in einen überwirklichen Zusammenhang (so sind wohl die Hexen zu deuten). Aus diesem Zusammenhang heraus wird in gewisser Weise ein „Erklärungsrahmen" geschaffen, von dem her das Unglück eine besondere (Be-)Deutung erhält. Es ist nun kein zufällig sich ergebendes Unglück, sondern es hat eine „höhere" Bedeutung.

[...]

Weiterhin fällt auf, dass in der Ballade konkrete Figuren eingeführt werden. Das Geschehen wird aus der Perspektive dieser Figuren dargestellt. Die Figuren sind gleichzeitig beteiligt am Ablauf des Geschehens.

Durch gezielten Einsatz gestalterischer Mittel wie etwa wörtliche Rede, Ellipsen, Strophengliederung, Reimbindungen usw. wird die Wirkung intensiviert. Es werden durch die deutliche Perspektivik wie durch die Rhythmik des Gesamtvorgangs klare Akzente gesetzt. [...]

Das Unglücksgeschehen selbst wird in nur drei Zeilen am Ende angedeutet. Mehr nicht. Und doch wird in diesen drei Zeilen deutlich, was vorher – zumindest von den Brücknersleuten – befürchtet wurde.

>> **Beispiel**

Auswertung von M2: Zusammenfassung der „Textintention"

erster Vergleich M1 – M2

gezielte Auswertung M1

>>

>> Beispiel	Dass die Hexen am Ende nochmals zusammenkommen und in die Zukunft blickend das Wort ergreifen, stellt das konkrete Geschehen dann wirklich in einen erweiterten Rahmen.
	Der Gegensatz, der sich in den verschiedenen Haltungen der Brücknersleute und ihres Sohnes andeutet, wird zugespitzt. Die Befürchtungen der Eltern stehen gegen das Vertrauen in die Technik, wie es der Sohn vertritt. Von dieser Konstellation her ist dann auch das Ende zu sehen. So wird das Gesamtgeschehen zu interpretieren sein unter der Maßgabe der letzten Zeilen: „Tand, Tand ist das Gebilde von Menschenhand."
Vergleich M1 – M2: – Perspektivik	Vergleicht man beide Texte, so stehen sich objektive Berichterstattung und individuelle Perspektivik gegenüber. Wenn auch die objektive Berichterstattung einzelne Aspekte auswählt und das konkrete Geschehen einbettet in technische Erläuterungen, so bemüht sie sich doch um eine sachorientierte Darstellung des Geschehens. Die individuelle Perspektivik, die die Ballade bestimmt, macht die Abläufe nachvollziehbar, miterlebbar aus der jeweiligen Perspektivik heraus. Beide Texte wählen aus und setzen Akzente. Das Geschehen selbst wird eingebettet im einen Fall in die Informationen zur Technik, im anderen Fall aber in übergreifende Überlegungen, die menschliche Bemühungen im Rahmen übergeordneter Bezugsgrößen sehen.
– Deutungsrahmen	Der übergeordnete Deutungszusammenhang legt es nahe, menschliche Bestrebungen als von Mächten dominiert zu sehen, die den menschlichen Einflussbereich überschreiten.
– Textintentionen	So wird nun pointiert die Ohnmacht des Menschen betont. Die Technik vermag es eben nicht, wirklichen Schutz zu gewähren. **M2** geht demgegenüber auf die technischen Gegebenheiten des Bauwerks ein und ermöglicht so dem Rezipienten im Ansatz eine Beurteilung des Unglücks unter technischen Gesichtspunkten. Der Rezipient der Ballade wird demgegenüber in das Geschehen hineingezogen, muss die beiden Perspektiven miterleben und erfahren, wo die Grenzen menschlichen Strebens sind. […]
Rückbindung an Ergebnisse aus der Untersuchung von M3	Bezieht man nun die beim Vergleich erzielten Ergebnisse auf die theoretischen Äußerungen Fontanes in **M3**, so wird deutlich, wie der Künstler mit dem „Steinbruch Wirklichkeit" umgehen muss: Er entnimmt ihm Teile, ordnet sie neu im Sinne einer eigenen Intention und schafft so etwas Neues, eine eigene Größe, die in der Lage ist, Wirklichkeit gewissermaßen modellhaft abzubilden im Interesse der „Wahrheit", auf die Kunst immer ausgerichtet sein muss. Freilich: Ohne Wirklichkeit als Lieferant des Materials gibt es das künstlerische Gebilde nicht. […]
Auswertung im Sinne der übergreifenden Fragestellung	Dem ästhetischen Gegenstand gelingt es im realistischen Konzept, den konkreten Fall zum Modellfall werden zu lassen, anhand dessen Grundsituationen menschlichen Lebens diskutiert und beurteilt werden können. […]

2.8 Der bürgerliche Realismus

Überblick

Bürgerlicher Realismus	
Begriff und Eingrenzung	Im Konzept des Realismus versteht sich Kunst als Widerspiegelung des wirklichen Lebens, allerdings nicht in einer „Eins-zu-Eins-Abbildung". Die Künstler wählen aus dem „Steinbruch Wirklichkeit" Material aus, dem sie eine Form geben. Damit läutern und erläutern sie die Wirklichkeit.
zeitgeschichtliche Rahmenbedingungen	– 18. Mai 1848: erstes deutsches Nationalparlament – 1849: Das Parlament wird vom Militär aufgelöst, Aufstände in einzelnen Kleinstaaten werden blutig niedergeschlagen. – 1861: Wilhelm I. König von Preußen, 1862 Otto von Bismarck preußischer Ministerpräsident – 1864: deutsch-dänischer Krieg – 1866: preußisch-österreichischer Krieg – 1867: Norddeutscher Bund – 1870–1871: deutsch-französischer Krieg – 18. Januar 1871: Reichsproklamation; Bismarck wird Reichskanzler
Weltbild, Menschenbild und Lebenskonzept	– Comte (Dreistadiengesetz) – Taine (Milieutheorie) – Empirismus, Sensualismus, Materialismus
ästhetische Theorie	Abwendung von der idealistischen und romantischen Tradition und Hinwendung zur unmittelbar erfahrenen Wirklichkeit. Dabei geht es nicht um die bloße Abbildung der Wirklichkeit, vielmehr wird die Wirklichkeit durch die Kunst (genauer: durch Gedanken und Gestalt) angereichert (Otto Ludwig).
Gattungen	– Lyrik (Dinggedicht, Ballade) – Roman (Gesellschaftsroman, Entwicklungsroman) – Novelle, Dorfgeschichte – Drama (Hebbel, Grillparzer)
Autoren und Werke	– Theodor Fontane (1819–1898): *Irrungen Wirrungen* (1888), *Stine* (1890), *Frau Jenny Treibel* (1892), *Effi Briest* (1894/95), *Der Stechlin* (1899) – Franz Grillparzer (1791–1872): *Die Jüdin von Toledo* (1873) – Friedrich Hebbel (1813–1863): *Maria Magdalene* (1844), *Agnes Bernauer* (1855) – Gottfried Keller (1819–1890): *Der grüne Heinrich* (1854/55, 1879), *Die Leute von Seldwyla* (1856, 1874) – Conrad Ferdinand Meyer (1825–1898), Gedichte: *Das Amulett* (1873), *Der Schuß von der Kanzel* (1877), *Gustav Adolfs Page* (1882). – Wilhelm Raabe (1831–1910): *Die Chronik der Sperlingsgasse* (1857), *Der Hungerpastor* (1864), *Stopfkuchen. Eine See- und Mordgeschichte* (1891). – Adalbert Stifter (1805–1868): Erzählungen (*Bunte Steine*) und Romane (*Brigitta, Nachsommer*) – Theodor Storm (1817–1888): *Immensee* (1850), *Pole Poppenspäler* (1874), *Der Schimmelreiter* (1888).
Zitate und Sprüche	– *„Realismus ist die Widerspiegelung allen wirklichen Lebens im Element der Kunst."* (Fontane) – *„Das Leben liefert das Material. Die Hand des Künstlers schafft das Kunstwerk."* (Fontane) – *„Die Kunst soll nicht verarmte Wirklichkeit sein, vielmehr bereicherte; nicht weniger Reize soll sie bewahren, sie soll neue hinzuhalten durch das Medium des phantasieentquollenen Gedankens."* (Otto Ludwig)

2.9 Der Naturalismus

Begriff und Eingrenzung

Anknüpfend an Strömungen aus Frankreich entsteht zwischen den 70er- und 90er-Jahren des 19. Jahrhunderts in Russland, Skandinavien und Deutschland eine Literaturbewegung, deren Kunstverständnis sich an der möglichst exakten Darstellung der Wirklichkeit orientiert: der Naturalismus. Der Terminus „Naturalismus" wird über die Verwendung als Epochenbegriff hinaus auch als generelles Charakterisierungsmerkmal von Literatur benutzt, wenn ausgedrückt werden soll, dass sich diese durch einen ausgeprägten und auffälligen Bezug zur Erfahrungswirklichkeit definiert.

Naturalismus: Darstellung der Wirklichkeit

Zeitgeschichtliche Rahmenbedingungen

Die Literaturbewegung des Naturalismus fällt in die letzten beiden Jahrzehnte des 19. Jahrhunderts. In Deutschland findet sie statt vor der Kulisse der Thronbesteigung Wilhelms II., der im Jahr 1888 — nach nur 99-tägiger Regierungszeit seines schwerkranken Vaters Friedrich III. — das Erbe Wilhelms I. antritt und der Reichspolitik spätestens seit Bismarcks Entlassung 1890 eine umstrittene konservative und nationalistische Richtung gibt.

Regierungsbeginn Wilhelm II

Sozialgeschichtlich steht der Naturalismus im Zusammenhang mit den Auswirkungen der Industriellen Revolution und dem Übergang Deutschlands vom Agrarstaat zur modernen Industrienation. Die damit einhergehende Verstädterung und die aufkommenden sozialen Missstände im Arbeitermilieu prägen die gesellschaftliche Situation Deutschlands und werden zu Themen der naturalistischen Literatur.

Weltbild, Menschenbild und Lebenskonzept

Noch expliziter und gründlicher als der Realismus bemüht sich der Naturalismus um eine Abbildung der Realität. Die Intention einer derartig exakten Wirklichkeitsdarstellung liegt dabei im Aufdecken gesellschaftlicher Wirklichkeiten und im Protest gegen die politischen, kulturellen und sozialen Verhältnisse der Zeit.

Aufdecken gesellschaftlicher Missstände

Ein Hintergrund derartig exakter Beschreibungen ist die Annäherung der Kunsttheorie an die Methoden und Erkenntnisse der empirischen Wissenschaften, die auf die Feststellung von Kausalitäten und durchschaubaren Gesetzlichkeiten in allen ablaufenden Prozessen zielten. Nachdem Charles

Darwin und Ernst Haeckel eine Theorie zur Abstammung des Menschen vorgelegt haben, versucht man auch die psychischen Prozesse des Menschen naturgesetzmäßig erklärbar zu machen. In Anlehnung an die Theorien des französischen Historikers Hippolyte A. Taine (1828–1893) geht man davon aus, das Verhalten des einzelnen Menschen und die Entwicklung der menschlichen Kultur durch eindeutige Gesetzmäßigkeiten erklären zu können. Die drei Hauptkräfte **Abstammung, historische Situation** und **soziale Umstände** werden als empirisch feststellbare Größen angenommen, die den Charakter und das Verhalten des Menschen bestimmen.

Milieutheorie als Grundlage

Ästhetische Theorie

Auch die Kunstvorstellung der Zeit orientiert sich an den empirischen Wissenschaften und bemüht sich um exakte Wahrnehmung und Darstellung möglichst vieler Einzelheiten der Wirklichkeit. In Anlehnung an die Vorstellung, nahezu alles Erfahrbare sei durch Gesetzmäßigkeiten zu beschreiben und zu erfassen, formuliert der Schriftsteller Arno Holz als entsprechendes Gesetz für die Kunst: „Kunst = Natur − x". Das erstrebenswerte Ideal besteht nach dieser Formel in einer Identität von Kunst und Natur. Das „x" steht für alles, was ein Kunstwerk von der Realität, die es abbilden will, unterscheidet und entfernt – wie etwa die subjektive Wirklichkeitssicht des Künstlers. Holz formuliert: *„Die Kunst hat die Tendenz, wieder die Natur zu sein. Sie wird sie nach Maßgabe ihrer jeweiligen Reproduktionsbedingungen."*

Streben nach Identität von Kunst und Realität

Aufgrund verschiedener Formen der künstlerischen Umsetzung des naturalistischen Programms unterscheidet man in Deutschland drei Phasen des Naturalismus: In seiner ersten Phase – man trifft sich in Diskussionskreisen und gründet neue Publikationsorgane – wenden sich die Intellektuellen zwischen 1885 und 1895 gegen die angepasste und seichte Unterhaltungsliteratur der Gründerzeitepoche nach 1871. Derartige Kunst wird als verlogen gekennzeichnet, die Forderung nach einer neuen künstlerischen Wahrheit wird laut. Dieser kritisierend-destruktiven Phase folgt eine Zeit eigener Produktivität. Sie konkretisiert sich zunächst in lyrischen Veröffentlichungen, deren Form zwar traditionell, die Inhalte aber sozialkritisch und politisch ausgerichtet sind. In Anlehnung an den französischen Naturalisten Émile Zola (1840–1902) entstehen schließlich in Form von Novellen und Kurzgeschichten einige naturalistische Prosa-Texte, die allerdings kaum als niveauvolle Sozialkritik angesehen werden können, da sie das Arbeiter- und Dirnenmilieu eher voyeuristisch nuancieren als realistisch ausgestalten.

drei Phasen des Naturalismus

Ein eigenes ernsthaftes Profil gewinnt der deutsche Naturalismus mit Gerhart Hauptmanns Novelle *Bahnwärter Thiel* (1888) und der Prosaskizze *Papa Hamlet* (1889) von Arno Holz und Johannes Schlaf. Vor allem im Werk von Holz und Schlaf wird das naturalistische Menschenbild greifbar, nach welchem menschliche Psyche und Verhaltensweisen aufgrund der verschiedenen Determinismen exakt beschrieben und nachvollzogen werden können.

Determiniertheit des Menschen

In einer letzten Phase ab 1889/1890 wenden sich die naturalistischen Schriftsteller der Bühne zu, um in sozialen Dramen und Milieustudien aus der sozialen Unterschicht die Abhängigkeit des Menschen von seiner Vererbung und seinem Umfeld aufzuzeigen.

Sprache

Entsprechend der programmatischen Bemühung um größtmögliche Realitätsnähe greift man zu neuen sprachlichen Mitteln. Typisch naturalistisch ist etwa der **Sekundenstil**, eine Erzähltechnik, die das Geschehen so detailliert wiedergibt, dass Erzählzeit und erzählte Zeit übereinstimmen. In den Dramen des Naturalismus finden sich ungewöhnlich ausführliche und präzise **Regieanweisungen**, die als eigenständiger epischer Bestandteil des Werks gesehen werden können. Eine sprachliche Besonderheit, die ihrerseits zum naturalistischen Kunstkonzept passt, ist die Benutzung **dialektaler und umgangssprachlicher Elemente**, wie sie etwa in Gerhart Hauptmanns Drama *Die Weber* vorkommen.

Themen, Motive, Gattungen

Als typisch naturalistisch können die Schilderungen des Milieus der Arbeiterwelt und der einfachen Stadtbevölkerung angesehen werden, die – auch wenn es kaum zu ausdrücklichen Bewertungen kommt – deutliche sozialkritische Züge tragen. Armut, Ausbeutung und schlechte Lebensverhältnisse werden geschildert, womit eine künstlerische Darstellung des „Hässlichen" etabliert wird, die einer Idealisierung oder Romantisierung der Realität, wie sie in den – vom Schulunterricht des wilhelminischen Deutschland bevorzugten – Epochen Klassik und Romantik versucht wurde, ausdrücklich und deutlich entgegensteht.

Darstellung des Hässlichen

Ein weiteres zentrales Thema ist die Darstellung des durch die gesellschaftlichen Veränderungen im Zuge der Industriellen Revolution entwurzelten und entfremdeten Menschen. In Anlehnung an die Milieutheorie bemühen

2.9 Der Naturalismus

sich die Naturalisten dabei, den Zusammenhang zwischen privatem Schicksal und äußeren Bedingungen aufzuzeigen.

Autoren und Werke

Gerhart Hauptmann (1862–1946) ist der vielseitigste und bedeutendste Dichter des Naturalismus. Zentrale Themen seiner Werke sind die Not einzelner Menschen oder ganzer gesellschaftlicher Gruppen. Seine Milieu- und Charakterschilderungen gelten als plastisch und treffend. Mit der Novelle *Bahnwärter Thiel* (1888) und dem Massendrama *Die Weber* (1893) schuf er die Hauptwerke des deutschen Naturalismus. Hauptmanns spätere Werke enthalten märchenhafte, mythische und symbolische Elemente. Weitere Werke Hauptmanns sind zum Beispiel die Dramen *Vor Sonnenaufgang* (1889), *Der Biberpelz* (1893) und *Rose Bernd* (1903).

Arno Holz (1863–1929) ist weniger populär als Gerhart Hauptmann, gleichwohl er als der einflussreichste Dichter und Theoretiker des deutschen Naturalismus gilt. Durch Einbeziehen der Umgangssprache in die Dichtung, die Verwendung von Motiven aus dem Umfeld der Großstadt und die Anwendung des Sekundenstils prägt er die Epoche wesentlich. Bekannt ist das Drama *Papa Hamlet* (1889), das er zusammen mit Johannes Schlaf veröffentlichte.

Johannes Schlaf (1862–1941) legte zusammen mit Arno Holz wesentliche theoretische und praktische Fundamente des konsequenten Naturalismus und verfasste mit ihm zusammen Musterbeispiele naturalistischer Literatur. Neben dem Stück *Papa Hamlet* (1889) gilt auch *Die Familie Selicke* (1890) als typisches naturalistisches Drama. Als Schlafs Hauptwerk gilt das düstere Drama *Meister Oelze* (1892).

Naturalistisches Drama   **Beispiel**

Schlechte Bezahlung, erniedrigende Ausbeutung und katastrophale Lebensbedingungen führen im Juni 1844 zu einem Aufstand der schlesischen Leinenweber, der durch das Eingreifen des preußischen Militärs gewaltsam niedergeschlagen wird. Gerhart Hauptmann beschreibt die Situation in seinem Sozialdrama „Die Weber" (1892). Er greift dabei auf Überlieferungen seines Großvaters, zeitgenössische und eigene Quellen (Informationsreisen) zurück. Das Stück zeigt, wie tiefgreifend und lebensbestimmend Klassenunterschiede zu dieser Zeit ausgeprägt waren. Die Protagonisten werden kaum mehr als Einzelpersonen, sondern vielmehr als Kollektiv

>> **Beispiel**

von Unterdrückern und Unterdrückten wahrgenommen. Der Aufstand der Weber scheitert an der Intensität des Hasses, mit der er geführt wird, und durch die ein strategisches Vorgehen unmöglich wird.

Gerhart Hauptmann
Die Weber (1892)

ERSTER AKT

Ein geräumiges, graugetünchtes Zimmer in Dreißigers Haus zu Peterswaldau. Der Raum, wo die Weber das fertige Gewebe abzuliefern haben. Linker Hand sind Fenster ohne Gardinen, in der Hinterwand eine Glastür, rechts eine ebensolche Glastür, durch welche fortwährend Weber, Weberfrauen und Kinder ab- und zugehen. Längs der rechten Wand, die, wie die übrigen, größtenteils von Holzgestellen für Parchent verdeckt wird, zieht sich eine Bank, auf der die angekommenen Weber ihre Ware ausgebreitet haben. In der Reihenfolge der Ankunft treten sie vor und bieten ihre Ware zur Musterung. Expedient Pfeifer steht hinter einem großen Tisch, auf welchen die zu musternde Ware vom Weber gelegt wird. Er bedient sich bei der Schau eines Zirkels und einer Lupe. Ist er zu Ende mit der Untersuchung, so legt der Weber den Parchent auf die Waage, wo ein Kontorlehrling sein Gewicht prüft. Die abgenommene Ware schiebt derselbe Lehrling ins Repositorium. Den zu zahlenden Lohnbetrag ruft Expedient Pfeifer dem an einem kleinen Tischchen sitzenden Kassierer Neumann jedesmal laut zu.

Es ist ein schwüler Tag gegen Ende Mai. Die Uhr zeigt zwölf. Die meisten der harrenden Webersleute gleichen Menschen, die vor die Schranken des Gerichts gestellt sind, wo sie in peinigender Gespanntheit eine Entscheidung über Tod und Leben zu erwarten haben. Hinwiederum haftet allen etwas Gedrücktes, dem Almosenempfänger Eigentümliches an, der, von Demütigung zu Demütigung schreitend, im Bewusstsein, nur geduldet zu sein, sich so klein als möglich zu machen gewohnt ist. Dazu kommt ein starrer Zug resultatlosen, bohrenden Grübelns in allen Mienen. Die Männer, einander ähnelnd, halb zwerghaft, halb schulmeisterlich, sind in der Mehrzahl flachbrüstige, hüstelnde, ärmliche Menschen mit schmutzigblasser Gesichtsfarbe: Geschöpfe des Webstuhls, deren Knie infolge vielen Sitzens gekrümmt sind. Ihre Weiber zeigen weniger Typisches auf den ersten Blick; sie sind aufgelöst, gehetzt, abgetrieben – während die Männer eine gewisse klägliche Gravität zur Schau tragen – und zerlumpt, wo die Männer geflickt sind. Die jungen Mädchen sind mitunter nicht ohne Reiz; wächserne Blässe,

---

Insgesamt eine exakte, detaillierte Beschreibung einer realistischen Situation. Nahezu dokumentarisch.

Der lange Vorspann geht weit über das hinaus, was in früheren Theaterstücken an Regieanweisungen vorhanden war. In der Detailliertheit und der Beschreibung ganzer Vorgänge und Geschehen wird der Vortext zu einem eigenwertigen epischen Element des Gesamttextes.

Die Beschreibung der Weber drückt deren Situation aus, die durch Ausbeutung, Schufterei und schlechte Lebensbedingungen gekennzeichnet ist. Die Formulierungen zeigen die Radikalität und Intensität dieser Lebensbedingungen.

Der Hinweis auf die Ähnlichkeit der Angehörigen des Weber-Standes passt zum kollektiven Figurenverständnis des gesamten Stückes.

zarte Formen, große, hervorstehende, melancholische Augen sind ihnen
dann eigen.

KASSIERER NEUMANN, *Geld aufzählend.* Bleibt sechzehn Silbergroschen
zwei Pfennig.

ERSTE WEBERFRAU, *dreißigjährig, sehr abgezehrt, streicht das Geld ein
mit zitternden Fingern.* Sind Se bedankt.

NEUMANN, *als die Frau stehenbleibt.* Nu? stimmt's etwa wieder nich?

ERSTE WEBERFRAU, *bewegt, flehentlich.* A paar Fenniche uf Vorschuß
hätt ich doch halt a so neetig.

NEUMANN. Ich hab a paar hundert Taler neetig. Wenn's ufs Neetigha-
ben ankäm – Schon mit Auszahlen an einen andern Weber beschäftigt,
kurz: Ieber den Vorschuß hat Herr Dreißiger selbst zu bestimmen.

ERSTE WEBERFRAU. Kennt ich da vielleicht amal mit'n Herrn Dreißiger
selber red'n?

EXPEDIENT PFEIFER, *ehemaliger Weber. Das Typische an ihm ist unver-
kennbar; nur ist er wohlgenährt, gepflegt gekleidet, glatt rasiert, auch ein
starker Schnupfer. Er ruft barsch herüber.* Da hätte Herr Dreißiger weeß
Gott viel zu tun, wenn er sich um jede Kleenigkeit selber bekimmern
sollte. Dazu sind wir da. *Er zirkelt und untersucht mit der Lupe.* Schwe-
renot! Das zieht. *Er packt sich einen dicken Schal um den Hals.* Macht de
Tiere zu, wer reinkommt.

DER LEHRLING, *laut zu Pfeifer. Das is, wie wenn man mit Kletzen red'te.*

PFEIFER. Abgemacht sela! – Waage! *Der Weber legt das Webe auf die
Waage.* Wenn Ihr ock Eure Sache besser verstehn tät't. Trepp'n hat's
wieder drinne ... ich seh gar nich hin. A guter Weber verschiebt's
Aufbäumen nich wer weeß wie lange,

BÄCKER *ist gekommen. Ein junger, ausnahmsweise starker Weber, dessen
Gebaren ungezwungen, fast frech ist. Pfeifer. Neumann und der Lehrling
werfen sich bei seinem Eintritt Blicke des Einvernehmens zu.* Schwere Not
ja! Da soll eener wieder schwitz'n wie a Laugensack.

ERSTER WEBER, *halblaut.* 's sticht gar sehr nach Regen.

*DER ALTE BAUMERT drängt sich durch die Glastür rechts. Hinter der Tür
gewahrt man die Schulter an Schulter gedrängt, zusammengepfercht
wartenden Webersleute. Der Alte ist nach vorn gehumpelt und hat sein
Pack in der Nähe des Bäcker auf die Bank gelegt. Er setzt sich daneben und
wischt sich den Schweiß.* Hier 'is ne Ruh verdient.

BÄCKER. Ruhe is besser wie a Beehmen Geld.

DER ALTE BAUMERT. A Beehmen Geld mechte ooch sein. Gu'n Tag ooch,
Bäcker!

BÄCKER. Tag ooch, Vater Baumert! Ma muß wieder lauern, wer weeß
wie lange!

>> Beispiel

Der Kassierer tritt
gleich zu Beginn
des Stückes mit
seinem wichtigsten
Charakteristikum auf:
Er gibt den Webern
offensichtlich wenig.

Nimmt die Situation
der Weberin nicht
ernst. Auch die
Szenenanweisung
zeigt, dass es hier
nicht um die Men-
schen, sondern um
die Abwicklung des
Geschäfts geht.

Obwohl Pfeifer seinen
sozialen Status
verbessert hat, gehört
er äußerlich zum
Kollektiv der Weber,
er hat das „typische"
Aussehen.

Selbst der Lehrling
behandelt die Weber
abschätzig (Vergleich
mit Gegenstand).

Bäcker hebt sich
schon äußerlich von
den anderen Webern
ab, was von den
Geschäftsleuten auch
bemerkt wird. Hier
deutet sich seine
spätere Rolle beim
Weberaufstand an.

Erneut eine epische
Situationsschilde-
rung, welche die
Konstellation und die
Situation der Weber
veranschaulicht.

Die Gespräche zeigen
die schwelende
Unzufriedenheit der
Weber.

>>

>> **Beispiel**

ERSTER WEBER. Das kommt nich druf an. A Weber wart't an Stunde oder an'n Tag. A Weber is ock 'ne Sache.

Gerhart Hauptmann. Die Weber. Vollständiger Text des Schauspiels. Dokumentation. Hrsg. v. Hans Schwab-Felisch. 36. Auflage. Ullstein, Frankfurt/Main, Berlin, 1995. Seiten 7–9. (Ullstein-Buch 22901, Dichtung und Wirklichkeit)

Epochentypische Aspekte in Gerhart Hauptmanns „Die Weber"

Schon die erste Szene des ersten Aktes zeigt wesentliche Charakteristika des gesamten Stückes und der naturalistischen Vorstellungen vom Theater, seinen Möglichkeiten und seinen Themen. Ein auffälliges Kennzeichen des Textauszuges sind die ausführlichen und umfangreichen Bühnenanweisungen, die inhaltlich und in Bezug auf ihren Umfang weit über das hinausgehen, was bisher für ein Drama üblich war. Die Texte beschreiben sehr realistisch und detailliert bestimmte Situationen – hier die Abgabe der Webstücke im Haus des Geschäftsmannes – deuten allerdings darüber hinaus bestimmte Aspekte der Personencharakteristik und -konstellation an, die für den weiteren Handlungsverlauf relevant sind. Vor allem die Situation der Weber wird hier drastisch und anschaulich vor Augen geführt. Man erhält einen Einblick in ihre Lebensbedingungen, wobei die Wortwahl und die Formulierungen die Intensität ihres Elends und ihrer – auch emotionalen – Not eindringlich wiedergeben. Insgesamt werden sowohl die vorgeschalteten als auch die eingefügten Bühnenanweisungen zu eigenständigen erzählenden Elementen innerhalb des Dramas.

Expositorisch ausgeführt wird die angedeutete Konfrontation der beteiligten Personengruppen in den Dialogen der ersten Szene. Auf der einen Seite stehen die Angestellten des Kaufmanns: der Kassierer Neumann, der Expedient Pfeiffer und der Lehrling. Sie nehmen die Waren an und zahlen den Webern ihren Lohn aus, womit sie gleichzeitig als Medium und als Barriere zwischen dem Geschäftsmann und seinen Arbeitern fungieren. Ein direkter Kontakt zwischen Arbeitern und Geschäftsmann, etwa wenn es um die Frage nach einem Vorschuss geht, wird von ihnen nicht zugelassen. Ausreden und Ausflüchte machen eine solche Kommunikation unmöglich. In erster Linie beschäftigen sich die Angestellten mit dem Entgegennehmen der Ware, der Qualitätsprüfung und der Entlohnung der Weber. Die Kommentare und der Umgang mit den Webern charakterisiert sie allerdings als abgegrenzte, überlegene soziale Gruppe. Sie geben den Webern Befehle, nehmen sich für einzelne Arbeiter keine Zeit und kümmern sich erst recht nicht um deren Fragen oder Lebenssituation. Selbst der Lehrling fühlt sich den Webern überlegen und ordnet sich selbstbewusst dem Kollektiv der Kaufmannsangestellten zu. Die Weber werden von dieser Gruppe nicht als Menschen wahr

2.9 Der Naturalismus

genommen, sondern wie Gegenstände behandelt. Der Satz des Lehrlings, der die Weber mit „Klötzen" vergleicht, zeigt dies deutlich.

Verschiedene Vertreter aus dem Webermilieu vermitteln ein anschauliches Bild dieser Gesellschaftsschicht. Die Weber erscheinen zunächst sehr untertänig, auch resigniert. Mehrfach werden ihre Lebenssituation, die finanzielle Not, die notwendige Arbeit auf dem Hof, die als Ausgleich für Pachtverpflichtungen zu leisten war, oder die fehlende soziale Absicherung angesprochen. Die Weber werden hier in einer erniedrigenden Abhängigkeit von dem Gutdünken der Angestellten gezeigt. Mehrfach werden typische Merkmale in Verhalten und Aussehen angesprochen, sodass es hier weniger um einzelne Charaktere als um eine plastische Darstellung einer sozialen Gruppe geht.

>> **Beispiel**

Überblick

Naturalismus	
Begriff und Eingrenzung	Der Künstler bemüht sich, die Realität exakt und natürlich, das heißt wirklichkeitsgetreu, abzubilden.
zeitgeschichtlicher Rahmen	Konservative und nationalistische Wende im Deutschland Kaiser Wilhelms II. Aufkommen der Sozialen Frage
Weltbild, Menschenbild und Lebenskonzept	– Geprägt von Sozialer Frage, Verstädterung, Proletarisierung der Arbeiter – Erklärung der menschlichen Psyche durch die Milieutheorie: Abstammung, historische Situation und soziale Umstände bestimmen das Verhalten des Menschen gesetzmäßig
ästhetische Theorie	– Orientierung der Kunst an den Methoden der empirischen Wissenschaften – Ideal: Kunst als identische Abbildung der Realität – Arno Holz: Kunst = Natur – x – Unterhaltungsliteratur der Gründerzeit wird als verlogen abgelehnt
Sprache	– Verwendung von Dialekt und Umgangssprache – Sekundenstil
Themen, Motive	– Milieuschilderungen – Darstellung des „Hässlichen" – Vorstellung des entwurzelten und entfremdeten Menschen
Gattungen	– Lyrik (traditionelle Formen, sozialkritische Inhalte) – Dramen – Novellen
Autoren und Werke	– Gerhart Hauptmann (1862–1946): *Bahnwärter Thiel* (1888), *Die Weber* (1893) – Arno Holz (1863–1929) und Johannes Schlaf (1862–1941): *Papa Hamlet* (1889) und *Die Familie Selicke* (1890)
Zitate und Sprüche	– *„Kunst = Natur – x"* (Arno Holz) – *„Die Kunst hat die Tendenz, wieder die Natur zu sein."* (Arno Holz) – *„Unsere Welt ist nicht mehr klassisch,/Unsere Welt ist nicht romantisch,/ Unsere Welt ist nur modern."* (Arno Holz)

2.10 Literatur der Jahrhundertwende

Begriff und Eingrenzung

Hinter der neutralen Bezeichnung „Jahrhundertwende" verbirgt sich eine Vielzahl von individuellen und kollektiven Stil-, Schreib- und Denkrichtungen der literarisch sehr kreativen und konstruktiven Zeit zwischen 1890 und 1914. Neben dem weiteren Einfluss des Naturalismus und dem aufkommenden Expressionismus fasst die Literaturgeschichte einzelne Autoren und Werke als Vertreter eines literarischen Impressionismus, des Symbolismus und des Jugendstil zusammen. Darüber hinaus tragen einzelne Werke neuromantische, neuklassische oder dekadente Merkmale.

verschiedene Strömungen

Zeitgeschichtliche Rahmenbedingungen

Kaiser Wilhelm II. – seit 1888 im Amt – führt Deutschlands imperialistisches Bemühen um eine verbesserte Stellung als Weltmacht weiter. Expansionsstreben, Nationalismus, Radikalisierung politischer Gruppierungen sowie weitere wirtschaftliche und technische Aufschwungbewegungen bestimmen das Leben im Deutschland der Jahrhundertwende. Einige dieser Tendenzen kulminieren schließlich im Beginn des Ersten Weltkriegs 1914.

Erster Weltkrieg

Weltbild, Menschenbild und Lebenskonzept

Vor dem Hintergrund der großen und spürbaren politischen und wirtschaftlichen Veränderungen wird die Jahrhundertwende (frz.: *fin de siècle*) oft durch ambivalente Stimmungsbeschreibungen als „Ende und Neubeginn" charakterisiert, womit auf den Gegensatz zwischen Endzeitstimmung und Aufbruchseuphorie angespielt wird, der sich unter anderem aus dem Kontrast zwischen den technischen Fortschritten der Industrialisierung und der Sozialen Frage ergibt. Der Ausbruch des Ersten Weltkriegs wird von weiten Kreisen als notwendiger Zusammenbruch eines überkommenen Systems oder mindestens als fruchtbarer Erneuerungsimpuls in einer Phase der Stagnation und Resignation begrüßt.

Industrialisierung und Soziale Frage

Auch in den verschiedenen literarischen Strömungen lassen sich die divergenten Tendenzen und Stimmungen aufspüren. Gemeinsam ist den verschiedenen Richtungen die Ablehnung der bürgerlichen Welt und der dazugehörigen Wertvorstellungen. Meist wenden sie sich auch gegen die Wirklichkeitsorientierung des Naturalismus.

Ästhetische Theorien

Neben den vielen grundsätzlichen Unterschieden der einzelnen Kunstauffassungen der Zeit lassen sich auch gemeinsame Grundlagen erkennen. Alle Strömungen der Jahrhundertwende setzen sich in irgendeiner Form mit dem Naturalismus auseinander und definieren sich häufig als Überwinder der naturalistischen Kunstidee. Vor allem die absolute Annäherung von Kunst und Wirklichkeit sowie die Dominanz politischer und sozialkritischer Themen werden abgelehnt. Die Kunst soll jetzt eine eigene Bedeutung neben dem bloß Wahrnehmbaren bekommen, womit auch die naturalistische „Darstellung des Hässlichen" verworfen wird. Die Intention künstlerischer Darstellung ergibt sich für viele Schriftsteller aus ihr selbst. Die Kunst fungiert in den Augen dieser Künstler nicht als Medium zur exakten Wirklichkeitsdarstellung, sondern entsteht um ihrer selbst willen – man spricht vom *l'art pour l'art*-Konzept.

Überwindung des Naturalismus

Darüber hinaus verbindet die meisten Künstler der Zeit das Gefühl, die Kunst habe sich angesichts der großen politischen, technischen und wirtschaftlichen Veränderungen kaum adäquat zu einer „modernen Kunst" weiterentwickelt. Daraus resultierend begibt man sich auf die Suche nach angemessenen Konzepten. In verschiedenen Städten – etwa Berlin, München und Wien – schließen sich Künstlergruppen zusammen, um die empfundenen Defizite aufzuarbeiten, es entstehen verschiedene Richtungen.

Suche nach „moderner Kunst"

Benannt nach einem Gemälde des französischen Malers Claude Monet (1840–1926) entsteht in der Bildenden Kunst Frankreichs der **Impressionismus.** Naturalistische Ansätze weiterführend bemüht man sich nun um einen noch unmittelbareren Zugriff auf das künstlerisch Abzubildende. Die Maler verlassen die Ateliers und malen die Natur in unmittelbarer Anschauung. Anders als im Naturalismus geht es allerdings nicht um eine objektive Darstellung des Gesehenen, vielmehr bemüht man sich, Stimmungen und subjektive momentane und wechselnde Eindrücke, die auf den Betrachter wirken, künstlerisch auszudrücken. Auf die Dichtung übertragen bedeutet dies die Abkehr von den detaillierten Milieuschilderungen, die die Naturalisten zur Erklärung menschlicher Verhaltensweisen heranzogen, und eine differenzierte und sensible Hinwendung zur Beschreibung psychischer Vorgänge und Stimmungen. Anstelle des Menschen, der die Wirklichkeit wahrnehmen, erkennen und deuten kann, schildert der Impressionismus Stimmungen, Gefühle und unmittelbare Sinneseindrücke.

Stimmungen, Gefühle, Sinneseindrücke

In Deutschland entstehen Gedichte, Stimmungsnovellen und auch lyrische Theaterstücke, die impressionistische Züge tragen. Als impressionistische Dichter gelten Detlev von Liliencron (1844–1909) und Richard Dehmel (1863–1920).

Auch der **Symbolismus** hat seinen Ursprung in der französischen Literatur des späten 19. Jahrhunderts. Die Dichter sehen sich in ausdrücklichem Kontrast zu den Kunstvorstellungen des Realismus und des Naturalismus, deren detaillierte Wirklichkeitsbeschreibungen ihnen einseitig und aus künstlerischer Sicht unbefriedigend scheinen. Die Symbolisten begeben sich auf die Suche nach einer transzendenten Idee oder einem Geheimnis, das sich hinter der sichtbaren Oberfläche der Welt verbirgt. Dieses Verborgene lässt sich allerdings nicht erfassen und definieren, sondern kann allenfalls in Bildern und Symbolen beschworen und angedeutet werden. Metaphernreiche und – oft schwer verständliche – symbolische Sprachformen, musikalische und klangvolle Ausdrücke, Andeutungen und Suggestionen sind typische Merkmale symbolistischen Schreibens, die sich vor allem in der Lyrik verwirklichen lassen. Stefan George (1868–1933), Hugo von Hofmannsthal (1874–1929) und Rainer Maria Rilke (1875–1926) können als deutschsprachige Autoren dem Symbolismus zugerechnet werden.

Suche nach der transzendenten Idee

Die Kunstvorstellungen des **Jugendstil** werden zuerst in typischen Ornamenten in der Buchkunst – auf Vignetten, Kopfleisten, Randverzierungen, Titelblättern und Einbänden – greifbar, von wo sie auf Möbel, Boden- und Wandgestaltungen übertragen werden. Gängige Ornamente sind Bäume, Pflanzen, Fische, tanzende Frauen und mythische Wesen. Die Kunst des Jugendstils besteht ganz um ihrer selbst willen. Es geht um eine Ästhetik, die mit der Wirklichkeit nichts zu tun hat. Die Einzelheiten des Kunstwerks sollen weder – wie im Symbolismus – eine transzendente Idee andeuten, noch verhelfen sie – wie im Impressionismus – zur nachempfindbaren Wiedergabe eines subjektiven Sinneseindrucks. Derartige Kunst bemüht sich um Wirkung aus sich heraus, es geht um Schönheit der Darstellung und der Form.

Wirkung der Kunst aus sich heraus

Autoren und Werke

Friedrich Nietzsche (1844–1900) ist als Philosoph und Dichter ein wesentlicher Gedankengeber der Intellektuellen zur Zeit der Jahrhundertwende und darüber hinaus. Nietzsche wendet sich in seiner radikalen Kulturkritik gegen die vorherrschenden Denk- und Wertvorstellungen. Er propagiert die Nichtigkeit und Umwertung aller traditionellen – namentlich der christlich-abendländischen – Werte, Normen und Zielvorstellungen und beschwört ein neues, von individueller Kraft und eigener Willensstärke getragenes Menschenbild.

2.10 Literatur der Jahrhundertwende

Arthur Schnitzler (1862–1931) zählt als Dramatiker und Erzähler zum Wiener Impressionismus. Schnitzler befasst sich – in Orientierung an den Theorien Sigmund Freuds – mit der menschlichen Psyche, auch im Zusammenhang mit erotischen Themen. Seine Novelle *Leutnant Gustl* (1901) ist ein frühes Beispiel für die konsequente Anwendung des inneren Monologs.

Stefan George (1868–1933) vertritt – gegen die „Sprachverwilderung" des Naturalismus gewandt – ein strenges Form- und Schönheitsideal der Kunst und sieht die Motivation des Dichters in einer göttlichen Sendung. George lebt selbst sehr von der Welt abgeschieden, sammelt aber einen elitären Kreis von Dichtern und anderen Künstlern um sich, dessen Mitglieder ihm fast sakrale Verehrung zuteil werden lassen. George schafft in erster Linie feierliche, an die Ideen des französischen Symbolismus angelehnte, klang- und gefühlvolle Gedichte.

Rainer Maria Rilke (1875–1926) gilt als einflussreichster deutscher Lyriker der ersten Hälfte des 20. Jahrhunderts. Sensible Wahrnehmungen, stimmungsvolle und schwermütige Beschreibungen, melodische Sprachführung, Bilderreichtum und Formvollendung charakterisieren die frühe Lyrik Rilkes. Präzisere, plastischere und objektivere Schilderungen finden sich in den Gedichten ab 1902, was auf den Einfluss des französischen Bildhauers Auguste Rodin zurückgeführt werden kann, mit dem Rilke ab 1902 zusammenarbeitet. Neben der Lyrik verfasst Rilke Übersetzungen und wenige Prosa-Werke, etwa den Roman *Die Aufzeichnungen des Malte Laurids Brigge* (1910).

Heinrich Mann (1871–1950) und **Thomas Mann** (1875–1955) sind die großen Erzähler der Jahrhundertwende. Lässt sich das Werk des älteren Bruders Heinrich durch frühes – oft satirisch ausgestaltetes – Eintreten für liberale, demokratische, antimonarchische und antibürgerliche Themen und Intentionen charakterisieren, so tritt Thomas Mann vor dem Ersten Weltkrieg noch politisch konformer, also konservativer, auf. Dennoch befasst auch er sich in seinen frühen Werken – etwa im Debütroman *Die Buddenbrooks* (1901) – auf psychologisch-realistische Weise mit dem Niedergang des deutschen Großbürgertums und anderen Themen der Zeit.

Hermann Hesse (1877–1969) verfasst Gedichte und erzählende Texte und ist einer der bedeutendsten Vertreter der traditionellen Erzählform im 20. Jahrhundert. Seine Romane befassen sich mit inneren Wandlungen und Krisen, oft auch mit dem Zwiespalt zwischen Gefühl und Verstand. Werke aus der Zeit der Jahrhundertwende sind neben Gedichten der Roman *Peter Camenzind* (1904) und *Unterm Rad* (1904).

2 Tendenzen der Literaturgeschichte

Beispiel

Lyrik der Jahrundertwende

Die unterschiedlichen Strömungen, die sich während der Jahrhundertwende feststellen lassen, machen es schwer, das Zeitgefühl an einem einzelnen Textbeispiel vorzustellen. An Rilkes Gedicht *Herbst* aus dem *Buch der Lieder* von 1902 lassen sich aber zumindest einzelne Aspekte der damaligen Kunstauffassung – vor allem die bewusste Abgrenzung von den Vorstellungen des Naturalismus – nachvollziehen.

Zu einem symbolträchtigen Alltagsgeschehen werden transzendente Bezüge hergestellt. Die Szene scheint auf einen Einschnitt, ein Ende hinzuweisen.

Der empfundene Einschnitt wird gleichsam „globalisiert" und als „Einsamkeit" konkretisiert.

Nicht nur der Planet Erde teilt dieses Schicksal, sondern offensichtlich alle seine Bewohner.

Aber: Ein Sinn, eine Geborgenheit, etwas Schützendes scheint hinter dem Verfall zu stehen und ihn positiv aufzuheben.

Rainer Maria Rilke

Herbst (1902)

Die Blätter fallen, fallen wie von weit,
als welkten in den Himmeln ferne Gärten;
sie fallen mit verneinender Gebärde.

Und in den Nächten fällt die schwere Erde
aus allen Sternen in die Einsamkeit.

Wir alle fallen. Diese Hand da fällt.
Und sieh dir andre an: es ist in allen.

Und doch ist Einer, welcher dieses Fallen
unendlich sanft in seinen Händen hält.

Rainer Maria Rilke: Die Gedichte. 14. Auflage. Insel-Verlag, Frankfurt am Main, 2003, Seite 346.

Zentrales Thema des kurzen Textes scheint das Fallen, das – sowohl als Verb wie auch als Substantiv – siebenmal ausdrücklich angesprochen und damit zum scheinbar wichtigsten thematischen wie formalen Kompositionsmoment des Gedichtes wird. Abschiedsmelancholie und Vergänglichkeitsstimmungen mit dem Herbst und dem Fallen des Laubes zu verbinden, ist kein neuer Gedanke; zur Zeit der Jahrhundertwende mag man hierin eine Wiedergabe der allgemeinen Verunsicherung sehen, welche diese Zeit charakterisiert. Wissenschaftliche, technische und politische Entwicklungen führten bei vielen Menschen zu Entfremdung und Zukunftsangst. Strukturen und Wertvorstellungen, an denen sie sich bisher orientieren konnten, taugen nicht mehr, was sich für den ein oder anderen Zeitgenossen sicherlich durch ein Gefühl des „Fallens" ausdrücken ließ. Dass das Fallen zunächst negativ konnotiert ist, zeigen die beschriebenen Begleitumstände: „Fallen" wird als Ergebnis eines „Welkens" gedeutet, es ist von einer „verneinenden Gebärde" begleitet, sein Ziel und sein Ergebnis ist die „Einsamkeit".

2.10 Literatur der Jahrhundertwende

>> **Beispiel**

Wie umfassend die Verneinungs- und Vergänglichkeitsstimmung ist, wird zweifach ausgedrückt. Schon die zweite Strophe scheint zeigen zu wollen, dass es hier um ein globales Phänomen geht, und verbindet dabei eine sachlich-wissenschaftliche Begriffsebene („Erde" statt „Welt") mit der empfundenen Stimmung, als sollte gezeigt werden, dass alles errungene Wissen des Menschen über die Erde, die Sterne und das Weltall den Fall-Prozess nicht aufhalten kann, dass die rationalistische Entzauberung der Welt das Fallen nicht ausschließt.

In diesem Gedicht scheint also mehr zu Ende zu gehen als ein Sommer. Die beschriebene Situation dient nur als Auslöser der weiterführenden Feststellungen. Schrittweise wird ausgeführt, wie weit sie über sich hinausweist. Beginnt die Beschreibung derartiger Verwiesenheit zunächst noch mit Vergleichen (die Vergleichspartikel „wie" und „als" weisen darauf hin), so wird das Verhältnis zwischen Sach- und Bildebene in der zweiten und spätestens in der dritten Strophe noch enger. Das Fallen und die fallenden Blätter werden zu Metaphern, wenn etwa von einer „fallenden" Hand die Rede ist. Deutlich wird hierbei eine Verwobenheit von Erfahrungswirklichkeit und einer bildlich-poetischen Bedeutung vorgestellt. Die Natur dient hier nicht als Kulisse oder als Bestimmungsfaktor eines Lebensmilieus, sondern sie wird künstlerisch verstanden und erfährt eine symbolische und mehrperspektivische Deutung.

Die Verweisungsbezüge innerhalb des Gedichtes sind allerdings noch vielfältiger, sodass eine Interpretation, die bei der nahezu nihilistischen pauschalen Zerfall- und Endzeitzeitstimmung stehen bleibt, dem Gedicht – und damit auch der Rolle von Rilkes Lyrik im Kontext der Literatur der Jahrhundertwende – nicht gerecht wird. Zwar verweist das Fallen der Blätter auf das Fallen von Erde und Menschen, bereits ab dem zweiten Teil des allerersten Verses wird allerdings eine transzendente, über der ganzen Situation stehende Bezugsgröße angedeutet. Die Begrifflichkeiten des zweiten Verses („Himmel" und „Gärten") implizieren religiös-christliche Bezüge, die wiederum im letzten Doppelvers aufgegriffen und konkretisiert werden. Die Anspielung auf Gott – wie auch immer dieser Begriff hier verstanden wird – ist deutlich. Die Botschaft des Gedichtes beginnt eigentlich erst nach dem „und doch" des vorletzten Verses. Alles Vorausgehende ist bloß Bestandsaufnahme. Dieses Gedicht der Jahrhundertwende beschreibt gerade nicht den resignierenden Milieudeterminismus des naturalistischen Weltbildes oder die hoffnungslose Weltuntergangsstimmung des Expressionismus, sondern das Gegenteil. Aller Wirklichkeit wird ein über sie hinausgehender sinnstiftender Halt zugestanden, der in einer Gottesvorstellung kulminiert.

>>

>> **Beispiel**

Der Grundton des Gedichtes findet sich daher nicht in dem vielfach ange-
spielten „Fallen", sondern im allerletzten Wort des Gedichtes, dem „hält".
Dass die beiden Kontrastbegriffe „fällt" und „hält" aufeinander gereimt sind,
ist eine weitere, dazu passende formale Raffinesse.

Überblick

Literatur der Jahrhundertwende

Begriff und Eingrenzung	Es geht um die literarischen Strömungen zur Zeit der Jahrhundertwende um 1900.
zeitgeschichtliche Rahmenbedingungen	– Ausbau der Macht Kaiser Wilhelms II. – Expansionsstreben und imperialistische Betätigung Deutschlands – Radikalisierung politischer Richtungen – Nationale und internationale politische Konflikte – Wirtschaftlicher und technischer Aufschwung
Weltbild, Menschenbild und Lebenskonzept	– Ambivalente Stimmungen angesichts einer als Umbruchszeit erfahrenen Epoche – „Ende und Neubeginn" – Konfrontation von Fortschrittseuphorie und Sozialer Frage
ästhetische Theorie	– Auseinandersetzung mit dem Naturalismus – Ablehnung der Darstellung des „Hässlichen" – Impressionismus: Bemühen um große Wirklichkeitsnähe durch Schilderung momentaner Stimmungen und Empfindungen – Symbolismus: Suche nach einer transzendenten Idee, die sich in der Symbolik der wahrnehmbaren Wirklichkeit verbirgt – Jugendstil: Orientierung an einer selbstzweckhaften Schönheit, *l'art pour l'art*-Prinzip
Themen, Motive, Gattungen	– Lyrik als Ausdruck von Stimmungen und Bemühen um Schönheit – Romane
Autoren und Werke	– Arthur Schnitzler (1862–1931): *Leutnant Gustl* (1901) – Stefan George (1868–1933): Lyrik – Rainer Maria Rilke (1875–1926): Lyrik, *Die Aufzeichnungen des Malte Laurids Brigge* (1910) – Heinrich Mann (1871–1950): *Der Untertan* (1914) – Thomas Mann (1875–1955): *Buddenbrooks* (1901) – Hermann Hesse (1877–1969): *Peter Camenzind* (1904), *Unterm Rad* (1904)
Zitate und Sprüche	– *„Ich beschwöre euch, meine Brüder, bleibt der Erde treu und glaubt denen nicht, welche euch von überirdischen Hoffnungen reden!"* (Nietzsche) – *„Ich fürchte mich so vor der Menschen Wort. Sie sprechen alles so deutlich aus."* (Rilke)

2.11 Expressionismus

Begriff

Lat. *expressio* = Ausdruck. Der Begriff *Expressionismus* wurde 1911 erstmals verwendet und diente zur Bezeichnung der Bilder junger französischer Maler, die auf einer Ausstellung in Berlin gezeigt wurden. Der Schriftsteller Kurt Hiller übertrug den Begriff auf junge Dichter der Zeit. „Dada" als Bezeichnung entstand angeblich beim Blättern in einem deutsch-französischen Wörterbuch. Dort stellt das Wort die kindliche Bezeichnung für ein Holzpferdchen dar. Nach anderer Lesart ist in dem Wort der erste verbale Ausdruck eines Kleinkindes zu sehen und kann so den Neuanfang und die angestrebte Einfachheit und natürliche „Unreflektiertheit" symbolisieren.

Politische Zustände der Epoche

Erweitert man den von Benn geprägten Begriff vom „expressionistischen Jahrzehnt" etwas, so wird man auf den Zeitraum von 1905–1920/25 verwiesen. (Einige rechnen von 1888 bis 1932. Dieser Zeitraum überschreitet aber wohl zu deutlich das Epochenzentrum.) In Deutschland stagniert das innenpolitische Leben unter Kaiser Wilhelm II. vor dem Ersten Weltkrieg (so begrüßen viele Expressionisten den Ausbruch des Krieges als Auflösung der Erstarrung!), während die zunehmende Militarisierung zu einer etwas turbulenten Außenpolitik führt. Die Industrialisierung (Gründerzeit) ist noch in vollem Gang, die Verstädterung führt zu einem explosionsartigen Wachstum der Großstädte. Bald nach Ausbruch des Krieges verliert sich die Euphorie und weicht einer schonungslosen Kritik. Viele Dichter stellen die Grausamkeiten des Krieges in den Mittelpunkt einiger ihrer Werke.
Nach dem Krieg bestimmen Orientierungslosigkeit, Wertrelativismus und schließlich die Wirtschaftskrise das kulturelle Leben.

Erstarrung vor dem Ersten Weltkrieg

Wachstum der Großstädte

Weltbild, Menschenbild und Lebenskonzept

In der Welt ist keine Ordnung, keine Übersicht mehr möglich, Die Industrialisierung hat vom Menschen und seiner Welt Besitz ergriffen. Maschinen sind allgegenwärtig und führen zur Enthumanisierung der Welt. Die Stadt wird zum denaturierten Lebensraum (3., 4. Hinterhof), in dem der Mensch in der Anonymität versinken kann, die **Natur** wird unzugänglich und muss in „Notlösungen" neu geschaffen werden (Schrebergarten). „Wandlung", „Erneuerung", „Steigerung" sind die zentralen Begriffe, die die expressionistische Bewegung charakterisieren.

Enthumanisierung der Welt

Sehnsucht nach Erneuerung

Ästhetische Theorie

Kunst (in ihrem Bestreben, Form zu schaffen) und Wirklichkeit (in der nur noch Zufall und Unordnung wahrnehmbar sind) passen nicht mehr zusammen. So wird Kunst nach Hugo Ball zum „Kampf mit dem Irrsinn". Der Maler Paul Klee formuliert treffend: „Die Kunst gibt nicht das Sichtbare wieder, sondern macht sichtbar".

Kunst stellt schonungslos dar

Im Vordergrund der erklärten Absichten der Kunst stehen zwei Tendenzen: Zum einen solle der herrschende Zustand schonungslos dargestellt werden, von dem man sich befreien will, zum andern geht es um den Entwurf visionärer Zukunftskonzepte. Gerade die zweite Tendenz führt immer wieder in die Nähe sozialistischen Gedankenguts. Der Kern des expressionistischen Kunststrebens aber ist in einer „missionarischen Grundtendenz" zu sehen: Es gilt, den Menschen zu verbessern, um die Welt zu verbessern. Der Dadaismus, aus dem „Cabaret Voltaire" Hugo Balls hervorgegangen, markiert eine massiv antibürgerliche Haltung, versteht sich als Fortsetzung des Expressionismus und auch als dessen Infragestellung. Zwar gibt es kein ausformuliertes Programm, doch kann man als Ziel die Aufdeckung der Verlogenheit des Bürgertums annehmen. Allen etablierten Kunstformen wird der Kampf angesagt, Vernunft wird relativiert, Ironie beherrscht die Szene. Zentrale Mittel sind Auflösung, Montage, Collage, Zufall. Auch die Sprache wird weitestgehend aufgelöst, es bleiben nur noch rudimentäre Strukturen.

Sprache

Die disparate Befindlichkeit des Sprechers/Schreibers kann nur durch eine entsprechende Sprache zum Ausdruck gebracht werden. Die Wirklichkeit wird als Aufsplitterung in unvereinbare Teile wahrgenommen. Entsprechend wird die Sprache zum Teil aufgelöst: Wortfetzen, Auflösung der Syntax, Ellipsen, Reduktion auf einzelne Wörter sind häufig zu beobachten. Ausdrucksstärke wird durch Worthäufungen, syntaktische Verknappungen erreicht. Metaphern, Wortneuprägungen und Chiffren versuchen das Unsagbare zu benennen. **Sprachverknappung** (Verzicht auf Artikel, Präpositionen, Füllwörter, oft auch auf an sich unverzichtbare Satzglieder), nicht selten gepaart mit Zusammenballungen von Wörtern einer Wortart (Nomen; Verben), trägt wesentlich zu einer Intensivierung des Ausdrucks bei.

Tendenz zur Auflösung der Sprache, Suche nach Ausdrucksstärke, Sprachverknappung

Der **Dadaismus** ist bestrebt, auch letzte Sinnreste einer Sprachgebung auszumerzen und Laute zufallsgesteuert zu arrangieren. Damit wird nicht nur jegliche Grammatik (als sinnstiftende Zusammenordnung), sondern auch jede wortbezogene Semantik ironisch aufgelöst.

Themen, Motive, Gattungen

Aus dem Erlebnis der Auflösung bzw. Erstarrung der alten Orientierungssysteme entwickelt sich eine Aufbruchstimmung, die enthusiastisch, ja sogar ekstatisch in die Zukunft blickt. Die Gegenwart wird als Zeit der Ich-Gefährdung, ja sogar der Ich-Zerstörung (Großstadt) zum Thema. Der Mensch in seiner angeschlagenen Leiblichkeit, in seinen Krankheiten tritt bei vielen in den Mittelpunkt. (Krankheit und Tod werden zu zentralen Themen.) Schock, Provokation, unbarmherzige Benennung grauenhafter Details werden zu Mitteln, die Verlogenheit der zeitgenössischen Kultur aufzudecken.

Aufbruch

Krankheit und Tod, Schock und Provokation

Zunächst erscheint die Lyrik als die geeignete Form, den Themen und Tendenzen gerecht zu werden. Hier lässt sich am entschiedensten „Form" infrage stellen und neu konzipieren. Gottfried Benn spricht von „Weltzertrümmerung". Die Gedichtanthologie „Menschheitsdämmerung", von Kurt Pinthus 1920 herausgegeben, trägt die Kapitelüberschriften (damit werden die Themen benannt!): „Sturz und Schrei", „Erweckung des Herzens" „Aufruf und Empörung", „Liebe den Menschen".
Man wendet sich aber grundsätzlich ab von dem, was bisher als „lyrisch" angesehen wurde. So stellt Benn in seinen *Morgue*-Gedichten (1912) schonungslos Krankheit, Zerfall und Tod des Menschen dar. Stramm bricht völlig mit der Lyrik-Tradition, schon in seinem Stil: Er reiht Wort- und Satzfetzen aneinander, um seine entsetzlichen ersten Kriegserlebnisse darzustellen.

Im Dadaismus lässt sich kein eigentliches „Thema" ausmachen, wohl aber lassen sich verschiedene lyrische „Formen" finden, so etwa: Collage, Lautgedicht, Buchstabengedicht, Zufallsgedicht.

Zunehmend wird das **Drama** entdeckt (hier lässt sich die dynamische Wandlung/Veränderung am besten darstellen). Mehr und mehr lassen sich die Ideen von Wandlung und Durchbruch auf die Bühne bringen. Dabei tritt allerdings das Individuum zurück. An seine Stelle tritt der „Typ" (keine Namen, nur Funktion). Der Roman tritt nur vereinzelt, dann aber in neuer Komposition auf. Den Expressionisten liegt nicht viel an einer entwickelnden Erklärung des Menschen und seiner psychologischen Genese. Kurze Erzählungen sind schon eher geeignet, disparate Situationen, ausweglose Stagnation, aber auch Ausbruch darzustellen.

Im Drama wird Wandlung dargestellt

Autoren und Werke

1920 veröffentlicht Kurt Pinthus die erste bedeutende Lyrikanthologie *Menschheitsdämmerung*. In ihr versammelt er die bedeutendsten Lyriker des expressionistischen Jahrzehnts.

Johannes R. Becher, 1891 geboren. Ab 1913 erschienen erste Gedichte. Er veröffentlichte in seiner expressionistischen Phase unter anderem in den Zeitschriften *Verfall und Triumph*, *Die Aktion* und *Die neue Kunst*.

Gottfried Benn wird am 2.5.1886 geboren. Ab 1912 arbeitet er als Pathologe und Serologe an Berliner Krankenhäusern. Er veröffentlicht seinen ersten Gedichtband: *Morgue* (= Leichenhaus). Im Mittelpunkt stehen für ihn der Zerfall und die Krankheit des menschlichen Körpers. 1913 folgt die Gedichtsammlung *Söhne*.

Alfred Döblin, 1878 in Stettin geboren, kommt 1888 nach Berlin, wo er 1900 mit dem Medizinstudium beginnt. Gleichzeitig setzt eine erste literarische Tätigkeit ein. Mit seinem Erzählband *Die Ermordung einer Butterblume* (1913) und den Romanen *Die drei Sprünge des Wang-Lun* (1915), *Wadzeks Kampf mit der Dampfturbine* (1918) und *Wallenstein* (1920) wird er zu einem der führenden Vertreter der expressionistischen Literatur. 1929 erscheint sein bedeutendster Roman: *Berlin Alexanderplatz*.

Georg Heym wird am 30. Oktober 1887 geboren. 1899 verfasst er erste Gedichte. 1906 gibt er mit seinem Freund Balcke zusammen die Zeitschrift *Kreißende Sonnen* heraus. Er wendet sich in seinen Gedichten dem Thema Großstadt zu. Seine Gedichte werden im Band *Der ewige Tag* gesammelt. 1912 ertrinkt er beim Schlittschuhlaufen. Seine Freunde geben den Gedichtband *Umbra vitae* heraus.

Jakob van Hoddis (eigentlich Hans Davidson; 1887 in Berlin geboren) ist 1909 an der Gründung des literarischen „Neuen Clubs" beteiligt, bei den Treffen trägt er eigene Gedichte vor. Inzwischen hat er das Pseudonym van Hoddis angenommen. 1911 erscheint in der Zeitschrift *Der Demokrat* sein Gedicht *Weltende*. 1917 werden in der „Galerie Dada" in Zürich von einer Freundin seine Gedichte vorgetragen und von den Dadaisten begeistert aufgenommen. 1918 erscheint sein einziges Buch unter dem Titel *Weltende*.

Else Lasker-Schüler wird 1869 geboren. 1894 zieht sie mit ihrem Mann Berthold Lasker nach Berlin, 1903 trennt sie sich von ihrem Mann und heiratet

2.11 Expressionismus

den Herausgeber des *Sturm*, Herwarth Walden. Ihr erster Gedichtband *Styx* erscheint 1902, der Prosa-Erstling *Der siebente Tag* 1905. 1909 erscheint das erste Drama. Als ein Höhepunkt ihrer Lyrik gelten die *Hebräischen Balladen* (1913). 1943 erscheint der Gedichtband *Mein blaues Klavier*.

Carl Sternheim wird am 1. April 1878 geboren. 1908 ist er Mitherausgeber der Literaturzeitschrift *Hyperion*. In der Zeitschrift *Die Aktion* veröffentlicht er einige Beiträge. Seine Stücke werden bis zum Jahr 1918 mit der Begründung der „Gefährdung der öffentlichen Sittlichkeit" verboten. Sternheim gibt seine Stücke unter dem ironischen Titel *„Aus dem bürgerlichen Heldenleben"* mit großem Erfolg heraus. Sternheim wendet sich gegen das engstirnige, spießbürgerliche Verhalten, dessen Moral er ironisch karikiert.

August Stramm wird am 29. Juli 1874 geboren. 1914 lernt er Herwarth Walden, den Herausgeber der Zeitschrift *Der Sturm*, kennen. Dort erscheinen Stramms erste Gedichte. Sein Drama *Erwachen* erscheint 1915 (Erstaufführung 1921). 1915 kommt August Stramm an die Ostfront, wo er am 1. September in Horodec (Russland) fällt. Seine Gedichtsammlung *Du. Liebesgedichte* erscheint 1915. Herwarth Walden gibt 1919 eine Sammlung von Stramms Kriegsgedichten unter dem Titel *Tropfblut* heraus.

Ernst Toller wird 1893 geboren. Nach Beteiligung am Munitionsarbeiterstreik (1918) wird Toller inhaftiert, kurz darauf in die Psychiatrie zwangseingewiesen, nach Ausrufung der Republik wird er zweiter Vorsitzender des Zentralrats der Bayerischen Arbeiter-, Bauern- und Soldatenräte. In der Münchner Räterepublik ist Toller Vorsitzender des Zentralrats sowie Abschnittskommandant der *Roten Garde*. 1920 bis 1924 schreibt Toller während der Haft seine wichtigsten Dramen, wie *Masse Mensch* und *Der deutsche Hinkemann*, in denen seine dezidiert pazifistische Haltung zum Ausdruck kommt.

Georg Trakl wird am 3. Februar 1887 geboren. 1892 kommt seine Schwester Margarete zur Welt, mit der ihn eine tiefe, zum Teil wohl inzestuöse Liebe verbindet, die bis zu Trakls Tod hält. Diese Beziehung (und vor allem der Versuch, sie zu bewältigen) hat in vielen seiner Gedichte Spuren hinterlassen. Ab 1900 beginnt Trakl mit dem Schreiben von Gedichten. In der Zeit von 1910 bis 1914 entstehen seine wichtigsten Dichtungen. Verfall, Einsamkeit und Tod bilden zentrale Themen der Gedichte. Ab 1912 erscheinen seine Gedichte im *Brenner*, einige auch in der *Fackel*. 1913 erscheint ein Gedichtband von Trakl in der Reihe *Der jüngste Tag*. 1914 nimmt er eine Überdosis Kokain. 1915 wird aus dem Nachlass die Gedichtsammlung *Sebastian im Traum* veröffentlicht.

Wichtige Autoren des Dadaismus: Hans Arp (1886–1966, *wolkenpumpe*); Hugo Ball (1886–1927, *Die Karawane, Club Voltaire*); Walter Mehring (1896–1981, *Das Ketzerbrevier*); Kurt Schwitters (1887–1948, *Anna Blume*).

Beispiel   ## Identifizierung von epochentypischen Elementen

Gottfried Benn

Nachtcafé

824: Der Frauen Liebe und Leben. Das Cello trinkt rasch mal. Die Flöte rülpst tief drei Takte lang: das schöne Abendbrot. Die Trommel liest den Kriminalroman zu Ende.	Orchester; Ende der Pause
Grüne Zähne, Pickel im Gesicht winkt einer Lidrandentzündung. Fett im Haar spricht zu offenem Mund mit Rachenmandel Glaube Liebe Hoffnung um den Hals. Junger Kropf ist Sattelnase gut. Er bezahlt für sie drei Biere. Bartflechte kauft Nelken, Doppelkinn zu erweichen.	paarweise: Mann und Frau; man kommt sich näher

Steigerung der Verhaltensweisen

B-moll: die 35. Sonate. Zwei Augen brüllen auf: Spritzt nicht das Blut von Chopin in den Saal, damit das Pack drauf rumlatscht! Schluß! He, Gigi! –	Kunst und „Pack"
Die Tür fließt hin: ein Weib. Wüste ausgedörrt. Kanaanitisch braun. Keusch. Höhlenreich. Ein Duft kommt mit. Kaum Duft. Es ist nur eine süße Vorwölbung der Luft gegen mein Gehirn.	Hoffnung: Ausnahme

Enttäuschung; Ironie als mögliche Haltung (?)

Eine Fettleibigkeit trippelt hinterher

Gottfried Benn. Sämtliche Gedichte. Klett-Cotta, Stuttgart 1998

Teile der Ausarbeitung

[...] Bei der Untersuchung des thematischen Aufbaus wird man zunächst der Strophengliederung folgen. Dabei ist festzustellen: Der Text besteht aus acht verschieden langen Strophen (je 1–6 Zeilen), die verschiedene Teilthemen behandeln, alle unter der leitmotivischen Vorgabe: „Nachtcafé". Einzelne dieser Teilthemen lassen sich zu größeren Gruppen zusammenfassen. So ergibt sich die folgende Gliederung:

In Strophe 1 wird das Orchester eines Nachtlokals vorgestellt. Die Aktivitäten der Musiker gegen Ende der Pause werden benannt. Strophen zwei bis fünf lassen sich zusammenfassen unter dem Gesichtspunkt „zwischenmenschliche Aktivitäten". Dabei geht es vor allem um Mann-Frau-Beziehungen. In Strophe sechs kehrt die Thematik zum Orchester zurück, führt aber zum Protest gegen den Missbrauch Chopins. In Strophe sieben wird ein Kontrast vorgestellt: Der Auftritt einer Frau wird beschrieben, die von den bisher vorgestellten Frauen deutlich abweicht. Strophe acht nimmt ironisch das in Strophe sieben Erhoffte zurück.

Im Detail:

Zunächst wird die Situation in einem „Nachtcafé" vorgestellt. Die Musikpause geht ihrem Ende zu, die neue Nummer wird angesagt. Die Musiker verabschieden sich von ihren „Pausentätigkeiten". Dabei fällt auf: Die Musiker werden nicht als solche genannt. Sie werden durch ihre Instrumente repräsentiert. Ihre Tätigkeiten sind banal, die gewählte Sprache fällt in ihrer Wortwahl auf: „rülpst", „trinkt rasch mal". Das zweite Thema wendet sich den Gästen des Nachtcafés zu. Sie werden repräsentiert durch ihre Krankheiten, Defizite und Anomalien („Rachenmandel", „Kropf", „Sattelnase", „Bartflechte", „Doppelkinn"). Bei genauerem Hinsehen wird deutlich, dass es sich in jeder der vier Strophen um ein Mann-Frau-Paar handelt, wobei die zwischenmenschlichen Beziehungen gesteigert werden. Mit dem „Winken" setzen sie beim ersten Paar ein, beim zweiten wird die Beziehung durch „Sprechen" fortgesetzt, in der nächsten Strophe „ist man sich gut". Es werden drei Biere bezahlt. In der letzten Strophe dieser Reihe werden sogar Nelken gekauft (zweckfreie Blumen also). Aber gerade hier wird die Absicht, der letztendliche Zweck benannt. Auffällig ist die medizinische Genauigkeit, mit der die Krankheiten erfasst, die Anomalien vorgestellt und benannt werden. Der Mensch erscheint hier reduziert auf seine Defekte. Die zwischenmenschlichen Beziehungen, die vordergründig auf Liebe hinauslaufen, werden in einen eindeutigen Kontext gestellt. Sie werden auf Materielles reduziert. Der Kauf der Nelken hat einen eindeutigen Zweck.

Bleibt noch zu fragen nach der religiösen Symbolik in der dritten Strophe. „Glaube Liebe Hoffnung" stellen abstrakte Begriffe dar. Wahrscheinlich repräsentieren diese abstrakten Begriffe Symbole (etwa Kreuz, Herz), die

>> **Beispiel**

Ankündigung der Untersuchung des thematischen Aufbaus

Beschreibung der thematischen Gliederung

Beschreibung der Auffälligkeiten in jedem Abschnitt

Benennung auffälliger Textgegebenheiten

Abstraktion: Deutungsansatz

Auffälligkeit und Verallgemeinerung

Klärung von Einzelheiten; Deutungsvermutung

>>

>> Beispiel

Weiterführung der Untersuchung der Themenabfolge

als Schmuck um den Hals getragen werden. So wird Religion reduziert auf „schmückendes Beiwerk" ohne eigentliche Bedeutung.

Das dritte Thema, in der sechsten Strophe behandelt, wendet sich wieder der Musik zu. Schon in der ersten Strophe wurde deutlich: Musik wird mehr oder weniger geschäftsmäßig betrachtet, findet zwischen Lesen und Rülpsen statt. Auch wenn, wie nun in Strophe sechs angekündigt, Chopin gespielt werden soll. Angesichts der Gleichgültigkeit, die bisher dominierte, wirkt der Versuch, in dieser Umgebung Chopin zu spielen, schon fast blasphemisch.

Deutung eines Einzelteils

Ein entsprechender Protest wird geäußert: Zwei Augen brüllen auf. Freilich: Zu hören ist der Protest nicht, aber das Bild von den „brüllenden Augen" macht ihn umso deutlicher. Die Bewertung des Publikums als „Pack" ergibt sich aus der Kontrastierung mit Chopin, der als Hintergrundmusik für die im vorausgehenden Abschnitt beschriebenen Aktivitäten herhalten muss.

Untersuchung der thematischen „Pointe": Beschreibung der Textgegebenheiten (Metaphern, Sprache)

Das letzte Thema bringt einen Einbruch: Die auftretende Frau wird nicht wie bisher die Menschen durch ein Defizit, eine Krankheit oder ein Instrument repräsentiert, sie wird „ein Weib" genannt. In syntaktisch verkürzten Wendungen, die alle durch einen Punkt abgeschlossen werden, werden die Frau und ihr Auftritt beschrieben. Dabei werden sowohl direkte Benennungen („keusch") als auch metaphorische Vergleiche („kanaanitisch braun") genutzt. Die Kurzsätze wirken wie unumstößliche Feststellungen, die das lyrische Ich trifft. Das lyrische Ich versucht nun weiter den Auftritt und seine Wirkung zu beschreiben und benennt das denkbar Vergänglichste als Element, den Duft. Schon in der Wahrnehmung löst er sich wieder auf („Kaum Duft"), wird aber in seiner Wirkung (süß) metaphorisch (Verwölbung der Luft) als vergänglicher, aber doch wichtiger Eindruck des lyrischen Ichs („gegen mein Gehirn") empfunden. Die Frau ist anders als die anderen. Der materielle Aspekt, der bisher der einzig gültige war, wird weitgehend aufgelöst, lässt sich nicht mehr konkret fassen. Die an dieser Stelle aber mögliche Hoffnung wird nach einer kurzen Pause (die letzte, einzeilige Strophe beginnt)

Deutungsversuch

Resultat

wieder ironisch aufgelöst. Der Begleiter der Frau, hässlich und defekt wie alle andern, tritt auf als „Gefolgsmann" der Frau, in seinem Auftreten schon lächerlich („trippelt hinterher"). Damit wird die Frau, die sich in dieser Konstellation zeigt, wie alle anderen als käuflich entlarvt.

Ankündigung der Untersuchung/Deutung von Epochenmerkmalen

[...] Der Text lässt inhaltlich wie formal deutliche expressionistische Merkmale erkennen. Zunächst haben wir es im sprachlichen Bereich mit einer Sprachebene zu tun, die sich dem „hohen lyrischen Ton" verweigert und das Banale artikuliert („rülpst", „trippelt"), dann spielen syntaktische Verkürzungen eine bedeutende Rolle. Schon bei der Charakterisierung der beteiligten Figuren zeigen sich Verknappungen. In kurzen Aussagesätzen werden

Sprachebene

Thematik

Feststellungen getroffen. Elliptisch verknappt werden Tätigkeiten benannt und aller Mystifizierung entkleidet. Sie werden reduziert auf das, was sie

2.11 Expressionismus

wirklich sind. Der Nelkenkauf hat einen eindeutigen Sinn: Das „Doppelkinn" soll „erweicht" werden. Der Aufschrei, ein typisch expressionistischer „Ausbruch", versucht die Kunst (Chopin) vor dem Zugriff, dem Missbrauch durch das „Pack" zu retten. Schließlich finden wir eine weitere Verknappung im letzten Abschnitt. Die Verkürzungen werden gesteigert bis hin zu Ein-Wort-Sätzen, die abgelöst werden durch einen kompletten Satz, der selbst durch eine knappe Fügung infrage gestellt wird („Kaum Duft."). Hier tritt auch das lyrische Ich (erkennbar im Possessivpronomen „mein") auf: Es hat bisher aus der Distanz beobachtet, fühlt sich nun aber direkt angesprochen, man könnte auch sagen „emotional berührt" (durch den Duft), ist fast dabei, Sympathie zu entwickeln, die Welt wieder positiver zu sehen. Es nimmt sich aber schnell wieder zurück, korrigiert durch das Gesamtbild. Ihm bleibt nur eine ironische Nennung des Defizitären.

Das Menschenbild, das in diesem Text vorgelegt wird, spiegelt das Lebensgefühl der Expressionisten. Die idealistische (man wird vielleicht besser sagen: die ideologische) Konzeption, die den Zeithorizont bestimmt, wird entschieden infrage gestellt. Gleichzeitig wird die Lebenswelt, die die spießbürgerliche Idylle vorgaukelt, mit der tatsächlichen Welt konfrontiert. Das verruchte, oberflächliche Milieu, in dem die zwischenmenschlichen Beziehungen auf Kaufen und Verkaufen reduziert sind, bestimmt das Leben. Die Menschen sind auf ihren Trieb reduziert. […]

Angesichts der die Zeit des expressionistischen Jahrzehnts bestimmenden öffentlichen Moral sahen sich die Expressionisten wohl gezwungen, ihren Ekel besonders scharf zu artikulieren und gerade durch die Reduktion des Menschen auf seine Defizite ins Bewusstsein zu rufen, dass der Mensch eben nicht nur „edel, hilfreich und gut" ist. […]

>> **Beispiel**

typische Sprachgebung

Weltsicht des lyrischen Ich

Menschenbild

Zeithorizont

Vermutung zum Zusammenhang

Überblick

Expressionismus, Dadaismus

Begriff und Eingrenzung	Lat. *„expressio* = Ausdruck. Der Begriff wurde 1911 erstmals zur Bezeichnung der Bilder junger französischer Maler verwendet. „Dada": zunächst der erste verbale Ausdruck eines Kleinkindes, bezeichnet symbolisch einen Neuanfang und die angestrebte Einfachheit und natürliche „Unreflektiertheit".
zeitgeschicht-liche Rahmen-bedingungen	– in Deutschland Stagnation des innenpolitische Lebens vor dem ersten Weltkrieg; zunehmende Militarisierung; schließlich Ausbruch des Krieges – Industrialisierung; explosionsartiges Wachstum der Großstädte – Nach dem Krieg bestimmten Orientierungslosigkeit, Wertrelativismus und schließlich die Wirtschaftskrise das kulturelle Leben.
Weltbild, Menschenbild und Lebenskonzept	Die Industrialisierung hat vom Menschen und seiner Welt Besitz ergriffen. Maschinen verdrängen den Menschen und führen zur Enthumanisierung der Welt. Die Stadt wird zum denaturierten Lebensraum – „Wandlung", „Erneue-rung", „Steigerung" als Gegenbewegung
ästhetische Theorie	Kunst und Wirklichkeit passen nicht mehr zusammen. Kunst soll den herr-schenden Zustand schonungslos offenlegen und ein visionäres Zukunftskon-zept entwerfen.
Sprache	– Sprache zum Teil aufgelöst: Wortfetzen, Auflösung der Syntax, Ellipsen – Worthäufungen, Wortneuprägungen, Chiffren, Sprachverknappung (Ver-zicht auf Artikel, Präpositionen, Füllwörter, oft auch auf an sich unverzicht-bare Satzglieder), Zusammenballungen von Wörtern einer Wortart – Dadaismus löst auch letzte Sinnreste auf, Laute werden zufallsgesteuert arrangiert, Semantik wird ironisch aufgelöst.
Gattungen	Lyrik und Drama bevorzugt; auch epische Kurztexte, gelegentlich Romane.
Autoren und Werke	– Kurt Pinthus: Lyrikanthologie *Menschheitsdämmerung* – Johannes R. Becher: Gedichte – Gottfried Benn: Gedichtband *Morgue* (= Leichenhaus), Gedichtsammlung *Söhne*, Prosasammlung *Gehirne* und die Gedichtsammlung *Fleisch* – Alfred Döblin: Erzählband *Die Ermordung einer Butterblume*, Roman *Berlin Alexanderplatz* – Georg Heym: Gedichtbände *Der ewige Tag, Umbra vitae* – Jakob van Hoddis: Gedicht *Weltende*, Gedichtband *Weltende* – Else Lasker-Schüler: Gedichtband *Styx;* Prosa: *Der siebente Tag, Hebräi-sche Balladen;* Gedichtband *Mein blaues Klavier* – Carl Sternheim: Dramen *Aus dem bürgerlichen Heldenleben, Die Hose* – August Stramm: Drama *Erwachen;* Gedichtsammlung *Du. Liebesgedichte, Kriegsgedichte (Tropfblut)* – Ernst Toller: Dramen *Masse Mensch, Der deutsche Hinkemann* – Georg Trakl: Gedichtsammlung *Sebastian im Traum* Wichtige Autoren des Dadaismus: – Hans Arp (1887–1966): *wolkenpumpe* – Hugo Ball (1886–1927): *Die Karawane, Club Voltaire* – Walter Mehring (1896–1981): *Das Ketzerbrevier* – Kurt Schwitters (1887–1948): *Anna Blume*
Zitate und Sprüche	*„Kunst gibt nicht das Sichtbare wieder, sondern macht sichtbar."* (Paul Klee) *„Dada ist der Ekel vor der albernen verstandesmäßigen Erklärung der Welt."* (Hans Arp)

2.12 Literatur seit dem Zweiten Weltkrieg

Begriff und Eingrenzung

Das Ende des Zweiten Weltkriegs als literarische Epochengrenze zu konstatieren, ist insofern nicht unproblematisch, als die nach 1945 beachteten Autoren längst vorher als Schriftsteller tätig waren und sich entsprechend in bestimmte literarische (auch literaturpolitische) Strömungen einordnen lassen. Es ist daher falsch, mit dem Ende des Kriegs auch einen Abbruch aller künstlerischen Kontinuitäten zu unterstellen. Dennoch sind die gesellschaftlichen und politischen Ereignisse natürlich so tiefgreifend, dass sie das literarische Leben merklich und entscheidend beeinflussen. Angelehnt an die Gründungs- und Entwicklungsgeschichte Deutschlands, der Bundesrepublik und der DDR, lassen sich literarische Strömungen verfolgen, die eine differenziertere literaturgeschichtliche Einteilung in Phasen der Zeit seit 1945 legitimieren. Thematische Kontinuitäten finden sich bis in die Literatur der heutigen Zeit.

Zeitgeschichtliche Rahmenbedingungen

Es geht um die Zeit zwischen 1945 und etwa den 1970er- und 1980er-Jahren. Wichtige Ereignisse im Lebenslauf Deutschlands sind die Gründungen der Bundesrepublik und der Deutschen Demokratischen Republik im Jahr 1949, damit verbunden auch der Mauerbau (1961). Vor dem weltpolitischen Hintergrund des Kalten Kriegs kommt es in den beiden Teilen Deutschlands zu verschiedenen Phasen der Etablierung und Konsolidierung der Systeme, später auch zu kritischen Auseinandersetzungen in verschiedenen Intensitäten. Als ein wichtiges Ergebnis der Aussöhnung der Blöcke kann die Wiedervereinigung (1989/1990) angesehen werden.

Gründung der Bundesrepublik und der DDR

Weltbild, Menschenbild und Lebenskonzept

Die weitere Untergliederung der deutschsprachigen Literatur nach dem Zweiten Weltkrieg orientiert sich im Wesentlichen an politischen und gesellschaftlichen Entwicklungen und Strömungen.

So lassen sich für **die bundesrepublikanische Literatur** verschiedene Entwicklungsphasen feststellen, die jeweils auch das Lebensgefühl der Menschen in der Zeit ausdrücken: So wie die Deutschen nach dem Zweiten Weltkrieg den materiellen und emotionalen Kahlschlag erfahren und nach einer lebbaren und unbelasteten Neuorientierung suchen müssen, begibt sich auch die

Neuorientierung in der Bundesrepublik

deutsche Literatur in einer **Konstituierungsphase** auf die Suche nach angemessenen Konzepten.

Zu einer deutlichen Profilierung kommt es im Anschluss an diese Suche aufgrund der kritischen Auseinandersetzung mit der politischen Situation der 50er-Jahre. Die deutsche Literatur begründet ihr Selbstverständnis nun in einer greifbaren **sozialkritischen Tendenz**.

Auch die weitere Profilierung geschieht in engem Zusammenhang zur gesellschaftlichen Entwicklung. In der politischen Krisenzeit zwischen 1961 und 1968 kommt es auch zu einer **Politisierung** des Literaturbetriebs. Das Ende des „Wirtschaftswunders", der Bau der Mauer 1961, Spannungen in der Bildungs- und Arbeitsmarktpolitik führen – verknüpft mit weiteren innen- und außenpolitischen Ereignissen – zu einer Studentenrevolte, die bei zahlreichen bekannten Schriftstellern zu persönlichem und literarischem politischen Engagement führt.

Studentenrevolte und politisches Engagement

Zu **subjektiveren Ansätzen** findet die Literatur schließlich, nachdem auch die öffentlichen Diskussionen in der Bundesrepublik wieder leiser geworden sind. Bis heute differenzieren zahlreiche politische und gesellschaftliche Ereignisse auf verschiedenen Ebenen, individuelle Schicksale und globale Zusammenhänge das Bild der deutschen Gesellschaft und Literatur.

Ästhetische Theorie

Die Situation der deutschsprachigen Literatur nach dem Zweiten Weltkrieg ist zunächst deutlich von den Diskrepanzen und Gruppenbildungen der deutschen Schriftsteller zur Zeit des Nationalsozialismus geprägt. Der großen Gruppe von Autoren, die sich noch im Exil befinden und die weitere Entwicklung Deutschlands von dort aus beobachten und kommentieren, stehen diejenigen gegenüber, die schweigend („Innere Emigration") oder öffentlich tätig die Hitlerzeit innerhalb Deutschlands erlebt hatten.

Exilanten und „Innere Emigration"

Es kommt zu Auseinandersetzungen über die Angemessenheit von Emigration und Innerer Emigration, die sich auch darin konkretisiert, dass sich viele namhafte Exilschriftsteller der sowjetisch verwalteten Zone Deutschlands – also der späteren DDR – zuwenden, wo sie eine deutlichere und grundsätzlichere Abgrenzung zu den Kontinuitäten des Dritten Reichs feststellen können. Sie werden von der Bundesrepublik bis in die 60er-Jahre kaum wahrgenommen, hier orientiert man sich eher an Autoren, die nicht im Exil gelebt haben.

2.12 Literatur seit dem Zweiten Weltkrieg

Die ästhetischen Konzepte der Nachkriegsliteratur sind im Wesentlichen als kritische Beschäftigung mit der Zeit des Nationalsozialismus zu verstehen und insofern deutlich an entsprechende individuelle und gesellschaftliche Fragestellungen rückgebunden. Die traditionsverhaftete Idyllik und Beschaulichkeit simulierende Poesie einiger Autoren aus dem Umfeld der Inneren Emigration wirkt unzeitgemäß und unangemessenen. Die erfahrenen Einschnitte erfordern neue Formen, die Radikalität von Ende und Neubeginn verlangt andere, unverdorbene Ausdrucksweisen.

Distanzierung von der Kunst des Nationalsozialismus

Eine neue, junge Autorengeneration stellt sich der Realität und setzt sich in der so bezeichneten **Trümmerliteratur** mit dem Tod, der Zerstörung, den Erfahrungen des Kriegs und der Heimkehr, auch mit der Frage nach Angst, Schuld und Verantwortung auseinander. Wolfgang Borcherts Kurzgeschichten und die Gedichte von Günther Eich sind Beispiele hierfür. Auch die Schriftsteller der 1947 gegründeten **Gruppe 47** gehören in diesen Zusammenhang, bemühen sie sich doch ebenfalls um realistisches und unbeschönigendes Erzählen der Situation im und nach dem Krieg. Auch hier wird die Frage nach einem angemessenen Konzept für den Neubeginn der deutschen Literatur gestellt.

Suche nach Neubeginn

Wissen

Namhafte Autoren, die der von Hans Werner Richter (1908–1993) geleiteten **Gruppe 47** nahestanden:
Ilse Aichinger (geb. 1921),
Heinrich Böll (1917–1985),
Ingeborg Bachmann (1926–1973),
Günter Eich (1907–1972),
Wolfgang Hildesheimer (1916–1991),
Uwe Johnson (1934–1984),
Wolfdietrich Schnurre (1920–1989),
Helmut Heißenbüttel (1921–1996),
Peter Weiss (1916–1982),
Paul Celan (1920–1970),
Martin Walser (geb. 1927) und
Günter Grass (geb. 1927)

Die **sozialkritische Literatur** der 50er-Jahre findet nach der Richtungssuche der Trümmerliteratur zu einer gemeinsamen, Identifikation stiftenden Ausrichtung. Die damaligen Autoren finden sich in der Kritik an den politischen Konzepten der Adenauer-Regierung der 50er-Jahre zusammen. Romane von Wolfgang Koeppen (1906–1996), Erzählungen von Siegfried Lenz (geb. 1926)

Romane als kritisch erzählte Zeitgeschichte

oder Heinrich Böll (1917–1985) begegnen als kritisch erzählte Zeitgeschichte, in der das Thema Vergangenheitsbewältigung eine große Rolle spielt.

Mit den Studentenprotesten der 60er-Jahre fühlen sich auch die Literaten der Zeit zu politischer Stellungnahme und zu **politischem Engagement** aufgerufen. Einige Schriftsteller beziehen sich nun ausdrücklich auf bestimmte

Kunst und Politik

Parteien und unterstützen deren Arbeit. Politisches Theater und politische Lyrik werden zu populären literarischen Formen dieser Unterstützung. Thematisch orientiert man sich an aktuellen Ereignissen und nimmt Stellung gegen Gewaltherrschaft, Unterdrückung und Ausbeutung. Kunst wird als Mittel der Einflussnahme auf demokratische gesellschaftliche Prozesse und Diskussionen gesehen.

In der Nachfolgezeit bleiben die Vergangenheitsbewältigung und der Umgang der Bundesrepublik mit kritischen gesellschaftlichen Tendenzen ein Thema der politisch orientierten Literatur. Darüber hinaus kommt es – anknüpfend an die Auseinandersetzung mit der eigenen Rolle innerhalb der Geschichte und des politischen Systems – zu deutlich **subjektiv** orientierten, auch autobiografisch angelegten Werken, die sich etwa mit der eigenen sozialen Herkunft und persönlichen Lebensperspektiven befassen. Aus ähnlichen Impulsen entsteht in der Bundesrepublik eine neue → Frauenliteratur, die ihrerseits die Frage nach Identität, Individualität und Abgrenzung thematisiert.

Sprache

Einheitliche Bemühungen um einen bestimmten Umgang mit der Sprache lassen sich am ehesten für die unmittelbare Nachkriegsliteratur feststellen.

Abgrenzung von Sprachmustern des Nationalsozialismus

Deutlich und ausdrücklich bemüht man sich nach dem Krieg um eine Abgrenzung von den Sprachmustern und -formen, die von den Nationalsozialisten manipulativ und systemstützend gebraucht wurden. Die Benutzung einer knappen, unverschnörkelten, sachlichen und gegenständlichen Sprache soll vor diesem Hintergrund einerseits dem Lebensgefühl in den vom Krieg zerstörten Landschaften Rechnung tragen, andererseits die beschriebene Abgrenzung zu vorherigen Sprachmustern leisten. Viele Lyriker stellen sich darüber hinaus die Frage, ob es überhaupt eine angemessene Sprache gibt, mit welcher das Erlebte – es geht vor allem um die Shoah – ausgedrückt werden kann. Kryptische Bilder und Metaphern und individuelle Verschlüsselungen sind ein Ausdruck derartiger Empfindungen und Ansichten. Die Gedichte von Hilde Domin (1912–2006), Ingeborg Bachmann, Ilse Aichinger oder Paul Celan weisen entsprechende Charakteristika auf.

Themen, Motive, Gattungen

Die Konstatierung des Endes und die Forderung nach einem Neubeginn konkretisieren sich zunächst in Gedichten sowie in kurzen Schau- oder Hörspielen der Trümmerliteratur. Anknüpfend an die Sprach- und Erzähltraditionen vor 1933 – etwa an die des Expressionismus – entstehen Werke, die sich inhaltlich direkt und ausdrücklich mit der Situation der Deutschen als Kriegsgefangene, Heimkehrer, Vertriebene oder Bewohner der zerbombten Städte befassen. Wolfgang Borcherts **Hörspiel** *Draußen vor der Tür* (1947) ist eines der bekanntesten Beispiele derartigen Schreibens.

International anerkannte und langfristig wirksame deutsche **Prosa** entsteht in den 50er-Jahren. Rückgebunden an die moralischen und gesellschaftlichen Fragen der Auseinandersetzung mit der jüngsten Vergangenheit, die anspruchsvoll auf grundsätzliche Fragen des Menschseins und auf aktuelle gesellschaftliche Phänomene bezogen werden, entstehen **Romane** von Uwe Johnson, Günter Grass, Heinrich Böll und Martin Walser.

Romane der 50er-Jahre

Im Zusammenhang mit der **Politisierung der Literatur** in den 60er-Jahren entstehen zahlreiche deutsche Theaterstücke, durch welche die Diskussionen des öffentlichen Lebens auf die Bühne gebracht und dort verhandelt werden. Ein Beispiel für eine solche engagierte **Dramatik** ist Rolf Hochhuths Stück *Der Stellvertreter* (1963), welches das Verhalten des Vatikans unter Pius XII. während des Holocaust polemisch kritisiert. Das Stück löste große Diskussionen über das Verhalten der Kirche aus. Andere Stücke widmen sich Themen wie Krieg, Gewaltherrschaft oder Unterdrückung.

Engagierte Dramatik

In weiterer intentionaler und thematischer Differenzierung werden die nationalen und internationalen politischen Themen bis heute in allen Gattungen behandelt. Die Auseinandersetzung mit dem Dritten Reich, dem Holocaust und der Frage nach dem Umgang mit diesen Themen, das Hinterfragen politischer Gesinnungen und sozialer Probleme, sind bis heute Inhalte literarischer Veröffentlichung. Individuelle Fragestellungen, die Suche nach Identität und Lebenssinn ergänzen diese thematische Aufzählung.

Autoren und Werke

Heinrich Böll (1917–1985) begleitet in seinen Erzählungen und Romanen die Geschichte der Bundesrepublik. Thematisch befasst er sich dabei mit dem Zweiten Weltkrieg und der deutschen Vergangenheitsbewältigung, kritisiert aber auch gegenwärtige politische und gesellschaftliche Tendenzen, z. B. im

Roman *Ansichten eines Clowns* (1963) oder der Erzählung *Die verlorene Ehre der Katharina Blum* (1974).

Wolfgang Borchert (1921–1947) zeichnet in seinen Kurzgeschichten – z. B. in *Nachts schlafen die Ratten doch* (1947) – und in dem Drama und Hörspiel *Draußen vor der Tür* (1947) anschauliche und bedrückende Schilderungen emotionaler und materieller Krisensituationen seiner Generation in der unmittelbaren Nachkriegszeit.

Günter Grass (geb. 1927) zeichnet sich persönlich durch aktive Teilnahme an politischen und öffentlichen Diskussionen in Deutschland aus. Das literarische Werk von Grass, der auch als bildender Künstler tätig ist, ist in Bezug auf die verwendeten Gattungen und Themen sehr vielschichtig, befasst sich aber auch mit politischen Fragen des deutschen Alltags und der deutschen Vergangenheit. Bekannte Beispiele seines literarischen Werks sind der Roman *Die Blechtrommel* (1959) und die Erzählungen-Sammlung *Mein Jahrhundert* (1999).

Beispiel

Kollektivschuld und individuelle Verantwortung

Wie bestimmend die thematische und die moralische Auseinandersetzung mit dem Dritten Reich und der Shoah in der deutschen Literatur seit dem Zweiten Weltkrieg ist, zeigen zahlreiche Werke. Ein jüngeres Beispiel dafür ist Bernhard Schlinks Roman *Der Vorleser*, der sich vor dem Hintergrund einer intensiven Liebesbeziehung zwischen dem fünfzehnjährigen Michael Berg und der zwanzig Jahre älteren Hanna Schmitz auf verschiedenen Ebenen mit der Frage nach Schuld und Verantwortung beschäftigt. Michael stammt aus einem bildungsbürgerlichen Haus und verliebt sich in die Straßenbahnschaffnerin Hanna. Er erlebt eine intensive – vor allem auch körperliche – Beziehung, die aufgrund problematischer Überlegenheitsverhältnisse schwierig und schmerzhaft wird. Hanna beendet die Beziehung abrupt. Im zweiten Teil des Romans begegnet Michael – inzwischen Jura-Student – Hanna noch einmal. Er nimmt als Beobachter an einem Kriegsverbrecherprozess teil und erkennt seine ehemalige Geliebte in einer der Hauptangeklagten wieder, der vorgeworfen wird, als Aufseherin eines Gefangenenlagers am Ende des Zweiten Weltkriegs für den Tod zahlreicher Frauen verantwortlich gewesen zu sein. Aufgrund von Erinnerungen an die frühere Beziehung und einiger Beobachtungen in dem Prozess erkennt Michael jedoch, dass Hanna für die konkret verhandelten Verbrechen nicht verantwortlich ist, da sie offensichtlich weder lesen noch schreiben kann. Obwohl sich mit dieser Information einige der Indizien entkräften ließen,

2.12 Literatur seit dem Zweiten Weltkrieg

>> **Beispiel**

verschweigt Hanna sie dem Richter. Bei Michael kommt es während des Prozesses zu einer intensiven Reflexion über individuelle und kollektive Schuld und Verantwortung. Schlink lässt seinen Protagonisten dabei Gedanken und Gefühle äußern, die das Verhältnis der jungen Intellektuellen der 60er- und 70er-Jahre zu Deutschland und seiner Vergangenheit bestimmten.

Bernhard Schlink

Der Vorleser (1995)

[...] Was immer es mit Kollektivschuld moralisch und juristisch auf sich haben oder nicht auf sich haben mag – für meine Studentengeneration war sie eine erlebte Realität. Sie galt nicht nur dem, was im Dritten Reich geschehen war. Daß jüdische Grabsteine mit Hakenkreuzen beschmiert wurden, daß so viele alte Nazis bei den Gerichten, in der Verwaltung und an den Universitäten Karriere gemacht hatten, daß die Bundesrepublik den Staat Israel nicht anerkannte, daß Emigration und Widerstand weniger überliefert wurden als das Leben in der Anpassung – das alles erfüllte uns mit Scham, selbst wenn wir mit dem Finger auf die Schuldigen zeigen konnten. Der Fingerzeig auf die Schuldigen befreite nicht von der Scham. Aber er überwand das Leiden an ihr. Er setzte das passive Leiden an der Scham in Energie, Aktivität, Aggression um. Und die Auseinandersetzung mit schuldigen Eltern war besonders energiegeladen.

Ich konnte auf niemanden mit dem Finger zeigen. Auf meine Eltern schon darum nicht, weil ich ihnen nichts vorwerfen konnte. Der aufklärerische Eifer, in dem ich seinerzeit als Teilnehmer des KZ-Seminars meinen Vater zu Scham verurteilt hatte, war mir vergangen, peinlich geworden. Das aber, was andere aus meinem sozialen Umfeld getan hatten und womit sie schuldig geworden waren, war allemal weniger schlimm, als was Hanna getan hatte.

Ich mußte eigentlich auf Hanna zeigen. Aber der Fingerzeig auf Hanna wies auf mich zurück. Ich hatte sie geliebt. Ich hatte sie nicht nur geliebt, ich hatte sie gewählt. Ich habe versucht, mir zu sagen, daß ich, als ich Hanna wählte, nichts von dem wußte, was sie getan hatte. Ich habe versucht, mich damit in den Zustand der Unschuld zu reden, in dem Kinder ihre Eltern lieben. Aber die Liebe zu den Eltern ist die einzige Liebe, für die man nicht verantwortlich ist. [...]

Schlink, Bernhard: Der Vorleser. Roman. Diogenes Verlag, Zürich, 1997, Seite 161 f.

Anbindung an die Diskussionen über Schuld und Kollektivschuld der Studenten in den 60er- und 70er-Jahren. Die genannten Argumente aus der Studentenbewegung sollen belegen, dass die Aufarbeitung nicht intensiv genug ist.

Die Auseinandersetzung ist deshalb so tiefgreifend, weil sie auch auf der emotionalen Ebene („Scham") geführt wird und nicht allein Gegenstand historisch-wissenschaftlicher Debatten ist.

Mit der Überleitung durch das Personalpronomen wird die beschriebene Schuldfrage auf den Protagonisten übertragen.

Aufgrund seiner Beziehung zu einer NS-Verbrecherin vergleicht er sich anachronistisch mit den Deutschen, die das NS-Regime ermöglicht („gewählt"!) hatten.

>>

2 Tendenzen der Literaturgeschichte

>> Beispiel

Die Termini *Schuld* und *Kollektivschuld* sind bekannte Kulminationspunkte nationaler wie internationaler politischer Diskussionen aus dem thematischen Umfeld des Zweiten Weltkriegs und der Shoa. Konkretisiert in der Form eines Kriegsverbrecherprozesses und personifiziert durch die Hauptprotagonisten, bindet Schlink seinen Roman an der ausgewählten Stelle ausdrücklich an das Problemfeld der Schuldfrage an. Auch wenn aus der Perspektive Michaels erzählt wird, bleibt die Darstellung zunächst sachlich deskriptiv. Michaels Stellungnahme gibt die Argumente der Diskussionen über Schuld und Kollektivschuld der Studenten in den 60er- und 70er-Jahren wieder, die damals zu einer intensiven Auseinandersetzung mit dem Verhältnis der Deutschen zum Dritten Reich führte. Die genannten Argumente aus der Studentenbewegung – aktueller Antisemitismus, Kontinuitäten im deutschen Verwaltungsapparat und problematische politische Entscheidungen der Bundesrepublik – sollen belegen, dass längst keine ausreichende Aufarbeitung stattfand. Michael erwähnt die Scham seiner Generation und begründet damit in Anspielung auf die Protestbewegungen der Studenten die emotionale Intensität der Auseinandersetzung.

Die Erwähnung der Scham und der eigenen emotionalen Anteilnahme bereitet allerdings eine weitere Bezugnahme vor, die sich zunächst allein auf Michael beziehen muss. Viel intensiver als die – vielleicht auch konstruierte oder übertriebene – Scham für die Elterngeneration entsteht bei Michael nämlich ein direktes Schuldgefühl: Aufgrund seiner Beziehung zu einer NS-Verbrecherin vergleicht er sich anachronistisch mit den Deutschen, die das NS-Regime ermöglicht („gewählt"!), unterstützt oder wenigstens toleriert hatten. Er wird zum Angeklagten vor sich selber und überträgt die Vorwürfe, die er gegen die Elterngeneration erhoben hat, auf sein eigenes Handeln. Die angesprochenen Unwissenheitsbeteuerungen sind deutliche Anspielungen auf die Rechtfertigungen der Deutschen, die die NS-Zeit widerstandslos hingenommen hatten. In Michael begegnen sich dabei verschiedene Generationen von Deutschen, die durch ihre unterschiedlichen Verhältnisse zum Dritten Reich einander konfliktvoll gegenüberstehen. In diesem persönlichen Gewissenskonflikt wird aber deutlich, wie differenziert die Diskussion hier geführt werden muss. Michael verkörpert gleichsam die Frage nach dem Denken und Fühlen der Deutschen über verschiedene Generationen hinweg und vielleicht sogar die Situation der Bundesrepublik in den Jahrzehnten nach dem Zweiten Weltkrieg. Er zeigt, wie schwer und problematisch die Parteinahme aus der Perspektive der jeweiligen Generation ist und wie unangemessen einseitige Anschuldigungen sind. Der Roman und seine Wirkungsgeschichte zeigen dabei auch, wie notwendig und ergiebig die Diskussionen um Schuld und Verantwortung in Deutschland sind.

2.12 Literatur seit dem Zweiten Weltkrieg

Überblick

Literatur nach dem Zweiten Weltkrieg	
Begriff und Eingrenzung	Hilfsbegriff zur zusammenfassenden Kennzeichnung der deutschen Literatur seit 1945, die von der Frage nach dem Umgang mit der Vergangenheit und einer verantwortungsbewussten Gestaltung der Gegenwart geprägt ist
zeitgeschichtliche Rahmenbedingungen	– Am Ende des Zweiten Weltkriegs ist Deutschland mit einer tiefgreifenden Katastrophe auf der materiellen wie der emotionalen Ebene konfrontiert. – Der allmähliche Wiederaufbau Deutschlands und die Auseinandersetzungen mit der Vergangenheit bestimmen samt den dazugehörenden Krisen das wirtschaftliche und das kulturelle Bild der Bundesrepublik.
Weltbild, Menschenbild und Lebenskonzept	Suche nach neuen, tragfähigen Menschenbildern in Auseinandersetzung mit der Geschichte und der Tagespolitik
ästhetische Theorie	– Notwendigkeit des radikalen Neubeginns nach 1945: Kunst als Besinnung auf sich selbst und die eigene Situation – In den 50er-Jahren allmähliche Profilierung: Kunst als Sozialkritik – Studenten-Unruhen in den 60er-Jahren: Politisierung der Künstler und der Kunst – Wiedergewonnene Ruhe: Privatisierung des Lebens, Kunst als Ausdruck persönlicher Empfindungen, Frauenliteratur – Differenzierungen in politischen und privaten Bereichen
Sprache	– Abgrenzung von Traditionellem – Suche nach neuer, unbelasteter Sprache – Realistisches Schreiben
Themen und Motive	– Auseinandersetzung mit Schuld und Verantwortung – Darstellung von paradigmatischen Lebensläufen und Einzelschicksalen – Aufgreifen politischer und moralischer Fragen
Gattungen	– Kurzgeschichten – Schauspiele und Hörspiele – Romane
Autoren und Werke	– Wolfgang Koeppen (1906–1996): *Tauben im Gras* (1951) – Heinrich Böll (1917–1985): *Ansichten eines Clowns* (1963) – Wolfgang Borchert (1921–1947): *Draußen vor der Tür* (1947) – Siegfried Lenz (geb. 1926): *Deutschstunde* (1968) – Martin Walser (geb. 1927): *Das Einhorn* (1966) – Günter Grass (geb. 1927): *Die Blechtrommel* (1959)

2.13 Deutschsprachige Literatur außerhalb der Bundesrepublik Deutschland

Die Literatur in der DDR

Die Ausmerzung nationalsozialistischer Literatur, die Förderung neuer Werke und der Rückgriff auf alte – oft klassische – Texte mit humanistischer Ausrichtung kennzeichnen die Kulturpolitik in der sowjetisch besetzen Zone in den ersten Jahren nach dem Zweiten Weltkrieg. Darüber hinaus lassen sich zahlreiche namhafte Exilschriftsteller, die nach Deutschland zurückkehren, bewusst in diesem Teil Deutschlands nieder, da sie sich hier einen deutlicheren Neuanfang und eine gründlichere Abgrenzung gegenüber dem Personal und der Ideologie des Hitlerreiches erhoffen. Anna Seghers (1900–1983), Johannes R. Becher (1891–1958) und später auch Bertolt (Bert) Brecht (1898–1956) gehören zu diesen Autoren. Auch Heinrich und Thomas Mann sympathisieren mit dem sozialistisch ausgerichteten Staat. Zusammenfassend wird diese erste Phase in der Geschichte der DDR-Literatur als Phase der **Antifaschistischen Sammlung** bezeichnet.

Neuanfang und Abgrenzung in der „sowjetisch besetzten Zone"

Schon früh wird von offizieller Seite damit begonnen, die verfügbaren Künstler, die oft der sozialistischen Literatur der dreißiger Jahre nahestanden, politisch in den Aufbau des neuen Staates zu integrieren. Nach der Staatsgründung 1949 werden derartige Bemühungen noch ausdrücklicher. Der 1952 gegründete **Deutsche Schriftstellerverband** wird schließlich eingesetzt, um die Autoren politisch zu beeinflussen und zu disziplinieren. Als Aufgabe des Schriftstellers wird es nun angesehen, sich konstruktiv am Aufbau des Staates und der Etablierung des Systems zu beteiligen. Positive Helden und Arbeiter sollen in den Mittelpunkt der Werke gestellt werden. Autoren wie Heiner Müller (1929–1995) versuchen sich darüber hinaus im Genre der Produktionsliteratur. Man bemüht sich um eine Konkretisierung des geforderten **Sozialistischen Realismus**. Dass die staatlichen Vorgaben eine problematische Einschränkung der künstlerischen Freiheit bedeuten, wird indes immer deutlicher. Schriftsteller, die die Politik der DDR kritisieren, werden geahndet, eine Entwicklung, die nach den Ereignissen des 17. Juni 1953 noch ausgeweitet wird. Zahlreiche Intellektuelle, die nach Stalins Tod auf eine Öffnung des starren Systems gehofft und deutliche Kritik am DDR-System geübt haben, wenden sich enttäuscht ab. Einige Intellektuelle, etwa der bekannte Philosoph Ernst Bloch (1885–1977), verlassen die DDR.

Literatur im Dienste des Staatsaufbaus

Kritik an der DDR

Eine positive Anbindung der Kultur an die Lebenswelt des „Arbeiter-und-Bauern-Staates" versucht die erste Literaturkonferenz in Bitterfeld im April

1959. Man beschließt den **Bitterfelder Weg** und bemüht sich darum, Arbeiter an das Schreiben heranzuführen. Gleichzeitig werden die Schriftsteller zu Studien und Recherchen in die Betriebe geschickt. Derartige Bemühungen, Kultur und Alltag miteinander zu verzahnen, zeigen allerdings – auch in ihrer Erweiterung auf der zweiten Bitterfelder Konferenz im Jahr 1964 – keine wesentlichen Erfolge. Neben weiteren Intellektuellen, die sich von ihrem Staat abwenden, gibt es inzwischen eine Gruppe von Autoren, die in der DDR aufgewachsen sind, sich in deren Alltag eingerichtet haben und die Situation akzeptieren. Man spricht von **Ankunftsliteratur**.

Verzahnung von Kultur und Alltag

Die Vehemenz der Auseinandersetzung zwischen System und Systemkritik lässt in einer folgenden **kulturpolitisch liberalen Phase** nach, thematisch befasst man sich eher mit subjektivem Befinden als mit politischen Konzepten. Ulrich Plenzdorfs (geb. 1934) Werther-Adaption *Die neuen Leiden des jungen W.* (1972) gehört in diese Phase, die durch die einschneidende Ausbürgerung des Wahl-DDR-Bürgers, Dichters und Balladensängers Wolf Biermann (geb. 1936) im Jahr 1976 beendet wird. Zahlreiche Künstler unterzeichnen einen Protestbrief, viele von ihnen siedeln in die Bundesrepublik über. Da die Repressalien immer stärker werden, sehen sich einige Autoren bis zur Wiedervereinigung dazu veranlasst, in der Bundesrepublik zu veröffentlichen oder – falls möglich – die DDR ganz zu verlassen.

Ausbürgerung von Wolf Biermann

Nach der Wiedervereinigung fällt es vielen Schriftstellern schwer, sich neu zu orientieren. Sie haben ihren definierten Status als vom Staat anerkannte und geförderte Schriftsteller oder eben als literarische Widerstandskämpfer verloren und müssen sich nun eine neue Rolle im offenen und vielseitigen deutschen Literaturmarkt suchen. Christa Wolf (1929–2011) und Christoph Hein (geb. 1944) sind zwei Autoren aus der ehemaligen DDR, die auch im wiedervereinigten Deutschland ein breites Publikum gefunden haben.

Deutschsprachige Literatur der Schweiz

Als Resultat der politischen Neutralität der Schweiz während des Dritten Reiches entwickelt sich hier ein eigenständiges deutschsprachiges Kulturleben. Auch nach dem Krieg bleibt die Schweizer Literatur dadurch charakterisiert, dass ihr ein distanzierter und unbelasteter Blick auf Deutschlands Vergangenheit und Gegenwart möglich ist. Zum durchgängigen Thema der Literatur wird die Frage nach der Manipulierbarkeit und Abhängigkeit des Einzelnen innerhalb der modernen Massen- und Konsumgesellschaft, wobei auch die Frage nach der Rolle des Schweizer Kleinstaates angesichts entsprechender politischer und gesellschaftlicher Veränderungen beleuchtet und ambivalent beurteilt wird.

Bekannte Schweizer Autoren:

◉ Max Frisch (1911–1991)
◉ Friedrich Dürrenmatt (1921–1990)
◉ Adolf Muschg (geb. 1934)
◉ Peter Bichsel (geb. 1935)

Überblick

Deutschsprachige Literatur außerhalb der Bundesrepublik Deutschland	
Literatur der DDR	Antifaschistische Sammlung – Ausmerzung nazistischer Literatur – Förderung neuer Werke – Rückgriff auf klassisch-humanistische Werke – rückgekehrte Exilanten lassen sich in der DDR nieder Sozialistischer Realismus – Integration der Literatur in den Aufbau des neuen Staates – Politische Beeinflussung und Disziplinierung der Autoren – Aufgreifen der Lebenswelt der Arbeiter in der Literatur – Produktionsliteratur – Enttäuschung einiger Schriftsteller über die stärker werdende Einschränkung der künstlerischen Freiheit Bitterfelder Weg/Literaturkonferenz 1959 – Verzahnung von Arbeiterwelt und Literaturbetrieb – langfristig kaum erfolgreich Literatur in der kulturpolitisch liberalen Phase – Nachlassen der Konfrontationen zwischen Künstler und Staat – Thematische Orientierung an subjektivem Befinden statt an politischen Fragestellungen Weiterer Verlauf – Proteste und Enttäuschung nach der Ausweisung Wolf Biermanns im Jahr 1976 – Zahlreiche Autoren veröffentlichen in der Bundesrepublik.
Autoren und Werke	– Johannes R. Becher (1891–1958): *Winterschacht* (1945) – Bertolt Brecht (1898–1956): *Buckower Elegien* (1954) – Ulrich Plenzdorf (geb. 1934): *Die neuen Leiden des jungen W.* (1972) – Heiner Müller (1929–1995): *Der Lohndrücker* (1956) – Christa Wolf (1929–2011): *Der geteilte Himmel* (1963), *Nachdenken über Christa T.* (1969) – Christoph Hein (geb. 1944): *Der fremde Freund* (1982)
deutschsprachige Literatur der Schweiz	Besonderheiten – keine direkte Einflussnahme des nationalsozialistischen Deutschlands – distanziertere Betrachtungsmöglichkeit der Situation in Deutschland vor und nach 1945 – Beschäftigung mit der Frage nach dem Verhältnis zwischen Individuum und Gesellschaft – Beschäftigung mit der Frage nach Identität
Autoren und Werke	– Max Frisch (1911–1991): *Stiller* (1954), *Homo Faber* (1957) – Friedrich Dürrenmatt (1921–1990): *Die Physiker* (1962)

2.14 Deutsche Literatur ab 1990

Begriff und Eingrenzung

Bei jährlich rund 60.000 neu erscheinenden Büchern in Deutschland ist es schwer, das Phänomen **Gegenwartsliteratur** zu erfassen und zu kategorisieren. Sowohl hinsichtlich der verschiedenen Genres, einer Vielzahl von Motiven als auch sehr unterschiedlicher Vorstellungen von „guter" Literatur kann der Begriff „Gegenwartsliteratur" nur schwer ausgeschärft werden. Seine hypothetische Definition ordnet ihm diejenigen literarischen Werke zu, die in den Rezensionen anspruchsvoller Zeitungen und Fernsehsendungen sowie bei den Auswahlverfahren für renommierte Literatur-Preisverleihungen berücksichtigt werden. Der Blick auf die Gegenwartsliteratur beschränkt sich dabei nie allein auf die Faktoren Autor, Werk und Leser, sondern impliziert weitere **Facetten des literarischen Lebens**. Die Ankündigung eines Werks, seine Vermarktung, seine Inszenierung, seine Platzierung in der öffentlichen Diskussion und seine Resonanz in der Buchkritik erweitern das literarische Schaffen zu einem komplexen Literaturbetrieb.

Selbstredend ist eine zeitlich differenziertere Gliederung der aktuellen deutschen Literatur sehr problematisch und muss sich mehr als bei anderen Phasen der Literaturgeschichte an Hilfsdaten — meist entstammen sie der politischen Geschichte — orientieren. Daten, die — symbolisch — einen allgemein-gesellschaftlichen und insofern auch kulturellen und literaturgeschichtlich relevanten Paradigmenwechsel bezeichnen, sind etwa der Mauerfall am 9. November 1989, die Jahrtausendwende oder der Anschlag auf das World-Trade-Center am 11. September 2001.

schwierige Begriffsdefinition „Gegenwartsliteratur"

der „Literaturbetrieb"

Hilfsdaten zur Einteilung

Weltbild, Menschenbild und Lebenskonzept

Ein grundsätzliches Phänomen der — westlichen — Welt seit 1990 ist die Tendenz zur immer weiteren **Individualisierung** der Lebensentwürfe, der Lebensgestaltung und der Wertvorstellungen. Als vermeintlich konsequente Weiterführung des Freiheitsbegriffs der Aufklärung und der Moderne geraten die Menschen in die Verantwortung, sich jeweils ihre eigene Welt zu „konstruieren". Die Ambivalenz einer derartigen Entwicklung ergibt sich dabei zwangsläufig aus den nahezu grenzenlosen Möglichkeiten der Selbstverwirklichung einerseits wie aus der Notwendigkeit zur ständigen Neudefinition von Verhaltens- und Wertsystemen auf der anderen Seite. Traditionelle, klar definierte Wertsysteme bleiben — etwa im religiösen oder politischen Bereich — zwar weiterhin bestehen, werden aber kaum im großen Rahmen und pauschal als Grundlagen einer persönlichen Lebensgestaltung genutzt.

konstruktivistische Weltsicht

gesellschaftliche Entwicklung

Äußere Kennzeichen der gesellschaftlichen Entwicklung seit den 1990er Jahren sind zum Beispiel die weitergehende – kulturelle, wirtschaftliche und militärische – **Globalisierung**, die als immer bedrohlicher empfundenen weltweiten **Umwelt- und Wirtschaftskrisen**, eine größer werdende **Multikulturalität** der Gesellschaft und die verschärfte **Polarisierung zwischen westlicher und arabischer Welt**, welche die alte West-Ost-Einteilung der Welt nach dem Zusammenbruch der kommunistisch-sozialistischen Systeme ablöste.

Kategorisierungsmöglichkeiten der Gegenwartsliteratur

Identitätssuche und Kommunikation

Die beschriebenen Entwicklungen und Themen spiegeln sich allesamt in den literarischen Werken der Gegenwart. Sie werden in unterschiedlichen – **traditionellen wie innovativen** – literarischen Formen aller Gattungen aufgegriffen und verarbeitet. Die Suche nach der eigenen Identität und der Blick auf gelingende wie misslingende Sozial- und Kommunikationsstrukturen sind dabei zwangsläufig relevante und wiederkehrende Themen der Gegenwartsliteratur. Die im Folgenden genutzten Kategorisierungen sind gängig, aber allesamt nicht unumstritten.

Überwindung der Traditionen

Postmoderne: Die Postmoderne ist kaum als einheitliches ästhetisches Konzept zu fassen, definiert sie sich doch stellenweise gerade in der konzeptionellen Offenheit und der Überwindung traditioneller Ansätze und Festlegungen. Häufiges Kennzeichen postmoderner Literatur ist das Verwischen und Aufheben von Abgrenzungen, die in vorausgehenden Epochen fundamentalen Charakter hatten.

Performance, Intertextualität

Postmodernes Erzählen entzieht sich möglichst jeder festen Interpretierbarkeit und fordert den Rezipienten einen je individuellen Zugang ab. Das postmoderne Theater kehrt sich ab von den didaktischen Zielen des traditionellen und des modernen Theaters und stellt die Aufführung des Stücks als solche in den Mittelpunkt. Tanz, Performance und Live-Art sind Begriffe, die mit dieser Art des Theaters in Verbindung gebracht werden. Es gibt keine Handlungsstränge, eine Identifikation mit psychologisch gestalteten Charakteren ist nicht beabsichtigt. Abkehr von traditionellen Mustern oder das ironische Spiel damit und intertextuelles Aufgreifen anderer Gedichte oder Texte sind die Kennzeichen postmoderner Lyrik.

Als Variante oder Untergruppe postmoderner Literatur kann die sogenannte **Popliteratur** bezeichnet werden. Junge Autoren versuchen hier die Grenze zwischen anspruchsvoller Literatur und Unterhaltungsliteratur zu beseitigen. Sie integrieren bewusst Zitate und Stilmittel aus den Unterhaltungsmedien in ihre Werke. Die Aufführung – etwa in Form der Dichterlesung – wird zum wesentlichen Bestandteil des literarischen Werks.

2.14 Deutsche Literatur ab 1990

Migranten-Literatur: Vor allem aus der zweiten Generation der Arbeitsmigranten der 1980er Jahre, aus dem Kontext der osteuropäischen Übersiedlungen während der 1990er Jahre und der Flüchtlingsmigration während der Jugoslawienkriege am Ende des 20. Jahrhunderts gehen viele anspruchsvolle deutschsprachige Schriftsteller hervor, die sich dem Thema der Identitätssuche und –definition vor dem Hintergrund der Multikulturalität und Migration widmen. Problematisch wird die Bezeichnung „Migranten-Literatur", wenn sie als Abgrenzung von einer wie auch immer verstandenen „deutschen" Literatur verstanden wird.

Identitätssuche

Aufarbeitung der DDR: Nach Veröffentlichungen in den 1990ern, die sich direkt mit dem Ende der DDR und der Wendezeit befassten („Wendeliteratur") setzt die Generation der nun 30- bis 40-jährigen Autoren, welche die Wende als Jugendliche miterlebten, die Aufarbeitung der DDR-Zeit fort.

Aufarbeitung der DDR-Zeit

Überblick

Deutsche Literatur ab 1990	
Begriff und Eingrenzung	Welche Werke der Gegenwartsliteratur relevant sind, bestimmen heute vor allem die Literaturkritik der renommierten Zeitungen und Fernsehsender sowie die Auswahlkomitees bekannter Literaturpreise. Vor dem Hintergrund einer konstruktivistischen Weltauffassung befassen sich die zeitgenössischen Autoren mit Themen der Identitätsfindung, dem Gelingen und Misslingen von Beziehungen und Kommunikation.
Bekannte und renommierte Autoren der Gegenwartsliteratur	Erzählende Literatur – Wilhelm Genazino (* 1943): *Ein Regenschirm für diesen Tag* (2001), *Wenn wir Tiere wären* (2011) – Daniel Kehlmann (* 1975): *Die Vermessung der Welt* (2005), *Ruhm. Ein Roman in neun Geschichten* (2009) – Martin Mosebach (* 1951): *Der Mond und das Mädchen* (2007), *Was davor geschah* (2010) – Juli Zeh (* 1974): *Schilf* (2007), *Corpus Delicti. Ein Prozess* (2009) Dramatik – Dea Loher (* 1964): *Tätowierung* (1999), *Diebe* (2010) – Urs Widmer (* 1938): *Top Dogs* (1996) Lyrik – Marcel Beyer (* 1965): *Erdkunde* (2002) – Durs Grünbein (* 1962): *Strophen für übermorgen* (2007) – Thomas Kling (1957 – 2005): *Gesammelte Gedichte* (2006)
Autoren der Postmoderne	– Patrick Süskind (* 1949): *Das Parfum* (1985) – Christoph Ransmayr (* 1954): *Die letzte Welt* (1988) – Joseph Ortheil (* 1951): *Faustinas Küsse* (1998)
Autoren, die sich dem Thema Migration widmen	– Melinda Nadj Abonji (* 1968): *Tauben fliegen auf* (2010) – Emine Sevgi Özdmar (* 1946): *Mutterzunge* (1990) – Rafik Schami (* 1946): *Sieben Doppelgänger* (1999)
Autoren, die sich dem Thema DDR widmen	– Eugen Ruge (* 1954): *In Zeiten des abnehmenden Lichts* (2011) – Uwe Tellkamp (* 1968): *Der Turm* (2009)

3 Wissen über Sprache

Neben einem einführenden Überblick über die Geschichte der deutschen Sprache behandelt dieses Kapitel wichtige Aspekte der synchronen Sprachbetrachtung. Anhand von Kommunikationsmodellen werden wichtige Funktionen von Sprache erklärt. Daneben werden zentrale sprachphilosophische und semiotische Fragestellungen vorgestellt. Dabei geht es vor allem um die Leistungen der Sprache bei der Erfassung der Welt.

3.1 Zur Sprachgeschichte des Deutschen

Probleme der Phasierung

Versucht man, den Entwicklungsprozess der deutschen Sprache durch klar umgrenzte und eindeutig definierte Epochen zu beschreiben, stößt man auf eine Reihe von Schwierigkeiten. Weder kann dabei auf eine einheitliche Theorie zur Abgrenzung einzelner Stufen, noch auf greifbare und unumstrittene Einzelkriterien für eine stichhaltige Periodisierung zurückgegriffen werden. Um einen wissenschaftlichen Diskurs aber dennoch zu ermöglichen, hat sich eine hypothesenartige Einteilung etabliert, die bestimmte sprachliche und außersprachliche Kriterien der einzelnen Sprachstufen berücksichtigt, indem sie zum Beispiel Lautsysteme, Wortschätze, Grammatiken oder kulturhistorische und mediengeschichtliche Besonderheiten untersucht und vergleicht.

Inzwischen hat sich in historischen Wörterbüchern und Grammatiken, in Textsammlungen und Schulbüchern folgende Phasierung der deutschen Sprachgeschichte durchgesetzt:

Phasen der deutschen Sprachgeschichte

- ⊙ Althochdeutsch (ca. 750 bis 1050)
- ⊙ Mittelhochdeutsch (ca. 1050 bis 1350)
- ⊙ Frühneuhochdeutsch (ca. 1350 bis 1650)
- ⊙ Neuhochdeutsch (ab ca. 1650)

Das Hochdeutsche als Untersuchungsgegenstand

Eine erste Abgrenzung einer ansatzweise einheitlich fassbaren „deutschen" Sprache gegenüber anderen vorkommenden Sprachformen und → Dialekten wird durch die Konsonantenveränderungen im Zuge der **2. Lautverschiebung** ermöglicht. Deren Ergebnisse haben eine deutliche Unterscheidbarkeit

3.1 Zur Sprachgeschichte des Deutschen

der hochdeutschen von den niederdeutschen Dialekten und – aufgrund der unterschiedlichen Durchführungsintensitäten der Lautverschiebung – auch eine Differenzierung der Sprachformen im hochdeutschen Raum zur Konsequenz.

Unterscheidung Hochdeutsch – Niederdeutsch

Die Fokussierung der sprachgeschichtlichen Untersuchungen auf den hochdeutschen Sprachraum resultiert aus diesem Phänomen, wobei die Bezeichnung „hochdeutsch" hier geographisch zu verstehen ist. Sie beschreibt also dasjenige Sprachgebiet, in dessen unterschiedlichen Dialekten die systematisierbaren Veränderungen der Lautverschiebung nachzuweisen sind, konkret also diejenigen germanischen Dialekte, die sich südlich der sogenannten „maken-machen-Grenze" („Benrather-Linie") finden. Diese Sprachgrenze hat ihren Namen eben daher erhalten, dass sie den niederdeutschen Sprachraum, dessen Sprachformen die Veränderungen der Lautverschiebung nicht aufweisen – sie sprechen „maken" statt „machen", – vom hochdeutschen Sprachraum mit den veränderten Lauten – also „machen" – abgrenzt. Die älteren Formen sind die unverschobenen, die eine deutliche Übereinstimmung zu anderen germanischen Sprachformen aufweisen, wie sie etwa im Englischen – hier spricht man entsprechend unverschoben *make* – enthalten sind.

Benrather Linie

Sprachgeschichtliche Gliederung

Althochdeutsch (ca. 750 bis 1050)

Der hypothetische Beginn einer explizit deutschen Sprachgeschichte hängt also mit den gravierenden Sprachveränderungen der 2. Lautverschiebung zusammen. Als eine wesentliche Ursache dieser Veränderungen nimmt man die politischen Einigungsbemühungen der fränkischen Könige an, wie sie etwa von Karl dem Großen (747–814) betrieben werden. Karl bemüht sich um einen fundierten Bildungskanon und die Förderung des Christentums als eine Einheit stiftende Volksreligion, womit er einen Grundstein für die beginnende kulturelle Einigung Europas legt. Auch wenn das Lateinische noch die unhinterfragte Schriftsprache dieser Zeit darstellt, finden sich ab ca. 750 vereinzelte Schriftdokumente, die sich der Volkssprache, der damals sogenannten *theodisca lingua*, bedienen. Karl der Große lässt volkssprachliche Predigten sammeln und kirchlich-religiöse Texte ins Deutsche übertragen. Auch wenn vereinzelte Beispiele einer außerkirchlichen deutschen Literatur – etwa in der Form von heidnischen Zaubersprüchen und germanischen Heldenliedern – überliefert sind, müssen die gebildeten christlichen Mönche als wesentliche Träger der frühen deutschen Schriftsprache angesehen werden. Zu wichtigen Schreiborten werden konsequenterweise die frühmittelalterli-

erste deutsche Texte

chen Klöster, die allerdings noch deutliche Unterschiede in den Schriftarten, in der Lautung und der Wortwahl aufweisen.

Mittelhochdeutsch (ca. 1050 bis 1350)

Deutsch als Literatursprache

Mit dem allmählichen Erwachen eines kulturellen „deutschen" Selbstbewusstseins etabliert sich die Verwendung der Volkssprache weiterhin. In der als Mittelhochdeutsch bezeichneten Sprachepoche wird das Deutsche zur Literatursprache, die gleichberechtigt neben das Lateinische tritt. Darüber hinaus kommt es zu weiteren sprachlichen Ausgleichstendenzen zwischen den einzelnen Dialekten, die sich zum Beispiel in der Abschwächung voller Vokale in schwach betonten Nebensilben konkretisiert.

Sind die bisherigen Träger der deutschen Schriftsprachkultur vor allem im geistlich-kirchlichen Bereich zu suchen, so kommt es im Laufe der mittelhochdeutschen Sprachepoche zu einer Säkularisierung der Schreibsprache.

höfisches Rittertum als Kulturträger

Zum wesentlichen Förderer und Verwender der Sprache wird die neu entstandene und immer stärker werdende Kultur des höfischen Rittertums. Elitär geprägt aufgrund eines intensiven Klassenbewusstseins und strenger Moralvorstellungen, bedienen sich die Ritter auch ihrer eigenen Sprachform. Beziehungen der Höfe untereinander und die Vorträge reisender Sänger lassen eine überregional verstehbare Kunstsprache entstehen, die als **klassisches Mittelhochdeutsch** bezeichnet wird. Textsorten, die sich dieser Sprache bedienen, sind entsprechend der Sprachträger die großen höfischen Epen und der Minnesang.

Im späten Mittelalter trägt auch das Kulturmilieu des neu entstandenen Stadtbürgertums zur Veränderung der Sprache bei. Steigende Lebensstandards, bessere Bildung und ein größeres Selbstbewusstsein der Stadtbewohner führen zur einer weiteren Verbreitung von Lese- und Schreibkompetenzen außerhalb der Klöster. Auch Gebrauchstexte des täglichen Zusammenlebens wie Urkunden, rechtliche Bestimmungen oder wissenschaftliche Überlegungen werden in dieser Zeit bereits auf Deutsch geschrieben.

Frühneuhochdeutsch (ca. 1350 bis 1650)

Buchdruck und Bibelübersetzungen als wichtige Faktoren der Beeinflussung

Im Spätmittelalter und in der frühen Neuzeit wachsen die Lesekompetenz und der Bedarf an deutscher Lektüre weiterhin und werden durch die Erfindung des Buchdrucks zusätzlich unterstützt. Neue Textsorten wie Flugblätter und Flugschriften werden unter Benutzung der technischen Möglichkeiten verbreitet und können im Grunde als Vorläufer der heutigen Zeitungen angesehen werden. Vor allem während der Auseinandersetzungen im Umfeld der Reformation greift man auf diese frühe Form eines massenwirksamen Mediums zurück.

3.1 Zur Sprachgeschichte des Deutschen

Neben überregionalen Ambitionen der einzelnen Druckereien führt vor allem Martin Luthers deutsche **Bibelübersetzung** zu einer weiteren Vereinheitlichung der deutschen Sprache. Anders als frühe Bibelübersetzungen, die in erster Linie als Kommentar und Verstehenshilfe für die lateinische Bibel fungieren, legt Luther zum ersten Mal eine vollständige Übersetzung vor, deren Texte für das Volk verständlich sind. Gerade durch die Übersetzung und Verbreitung eines derart wichtigen Textes erfährt das Deutsche als Muttersprache und Volkssprache eine deutliche Aufwertung gegenüber dem Lateinischen. Neben vielen Vereinheitlichungen von Schreibweise und Syntax verändert sich auch das Lautsystem dieser frühneuhochdeutschen Sprachstufe. Durch die **Diphthongierung** (aus den mittelhochdeutschen langen Monophthongen werden im Frühneuhochdeutschen Diphthonge) und die Monophthongierung (aus Diphthongen werden lange Monophthonge) unterscheidet sich das Frühneuhochdeutsche lautlich deutlich vom Mittelhochdeutschen.

Monophthongierung und Diphthongierung   Wissen
Die entsprechenden Lautveränderungen lassen sich durch die folgenden Merkphrasen beschreiben:
mhd. mîn niuwes hûs → nhd. mein neues Haus
mhd. lieber guoter bruoder → nhd. lieber guter Bruder

Neuhochdeutsch (ab ca. 1650)

Spätestens nach der Reformation ist das Deutsche also als selbstbewusste Literatursprache etabliert und wird als solche weiter gefördert. So kommt es in der Barockzeit zur Gründung von Sprachgesellschaften, die sich um die Pflege des Deutschen bemühen. Reduzierung der Fremdwortverwendung, Bemühungen um eine weitere Systematisierung und Normierung der Sprache sind Ziele derartiger Bemühungen. Das Deutsche wird zur Sprache der großen Dichter des Barock, später auch der Philosophen der Aufklärung, einer Epoche, in der die Sprache vor allem um philosophische und theoretische Begriffe bereichert wird. Eine stilistische Vorbildfunktion bekommt die Sprache der klassischen Schriftsteller.

Sprachgesellschaften pflegen im Barock die deutsche Sprache

Einflüsse weiterer naturwissenschaftlicher und technischer Fortschritte, soziale und politische Veränderungen, die Entstehung immer neuer Medien und die zunehmende Internationalisierung des öffentlichen Lebens verändern das Deutsche bis heute, sodass die Bezeichnung für die jüngste Sprachepoche – das Neuhochdeutsche – ebenso vage, hypothetisch und offen bleibt wie die anderen Bezeichnungen. Der Einfluss von Fremdsprachen – vor allem des Englischen – und der spezifische Sprachgebrauch im Um-

Einflüsse in der Gegenwart

gang mit den neuen Medien sind sicherlich wesentliche Faktoren der heutigen Sprachentwicklung und -veränderung. Die breite Verwendbarkeit einer Sprache basiert im Wesentlichen auf der Etablierung bestimmter Sprachnormen, an denen sich die Sprecher orientieren müssen, um verstanden zu werden. Entsprechende systematische Versuche zur Vereinheitlichung und Normierung der deutschen Sprache werden spätestens seit den Bemühungen der Sprachgesellschaften in der Barockzeit greifbar. Normierte Bereiche der Sprache, mit denen Schüler heute in Kontakt kommen, sind die **Orthografie** und die **Grammatik**. Die Normen werden durch staatlich zugelassene Wörterbücher und Schulgrammatiken vermittelt. Auch die **Aussprache** des Deutschen unterliegt bestimmten Normen. Der „Klassiker" der Aussprachennormierung ist das Werk von Theodor Siebs: *Bühnenaussprache. Hochsprache*. Berlin 1898.

Normierte Sprache

Überblick

Sprachgeschichte

	Kennzeichen	Schreiborte und Schreiber	Textsorten
Althochdeutsch (ca. 750 bis 1050)	– älteste schriftlich überlieferte deutsche Sprachform – Die fränkischen Könige bemühen sich um die Volkssprache.	Schreiborte sind in erster Linie Klöster, geschrieben wird von Mönchen und anderen Geistlichen.	– Übersetzungen lateinischer Einzelwörter und Wortgruppen – biblische und andere religiöse Texte – vereinzelt auch heidnische Zaubersprüche
Mittelhochdeutsch (ca. 1050 bis 1350)	– Sprache des Hofes und der Ritterkultur – Entlehnungen aus der französischen Hofsprache	Geschrieben wird im klerikalen und adligen Milieu.	– religiöse Texte – höfische Epen – Minnelyrik
Frühneuhochdeutsch (ca. 1350 bis 1650)	– Die Erfindung des Buchdrucks, die Reformation und die Bibelübersetzung prägen die Sprachepoche. – Diphthongierung und Monophthongierung sind wichtige sprachliche Eigenheiten.	Bürgerliche, religiöse und politische Schreiber benutzen das Deutsche. Geschrieben wird in Kanzleien, Druckereien und Klöstern.	– religiöse Texte – Bibelübersetzung – Flugschriften – Akten und Urkunden – Korrespondenzen – Volksliteratur
Neuhochdeutsch (ab ca. 1650)	– Bemühen um eine eigenständige und anspruchsvolle deutsche Sprache – bis heute Beeinflussung der Sprache durch unterschiedliche Entwicklungen und Fremdsprachen	Ausbreitung der Schreibkompetenz auf breite Volksschichten	– Literatur – wissenschaftliche Texte – private und geschäftliche Korrespondenzen – …

3.2 Sprache als System

Beteiligte Wissenschaftszweige

Einordnung des Themas

Kenntnisse des Systemcharakters der Sprache werden von verschiedenen offiziell veröffentlichten Abituranforderungen verlangt. Wie bei den meisten anderen sprachwissenschaftlichen Themenfeldern werden die entsprechenden Kompetenzen wohl kaum ausdrücklich als Sachwissen abgefragt, sondern sollen vielmehr bei einer eventuell geforderten Analyse der Sprache helfen. Aufgabenstellungen, die eine Sprachanalyse implizieren, gehören zum Beispiel in den Zusammenhang der Textbeschreibung bei der Literaturinterpretation oder der Beschreibung und Erörterung eines Sachtextes.

Historische Sprachwissenschaft

Der sprachwissenschaftliche Ansatz, dem die Vorstellung von einem Sprachsystem zugrunde liegt, ist relativ jung. Bis zum Beginn des 20. Jahrhunderts arbeiten die Linguisten vor allem historisch-vergleichend, das heißt, sie blicken auf einzelne Aspekte der Sprache – etwa auf einzelne Wörter – und untersuchen deren Genese, etymologische Verwandtschaften und potenzielle Bedeutungsveränderungen im Laufe der geschichtlichen Entwicklung. Ein bekanntes Werk, welches aus einer derartigen linguistischen Schwerpunktsetzung hervorgeht, ist das *Deutsche Wörterbuch* der Brüder Grimm. Auch mit der politischen Hoffnung auf die Einheit stiftende Funktion der deutschen Sprache in einer Zeit territorialer Zersplitterung und politischer Uneinigkeit beginnen die Brüder **Jacob und Wilhelm Grimm** im Jahr 1838 mit der Arbeit. Zusammen mit über 80 Mitarbeitern tragen sie 600 000 Belege zu den einzelnen Wörtern des deutschen Wortschatzes zusammen. Dass die beiden Brüder die Arbeit unterschätzt haben, zeigt die weitere Geschichte von „Grimms Wörterbuch". Nachdem 1854 der erste Band erscheint, stirbt Wilhelm Grimm im Jahr 1859, Jacob Grimm 1863. Bearbeitet sind bis zu diesem Zeitpunkt nur die Artikel A, B, C und D.

Erst über 120 Jahre nach Beginn der Arbeit erscheint im Januar 1961 der 32. und letzte Band des Wörterbuchs, das inzwischen 350 000 Stichwörter aufführt. Herausgeber des Werks ist inzwischen eine eigens eingerichtete Arbeitsstelle bei der Berliner Akademie. Überarbeitungen und Digitalisierungen setzen die Geschichte des Deutschen Wörterbuchs bis heute fort.

historisch-vergleichende Untersuchungen

das „Grimmsche Wörterbuch"

Die moderne Sprachwissenschaft

Als symbolischer Beginn der modernen europäischen Sprachwissenschaft gelten die – von Mitarbeitern und Schülern weiterentwickelten – Theorien des Genfer Sprachwissenschaftlers Ferdinand de Saussure (1857–1913), die in dem postum herausgegebenen Werk *Cours de linguistique générale* von 1916 (dt.: *Grundfragen der allgemeinen Sprachwissenschaft*, 1967) greifbar werden.

de Saussure: Sprache als ein System von Zeichen

Die moderne Sprachwissenschaft in der Nachfolge de Saussures versteht Sprache als ein **System von Zeichen**, wobei als Zeichen die kleinsten, relativ selbstständig isolier- und kombinierbaren Einheiten der Sprache verstanden werden. In einem Sprachzeichen sind zwei untrennbar miteinander verbundene Ebenen kombiniert: Einerseits besitzt jedes Sprachzeichen eine Laut- oder Ausdrucksseite, etwas **Bezeichnendes** („signifiant"). Damit verbunden ist die Inhalts- oder Bedeutungsseite, das **Bezeichnete** („signifié"). Konkrete Sprachzeichen sind etwa die einzelnen Laute, Wortsilben oder Wörter.

Ein auf diesen Einzelelementen beruhendes Sprachsystem entsteht aufgrund der Kombinierbarkeit einzelner Sprachzeichen, die entweder – auf der linearen Ebene – innerhalb einzelner Sätze und Phrasen zueinander in Beziehung stehen (syntagmatische Beziehungen) oder auf vertikaler Ebene austauschbar sind (paradigmatische Beziehung). In dem Satz „Wir gehen zur Schule" besteht eine syntagmatische Beziehung zwischen den einzelnen Wörtern, da deren Einzelbedeutungen in der Kombination einen neuen Sachverhalt beschreiben. Eine syntagmatische Beziehung besteht außerdem zwischen der Flexionsendung des Verbs und dem Personalpronomen in der zweiten Person Plural sowie zwischen der Ortsangabe und der Präposition. Beziehungen auf der paradigmatischen Ebene bilden die einzelnen Wörter zu all denjenigen Wörtern, durch welche sie ausgetauscht werden könnten, ohne dass sich die syntagmatischen Beziehungen grundsätzlich ändern. So steht das „wir" in einer paradigmatischen Beziehung zu allen anderen Personalpronomen und unterscheidet sich durch seine spezifische grammatische Bestimmung von diesen. Ebenso ist es bei den anderen Teilen des Satzes.

syntagmatische und paradigmatische Ebene

Die Beschreibungsebenen des Sprachsystems

Es lassen sich verschiedene Ebenen benennen, auf denen eine je spezifische Beschreibung der Sprache erfolgen kann. Ihr Systemcharakter zeigt sich dabei sowohl innerhalb der einzelnen Beschreibungsebenen als auch in den Beziehungen, die zwischen den Ebenen bestehen.

Phonologie und Phonetik

Untersuchungsgegenstand der **Phonologie** sind die Phoneme einer Sprache, die definiert werden als „die kleinsten bedeutungsunterscheidenden Lauteinheiten". Laute, die als Phoneme gelten können, tragen nach dieser Definition zwar nicht für sich genommen bereits eine bestimmte Bedeutung, die Verwendung unterschiedlicher Phoneme vermag aber zu einer Bedeu-

Phonem

3.2 Sprache als System

tungsveränderung in einer Sprachäußerung führen. Erkenn- und isolierbar werden Phoneme bei der Gegenüberstellung von **Minimalpaaren**, also von Sprachäußerungen, die sich bei einem möglichst kleinen Unterschied auf der Ausdrucksebene inhaltlich deutlich unterscheiden.

Minimalpaare

> **Beispiel**
>
> Bildet man im Deutschen ein Minimalpaar aus „Fisch" und „Tisch", lässt sich folgern, dass allein die Laute /f/ und /t/ den Bedeutungsunterschied zwischen den beiden Wörtern bewirken. Die Laute /f/ und /t/ sind damit als kleinste bedeutungsunterscheidende Spracheinheiten der deutsche Sprache – also als Phoneme – identifiziert.

Die **Phonetik** blickt auf die materielle Seite der Sprache als Lautsystem, indem sie die Artikulation und Perzeption der Sprachlaute zu ihrem Gegenstand macht. Je nach Untersuchungsschwerpunkt unterscheidet man:

Phonetik untersucht die materielle Seite des Lautsystems

- ⊙ die artikulatorische Phonetik (Wie entstehen Lautäußerungen?),
- ⊙ die akustische Phonetik (Wie werden Lautäußerungen aufgenommen?)
- ⊙ und die auditive Phonetik (Welche neurologischen und psychologischen Vorgänge sind mit dem Wahrnehmungsprozess verbunden?).

Morphologie

Gegenstand des Teilbereichs Morphologie sind die **Morpheme** einer Sprache, die als „kleinste bedeutungtragende Lauteinheiten" definiert werden. Im Unterschied zum Phonem sieht man einem Morphem die Bedeutung auch an, wenn es aus seinem Kontext – zum Beispiel einem Wort – herausgelöst ist. Man unterscheidet zwischen lexikalischen und grammatischen Morphemen, also zwischen den Grundelementen der Wortstruktur, die den inhaltlichen Kern der Wortbedeutung tragen (lexikalische Morpheme) und jenen Morphemen, die dem lexikalischen Grundmorphem eine neue Bedeutungskomponente zufügen oder eine grammatische Bedeutung haben.

Morpheme = kleinste bedeutungtragende Einheiten

> **Beispiel**
>
> Beschreibt man das Wort „vorlesen" aufgrund dieser Differenzierungen, ergibt sich folgende Zuordnung: Bedeutungsbestimmendes lexikalisches Grundmorphem ist der Verbstamm „les-". Die Verb-Endung erscheint als grammatisches Morphem „-en", womit angezeigt wird, dass es sich bei der untersuchten Form um den Infinitiv des Verbs handelt. Eine Flexion des Verbs würde sich in der Veränderungen dieses Morphems manifestieren. Das Präfix „vor-" bestimmt die Bedeutung der Form seinerseits, da Vorlesen etwas anderes ist als Lesen. Je nach Modell werden derartige Präfixe als gebundene lexikalische Morpheme bezeichnet oder als Wortbildungsmorphem den grammatischen Morphemen zugeordnet.

Lexikologie

Die Lexikologie – also die Wortkunde – ist streng genommen keine eigene linguistische Beschreibungsebene innerhalb der Sprachsystematik, da ihre Elemente bereits auf der morphologischen Ebene isoliert und klassifiziert werden können. Relevant sind Untersuchungen auf der lexikalischen Ebene allerdings im Zusammenhang mit der Textanalyse und –interpretation. Auffälligkeiten im Wortschatz – etwa in Bezug auf die Stilebene oder die Benutzung von Fremd- oder Fachsprachen – sind in der Regel leicht zu erkennen und zu beschreiben und lassen sich einer Gesamtdeutung gut zuordnen. Vielleicht weist ein Text auch Besonderheiten bei der Wortbildung auf, indem zum Beispiel viele neue Wörter (Neologismen) oder ungewöhnliche Wortzusammensetzungen vorkommen.

Syntax

Die systematische Verknüpfung einzelner Wortelemente lässt Sätze entstehen und schafft den Gegenstandsbereich der nächsten Beschreibungsebene, der Syntax. Untersucht und beschrieben werden können auf dieser Ebene syntaktische Strukturen, indem etwa die Funktionen einzelner Satzglieder untersucht und beschrieben werden. In diesem Zusammenhang wird sich auch beschreiben lassen, ob es sich bei den vorliegenden Sätzen um Satzreihen aus Hauptsätzen (Parataxe) oder um verschieden komplexe Satzgefüge aus Haupt- und Nebensätzen (Hypotaxe) handelt. Ergebnisse dieser Untersuchung sollten sowohl bei der Deutung literarischer Texte als auch bei der Analyse von Sachtexten im Zusammenhang der Textbeschreibung berücksichtigt werden.

Überblick

Zweige der Sprachwissenschaft	
Historisch-verglei-chende Sprachunter-suchungen	geschichtliche Entwicklungen und Zusammenhänge in der Sprache werden untersucht Beispiel: Grimmsches Wörterbuch
Moderne Sprach-wissenschaft:	Sprache als ein System von Zeichen
Phonologie und Phonetik	Phonem als Ausdrucksseite inhaltlicher Elemente; kleinste Unterscheidungen (Minimalpaare wie Fisch – Tisch)
Morphologie	Morpheme als kleinste bedeutungstragende Einheiten
Lexikologie	beschäftigt sich mit den Wörtern und ihren Bedeutungen
Syntax	untersucht die Verknüpfungs-und Bildungsregeln von Sätzen, z.B. die Funktion von Satzgliedern

3.3 Die kommunikative Funktion der Sprache

Die Relevanz des Anforderungsbereichs

Im Kontext des Anforderungsbereichs **Reflektieren über Sprache** setzen die Prüfungsordnungen auch Kenntnisse über die kommunikative Funktion der Sprache voraus. Relevant werden diese Kenntnisse allerdings weniger als ausdrückliches Abfragewissen, sondern in ihrer Anwendung im Zusammenhang mit jeglicher Form von analytischer oder kreativer Erschließung von sachlichen oder literarischen Texten. Die Beschreibung und Deutung von Kommunikationssituationen und -faktoren und das Benennen von Gründen für gelingende oder misslingende Gespräche sind ein wesentlicher Bestandteil bei der Interpretation von epischen oder dramatischen Texten. Gerade in Dramen sind ungünstige Kommunikationsverhältnisse oder Missverständnisse typische Auslöser von Konflikten und Entscheidungen.

Reflexion über Sprache im Prüfungskontext

Das einfache Kommunikationsmodell

Betrachtet man Sprache unter dem Aspekt der Kommunikation, blickt man auf deren Rolle innerhalb der wechselseitigen Übermittlung von Informationen zwischen Lebewesen, vielleicht auch zwischen Menschen und datenverarbeitenden Maschinen. Im engeren – und sicherlich im schulischen Kontext gebräuchlicheren – Sinn bezieht sich **Kommunikation** auf die zwischenmenschliche Verständigung anhand von sprachlichen und nichtsprachlichen Mitteln (z. B. Gestik, Mimik, Stimme).

Geltungsbereich des Begriffs Kommunikation

Wie eine derartige Kommunikation funktioniert, welche Faktoren daran beteiligt sind und in welchem Verhältnis sie zueinander stehen, wird in der Sprachwissenschaft (Linguistik) durch unterschiedliche Kommunikationsmodelle beschrieben. Ausgehend von der Grundfragestellung der Kommunikation „Wer sagt was mit welchen Mitteln und auf welchem Weg (mit welchem Medium) zu wem mit welcher Wirkung?" werden die verschiedenen, an einem Kommunikationsprozess beteiligten Größen erfasst, untersucht und zueinander in Beziehung gesetzt.

Was ist alles am Kommunikationsprozess beteiligt?

- ▶ Die Frage nach dem „wer" blickt auf den Sprecher, von dem der Kommunikationsprozess ausgeht bzw. begonnen wird. Im Modell wird er (angelehnt an die Terminologie der Nachrichtentechnik) als **Sender** bezeichnet.

Sender

- ▶ Den Adressaten der Kommunikation – also das „zu wem" – nennt man entsprechend den **Empfänger**. Wichtig ist es, dabei zu berücksichtigen, dass diese beiden Faktoren der Kommunikation in der Regel abwech-

Empfänger

selnd getauscht werden, das heißt, dass der Sender zum Empfänger, der Empfänger zum Sender werden kann. Man spricht in diesem Zusammenhang von der **Zweiseitigkeit** der Kommunikation.

Nachricht
- Das „Was" des Kommunikationsprozesses – es geht um die übermittelten Informationen – heißt in der Fachsprache **Nachricht**.

Code
- Zur Übermittlung der Nachricht („mit welchen Mitteln?") benutzt der Sprecher einen bestimmten **Code**, der aus einem Vorrat an einzelnen **Sprachzeichen** und bestimmten **Regeln zur Verknüpfung** dieser Zeichen besteht. Der Sprecher codiert seine Gedanken, sendet sie an den Empfänger, von dem sie wiederum decodiert werden.

Code
- Schließlich bedient er sich eines bestimmten Kanals bzw. Mediums, um seine Nachricht zu übermitteln.

Sowohl hinsichtlich der Bedeutung der Zeichen als auch in Bezug auf deren Verknüpfungen muss dabei eine gewisse Übereinstimmung zwischen Sender und Empfänger bestehen, damit die Kommunikation funktioniert. Sendet ein Sprecher eine Nachricht in einem Code, den der Hörer nicht kennt, kann die Kommunikation kaum funktionieren.

> **Wissen**
>
> Das sprachliche Zeichen ist das modellhaft-abstrahierte Grundelement der Sprache. Es besteht aus einem sinnlich wahrnehmbaren Signal (Zeichenkörper/Bezeichnendes) und einem damit verbundenen eindeutigen Bezug bzw. einer Bedeutung, die auf ein Bezeichnetes verweist. Der Zusammenhang zwischen dem Zeichenkörper und dem Bezeichneten ist im Grunde genommen willkürlich (arbiträr) und beruht in der Regel auf Konventionen.

Die Frage nach der **Wirkung** der gesendeten Nachricht blickt auf das Gelingen der Kommunikation. Hierbei kann überprüft werden, ob die Absicht, die mit dem Senden der Nachricht verbunden war, vom Empfänger auch entsprechend verstanden wurde und zu der beabsichtigten Reaktion geführt hat. Das einfache Kommunikationsmodell kann grafisch dargestellt werden (siehe rechts).

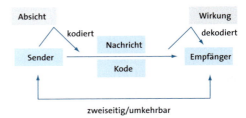

Abb. 1: Das einfache Kommunikationsmodell

Verschiedene Faktoren können dafür verantwortlich sein, dass eine Kommunikation nicht funktioniert. **Störfaktoren** sind zum Beispiel:
- Sender und Empfänger bedienen sich nicht des gleichen Codes. Das kann zum Beispiel der Fall sein, wenn sie unterschiedliche Sprachen sprechen oder wenn einer eine Fachsprache benutzt, die der andere nicht kennt.

3.3 Die kommunikative Funktion der Sprache

- Die Nachrichtenübermittlung wird akustisch – zum Beispiel durch Lärm – gestört.
- Physische Ursachen, etwa Hörschäden des Empfängers, verhindern die Kommunikation.
- Der Sender bedient sich einer uneigentlichen (z. B. ironischen) oder bildhaften Sprache, die vom Empfänger nicht als solche erkannt wird.

Weitere Kommunikationsmodelle

Auf der Grundlage des oben beschriebenen einfachen Kommunikationsmodells wurden von der Sprachwissenschaft komplexere und differenziertere Modelle konstruiert, die ebenfalls zur Beschreibung und Analyse von Kommunikationssituationen benutzt werden können. So versteht der deutsche Mediziner, Psychologe und Philosoph Karl Bühler (1879–1963) Sprache als ein **Werkzeug**, mit dem jemand seinem Gegenüber etwas mitteilt. Er bezieht sich damit auf die Sprachtheorie des griechischen Philosophen Plato (um 428 bis ca. 347 v. Chr.) und dessen entsprechende Auffassung von Sprache als einem *organon didaskaleion*.

Sprache als Werkzeug: „Organon-Modell"

Bühler veranschaulicht seine Vorstellung von Kommunikation im **Organon-Modell**. Er unterscheidet in einer Kommunikationssituation drei Faktoren, die auf der Grundlage eines sprachlichen Zeichens zueinander in Beziehung treten. Der Sender bedient sich des Zeichens, um seine Mitteilung auszudrücken. Das Zeichen ist ein Symptom seines Ausdruckswillens, er benutzt die **Ausdrucksfunktion** des Zeichens. Auf den Empfänger wirkt das Zeichen als Signal. Es hat eine **Appellfunktion**, indem es eine Reaktion intendiert.

Ausdrucksfunktion, Appellfunktion, Darstellungsfunktion des sprachlichen Zeichens

Bühler erweitert das einfache Kommunikationsmodell, indem er die Gegenstände und Sachverhalte, auf welche sich das sprachliche Zeichen innerhalb der Kommunikation bezieht, ausdrücklicher berücksichtigt. In Bezug hierauf hat das Zeichen eine Symbol- bzw. **Darstellungsfunktion**.

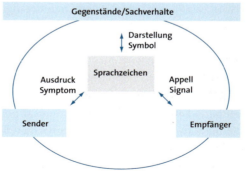

Abb. 2: Bühler'sches Kommunikationsmodell (vereinfacht)

Je nach konkreter Kommunikationssituation rückt die eine oder andere Funktion des Sprachzeichens stärker in den Vordergrund.

Obwohl Bühlers Modell von anderen Sprachwissenschaftlern weiterentwickelt und um weitere Zeichen-Funktionen ergänzt wurde, stellt es bis heute eine brauchbare Grundlage zur Analyse einer Kommunikationssituation dar und kann etwa bei der Beschreibung einer Kommunikation innerhalb eines literarischen Textes als Grundlage benutzt werden.

Die Kommunikationsregeln nach Watzlawick

Paul Watzlawick: Man kann nicht *nicht* kommunizieren.

Interessant und hilfreich bei der Analyse einer Kommunikationssituation und der Suche nach Gründen, aus denen eine Kommunikation gescheitert ist, sind die Überlegungen des österreichischen Psychotherapeuten und Kommunikationswissenschaftlers Paul Watzlawick (1921–2007). Watzlawick formuliert den Satz: „Man kann nicht *nicht* kommunizieren", und deutet damit seine Vorstellung von einer einfachen Kommunikationssituation an: Sobald zwei Menschen sich wahrnehmen, kommt es zwischen ihnen zu einer Kommunikation.

Inhalts- und Beziehungsaspekt von Kommunikation

Watzlawick geht davon aus, dass jede Kommunikation neben dem **inhaltlichen Aspekt** (Was soll inhaltlich mitgeteilt werden?) auch einen kommunikationsrelevanten **Beziehungsaspekt** besitzt. Der Beziehungsaspekt der Kommunikation äußert sich darin, wie ein Sprecher im Einzelfall seine Botschaft verstanden haben will oder wie er sein Verhältnis zum Empfänger einschätzt. Gelingen kann Kommunikation nur dann, wenn Sender und Empfänger die beiden Ebenen voneinander trennen und wenn die Botschaften auf der Beziehungsebene so wahrgenommen werden, wie sie gemeint sind.

Unterscheidung zwischen digitaler und analoger Kommunikation

Watzlawick unterscheidet zwischen der **digitalen** (verbalen) Kommunikation, die sich rein sachlich und objektiv anhand von Wörtern und Sätzen auf bestimmte Sachverhalte bezieht, und der **analogen** (nonverbalen) Kommunikation, die die Beziehungsebene, die konkrete Situation, Gestik und Mimik des Sprechers und weitere Begleitumstände berücksichtigt. Gerade auf der analogen Ebene der Kommunikation kann es zu Missverständnissen und Störungen kommen. Typische Kommunikationsstörungen, die sich in unserer Alltagskommunikation häufig beobachten lassen, können mit Watzlawicks Vorstellungen anschaulich beschrieben und – wenn gewünscht – auch vermieden oder reduziert werden. So tritt zum Beispiel eine Störung auf, wenn das Kommunikationsverhalten der beiden Ebenen nicht übereinstimmt. Das folgende Beispiel zeigt, wie es zu einem Missverhältnis der beiden Ebenen kommen kann:

3.3 Die kommunikative Funktion der Sprache

> **Beispiel**
>
> Innerhalb eines Problemgesprächs blickt der Freund, dem das Problem geschildert wird, mehrfach auf die Uhr. Außerdem schaut er sich die Umgebung an und wendet sein Gesicht immer wieder von seinem erzählenden Freund ab. Der Freund merkt dies und fragt mehrfach, ob er das Gespräch beenden solle, sein Gegenüber antwortet aber: „Nein, Nein. Ich habe noch viel Zeit. Ich höre dir gerne zu."

Das Kommunikationsverhalten des zuhörenden Freundes auf der Beziehungsebene stimmt nicht mit seinen Äußerungen auf der digitalen Ebene überein. Sein Gesprächspartner erlebt eine ambivalente Kommunikationssituation, einen sogenannten *double bind*. Eine andere Form des Missverhältnisses tritt in Situationen auf, in denen digital zu kommunizierende Inhalte nicht in Worte gebracht, sondern nur analog vermittelt werden können.

Watzlawick befasst sich auch mit dem Problem, dass bei Streitgesprächen oft nicht festgestellt werden kann, wer den Streit begonnen hat. Kommunikation ist keine lineare Aneinanderreihung von Kausalketten, deren Anfangsmomente („Interpunktion") exakt zu bestimmen wären.

Die vier Seiten einer Nachricht

Weitere Überlegungen und Kategorisierungen, mit denen sich Kommunikationssituationen, ihr Gelingen und ihr Misslingen beschreiben lassen, bietet Friedemann Schulz von Thuns Vorstellung von den **vier Seiten einer Nachricht**. Schulz von Thun (geb. 1944) arbeitet als Psychologe und Kommunikationsforscher. Er geht davon aus, dass ein und dieselbe Nachricht gleichzeitig viele verschiedene Botschaften enthalten kann. Hierin sieht er die Grundlage für viele Missverständnisse und das Scheitern von Kommunikation.

das Nachrichtenmodell von Friedemann Schulz von Thun

Zunächst enthält eine Nachricht einen **Sachinhalt**, das heißt eine sachliche, unbewertete Information. Kommt zum Beispiel ein Mann in einen Raum, in welchem eine Frau an einem gerade geöffneten Fenster steht, und sagt: „Mann, ist das heute kalt!", so enthält diese Nachricht zunächst eine Sachinformation über die Temperatur an dem betreffenden Tag.

Darüber hinaus macht ein Sprecher in der Kommunikationssituation aber auch eine Aussage über sich selbst. Seine Nachricht enthält auch eine **Selbstoffenbarung**. Im Beispiel mit dem geöffneten Fenster offenbart der Sprecher, dass er Kälte wahrnimmt und dass er sie negativ beurteilt.

Eine Nachricht verrät stets auch etwas über die **Beziehung** zwischen Sender und Empfänger bzw. über die Einschätzung dieser Beziehung seitens des Senders. Zur Beispielsituation können verschiedene Beziehungsaspekte passen. Sie werden greifbar, wenn man sich vorstellt, dass die Frau sich über den Mann ärgert, weil er die Heizung nicht reparieren lässt, oder dass sich die beiden gar nicht kennen, es sich beim Raum um einen öffentlichen Ort – vielleicht um ein Museum – handelt. Je nachdem, wie die Beziehung der beteiligten Akteure ist, bekommt die Nachricht eine andere Bedeutung. Immer schwingt die Einschätzung der Beziehung durch den Sprecher mit („Ich schätze unsere Beziehung so und so ein, deshalb kann ich sagen: ‚Mann, ist das heute kalt.'").

Außerdem enthält jede Nachricht auch eine **Appellfunktion**, indem sie nämlich auf eine bestimmte Reaktion, ein bestimmtes Verhalten beim Empfänger abzielt. In dem einfachen Beispiel mit dem offenen Fenster könnte diese Appellfunktion darin bestehen, dass der Mann davon ausgeht, die Frau würde das Fenster aufgrund seiner Bemerkung schließen. Ob sie dies tun wird, hängt wiederum von ihrer Einschätzung der Beziehung zwischen Sender und Empfänger ab.

Abb. 3: Die vier Seiten einer Nachricht

Überblick

Die kommunikative Funktion von Sprache		
Thematik	**Beschreibungsaspekte**	**Was wird erfasst?**
wichtige Faktoren der Kommunikation	einfaches Kommunikationsmodell: – Sender – Empfänger – Nachricht	die drei Grundelemente, die an Kommunikation beteiligt sind
Kommunikationsprozess	– Enkodierung – Dekodierung – Absicht, Wirkung	Vorgang des Mitteilens und des Verstehens
Bühlers Organon-Modell	Funktionen der Sprache bei ihrer Verwendung: – Ausdrucksfunktion – Appellfunktion – Darstellungsfunktion	Sprachverwendung: verschiedene Funktionen des sprachlichen Zeichens
Kommunikationsregeln	Inhalts- und Beziehungsaspekt von Kommunikation; vier Seiten einer Nachricht: Sachinhalt, Selbstoffenbarung, Beziehungsaspekt, Appell	In der Kommunikation geht es nicht nur um Mitteilung; komplexe Zusammenhänge, die bei der Kommunikation eine Rolle spielen

3.4 Sprachphilosophie

Die Sprachphilosophie beschäftigt sich mit Fragen und Untersuchungen, die mit dem Ursprung, dem Wesen und der Bedeutung der Sprache zu tun haben. Dabei haben sich verschiedene Richtungen herausgebildet. Schon **Platon** und **Aristoteles** beschäftigten sich mit Fragen sprachphilosophischen Inhalts. Konkret und direkt aber begann das Fragen nach dem Verhältnis von Mensch, Welt und Sprache im 18. Jahrhundert.

Die moderne Sprachphilosophie

Mit **Hamann, Herder und Humboldt** beginnt die moderne Sprachphilosophie und erreicht auch gleichzeitig ihren ersten großen Höhepunkt. Während für **Kant** Sprache nicht zu den Bedingungen der Möglichkeiten von Erkenntnis zählt (nach Kant kommt den Sprachzeichen lediglich eine nachträgliche Bezeichnungsfunktion zu), vollziehen die drei genannten Autoren den sogenannten „linguistic turn", die Wende zur Sprache: Sie billigen der Sprache einen zentralen Beitrag bei der Konstitution von Welt und Weltbild zu. Dabei kommt es im Wesentlichen darauf an, Sprache als geschichtliche Größe zu begreifen. Das menschliche Bewusstsein ist immer schon auf dieses sprachliche Etwas angewiesen. Hamann folgert: Sprache ist „erstes und letztes Organon und Kriterion der Vernunft". Mit Johann Gottfried Herders *Abhandlung über den Ursprung der Sprache* (1772) bekommen die philosophischen Fragen eine anthropologische Richtung, das heißt: **Herder** fragt immer nach dem „Kern", nach dem Menschen und danach, was das einzelne sprachliche Phänomen für den Menschen und sein Sein in der Welt bedeutet.

Herder: Was bedeutet Sprache für den Menschen?

Zentrale Aussagen zum **Zusammenhang von Denken, Sprechen und Weltsicht** gehen zurück auf Johann Georg **Hamann** (1730–1788), einen Freund und Lehrer Herders, der sich gegen den Kant'schen philosophischen Dualismus von sinnlich Wahrnehmbarem und Intellekt wendet. Hamann kritisiert in seiner Schrift *Metakritik über den Purismus der Vernunft* (1784, 1800 veröffentlicht) die dreifache Reinigung der Vernunft bei Kant. Insbesondere kritisiert er, dass Kant die Vernunft reinigt von Tradition und Glauben, dass er sie zu reinigen versucht von der Erfahrung und dem, was alltäglich wahrgenommen wird, und schließlich, dass er sie zu reinigen versucht von der Sprache, die Hamann als „einziges und letztes Organon und Kriterion der Vernunft" begreift. Für Hamann ist „Vernunft Sprache". Und genau so betont Herder, dass Vernunft letztlich durch die Sprache ausgebildet wird. Er begreift den Menschen als „Sprachgeschöpf". So stellen für Herder Sprache und Schrift wesentliche Elemente bei der Bestimmung von „Humanität" dar. In seiner

Sprache und Vernunft hängen eng zusammen

1770 erschienenen Schrift *Abhandlung über den Ursprung der Sprache* betont Herder, dass der Mensch „schon als Thier" Sprache habe. Besonders aber hebt er hervor, Sprache sei dem Menschen Werkzeug der Welterschließung. So kann er dann zu dem Ergebnis kommen, dass die Sprache eben das ist, was den Menschen auch vom Tier unterscheidet, denn ohne Sprache gibt es nach ihm keine Vernunft.

Sprache als Werkzeug der Welterschließung

Herder hat eigentlich schon den Grundgedanken, wonach Sprache die Basis jeglicher Weltansicht sei, vorweggenommen. Endgültig formuliert hat diesen Gedanken **Wilhelm von Humboldt** (1767–1835). Er untersucht konkrete sprachliche Gegebenheiten und kommt zu Einsichten in Sprachstrukturen und Eigenschaften der Sprache selbst. Schließlich formuliert er: „Sprache ist das Organ des Denkens" und stellt so fest: Sprache legt unsere Weltsicht fest. Sie ist damit auch die Grundbedingung unserer menschlichen Existenz.

Sprache legt unsere Weltsicht fest

Humboldts wichtigste Erkenntnis ist wohl darin zu sehen, dass er feststellt: Sprache ist nicht nur Verständigungsmittel. Das hat man auch schon früher angenommen. Für ihn ist Sprache grundsätzliche Voraussetzung menschlichen Denkens und damit auch jeder Erkenntnis. Und das bedeutet nun gleichzeitig: Die Erkenntnis ist von der jeweiligen konkreten Sprache gewissermaßen „eingefärbt". Das hat zur Konsequenz, dass man in jeder Sprache der Welt eine ganz spezifische Art der Weltsicht vermuten darf. Die Unterschiede zwischen den einzelnen Sprachen sieht Humboldt folgerichtig nicht einfach nur auf der sprachlichen Oberfläche, also der Lautung usw. Er stellt vielmehr fest: „Ihre Verschiedenheit ist nicht eine von Schällen und Zeichen, sondern eine Verschiedenheit der Weltansichten selbst."

Sapir-Whorf-Hypothese

Die These von der sprachlich bedingten Weltsicht und damit vom Eingebundensein des Menschen in seine Sprache, wenn es darum geht, Welt zu erfassen, wird von Benjamin Lee Whorf (1897–1941) aufgegriffen und als „sprachliches Relativitätsprinzip" formuliert. Benjamin Lee Whorf untersucht nordamerikanische Indianersprachen, um seine Thesen zu belegen. Interessant sind zum Beispiel die Ergebnisse über die Verwendung der grammatischen Zeiten bei den Hopi-Indianern. Anders als die europäischen Vergleichssprachen, welche zwischen Vorzeitigkeit, Gleichzeitigkeit und Nachzeitigkeit unterscheiden, differenzieren die Hopi-Indianer nur zwischen dem Vergangenen und gerade Stattfindendem einerseits und dem zukünftig Erwarteten, Befürchteten oder Erhofften. Angebunden an die Frage nach ihrer Weltsicht könnte das bedeuten, dass die Indianer die Phasen der Wirklich-

sprachliches Relativitätsprinzip

3.4 Sprachphilosophie

keit, die außerhalb ihres Einflussbereichs – also in der Zukunft – liegen, von dem Beeinflussbaren oder bereits Beeinflussten abgrenzen.

Edward Sapir schließlich geht noch ein Stück weiter und behauptet kategorisch: **Denken ist ohne Sprache nicht möglich.** Er stellt fest, „dass die Sprache den einzigen uns bekannten Zugang zur der Sphäre des Denkens darstellt". Auch wenn heute immer wieder Einwände gegen die so formulierte „Sapir-Whorf-Hypothese" („Der Mensch ist Gefangener seiner Sprache") vorgebracht werden, so bleibt doch festzustellen: Der Zugang des Menschen zur Wirklichkeit, seine Weltwahrnehmung und Weltbearbeitung läuft deutlich über die Sprache. Und umgekehrt: Wir können aus verschiedenen Sprachen verschiedene Weltsichten ablesen. Der Sprachvergleich macht deutlich, dass selbst in alltäglichen Bereichen verschiedene Sprachen zu verschiedenen Wirklichkeitssegmentierungen und damit Bezeichnungen kommen.

Weltwahrnehmung und Weltbearbeitung hängen eng mit der Sprache zusammen

Sprachphilosophie heute

Heute gibt es verschiedene Strömungen der Sprachphilosophie:
- So lassen sich Philosophen ausmachen, die die Sprache im Rahmen symbolischer Formen betrachten;
- dann aber auch Philosophen, die in der Humboldtschen Tradition operieren und Sprache als Mittel der Welt- und Existenzbewältigung ansehen;
- andere betrachten Sprache als sekundär, das heißt, sie unterstellen dem Menschen die Fähigkeit, auch ohne Sprache die Welt wahrzunehmen und zu bewältigen;
- wieder andere stellen die pragmatische Dimension in den Mittelpunkt (Diskurstheorien usw.);
- schließlich gibt es auch rein formalistisch arbeitende Theoretiker, die sich darauf spezialisieren, z. B. Begriffe und Syntaxregeln zu analysieren.

Überblick

Sprachphilosophie	
Wichtige Vertreter	**Grundthesen**
Hamann (1730–1788)	H. wendet sich gegen Kant: Sprache und Vernunft hängen eng zusammen.
Herder (1744–1803)	Sprache bestimmt wesentlich die Humanität, sie hebt den Menschen über das Tier. Sprache ist Werkzeug der Welterschließung, ohne sie gibt es keine Vernunft.
Wilhelm von Humboldt (1767–1835)	Sprache legt unsere Weltsicht fest, sie ist Grundbedingung menschlicher Existenz.
Whorf (1897–1941)	Der Mensch ist in seiner Sprache eingebunden („Gefangener seiner Sprache"), mit ihr erfasst er seine Welt.

3.5 Sprache – Denken – Wirklichkeit

Die hier angesprochene Problematik ist äußerst komplex. Die Fragen, die sich stellen, werden in der Wissenschaft meist kontrovers beantwortet.

Sprechen – Denken

Das Verhältnis von Sprechen und Denken wird von einzelnen Sprachtheoretikern unterschiedlich gesehen, sei es, dass man im Sprechen und Denken ein und dieselbe Tätigkeit sieht und beides nur als je einen anderen Aspekt dieser Tätigkeit begreift (Platon), oder dass man, wie W. v. Humbold, in der Sprache den Ausdruck des Gedankens sieht, oder dass man im Denken ein nach innen verlegtes, gewissermaßen „stummes" Sprechen vermutet, dass man ein inneres Sprechen annimmt, das in ein äußeres umgewandelt wird, immer unterstellt man der Sprache eine gewisse Vermittlungsfunktion (auch wenn sie sich nicht immer in dieser medialen Funktion erschöpft).

Im Einzelnen sind drei verschiedene Theorien zum Verhältnis von Denken und Sprechen auszumachen, die sich auch mit drei Namen verbinden lassen:

Piaget: Sprache hat im menschlichen Entwicklungsprozess Instrumentcharakter

Piaget bewies experimentell, dass es so etwas wie vorsprachliche, vorbegriffliche, anschauliche Vorformen des Denkens gibt. Innerhalb des menschlichen Entwicklungsprozesses hat Sprache Instrument-Charakter. Es müssen schon geistige Funktionen entwickelt sein, ehe das Kind die Sprache auch systematisch benutzen kann. Die Sprache selbst stellt ein fertiges System zur Verfügung. Das Kind übernimmt dann, was es gerade braucht (und ignoriert den Rest).

Watson: Denken ist lautloses Sprechen

Die Gegenposition markiert **Watson**, für den das Denken nichts anderes als lautloses Sprechen ist. Für ihn reden Kinder zuerst laut und nehmen sich dann – aufgrund von Umweltvorschriften – nach und nach zurück, bis sie schließlich nur noch flüstern bzw. auf jedes erkennbare Sprechen ganz verzichten. Das Sprechen wird so nach innen verlagert. Das so entstandene lautlose Sprechen wird dann „Denken" genannt.

Wygotski: „inneres" und „äußeres" Sprechen unterscheiden sich grundsätzlich

Eine mittlere Position findet sich bei **Wygotski**, einem sowjetischen Psychologen. Er lehnt einerseits reines, von der Sprache unabhängiges Denken ab, er wendet sich aber auch gegen das mechanistische Konzept, das Denken und Sprechen in eins setzt. Das innere Sprechen ist für ihn wesentliches Moment, aber es ist für ihn auch autonom und unterscheidet sich grundsätzlich von der äußeren Sprache. Das wird besonders deutlich, wenn komplizierte

3.5 Sprache – Denken – Wirklichkeit

Gedanken geäußert werden sollen. In solchen Fällen muss eine völlige Neu-strukturierung einsetzen, die oft sehr schwierig ist. Für Wygotski ist die in-nere Sprache „in beträchtlichem Maß ein Denken mit reinen Bedeutungen".

Wygotski untersucht die Entwicklung von Sprechen und Denken beim Klein-kind und kommt zu folgenden Ergebnissen: Etwa um das zweite Jahr fallen Denken und Sprechen beim Kind zusammen und stellen den Beginn einer völlig neuen Verhaltensform (die dann für den Menschen überhaupt cha-rakteristisch wird) dar. Das Kind entwickelt ein erstes Bewusstsein von der Bedeutung der Sprache. Es erkennt, dass es das entscheidende Instrument für die Welteroberung gefunden hat. Es fragt nun bei jedem neuen Ding, das ihm begegnet, nach dessen „Namen", nach der Bezeichnung, die es künftig erlaubt, das Ding wiederzuerkennen und sich über das Ding auch mit ande-ren zu verständigen. Es erkennt also, dass jedes Ding einen Namen hat und dass mit der Erfassung dieses „Namens" auch über das Ding selbst mehr oder weniger verfügt werden kann. Das Kind entdeckt so die „symbolische Funktion des Sprache", das heißt, es erfasst, dass die Sprache Zeichen zur Verfügung stellt, welche „Bedeutungen" haben, die auf etwas verweisen bzw. etwas in Erinnerung rufen.

> symbolische Funktion der Sprache: Dinge können erfasst und mitgeteilt werden.

Was geschieht nun konkret, wenn ein Tisch „Tisch" genannt wird? Im Akt des Sprechens wird ein Akt des Denkens vollzogen. Der konkret bezeichnete Gegenstand wird bewusst verallgemeinert, wird „zugeordnet". Das heißt, der konkrete Tisch wird einer „Idee" von Tisch zugeordnet. Diese Idee ent-spricht zwar nie dem konkret begegnenden Tisch, aber sie verweist auf seine wesentlichen Merkmale. Daraus könnte man nun ableiten: Denken ohne Sprache ist nicht vorstellbar, also gibt es am Ende nur ein Zusammenzie-hen von Denken und Sprache. Dieser monistischen Auffassung von Denken und Sprechen, also dem Konzept, wonach Sprechen und Denken nur zwei Aspekte ein und desselben geistigen Vorgangs sind, steht eine zweite Auf-fassung gegenüber, dass es sich beim Sprechen und Denken um zwei völlig getrennte Vorgänge handelt. Das Denken ist dabei dann die primäre Tätig-keit, die sich unmittelbar auf die Gegenstände, sei es die Gegenstände des Geistes oder Gegenstände aus der Sachwelt, richtet. Sprache wird nur dann notwendig, wenn Ergebnisse und Verfahrensweisen des Denkens anderen mitgeteilt werden sollen. Für beide Ansichten gibt es Versuchsreihen, die die Richtigkeit zu beweisen suchen. Auch die vermittelnde dritte Position kann keine absolute Gültigkeit für sich beanspruchen.

> Prozess des „Bezeich-nens": Zuordnung eines konkreten „Gegenstandes" zu einer „Idee"

Letztlich ist die Frage wohl nicht zu entscheiden. Aber: Viel wichtiger als die-se Prinzipienfrage ist die Klärung der Frage nach den Leistungen der Sprache für das Denken. Auch die Thesen der amerikanischen Ethnolinguisten Edward Sapir und Benjamin Lee Whorf, die als „sprachliches Relativitätsprinzip" bezeichnet werden (→ Seite 136), sind hier wiederum relevant.

Leistungen der Sprache für das Denken

Dieter Spanhel (*Die Leistungen der Sprache für das Denken*; in: *Die Sprache des Lehrers*; Düsseldorf 1971) fasst die Leistungen der Sprache für das Denken unter drei Gesichtspunkten zusammen:

Sprache ist Instrument des Denkens

① Sprache ist ein besonders leistungsfähiges Instrument des Denkens, insofern sie Präzisierung, Gliederung und Strukturierung, aber auch eine Objektivierung und Fixierung der Gedanken ermöglicht. Insbesondere wird die Darstellung und Mitteilung der Ergebnisse des Denkens durch sie möglich.

Sprache stellt „fertige Begriffe" bereit

② Sprache hat für das Denken „Entlastungsfunktion". In diesem Zusammenhang verweist Spanhel auf die Rolle der „fertigen" Begriffe, die dem Denkenden Erfahrungen zur Verfügung stellen. Diese Erfahrungen sind durch die Begriffe bereits „erfasst" und geordnet, wenn man so will auch ausgewertet. Der sprachliche Begriff macht es nun möglich, dass Denken in Gang gesetzt wird, ohne dass immer wieder Sachbezüge dazwischentreten.

Sprache fixiert Denkinhalte und speichert sie.

③ Spanhel verweist darauf, dass Sprache das Denken unterstützt, indem sie einmal Denkinhalte fixiert und speichert (Sprache als „Gedächtnis") und das auch über viele Generationen hinweg. So stellt Sprache die Erfahrung von vielen Generationen zur Verfügung. Sie erweist sich so als immenser Erfahrungsspeicher. Sie unterstützt das Denken nun aber auch dadurch, dass sie logische und syntaktische Beziehungen zur Verfügung stellt, sollen Zusammenhänge in der Wirklichkeit erkannt und beschrieben oder auch hergestellt werden. Schließlich stellt sie Systeme zur Verfügung, die es erlauben, die Wirklichkeit in einzelnen Kategorien zu erfassen.

Unterschiede zwischen Sprache und Denken

Sprache: symbolische Repräsentation und Kommunikation

Denken: kategoriales Erfassen

Wenn auch Sprache und Denken ganz nahe beieinander liegen, so ist doch festzuhalten, dass es wichtige Unterschiede zwischen beiden gibt. Schon in ihrer Intention zeigt sich Sprache primär auf symbolische Repräsentation der Wirklichkeit und Kommunikation über diese Wirklichkeit ausgerichtet, vielleicht auch auf Beeinflussung des Partners im Rahmen von Kommunikationsprozessen. Dem Denken geht es demgegenüber primär um ein kategoriales Erfassen der Wirklichkeit sowie um das Erkennen von Beziehungen. Allerdings bestehen trotz aller Unterschiede immer ganz enge Beziehungen, die es gelegentlich unmöglich machen, die Unterscheidung aufrechtzuerhalten. So ist ein kategoriales Erfassen der Wirklichkeit, das dem Denken zugeschrieben wird, kaum möglich ohne Kategorien, die eben die Sprache zur Verfügung stellt. Wieweit das Zuordnen als reiner Denkprozess möglich ist, bleibt offen. Vermutlich spielen auch hier sprachliche Prozesse (erinnern, vergleichen ...) eine Rolle.

Die sprachliche Erschließung der Welt

Wir haben schon festgestellt, dass das Kleinkind eine besonders wichtige Entdeckung macht: Dinge haben Namen. Durch diese „Namen" werden „Dinge" aus dem Wirklichkeitskontinuum ausgegliedert und als besonders hervorgehoben. Nun kommt ein zweiter Prozess hinzu, der **Prozess der Prädikation**. (Es werden also Aussagen über einen Gegenstand gemacht. Dem Gegenstand wird eine „Eigenschaft" zugesprochen.)

Mit Sprache kann man benennen und zuordnen

Die Namengebung stellt nur einen Teil des Gesamtprozesses der Welteroberung dar. Mit der Erlernung des Namens lernt das Kind auch, das Benannte wiederzuerkennen. Mit der Prädikation erlernt es, ähnliche, vergleichbare Dinge mit dem gleichen Namen zu belegen, das Ding also „kategorial" einzuordnen unter dem Gesichtspunkt einer (oder mehrerer) gleicher Eigenschaft(en).

> **Beispiel**
>
> Das Kind begegnet vielen Lebewesen. Eines dieser Lebewesen wird für seine Wahrnehmung zum besonders herausragenden „Gegenstand". Es hat eine Eigenschaft und diese Eigenschaft wird prädiziert mit dem „Wau-wau". Aus der Prädikation wird ein Name für das Ding, das Ding wird zum „Wau-wau". Der Name wird nun verwendbar für alle Lebewesen, die die gleichen Eigenschaften tragen, die in gleicher Weise prädiziert werden. (Dabei muss es sich nicht um akustisch wahrnehmbare Merkmale handeln. Auch das Bild eines Hundes im Bilderbuch wird als „Wau-wau" identifiziert.) Das Kind hat seinem Weltbild eine Weltbildgruppe zugefügt, hat seine „beherrschte" Wirklichkeit erweitert. Es ist nun in der Lage, über diese Lebewesen, die zur Gruppe „Wau-wau" gehören, zu kommunizieren.

Das Kind wird bei dieser (im Beispiel beschriebenen) Arbeit der Welterfassung und -eroberung von den Erwachsenen unterstützt. Sie sind schon im Besitz vieler Kategorien, die sie bei Bedarf und oft auf Nachfrage mitteilen. So übertragen sie nach und nach ihr Weltbild, ihre Weltsicht auf das Kind. Das in ihrem Weltbild aufgezeichnete Wissen um die Welt wird tradiert. Dabei handelt es sich keineswegs nur um eine Belanglosigkeit. Schließlich ist die kategoriale Einteilung der Welt nicht ohne Bedeutung für das Verhalten in der Welt. Die kategoriale Gliederung, die so via Sprache weitergegeben

Sprache gibt die kategoriale Gliederung der Welt weiter.

wird, ist nicht immer ganz einfach. Selbst da, wo auf den ersten Blick isolierbare, begreifbare, auch außersprachlich wahrnehmbare Einheiten der Wirklichkeit vorliegen, gibt es in verschiedenen Sprachen dann doch verschiedene kategoriale Einteilungen.

Beispiel

Wir unterscheiden im deutschen die biologischen Größen „Maus", „Ratte" und „Murmeltier". Für die lateinische Sprache gibt es für alle drei Fälle nur die Kategorie „mus". Die weitere Unterscheidung ist nur noch über Größenvarianz und geographische Verteilung möglich.

Lebensgewohnheiten und -bedingungen bestimmen die kategorialen Grenzen der sprachlichen Bezeichnungen

Die Prädikatoren markieren also verschiedene Abgrenzungen einzelner Wirklichkeitssegmente. Besonders flexibel sind diese Prädikationen, wenn es sich um menschliche Verhaltensweisen handelt. Hier haben wir von Sprache zu Sprache recht verschiedene kategoriale Grenzen der einzelnen Zuweisungen. Wir können uns das hier angesprochene Problem am besten so verdeutlichen: Die sprachliche Bezeichnung für Elemente der Wirklichkeit lässt sich als eine Art Zusammenfassung verschiedener Elemente unter einem ganz bestimmten Gesichtspunkt verstehen. Die Gesichtspunkte, unter denen zusammengefasst wird, sind abhängig von Lebensgewohnheiten, vielleicht auch von den Lebensbedingungen der jeweiligen Sprachgemeinschaft, die sich in der Welt zurechtfinden will.

Beispiel

So behauptet man von den Gauchos in Argentinien, sie teilten die Pflanzen in vier Gruppen ein: „pasto" = was das Vieh frisst; „paja" = was als Streu geeignet ist; „cardo" = holzhaltiges Gewächs; „yuyos" = alles Übrige

H. Seiffert: Einführung in die Wissenschaftstheorie 1; Verlag C. H. Beck, München

Erinnert sei in diesem Zusammenhang an die vielfältigen Bezeichnungen der Eskimos für „Schnee" in ganz verschiedenen Zuständen. Wir haben im Deutschen eigentlich nur drei Begriffe: Schnee, Firn und Matsch.

Es wird deutlich: Die Unterscheidungen, die die Sprache bezogen auf Wirklichkeit trifft, bestimmen sich von den Lebensinteressen der Sprachteilnehmer her. Wenn es angemessen und/oder notwendig erscheint, so werden entsprechend differenzierende Wirklichkeitssegmentierungen vorgenommen und prädiziert und bezeichnet (Begriffe gebildet), in anderen Fällen gibt man sich mit „ungenauen" Benennungen zufrieden. So kommt es, dass wir in bestimmten Sprachen treffende Ausdrücke finden, die in anderen Sprachen möglicherweise völlig fehlen. (Wohl deshalb, weil der entsprechend signifizierte Wirklichkeitsausschnitt zunächst einmal nicht „interessant" war für die jeweilige Sprachgemeinschaft.) Soll ausgeglichen werden, so ist es

3.5 Sprache – Denken – Wirklichkeit

wohl am einfachsten, von Sprache zu Sprache zu entlehnen. (So spricht man auch im Deutschen von „fair", wie man im Französischen von „gemütlich" spricht.)

Die Sprache, das wurde schon wiederholt betont, orientiert sich bei der Kategorisierung an zwei Größen: Einmal richtet sie sich nach der entgegentretenden Wirklichkeit (die liefert schon Einteilungen), die Benennung erfolgt dann aber auch nach Maßgaben, wie sie die Überlebensstrategien nahelegen. So ist das Verhältnis von Sprache und Wirklichkeit eben eher als ein wechselseitiges zu beschreiben: Die Sprache nähert sich der Welt und ihrer möglicherweise vorhandenen Gliederung vor allem dadurch an, dass sie diese Gliederung begreifbar, fassbar in Kategorien abbildet. Die Differenzierung allerdings wird von der Sprachgemeinschaft entsprechend den Lebensbedingungen vorgenommen.

Sprache und das Begreifen von Welt

Da nun Sprache gleichzeitig einen immensen **Gedächtnisspeicher** darstellt, bewahrt sie die vorgenommenen Gliederungen und Kategorisierungen für die nachfolgenden Generationen auf. Für diese ist Welt dann immer schon erschlossene – aber eben spezifisch erschlossene! – Welt, die über das Erlernen der Sprache erfasst wird. Dabei ist zu beachten, dass eben nicht nur einzelne Dinge, sondern die Dinge in ihrem „System" erfasst werden. Eine semantische Einheit, ein Begriff ist nur sinnvoll im Rahmen eines Begriffssystems (von parallelen, benachbarten entgegengesetzten Begriffen). So ist der Begriff „Stuhl" nur dann sinnvoll, wenn es noch andere verwandte Begriffe gibt, die Dinge bezeichnen, die zwar „Sitzgelegenheiten" sind, aber eben nicht „Stuhl".

Sprache als Gedächtnis

Ein letzter Aspekt sei in diesem Zusammenhang noch betont: Die kategoriale Erfassung der Wirklichkeit bedeutet gleichzeitig auch eine systematisch gegliederte, hierarchisch geordnete, mehr und mehr differenzierende Erfassung der Wirklichkeit. Dabei verfährt die Primärsprache nicht anders als die Wissenschaftssprache. Diese kennt z. B. die große Gruppe von Bäumen, unterscheidet dann Laub- und Nadelbäume, ordnet Gruppen von Bäumen im Wald, im Hain zusammen. Sie unterscheidet bei den Laubbäumen verschiedene Arten, ganz wie es der Biologe in seinem wissenschaftlichen System seit Linné tut. Aber, das wird hier deutlich, in den gewissermaßen nichtwissenschaftlichen Räumen sind die Bedeutungsfreiräume immer viel größer, gibt es folglich auch größere Probleme, wenn es um das Übersetzen in andere Sprachen geht.

Beispiel	**Fallanalyse im Rahmen einer größeren Ausarbeitung**

Umberto Eco

Tabelle

Umberto Eco stellt folgende Tabelle (im Anschluss an Hjelmslev) vor:

Französisch	Deutsch	Dänisch	Italienisch
arbre	Baum	trae	albero
bois	Holz		legno
		skov	
	Wald		bosco
forêt			foresta

Umberto Eco: Einführung in die Semiotik. 9., unveränderte Auflage 2002.
Wilhelm Fink Verlag, München, 1972, Seite 86.

Mögliche Aufgabenstellung

1. Beschreiben Sie die Tabellenbefunde.
2. Entwickeln Sie die sich aus der Tabelle ergebenden linguistischen Fragestellungen.
3. Skizzieren Sie mögliche Antworten zur Frage nach dem Zusammenhang zwischen Sprache und Wirklichkeit.

Lösungsvorschlag

Das Thema der Tabelle

Benennung der Befunde im Einzelnen; dabei: erste Vergleiche, wie sie die Tabelle nahelegt

[...] Die Tabelle stellt aus vier verschiedenen Sprachen inhaltlich ähnliche Begriffsfelder nebeneinander. In allen vier Fällen geht es um den Bereich [Baum], [Wald]. Im Einzelnen wird deutlich, dass etwa das französische „arbre" gleichbedeutend ist mit dem deutschen „Baum" und mit dem italienischen „albero", während das dänische „trae" nicht nur einen Baum bezeichnet, sondern in seiner Bedeutung auch Teile des deutschen „Holz" sowie des italienischen „legno" abdeckt. „Legno" und „Holz" wiederum sind in ihrem Bedeutungsbereich parallel, decken aber nur einen Teil des französischen „bois" ab. „Bois" reicht in den Bedeutungsbereich des Begriffes „Wald" hinein, deckt diesen aber nicht ganz ab. Um den Bereich „Wald" abzudecken, muss noch das französische „forêt" hinzugezogen werden. Im Italienischen wird der Bereich „Wald" durch die Begriffe „bosco" und „foresta" abgedeckt, während das dänische „skov" nicht nur den Bedeutungsbereich

3.5 Sprache – Denken – Wirklichkeit

des deutschen „Wald" erfasst, sondern auch Teile des Bereichs „Holz". Das bedeutet: Das Dänische sieht einen Begriff vor, wo das Italienische drei Begriffe („foresta", „bosco", „legno") vorsieht. Im Italienischen wird also der Bereich deutlich differenzierter bezeichnet und damit auch wahrgenommen.

Die verschiedenen Sprachgemeinschaften kommen also zu verschiedenen Segmentierungen ein und desselben Wirklichkeitsbereichs. Dabei gibt es gelegentlich Parallelen, wo vermeintlich offenkundig unterscheidbare „Einheiten" in der Wirklichkeit vorliegen (z. B. der einzelne Baum). Aber auch diese Segmentierungen sind nicht zwingend, wie man dem Dänischen entnehmen kann, das mit dem Begriff „trae" nicht nur den einzelnen Baum bezeichnet.

Welche Zusammenhänge bestehen zwischen dem, was die Sprachgemeinschaft segmentiert und signifikant hervorhebt, und der außersprachlichen (Lebens-)Wirklichkeit? Was macht diese segmentierte und hervorgehobene Einheit zur interessanten, signifikanten Einheit? Wir werden hier darauf verwiesen, dass die einzelnen Einheiten Elemente eines Systems sind und nur im Rahmen dieses Systems definierbar werden. Mit anderen Worten: Nicht die von ihnen bezeichneten Inhalte in der Wirklichkeit fixieren das von der Sprachgemeinschaft im Begriff Gefasste, sondern die Stellung, die dieses Bezeichnete im Bedeutungsgesamtsystem hat, also das Umfeld, das genau diese „Leerstelle" nicht bezeichnet. „Bois" wird so definierbar als „Nicht-arbre" und auch „Nicht-forêt". Ähnlich wird „legno" als Lücke zwischen „albero" und „bosco" definierbar. [...]

Der Inhalt wiederum, der von den Zeichen angesprochen wird, ist von Sprachgemeinschaft zu Sprachgemeinschaft verschieden gewichtet. Diese Wertung ergibt sich aus einer mehr oder weniger differenzierten Handhabung des gesamten Wirklichkeitsausschnitts. So wird dann deutlich, dass im Dänischen eine weitergehende Differenzierung des Gesamtbereichs nicht im Interesse der Sprachgemeinschaft liegt, während man im Italienischen eine weitergehende Differenzierung durchführte. Im Deutschen, das lässt die Ergänzung durch „Forst" erkennen, wird deutlich, dass „Differenzierung" in mehrfacher Hinsicht zu verstehen ist. Einmal kann eine Opposition auf gleicher Ebene als Differenzierungsverfahren angesehen werden („bosco" ist nicht „foresta", „foresta" ist nicht „bosco"). Es ist aber auch möglich, hierarchisch weiter zu differenzieren: Wald ist der Überbegriff, während „Forst" einen ganz speziellen „Wald" (nämlich den systematisch bewirtschafteten) bezeichnet.

>> Beispiel

erste Folgerung, die sich direkt ergibt

Zusammenfassung: Thema und Inhalt der Tabelle, erste Folgerungen und Eindrücke

Erste Frage; Bedingungen, die zu beachten sind

erste Versuche einer Antwort

Weitere Fragen und Antworten

detaillierte Antworten: systematische Zusammenhänge

>>

3 Wissen über Sprache

>> **Beispiel**

weiterführende/abge-
leitete Fragen

Ein-/Anbindung an
Grundkenntnisse

Man wird nun weiter zu fragen haben, wie die Sprachteilnehmer der einzelnen Kultur- und Sprachkreise die Wirklichkeit wahrnehmen, nachdem sie
sich so in ihrer Sprache die Welt erschlossen haben. Dabei wird man an die
Sapir-Whorf-Hypothese erinnert, wonach der Mensch die Welt nur und ausschließlich durch die Brille sieht, die ihm seine Sprache liefert. Wir können
davon ausgehen, dass es tatsächlich von der Sprache abhängige, verschiedene Weltsichten gibt. Der französische Sprachteilnehmer wird zwar den

konkrete Anwendung
einer „Regel"

Wirklichkeitsbereich „Baum" ähnlich wie der deutsche und der italienische
Sprachteilnehmer wahrnehmen, nicht aber wie der Däne. Dieser nimmt
wohl den Einzelbaum wahr, misst aber dem Merkmal „Einzel..." keine so besondere Bedeutung bei, dass er sie als signifikant betrachten würde (wie das
die Deutschen, Franzosen und Italiener tun).

weitere Differenzie-
rung der Antwort,
ausweitende Vermu-
tungen

Schwieriger wird es dann im Bereich „Wald": Wenn der Franzose „bois" sagt,
meint er gegebenenfalls das, was der deutsche Sprachteilnehmer mit „Wald"
bezeichnet. Es ist aber sehr wohl möglich, dass er auch eine etwas kleinere
Ansammlung von Bäumen meint und damit in die Nähe dessen kommt, was
der Italiener mit „legno" oder aber mit „bosco" bezeichnet. Der Italiener wird
den Gesamtbereich deutlich differenzierter wahrnehmen. Was nun die Bereiche betrifft, die parallel liegen, so kann auch für diese angenommen werden, dass es sprachspezifische Unterschiede gibt, denn jede Bedeutung, das
haben wir schon festgestellt, ist definiert im System. Und wenn das System
andere Segmentierungen vorsieht, dann wirkt sich das auch auf die konkrete
Bedeutung aus.

Überblick

Sprache – Denken – Wirklichkeit	
Zusammenhang zwischen Sprache und Denken	Sprache hat eine symbolische Funktion, sie dient dazu, „Dinge" zu erfassen und über sie zu kommunizieren. Im Prozess des Bezeichnens wird ein konkreter Gegenstand einer „Idee" zugeordnet. Piaget: Sprache hat Instrument-Charakter. Watson: Denken ist leises Sprechen. Wygotski: Inneres und äußeres Sprechen unterscheiden sich grundsätzlich.
Leistungen der Sprache für das Denken	– Instrument des Denkens – stellt geistige Begriffe bereit – speichert Denkergebnisse in Begriffen
Sprache und die Erschließung/Erfassung/Bearbeitung von Welt	Mit Sprache wird benannt und zugeordnet. – Die kategoriale Gliederung der Welt wird weitergegeben. – Sprache erlaubt es, die Welt zu „begreifen" und das Erfasste/Bearbeitete zu speichern. – Lebensgewohnheiten und -bedingungen bestimmen die kategorialen Grenzen der sprachlichen Bezeichnungen.

Interpretation literarischer Texte

4

„Interpretieren kann man, oder man kann es nicht" – vielleicht ist dies eine Einstellung, die Sie selbst schon einmal geäußert oder bei Ihren Mitschülern gehört haben. Es stimmt, dass Zugänge zu einzelnen Werken sehr subjektiv sein können, und dass es Texte gibt, bei denen es schwerfällt, einen Zugang zu finden. Der Auseinandersetzung mit Texten aber jegliche Objektivierbarkeit und Systematisierbarkeit abzusprechen, ist unnötig und falsch.

4.1 Grundsätzliches

Für die Interpretation innerhalb der drei großen literarischen Gattungen – also für epische, lyrische und dramatische Texte – hat sich eine sinnvolle Vorgehensweise etabliert, die sich an der „natürlichen" individuellen Begegnung und schrittweisen Auseinandersetzung mit Literatur orientiert und die auch deren schulischer – sowohl schriftlicher als auch mündlicher – Behandlung zugrunde gelegt werden kann. Epik, Lyrik, Dramatik

Diese Vorgehensweise beginnt mit dem **Klären des Erstverständnisses** und der Formulierung einer **Deutungshypothese**, womit eine individuelle Schwerpunktsetzung und Ausprägung der Interpretation möglich ist. individuelle Schwerpunktsetzung

Im zweiten Schritt geht es um das **Erfassen und Wiedergeben des Textinhaltes**. Hiermit soll in erster Linie gewährleistet werden, dass der Inhalt des Textes gründlich und vollständig erfasst ist und die Textdeutung sich nicht auf einzelne, zusammenhanglose Aspekte beschränkt. Bei der schriftlichen Ausarbeitung einer Interpretation vermindert die schriftliche Ausformulierung der Inhaltswiedergabe auch die große Gefahr, bei der späteren Ausgestaltung der Textdeutung immer wieder einer reinen Inhaltsumschreibung zu verfallen.

Der Textwiedergabe folgt die **Textbeschreibung**. Welche Aspekte des Textes hierbei untersucht werden, hängt von der Gattung ab, welcher der Text angehört. Die Lyrik-Interpretation wird sich an dieser Stelle vor allem den formalen Eigenheiten der Textsorte – etwa Reim und Metrum, Strophe – zuwenden, Beschreibungen epischer Texte fragen zum Beispiel nach der Erzählperspektive und dem Verhältnis von Erzählzeit und erzählter Zeit. Die Beschreibung dramatischer Texte blickt zum Beispiel auf die Redeanteile der auftretenden Figuren oder die formalen Eigenheiten der Dialoge. Beschreibung von Aufbau und Form

4 Interpretation literarischer Texte

Unter Beachtung gattungstypischer Interpretationsaspekte, die in den folgenden Kapiteln näher beschrieben werden, formuliert man nun eine ausführliche **Textdeutung**, die sich entweder an der Reihenfolge des Textes — manchmal wird dies als lineare Vorgehensweise bezeichnet — oder an bestimmten, im Text erkennbaren Aspekten orientiert. Anspruchsvoller und professioneller ist die aspektorientierte Interpretation, da sie Inhaltsparaphrasen und Wiederholungen vermeidet und eine Anbindung der werkimmanenten Deutung an werkübergreifende Aspekte erleichtert. Auch wenn verschiedene Werke verglichen werden sollen, bietet sich die aspektorientierte Interpretationsmethode an.

lineare und aspektorientierte Interpretation

Die Ergebnisse der genauen Auseinandersetzung mit dem Text können in einer **Zusammenfassung** schließlich wieder zu der ersten Deutungshypothese in Beziehung gebracht und für eine genauere und ausführlichere Deutung genutzt werden. Hierbei ist es durchaus legitim, die erste Deutungshypothese zu modifizieren.

Eine **Bewertung des Textes**, seiner Qualität und der von ihm transportierten Aussagen ist — falls es die Aufgabenstellung fordert — im Anschluss an die Interpretation möglich.

Wissen	**Vorgehensweise bei der Interpretation**
	① **Formulieren einer Deutungshypothese**
	② **Textwiedergabe/Inhaltsangabe**
	③ **Textbeschreibung**
	④ **Textdeutung**
	⑤ **Stellungnahme**

4.2 Epik

Begriffsbestimmung

Die Bezeichnungen „Epik" und „episch" gehen auf den griechischen Begriff „epikos" zurück, dem Adjektiv zu Epos. Das griechisch-antike Epos war eine umfangreiche erzählende Dichtung, die in Versen und gehobener Sprache abgefasst und offenbar für den Vortrag in der Öffentlichkeit bestimmt war. Homers Epen *Ilias* und *Odyssee* gelten als Anfangspunkte der abendländischen Epos-Tradition. Mit dem *Nibelungenlied* und den Ritterepen des Mittelalters bekommt die Textsorte auch einen zentralen Stellenwert in der frühen deutsche Literaturgeschichte.

Antike: erzählende Dichtung

4.2 Epik

Die ausgeweitete heutige Definition einer **epischen Literatur** bezieht sich auf deren **erzählenden Charakter**, der sich sowohl in Prosa als auch in Versform konkretisieren kann. Die epische Literatur unterscheidet sich weiterhin durch die verwendeten Erzählperspektiven, durch die Sprache, durch bestimmte Strukturschemata und durch den unterschiedlichen Umfang der Werke. Gerade letztgenanntes Kriterium dient einer hypothetischen Differenzierung einzelner Untergruppen. Als einfache epische Kleinformen bezeichnet man etwa Märchen, Sagen und Fabeln. Über Kurzgeschichten und Novellen spannt sich der Bogen weiter bis zur umfangreichsten Gattung/ Form der Epik, dem Roman in all seinen Erscheinungsformen.

Erscheinungsformen heutiger Epik

Epische Formen

Kurzgeschichte
Die **Kurzgeschichte** ist eine epische Kurzform, die in Anlehnung an die amerikanischen **Short Stories** ungefähr seit dem Ende des Zweiten Weltkriegs in Deutschland entsteht. Von anderen kurzen Erzählungen unterscheidet sich die Kurzgeschichte durch eine Reihe besonderer Merkmale, die allerdings kaum in ihrer Gesamtheit in ein und demselben Text auszumachen sind. Typische Kennzeichen sind:
- geringer Textumfang
- Verkürzung auf das Wesentliche
- eine klare Ausrichtung des Erzählverlaufs auf eine Zuspitzung oder Pointe
- oftmals unmittelbarer Erzählanfang
- häufig offener Schluss, der zum Nachdenken anregen soll
- Thematisch spielen Kurzgeschichten oft im Durchschnittsmilieu und zeigen alltägliche – vielleicht zeittypische – Konflikte im menschlichen Miteinander.

Viele bekannte und wirkungsvolle Kurzgeschichten entstanden in der unmittelbaren Auseinandersetzung mit dem Zweiten Weltkrieg und dem Wiederaufbau Deutschlands und sind auch thematisch davon geprägt. Wolfgang Borchert (1921–1947) und Heinrich Böll (1917–1985) sind bekannte Kurzgeschichtenautoren dieser Zeit. Später entstandene Kurzgeschichten – etwa diejenigen von Gabriele Wohman (geb. 1932) – befassen sich mit Alltags- und Kommunikationsproblemen.

Kurzgeschichten nach 1945

> **Tipp**
> Häufig hilft es bei der Interpretation einer Kurzgeschichte, das behandelte grundsätzliche Thema – etwa die Schilderung der Kriegsgrausamkeit oder das Misslingen von Kommunikation – herauszufinden und die weitere Deutung darauf zu stützen.

Novelle

Um die **Novelle** rein quantitativ zu definieren, wird sie häufig als Textsorte „mittleren Umfangs" von der Kurzgeschichte einerseits und dem Roman auf der anderen Seite abgegrenzt. Brauchbarer ist allerdings das Einbeziehen konstituierender Textsortenmerkmale wie:

- Erzählen einer neuen, besonderen Begebenheit (Goethe spricht in diesem Zusammenhang von der „unerhörten Begebenheit").
- Die Begebenheit muss aber realistisch sein, mindestens so, dass sie hätte geschehen können
- Der Inhalt ist stark verdichtet und zielt oft auf die Darstellung eines einzigen Konflikts.

Aufbau erinnert an das geschlossene Drama

- geradlinige Handlungsführung, die an den Aufbau des geschlossenen Dramas erinnert: knappe Exposition – Steigerung – pointierter Wendepunkt – Abfall und Ausgang
- Einbeziehen von Leitmotiven und Dingsymbolen
- Verzicht auf ausschweifendes Erzählen

Beispiele für Novellen finden sich in verschiedenen Phasen der deutschen Literaturgeschichte. Bekannt sind Johann Wolfgang von Goethe (1749–1832), *Novelle*, Heinrich von Kleist (1777–1811), *Das Erdbeben von Chili*, Gottfried Keller (1819–1890), *Kleider machen Leute*, Theodor Storm (1817–1888), *Der Schimmelreiter* oder Thomas Mann (1875–1955), *Der Tod in Venedig*.

Tipp

Der Zusammenstoß zwischen dem Menschen und seinem Schicksal oder die Konfrontation von Alltäglichem und Außergewöhnlichem lassen sich – stark vereinfacht – als Themen erkennen, die häufig die Handlung einer Novelle motivieren.

Roman

Abgegrenzt von den vorigen Textsorten begegnet der Roman als „epische Großform", welche aufgrund verschiedenster Zielsetzungen, Themen und Stoffe, Stilarten und Erzählstrukturen als die ausdifferenzierteste und umfassendste literarische Gattung gilt. Die Wurzeln des Romans liegen im mittelalterlichen und spätmittelalterlichen Versepos, als eigenständige, ernst genommene literarische Textsorte etabliert er sich erst im 18. Jahrhundert. Anders als etwa die Novelle befasst sich ein Roman meist mit umfassend

weit ausgesponnene Zusammenhänge

angelegten und weit ausgesponnenen Zusammenhängen und Themen. Oft wird der Gang der Romanhandlung von der Charakterentwicklung einer Einzelpersönlichkeit oder einer Gruppe von Individuen bestimmt. Die Textsorte lässt sich weiterhin untergliedern. So kennt man etwa die Romanarten → Historischer Roman, → Entwicklungsroman, → Briefroman oder Schlüsselroman (→ Schlüsselliteratur).

Vorgehensweise bei der Interpretation

Trotz der beschriebenen Unterschiede in den epischen Textsorten lassen sich einige generelle Tipps und sinnvolle Hinweise zur Vorgehensweise bei der Interpretation formulieren, die in einer Klausur oder bei deren Vorbereitung zu einer gezielten und sinnvollen Textuntersuchung und einer präzisen und brauchbar strukturierten Interpretation verhelfen können.

generelle Tipps zur Interpretation

Textbegegnung/Leseverständnis

Werden in schriftlichen oder mündlichen Prüfungen Aufgaben zur Interpretation epischer Texte gestellt, ist das zu bearbeitende Textvolumen in der Regel sehr umfangreich.

Es ist aus diesem Grund wichtig, effizient und zeitsparend, wenn man **schon beim ersten oder zweiten Lesen auf bestimmte Aspekte des Textes achtet**, die bei der Beantwortung der gestellten Fragen hilfreich sein können.

hilfreiche Lesetechniken

Dabei ist es sinnvoll, bereits in dieser frühen Lesephase **Markierungen im Text** vorzunehmen, die einerseits wichtige deutungsrelevante Stellen in den Vordergrund heben, zweitens aber auch dafür sorgen, dass die Textlektüre – in der Nervosität der Prüfungssituation – gründlich und sinnvoll durchgeführt wird.

Fragestellungen, die in der Lesephase berücksichtigt und deren Beantwortung durch entsprechendes Präparieren des Textes vorbereitet werden können, sind etwa folgende:

- ⊙ Wie beginnt und wie endet der Text? Gibt es Auffälligkeiten am Beginn oder am Ende?
- ⊙ In welche inhaltlichen Abschnitte lässt sich der Text gliedern?
- ⊙ Welche Personen kommen vor? Welche Textstellen könnten bei deren Charakterisierung hilfreich sein?
- ⊙ Welche auffälligen Motive und Wortfelder kommen im Text vor?

Zumindest sollten Textstellen, die bei der Beantwortung der genannten Fragen hilfreich sein könnten, **unterstrichen** werden. Falls es das Textlayout erlaubt, sollten auch erste **Notizen** zu den einzelnen Fragestellungen am Rand vermerkt werden. Das spätere gründliche Arbeiten mit dem Text kann dann gezielter und schneller erfolgen. Wie intensiv und gründlich die Auseinandersetzung mit den vorgeschlagenen Fragen erfolgt, hängt von der jeweiligen Prüfungssituation und den individuellen Arbeitsgewohnheiten ab.

Randnotizen

Wichtig ist darüber hinaus, dass man am Ende dieses Arbeitsschrittes eine Vorstellung davon hat, mit welchem **übergeordneten oder grundsätzlichen Thema** bzw. mit welcher **Fragestellung** sich der Text oder die Textstelle auseinandersetzt. Das können – ganz offen – allgemeine Themen des

4 Interpretation literarischer Texte

Einordnung in größere Zusammenhänge

menschlichen Lebens und Zusammenlebens (z. B. Beziehungssituationen, Kommunikationssituationen, existenzielle Erfahrungen) oder – etwas enger gefasst – Themenstellungen, die im Unterricht behandelt wurden (z. B. Aufgeklärtheit der Menschen, soziale Ungerechtigkeiten) sein. Handelt es sich bei dem Text um einen Auszug aus einem umfangreicheren Werk, zum Beispiel einem Roman, kann in diesem Schritt auch die Bedeutung des Ausschnittes für die Gesamthandlung als übergeordnete Themenstellung verstanden werden.

Hat man eine Vorstellung vom Gesamtthema, sollte man diese überprüfen und differenzieren, hierbei ist es hilfreich, sich die Markierungen zu den oben formulierten Fragen nochmals anzuschauen und die Thematik einzelner Textabschnitte exakt vor Augen zu führen.

Formulieren einer Deutungshypothese

hermeneutisches Interpretieren

Es ist wichtig und hilfreich, die beim Lesen des Textes gewonnene **Deutungsvermutung exakt zu formulieren**, bevor man sich mit weiteren Interpretationsfragen beschäftigt. Die Ausführungen behalten dadurch einen Bezugsrahmen und lassen sich sinnvoller strukturieren. Sollte sich die formulierte Deutungshypothese am Schluss der Ausführungen als unpräzise herausstellen, darf dies durchaus formuliert und begründet werden. Diese Vorgehensweise entspricht dem hermeneutischen Konzept der Textinterpretation und ist sowohl unter schulischen wie auch unter wissenschaftlichen Aspekten völlig legitim. Eine gute Deutungshypothese berücksichtigt die **inhaltliche Ebene** und die **Deutungsebene** des Textes, die in sinnvoller Formulierung einander zugeordnet werden sollten. Das folgende Formulierungsmuster kann dabei hilfreich sein:

Beispiel	Der Autor [Name] beschreibt/verdeutlicht/ veranschaulicht [oder andere Sprechaktverben] in dem Text [Titel], wie/dass [grundsätzliches Thema], indem er darstellt, wie [knappe Inhaltsumschreibung]. Oder am Beispiel: Gabriele Wohmann veranschaulicht in der Kurzgeschichte „Ein netter Kerl", wie manipulativ, unkontrollierbar und verletzend eine familiäre Alltagskommunikation sein kann, indem sie darstellt, wie sich Eltern und Geschwister über einen gerade verabschiedeten Gast lustig machen, von dessen heimlicher Verlobung mit der ältesten Tochter bzw. Schwester sie erst im Laufe des Gesprächs erfahren.

Inhaltsangabe/Textwiedergabe

Zu einer ausführlichen und gründlichen Interpretation gehört auch eine zusammenfassende Wiedergabe des Textinhaltes. Ob diese Textwiedergabe die Anforderungskriterien an eine Inhaltsangabe erfüllen muss, ist von der Aufgabenstellung oder vorherigen Absprachen abhängig.

Dieser Arbeitsschritt, welcher der weiteren Textinterpretation vorgeschaltet wird, hilft auch bei der Vermeidung eines häufig auftretenden Fehlers: Indem nämlich bereits hier auf den Inhalt eingegangen wird, reduziert sich die Gefahr, den eigentlichen Interpretationsteil zu sehr mit inhaltlichen Bezügen oder Inhaltsumschreibungen zu füllen.

Auch wenn nicht ausdrücklich eine Inhaltsangabe verlangt wird, sollte die Textwiedergabe einige Kriterien berücksichtigen. Die Konzentration auf den Kern der Handlung und erkennbare Handlungsverläufe oder die Nuancierung in Bezug auf bestimmte Motive ist anspruchsvoller und sinnvoller als eine schrittweise Zusammenfassung inhaltlicher Abschnitte. Eventuell können erste Antworten auf die Interpretationsfragen hierbei schon angedeutet werden.

formale Kriterien der Textwiedergabe

Eine geforderte **Inhaltsangabe** muss darüber hinaus die gängigen formalen Anforderungen erfüllen.

> **Inhaltsangaben konzentrieren sich auf den Kern der Handlung**, wie er in der Deutungshypothese formuliert ist. Sie sind im Präsens verfasst, direkte Rede wird zur indirekten Rede. Inhaltsangaben enthalten weder Textdeutungen noch die eigene Meinung des Verfassers.
>
> **Wissen**

Je nach Absprache gehören in diesen Abschnitt des Interpretationsaufsatzes auch Angaben über die Textart, den Autor, die Entstehungszeit, den Entstehungsort und den Entstehungsanlass.

Kontextuierung

Handelt es sich bei dem vorliegenden Text um einen Auszug aus einem längeren Werk – zum Beispiel einem Roman – das im Unterricht oder in anderen Zusammenhängen gelesen und bearbeitet wurde, muss die Textstelle in den Kontext des Gesamtwerks eingeordnet werden, da auch dies für die Interpretation relevant ist.

Die Kontextuierung sollte sich an der Frage nach der **Bedeutung der Textstelle für das Gesamtwerk** orientieren und direkt Zusammenhänge zu vorausgehenden oder folgenden Episoden im Auge haben. Dabei kann es wichtig sein, nicht allein die unmittelbar vorausgehenden und nachfolgenden Stellen zu erwähnen, sondern gegebenenfalls auch zu fragen, an welcher

Einordnung in die Gesamthandlung

anderen Textstelle Entwicklungen, die im vorliegenden Text angesprochen sind, vorbereitet oder weitergeführt werden.

Beispiel	Um eine **Anbindung an vorausgehende Stellen** auszudrücken, lässt sich formulieren: Die Textstelle folgt unmittelbar der Situation, in welcher … Außerdem zeigt sich, dass das Gespräch zwischen x und y, in welchem der Konflikt schon angedeutet wurde, hier wieder aufgegriffen wird, indem nämlich … Zur **Einbettung in folgende Episoden** lässt sich etwa formulieren: Das unmittelbar folgende Kapitel führt das Begonnene direkt weiter …/ zunächst nicht weiter … Auch an der Stelle, die den nächsten Kontakt zwischen x und y beschreibt, merkt man, welche Konsequenzen das hier beschriebene Gespräch hat.

Textbeschreibung

Nachdem die Thematik und der Inhalt des Erzähltextes beschrieben und zusammengefasst sind, bereitet man in der Textbeschreibung die genauere Interpretation des Textes vor. Je nachdem, welcher konkrete Text untersucht werden soll, wie umfangreich er ist und welcher Textform er zugeordnet werden kann, setzt die Textbeschreibung unterschiedliche Schwerpunkte bei der Untersuchung folgender Kategorien:

Wissen	Aufbau des Textes Zeitgerüst Handlungsorte Erzählperspektive Figurencharaktere und -stimmungen Sprache Motive und Leitmotive

Wie intensiv und gründlich **deutende Aspekte** und Aussagen in die Textbeschreibung aufgenommen werden, hängt vor allem vom Umfang des zu untersuchenden Textes ab. Vor allem, wenn es darum geht, umfangreiche, facettenreiche und komplexe Texte zu beschreiben und zu deuten, ist es sinnvoll, die bei der Textbeschreibung gemachten Feststellungen bereits an Ort und Stelle zu deuten. Vielleicht lässt sich sogar ein Bezug zur formulierten Deutungshypothese herstellen.

erste Deutungen in der Textbeschreibung

Eine einfache Möglichkeit, die Zwischenergebnisse der Deutung zu formulieren, besteht in der regelmäßigen Verwendung der Phrase „daran sieht man, dass …" oder einer ähnlichen Formulierung. Automatisch wird die

Textbeschreibung auf eine einfache Deutungsebene gehoben. **Regelmäßige Zusammenfassungen** der Textbeschreibungen und der bereits geleisteten Deutungen verleihen den Ausführungen Übersichtlichkeit und erleichtern die spätere Zusammenfassung in der Gesamtdeutung.

Das Verhältnis zwischen Textbeschreibung und Textdeutung kann je nach Absprache und Gewohnheiten unterschiedlich definiert werden. Eine engere Definition der Textbeschreibung reduziert diese auf das Benennen der formalen Texteigenschaften (Aufbau, Sprache, Perspektive ...). Die im Folgenden genannten Untersuchungsaspekte werden dann in der Textdeutung ausführlich beschrieben und interpretiert.

Verhältnis zwischen Textbeschreibung und Textdeutung

Eventuell formuliert man vor den eigenen Ausführungen zu den Einzelaspekten einen **überleitenden Abschnitt**, in welchem man kurz erklärt, welche Aspekte aus welchem Grund untersucht werden. Die Begründungen sollten sich möglichst auf die Deutungsansätze der bisherigen Ausführungen – also vor allem der Deutungshypothese – beziehen. Eine solche Überleitung verleiht der Gesamtinterpretation einen organischen Zusammenhang und zeigt dem Leser deutlich, welche Interpretationsstrategie verfolgt wird.

Grundsätzlich muss bei der Textbeschreibung **so nah wie möglich am Text** gearbeitet werden. Ausblicke auf andere passende Textstellen sind zwar möglich und oft wichtig, dürfen aber nicht den Beleg der Interpretationsthese am vorliegenden Text ersetzen. Die genaue Textarbeit konkretisiert sich in der Angabe von belegenden Textstellen. Je nach Absprache kann dies durch kurze inhaltliche Hinweise (z. B. „An der Stelle, an der beschrieben wird, wie der Vater zur Tür herein kommt, kann man gut erkennen, dass ...") oder durch kurze Zeilenangaben in Klammern erfolgen.

Deutungen am Text belegen

Die folgenden Abschnitte beschreiben Aspekte und Themen, die bei einer genaueren Beschreibung eines epischen Textes berücksichtigt werden können.

gängige Aspekte der Textbeschreibung

Aufbau des Textes: Ein naheliegendes Kriterium bei der Textbeschreibung ist die Untersuchung und Darstellung des Textaufbaus. Häufig hilft dabei schon das Erkennen bestimmter Handlungsabschnitte bei der Interpretation eines Textes. Stimmungsveränderungen, Entwicklungen der Figuren oder veränderte Perspektiven und Beurteilungen können festgestellt und später auf die Gesamtinterpretation bezogen werden. Textgliedernde Elemente sind zum Beispiel:

⊙ Das Auftreten neuer Figuren

4 Interpretation literarischer Texte

- Ortswechsel
- Wechsel der Erzählperspektive
- Rückblende/Vorausschau
- Differenzierung zwischen Rahmen- und Binnenhandlung

Die Angabe einzelner Textabschnitte kann sowohl durch eine inhaltliche Zusammenfassung als auch durch das Nennen der Textzeilen zu den entsprechenden Abschnitten erfolgen.

Das Zeitgerüst: Oft ist es bei der Textbeschreibung auch nötig, das Zeitgerüst des Textes zu untersuchen. Man kann überprüfen, ob die Handlung **chronologisch** erzählt ist, oder ob es **Rückblenden** und **Vorausblicke** gibt. Außerdem wird die Unterscheidung zwischen Erzählzeit und erzählter Zeit hierbei relevant. Die **Erzählzeit** beschreibt den Zeitraum, den der Erzähler benötigt, um das Geschehen zu erzählen. Die **erzählte Zeit** beschreibt den Zeitraum, den die beschriebene Handlung umfasst. Im Verhältnis zwischen Erzählzeit und erzählter Zeit unterscheidet man dann zwischen Zeitraffung, Zeitdehnung und zeitlicher Deckung, die jeweils wieder für die Deutung relevant sind.

Erzählzeit – erzählte Zeit

Die Handlungsorte: Kommt es in dem Textausschnitt zu Ortswechseln, muss dies bei der Textbeschreibung berücksichtigt werden. Über die Relevanz bei der Textgliederung hinaus kann die Berücksichtigung der Orte und ihrer Beschreibungen einen wichtigen Anteil an der Deutung eines Textes haben. Es ist zu überprüfen, aus welcher Perspektive die Orte in welcher Art und Weise beschrieben und beurteilt werden. Hieran lässt sich oftmals die innere Verfassung der Figuren zeigen. Oftmals haben Orte auch einen eindeutig hinweisenden Charakter auf Stimmungen und Empfindungen oder implizieren sogar eine symbolische Bedeutung. Auch im Zusammenhang mit der Berücksichtigung von Motiven und Leitmotiven können Orte eine wichtige Rolle spielen, wenn mit einzelnen Orten bestimmte Wertvorstellungen, Stimmungen oder Ereignisse verbunden werden.

symbolische Bedeutung von Ortsbeschreibungen

Die Erzählperspektive: Die Berücksichtigung der Erzählperspektive ist bei der Interpretation erzählender Texte unerlässlich. Neben einer Gliederung des Textes erlaubt dieser Interpretationsschritt Rückschlüsse auf den Charakter und die Einstellungen einzelner Figuren, vor allem aber auf die angewandte Erzählstrategie. Immer muss bei der Auseinandersetzung mit erzählenden Texten berücksichtigt werden, aus wessen Sicht dem Leser das Geschehen vermittelt wird, hängt dies doch unmittelbar mit der Wirkung des Textes zusammen. Die Frage, warum in dem untersuchten Textausschnitt gerade die vorliegende Perspektive gewählt wurde, ist dabei ebenfalls ein wichtiger Bestandteil der Interpretation.

Aus wessen Sicht wird erzählt?

4.2 Epik

Eine gängige und praktikable Kategorisierung zur Untersuchung der Erzählperspektive zeigt der Wissen-Kasten auf der folgenden Seite.

Die Figuren: Unter Berücksichtigung der Erzählperspektive und der damit verbundenen kritischen Frage nach der Objektivität der Darstellung befasst man sich mit den vorkommenden und erwähnten Figuren. Man kann aufgrund impliziter und expliziter Hinweise überprüfen, welche grundsätzlichen **Charaktermerkmale** eine Figur in dem zu interpretierenden Textabschnitt an den Tag legt, und überprüfen, in welchem Verhältnis dies zu anderen Textstellen oder anderen Romankapiteln steht. Darüber hinaus lässt sich untersuchen, welchen **Stimmungen** die Figuren unterworfen sind, wovon diese Stimmungen beeinflusst sind, und welche Konsequenzen sie für den weiteren Verlauf der Handlung haben. Eventuell lassen sich **Veränderungen oder Entwicklungen** der Figuren in den Textstellen erkennen.

implizite und explizite Charakterhinweise

Weiterhin lässt sich überprüfen, welche **Beziehungen und Konflikte** zwischen den auftretenden Figuren beschrieben sind und wie sie jeweils empfunden und gedeutet werden. Gegebenenfalls lohnt sich auch ein Blick auf die **Sprache**, die die Figuren verwenden.

Die Sprache: Die Untersuchung der Sprache orientiert sich an den gängigen Beschreibungsebenen. Kommt im Text viel wörtliche Rede vor, lohnt sich vielleicht eine Überprüfung der Redeanteile und des Redeumfanges der einzelnen Figuren. Darüber hinaus lassen sich grundsätzlich der Satzbau, die Satzlänge, bestimmte Wortarten und die Wortwahl untersuchen. Die Sprachuntersuchung lässt Rückschlüsse auf Stimmungen und das Niveau des Sprechers zu. Vielleicht lassen sich auch Erzählstrategien in Bezug auf den Rezipienten erkennen, wenn nachgewiesen werden kann, wie bestimmte Einstellungen und Wahrnehmungen durch eine besondere Sprachbenutzung suggeriert werden sollen.

aufschlussreich: Satzlängen, Wortwahl

Leitmotive und Motive: Der Begriff der „Leitmotivik" stammt eigentlich aus der Musik. Hier kennzeichnet er wiedererkennbare Melodieteile. Auf die Literatur übertragen spricht man dann von Leitmotiven, wenn bestimmte Handlungsgegenstände und Handlungselemente – mit denen in der Regel dann auch eine bestimmte Stimmung oder Aussage verbunden ist – wiederkehren. Über eine rein gliedernde Funktion hinaus verhelfen derartige Leitmotive zum Aufzeigen von Stimmungen und Entwicklungen.

wiederkehrende Handlungselemente

Oftmals sprechen sie den Rezipienten auch auf einer Ebene an, die den handelnden Figuren im Text verborgen bleibt. Der Leser, der die impliziten Hinweise der Leitmotive versteht, gerät in einer Perspektive, die ihm eine kriti-

4 Interpretation literarischer Texte

sche Reflexion der beschriebenen Situation und des Verhaltens der Figuren ermöglicht.

Wissen: Erzähler/ Perspektive

Erzählverhalten
- ⦿ auktoriales Erzählverhalten: Der Erzähler greift in den Erzählvorgang ein, indem er das Erzählte kommentiert, reflektiert, beurteilt und dem Leser eventuell sogar Hinweise und Vorausdeutungen gibt.
- ⦿ personales Erzählverhalten: Die Handlung wird aus der subjektiven Sicht einer Person erzählt und gewertet.
- ⦿ neutrales Erzählverhalten: sachliches, möglichst objektives und unkommentiertes Erzählen

Erzählform
- ⦿ Er/Sie-Erzähler
- ⦿ Ich-Erzähler, der entweder als erlebendes Ich in die Handlung eingebunden ist oder als erzählendes Ich wie ein außenstehender Beobachter auftritt.
- ⦿ Du-Erzähler

Erzählhaltung
- ⦿ Die Einstellung des Erzählers zum Geschehen kann distanziert, schwankend, neutral oder bestätigend sein.

Erzählstandort
- ⦿ Der Erzähler kann sich in verschiedener räumlicher und zeitlicher Distanz oder Nähe zum Geschehen befinden.

Die Textdeutung

Die Ergebnisse und Erkenntnisse aller bisherigen Arbeitsschritte werden schließlich in einer abschließenden Gesamtinterpretation zusammengefasst.

Auf dem Weg zu dieser Gesamtdeutung orientieren sich viele Interpreten zunächst an Handlungsverlauf und Gliederung des Textes. Sukzessive werden einzelne Handlungsschritte und Entwicklungen beschrieben und gedeutet. Je nach Länge und Dichte des Textes führt dies zu sehr umfangreichen Ausführungen, die oft ungegliedert wirken und viele Wiederholungen enthalten. Oftmals werden dabei ganze Handlungsabschnitte nur inhaltlich paraphrasiert, Einzeldeutungen werden vernachlässigt und die abschließende Gesamtdeutung fällt sehr schwer. Auch wenn diese **lineare Vorgehensweise** möglich ist und durchaus zu guten Ergebnissen führen kann, ist es sinnvoller und professioneller, einen anderen Weg der Interpretation zu wählen.

Nachteile der linearen Deutung

Eine sehr praktikable Alternative zur schrittweisen Deutung stellt die **aspektorientierte Textdeutung** dar. Welche Aspekte dabei in welcher Reihenfolge untersucht und beschrieben werden, ist nämlich kaum zu pauschalisieren und dem geübten Interpreten überlassen – schließlich passen zu jedem Werk andere Zugriffsmöglichkeiten.

Eine Orientierung an den oben genannten und beschriebenen Untersuchungsbereichen ist allerdings sinnvoll, erlaubt und üblich. So wird man nach einer Textbeschreibung, die auch interpretatorische Aussagen enthält und diese etwa in den einzelnen Zusammenfassungen bereits formuliert hat, die Teilergebnisse auf jeden Fall aufgreifen und der Gesamtdeutung zuordnen müssen.

Da der Bezug auf die eingangs formulierte Deutungshypothese auch an dieser Stelle der Interpretation äußerst wichtig ist, sollte zunächst nochmals eine genaue Auseinandersetzung mit der Hypothese erfolgen, die die weitere Ergebnisformulierung einleitet.

Rückbezug zur Deutungshypothese

Hierbei kann die Deutungsvermutung bestätigt, präzisiert oder ganz verändert werden, wobei jeweils eine kurze Begründung formuliert werden sollte. Als Formulierungshilfe dient vielleicht der Überleitungssatz:

> **Berücksichtigt man nun alle Ergebnisse der bisherigen Textuntersuchung, kann man erkennen, dass meine eingangs formulierte Deutungshypothese zutrifft/unscharf ist/dem Text nicht gerecht wird/dahingehend geändert werden muss, dass ...**
>
> **Beispiel**

Stellungnahme und Wertung

In manchen Fällen wird neben der Interpretation auch eine persönliche Stellungnahme zu den Themen des untersuchten Textes verlangt. Hierbei ist es wichtig, das übergeordnete theoretische, anthropologisch oder soziologisch relevante Thema des Textes zu erkennen und zu benennen und sich damit auf der Grundlage der eigenen Wertvorstellungen und Erfahrungen auseinanderzusetzen.

Rückbezug zur übergeordneten Fragestellung

Dabei können sowohl die von den Figuren geäußerten oder transportierten Thesen, Argumente und Einstellungen (mögliche Hilfsfragen: Welche Positionen werden vertreten? Wie beurteile ich sie?) wie auch deren Darstellung in der Erzählung (Hilfsfragen: Sind die Positionen stimmig dargestellt und nachvollziehbar motiviert?) Grundlage der Auseinandersetzung sein.

Ob diese Stellungnahme bestimmte Epochenmotive, Geisteshaltungen, die Biografie des Autors oder andere textexterne Aspekte berücksichtigen muss, hängt von der genauen Themenstellung ab.

Sondersituation: Fragen zum Text

Auch wenn die Aufgabenstellung gezielte Interpretationsfragen enthält, kann nach dem beschriebenen Muster gearbeitet werden.

4 Interpretation literarischer Texte

Zunächst muss hinterfragt werden, zu welchem Teil der Vorgehensweise bei der Interpretation die jeweilige Frage passt. In der Regel lassen sich alle Fragen, die auf bestimmte Aspekte des Textes abzielen – also textimmanent formuliert sind – durch eine entsprechende Berücksichtigung der Fragestellung während der Textbeschreibung vorbereiten.

Schwerpunktsetzung aufgrund der Fragestellung

Ohne dass unbedingt auf die anderen Motive verzichtet werden muss, orientiert sich die Textbeschreibung dann an dem geforderten Zugriff. Oft wird die geforderte Vorgehensweise mit der Untersuchung eines oder mehrerer der beschriebenen üblichen Motive übereinstimmen. Die zusammenfassende Deutung kann so wie beschrieben durchgeführt werden, sie orientiert sich allerdings deutlich an den vorgegebenen Motiven. Sollen textexterne Aspekte berücksichtigt werden, werden die Ausführungen an die zusammenfassende Deutung angeschlossen oder in die Texterörterung integriert. Die vorher geleisteten Interpretationsergebnisse werden dabei auf ihre Relevanz für die Fragestellung überprüft.

>> Beispiel

Interpretation eines Roman-Textauszuges

Theodor Fontane

Effi Briest

[...] Es war spät, als man aufbrach. Schon bald nach zehn hatte Effi zu Gieshübler gesagt, es sei nun wohl Zeit; Fräulein Trippelli, die den Zug nicht versäumen dürfe, müsse ja schon um sechs von Kessin aufbrechen; die danebenstehende Trippelli aber, die diese Worte gehört, hatte mit der ihr eigenen ungenierten Beredsamkeit gegen solche zarte Rücksichtnahme protestiert. „Ach, meine gnädigste Frau, Sie glauben, daß unsereins einen regelmäßigen Schlaf braucht, das trifft aber nicht zu; was wir regelmäßig brauchen, heißt Beifall und hohe Preise. Ja, lachen Sie nur. Außerdem (so was lernt man) kann ich auch im Coupé schlafen, in jeder Situation und sogar auf der linken Seite, und brauche nicht einmal das Kleid aufzumachen. Freilich bin ich auch nie eingepreßt; Brust und Lunge müssen immer frei sein und vor allem das Herz. Ja, meine gnädigste Frau, das ist die Hauptsache. Und dann das Kapitel Schlaf überhaupt – die Menge tut es nicht, was entscheidet, ist die Qualität; ein guter Nicker von fünf Minuten ist besser als fünf Stunden unruhige Rumdreherei, mal links, mal rechts. Übrigens schläft man in Rußland wundervoll, trotz des starken Tees. Es muß die Luft machen oder das späte Diner oder weil man so verwöhnt wird. Sorgen gibt es in Rußland nicht; darin – im Geldpunkt sind beide gleich – ist Rußland noch besser als Amerika."

Nach dieser Erklärung der Trippelli hatte Effi von allen Mahnungen zum

4.2 Epik

>> Beispiel

Aufbruch Abstand genommen, und so war Mitternacht herangekommen. Man trennte sich heiter und herzlich und mit einer gewissen Vertraulichkeit. Der Weg von der Mohrenapotheke bis zur landrätlichen Wohnung war ziemlich weit; er kürzte sich aber dadurch, daß Pastor Lindequist bat, Innstetten und Frau eine Strecke begleiten zu dürfen; ein Spaziergang unterm Sternenhimmel sei das beste, um über Gieshüblers Rheinwein hinwegzukommen. Unterwegs wurde man natürlich nicht müde, die verschiedensten Trippelliana[1] heranzuziehen; Effi begann mit dem, was ihr in Erinnerung geblieben, und gleich nach ihr kam der Pastor an die Reihe. Dieser, ein Ironikus, hatte die Trippelli, wie nach vielem sehr Weltlichen, so schließlich auch nach ihrer kirchlichen Richtung gefragt und dabei von ihr in Erfahrung gebracht, daß sie nur eine Richtung kenne, die orthodoxe. Ihr Vater sei freilich ein Rationalist gewesen, fast schon ein Freigeist, weshalb er auch den Chinesen am liebsten auf dem Gemeindekirchhof gehabt hätte; sie ihrerseits sei aber ganz entgegengesetzter Ansicht, trotzdem sie persönlich des großen Vorzugs genieße, gar nichts zu glauben. Aber sie sei sich in ihrem entschiedenen Nichtglauben doch auch jeden Augenblick bewußt, daß das ein Spezialluxus sei, den man sich nur als Privatperson gestatten könne. Staatlich höre der Spaß auf, und wenn ihr das Kultusministerium oder gar ein Konsistorialregiment unterstünde, so würde sie mit unnachsichtiger Strenge vorgehen. „Ich fühle so was von einem Torquemada[2] in mir." Innstetten war sehr erheitert und erzählte seinerseits, daß er etwas so Heikles, wie das Dogmatische, geflissentlich vermieden, aber dafür das Moralische desto mehr in den Vordergrund gestellt habe. Hauptthema sei das Verführerische gewesen, das beständige Gefährdetsein, das in allem öffentlichen Auftreten liege, worauf die Trippelli leichthin und nur mit Betonung der zweiten Satzhälfte geantwortet habe: „Ja, beständig gefährdet; am meisten die Stimme."
Unter solchem Geplauder war, ehe man sich trennte, der Trippelli-Abend noch einmal an ihnen vorübergezogen, und erst drei Tage später hatte sich Gieshüblers Freundin durch ein von Petersburg aus an Effi gerichtetes Telegramm noch einmal in Erinnerung gebracht. Es lautete: Madame la Baronne d'Innstetten, née de Briest. Bien arrivée. Prince K. à la gare. Plus épris de moi que jamais. Mille fois merci de votre bon accueil. Compliments empressés à Monsieur le Baron. Marietta Trippelli.[3]
Innstetten war entzückt und gab diesem Entzücken lebhafteren Ausdruck, als Effi begreifen konnte. „Ich verstehe dich nicht, Geert." „Weil du die Trippelli nicht verstehst. Mich entzückt die Echtheit; alles da, bis auf das Pünktchen überm i." „Du nimmst also alles als eine Komödie?"

>>

4 Interpretation literarischer Texte

>> Beispiel

„Aber als was sonst? Alles berechnet für dort und für hier, für Kotschu-
koff und für Gieshübler. Gieshübler wird wohl eine Stiftung machen,
vielleicht auch bloß ein Legat für die Trippelli." [...]

http://gutenberg.spiegel.de/fontane/effi/effi012.htm
Anmerkungen
1   Anekdoten über die Trippelli
2   Meint übertragen einen sehr strengen Richter.
3   Die Übersetzung des Telegramms lautet: Frau Baronin von Innstetten, geb. von Briest. Gut angekommen.
    Fürst K. auf dem Bahnhof. Noch mehr angetan von mir als je. Tausend Dank für Ihre gute Aufnahme.
    Freundliche Grüße an Herrn Baron. Marietta Trippelli.

Formulieren einer Deutungshypothese

Anhand zweier Gespräche zwischen Effi Briest, Innstetten und einmal auch
Pastor Lindequist über die Künstlerin Marietta Trippel – die „Trippelli" – wird
hier deren offener, unkonventioneller Charakter und freizügige Lebensart
scharf mit den naiven und dem gesellschaftlichen Leben angepassten Einstellungen Effis sowie mit Innstettens Frauenbild kontrastiert.

Inhaltsangabe

Auf dem Nachhauseweg von einem Fest bei Apotheker Gieshübler sprechen
Effi, Innstetten und Pastor Lindequist über Marietta Trippel, mit der sich
alle drei auf dem Fest unterhalten haben. Lindequist berichtet von einem
Gespräch mit der Künstlerin über deren Einstellung zur Kirche, in dessen
Verlauf sie sich als liberale Atheistin zu erkennen gibt. Innstetten, der die
Trippelli und ihre Einstellungen belächelt, schildert ein Gespräch über moralische Fragen. Ausgelöst durch ein Telegramm der Trippelli, in welchem
sie Effi und Innstetten drei Tage später die Ankunft in ihrer Wahlheimat Petersburg anzeigt, sprechen die beiden über deren Authentizität. Innstetten
bewertet das Verhalten der Trippelli als eine berechnende Komödie.

Kontext

Die Textauszüge entstammen dem 12. Kapitel, das sich an die Beschreibung
des Festes beim Apotheker Gieshübler am Ende von Kapitel 11 anschließt.
Mehrfach hatte sich Effi auf diesem Fest mit der aus Kessin stammenden
Künstlerin Trippelli unterhalten. Ein zentraler Gegenstand dieser Gespräche
war der Chinesenspuk.
Effi ist inzwischen seit einiger Zeit in Kessin. Die Antrittsbesuche beim Land-
adel und die erste Bekanntschaft mit Gieshübler liegen hinter ihr. Bevor Effi
und Innstetten die Einladung zum Trippelli-Abend bekommen, unterhalten
sie sich über den Chinesenspuk. Effi hatte nämlich in der vorausgehenden
Nacht eine alptraumartige Erscheinung und vermutet den geheimnisvollen
Chinesen als Ursache. Innstetten lehnt einen Umzug in ein anderes Haus
ab, erzählt Effi aber während einer Kutschfahrt die Geschichte des unglück-

4.2 Epik

lichen Chinesen, bei welcher auch der Vater der Trippelli – Pastor Trippel – eine Rolle spielte.

Nach dem Trippelli-Abend beginnt für Effi eine ausdrücklichere Auseinandersetzung mit Einsamkeit und Unverstandensein. In einem Brief an ihre Mutter deutet sie dies an. Im weiteren Verlauf wird sich eine immer größere Langeweile einstellen, bis schließlich die Crampas-Geschichte beginnt.

>> **Beispiel**

Textbeschreibung

Der Textauszug lässt sich in drei geographisch, zeitlich, konfigurativ und inhaltlich abgrenzbare Abschnitte gliedern, die allerdings durch die Beschäftigung mit der Lebenseinstellung der Trippelli verbunden sind. Der erste Abschnitt beschreibt die Aufbruchssituation bei Gieshüblers Fest, die durch eine kurze Rückblende noch ausgedehnt wird. Bereits hier wird deutlich, wie sich die Trippelli hinsichtlich ihres Charakters und ihrer Lebensweise von Effi unterscheidet. Einen nächsten Abschnitt bildet Pastor Lindequists, Effis und Innstettens gemeinsamer Nachhauseweg, bei welchem über die Einstellungen und die Eigenheiten der Trippelli geredet wird. Das Gespräch über das Telegramm und die Authentizität der Künstlerin steht am Ende des Textauszugs. Es findet im Haus von Innstetten und Effi statt.

Aufbau/Struktur

Der Textausschnitt wird im Wesentlichen von einem außenstehenden Erzähler geschildert und besteht größtenteils aus der Wiedergabe oder der indirekten Umschreibung von wörtlichen Reden. Lediglich die Bezeichnungen des Pastors als „Ironikus" und die mehrfache Beschreibung der Stimmungen Innstettens deuten latent auf einen auktorialen Erzähler hin. Vor allem im mittleren Abschnitt – dem Spaziergang nach Hause – sorgt die ausführliche Beschreibung der Dialoge für eine Anschaulichkeit und Lebendigkeit der Szene. Außerdem führen die kaum kommentierten Wiedergaben der Redetexte dazu, dass die einzelnen Einstellungen gegenüber der Trippelli und damit der Charakter der einzelnen Figuren und ihr jeweiliges Frauenbild deutlich vom Leser wahrgenommen werden können.

Erzählperspektive

Effi erscheint sowohl gegenüber der gesamten Gesellschaft wie auch gegenüber Lindequist und Innstetten als naiv und wenig durchsetzungsfähig. Höflich und besorgt schlägt sie vor, die Feier um 10 Uhr zu verlassen, und beruft sich dabei darauf, dass die Trippelli am nächsten Morgen früh aufstehen müsse, um den Zug zu bekommen. Gerade im Kontrast zur Antwort der Künstlerin wirkt Effi schwach, blass und naiv. Der Unterschied zwischen der durch „ungenierte Beredsamkeit" gekennzeichneten Trippelli und Effi, die mit „zarter Rücksichtnahme" auftritt, wird zu Beginn des Textauszugs deutlich. Der Hinweis der Trippelli, sie sei beim Schlaf im Zug nie „eingepresst", bezeichnet einen offensichtlichen Unterschied zur Enge, die Effi in Kessin empfindet oder noch empfinden wird.

zu Effis Charakter

>>

4 Interpretation literarischer Texte

>> Beispiel	Die Erwähnung von Reisezügen, in welchen Marietta Trippel offensichtlich häufig unterwegs ist, ist eine erneute, auch leitmotivisch zu verstehende Anspielung auf Effis Gebundenheit und Gezwungenheit. Erst im vorausgehenden Kapitel wurde geschildert, wie Effi sehnsuchtsvoll einem Zug hinterherblickt. Noch die Ausführungen der Trippelli über ihren gesunden und unproblematischen Schlaf stehen im Gegensatz zu Effis Situation: Aufgrund des Chinesen-Spuks kann sie nämlich gerade nicht mehr gut schlafen.
	Implizit und ohne direkten Bezug weisen die Äußerungen der Künstlerin also mehrfach auf Effis eigene Situation und ihre Gefühle hin. Indem Effi von allen weiteren „Mahnungen zum Aufbruch Abstand" nimmt, zeigen sich einmal mehr ihre Höflichkeit und ihr fehlendes Durchsetzungsvermögen.
	Eine deutliche und offensichtliche Unterordnung Effis vermittelt auch die weitere Schilderung des Gesprächs. Während Lindequists und Innstettens Ausführungen über ihre Gespräche mit der Trippelli sehr ausführlich und durch wörtliche Reden geschildert werden, ist nur am Rande erwähnt, dass Effi auch etwas sagt. Gerade sie hat sich aber während des Festes lange mit der Künstlerin unterhalten und hätte sicherlich einiges zu erzählen. Hier wird deutlich, dass es Effi kaum gelingt, im Gespräch der Männer ernst genommen zu werden und ihre Meinungen einzubringen.
	Effis untergeordnete und naive Rolle setzt sich im letzten Abschnitt fort. Ausdrücklich wird sie hier als unverständig dargestellt. Weder ahnt sie, dass hinter dem Auftreten der Trippelli Berechnung steht, noch versteht sie, warum Innstetten darüber amüsiert ist. Effis Menschenbild ist einfach. Berechnung ist keine Eigenschaft, die sie bei einem Gesprächspartner annehmen kann.
Zusammenfassung	Durch den Kontrast zur Trippelli und dem Umgang der Männer mit ihr wird in diesem Textauszug einerseits also deutlich, wie naiv und wenig durchsetzungsfähig Effi ist. Andererseits wird der weitere Verlauf, Effis Ausbruchsversuch und Innstettens Unverständnis, angedeutet.
Charakter Innstetten	[...] In erster Linie tritt Innstetten hier wieder als der Überlegene auf, der davon ausgeht, die Welt und die Menschen besser zu verstehen als Effi. Dass er mit der Trippelli über „Moralisches" gesprochen hat und Andeutungen über das „Gefährdetsein" bei öffentlichen Auftritten macht, zeigt einerseits, dass er auch gegenüber anderen Frauen seine Grundsätze zu vertreten und zu vermitteln versucht. Ob Innstettens Frage nach Moral und die Anspielungen auf das „Gefährdetsein" andeuten sollen, dass Innstetten diese ungewöhnliche Frau auch interessant findet, wäre eine lohnende Untersuchung.
Charakter Tripelli	[...] Die Trippelli ist eher eine Randfigur innerhalb des Gesamtromans. Ihr Lebenswandel steht in deutlichem Kontrast zu Effis Einstellungen und lässt diese gerade in den unmittelbaren Konfrontationen noch schärfer und deutlicher erscheinen: Effis Angepasstheit, Unterwürfigkeit und Naivität werden gerade dadurch heller beleuchtet, dass die Trippelli anders handelt. [...]

4.2 Epik

Im Roman *Effi Briest* finden sich zahlreiche Motive und Verweise, die zu Textverknüpfungen und Anspielungen auf einer dem bloßen Gang der Handlung übergeordneten Ebene beitragen. Das Rondell mit der Sonnenuhr im Garten der Briests, bestimmte Pflanzen, Effis Schaukel oder Anspielungen auf das Klettern, Fliegen oder Stolpern unterstreichen die Stimmungen der Figuren oder dienen dem Leser als Andeutungen kommender Veränderungen.

Der vorliegende Textauszug enthält kaum typische Motive, wobei die Erwähnung des Reisens, der Entfernung – auch vertreten durch die fremden Städte und das Telegramm in französischer Sprache – in deutlichem Gegensatz zu Effis Empfindungen von Enge und fehlender Ausbruch- oder Fluchtmöglichkeit steht und aufgrund seiner wiederholten Relevanz innerhalb des gesamten Romans durchaus leitmotivisch gedeutet werden kann.

Die Andeutung des Chinesen und das Problem seiner Beerdigung, welches sich dem Vater der Trippelli – dem Pfarrer Trippel – stellte, ist ebenfalls leitmotivisch zu verstehen. In dem Umgang mit dem Chinesen und dem Chinesenspuk deuten sich während des gesamten Handlungsverlaufs die Charaktere und Positionen der einzelnen Figuren an.

Die deutlichste leitmotivische Anspielung besteht natürlich in Innstettens Frage nach Moral, Verführung und Gefährdetsein. Wie in vielen anderen Stellen vor und nach diesem Gespräch zwischen Innstetten und der Trippelli deutet sich hierin Effis spätere Affäre mit Crampas an. Kontrastreich und interessant ist dabei, dass Effi ja gerade nicht so öffentlich und frei lebt wie die Künstlerin, diese aber weniger „gefährdet" scheint.

>> Beispiel
zu den Leitmotiven

Textdeutung

[...] Insgesamt lenkt der Textausschnitt den Blick des Lesers scharf und deutlich auf die Charaktereigenschaften der beiden Hauptfiguren – Effi und Innstetten – und zeigt deren Unterschiedlichkeit, die ja im weiteren Verlauf des Romans zu vielen Konflikten führen wird. Sowohl der Umgang der beteiligten Figuren mit Effi als auch die scharfe Kontrastierung mit den Wertvorstellungen und der Lebenseinstellung der Trippelli zeichnen ein deutliches Bild der naiven Effi, die eben nicht sicher, frei und redegewandt ist. Selbst die Beachtung, die die Männer der Künstlerin schenken, ist deutlich unterschieden von deren Umgang mit Effi. Ihrem Gesprächsbeitrag während des Nachhausewegs hören Lindequist und Innstetten kaum zu, über ihre Einschätzung der Trippelli macht sich Innstetten sogar lustig [...].

Ob die Künstlerin als positiver Entwurf weiblicher Selbstverwirklichung zu verstehen ist, der eine alternative, nicht zum Scheitern verurteilte Lebensweise für die Frauen der Fontane-Zeit anbieten soll, kann nicht sicher gesagt werden. Beachtet werden muss sicherlich, dass auch die Trippelli ihr Leben nur aufgrund der Finanzierung durch einen männlichen Gönner füh-

>>

>> Beispiel

ren kann. Dass der gesamte Lebenswandel und gerade der Umgangston der Künstlerin bei Gesprächen mit Männern aber offensichtlich von einem größeren Selbstbewusstsein und einem entsprechend anderen Rollenverständnis geprägt sind, als es die Kessiner Frauen ansonsten an den Tag legen, kann keinesfalls geleugnet werden. Stellenweise scheint sogar Innstetten von der Frau fasziniert zu sein. [...]

[...] Die in der Deutungshypothese formulierte Vermutung, die Textstelle beleuchte Effis Charaktereigenschaften und Innstettens Frauenbild, bestätigt sich also aufgrund der genaueren Untersuchung.

Überblick

Vorgehensweise bei der Interpretation erzählender Texte	
1. Formulieren einer Deutungshypothese	Die prägnante Zusammenfassung des Inhaltes und einer Gesamtdeutungsidee in einem Satz – dient als Bezugsrahmen der gesamten Interpretation und – kann durchaus am Schluss der Ausführungen präzisiert oder verändert werden.
2. Inhaltsangabe/ Textwiedergabe	– kurze Zusammenfassung des Inhaltes der Textstelle – Die weiteren Ausführungen können sich jeweils darauf beziehen. – Die Gefahr, bei der späteren Interpretationsarbeit in eine reine Inhaltsumschreibung abzudriften, wird reduziert. – Eine Inhaltsangabe steht im Präsens, sie enthält keine direkte Rede und keine den Text deutenden Aussagen.
3. Kontextuierung (bei Textauszügen)	– Einbettung des Textauszugs in das Gesamtwerk – Umschreiben des Handlungsverlaufs unmittelbar vor dem Beschriebenen – Beschreiben der Konsequenzen der Szene und Zusammenfassung der unmittelbar folgenden Handlung – Eingehen auf Tendenzen, Handlungs- und Entwicklungslinien, die das gesamte Werk durchziehen und für die ausgewählte Szene von Bedeutung sind
4. Textbeschreibung	Beschreibung des Textes, kann nach Absprache auch erste Deutungen enthalten Untersucht und beschrieben werden sollten folgende Aspekte: – Aufbau des Textes – Zeitgerüst – Handlungsorte – Erzählperspektive – Figurencharaktere und -stimmungen – Sprache – Motive und Leitmotive
5. Textdeutung	Zusammenfassung aller Deutungsergebnisse unter Bezug auf die eingangs formulierte Deutungshypothese, die in diesem Zusammenhang bestätigt, präzisiert oder verändert werden muss
6. Stellungnahme und Wertung	Stellungnahme zu den dargestellten Wertvorstellungen, den geäußerten Thesen und Argumenten oder Beurteilung der Darstellungsweise innerhalb des erzählenden Textes

4.3 Lyrik

Lyrik hat schon etwas ganz Besonderes an sich. Ein Gedicht ist nicht allzu umfangreich, schnell zu überblicken, aber sehr widerspenstig, wenn es darum geht, es zu verstehen. Manchmal hat man den Eindruck, man habe gleich alles verstanden, beim genaueren Hinsehen aber kommen Zweifel auf.

Lyrik zu interpretieren stellt die Interpreten vor verschiedene Probleme. Diese Probleme lassen sich allerdings meist lösen. Man tut aber gut daran, nach den Ursachen zu fragen, die hinter den Problemen stehen.

Zunächst einmal sind Gedichte äußerst **subjektive Gebilde**. Das heißt: Sie stellen besonders individuell-persönlich gehaltene Sehweisen, Empfindungen und dergleichen dar. (Das bedeutet nicht nur, dass es sich um Empfindungen und Gefühle handelt. Es kann sich auch um „objektiv gegebene Dinge" handeln, die dann in einem subjektiven Licht beleuchtet werden.)

Gedicht als sehr subjektiv geprägtes Gebilde

Gedichte sind besonders streng **durchkomponierte Gebilde**. Die Bausteine, aus denen sie zusammengesetzt sind, entstammen zwar der „Normalwelt" (das betrifft die Sprache, das betrifft aber auch die „Gegenstände", Bilder usw.). Diese Bausteine aber werden, wenn sie in das einzelne Kunstwerk eingefügt werden, aus ihrer bisherigen Umgebung herausgenommen, sie entwickeln einen „neuen" Sinn und beeinflussen sich in der Sinnkonstitution gegenseitig ganz entscheidend. So kommt es, dass im Grunde für jedes Gedicht eine eigene Sprache anzunehmen ist, die der Verstehende selbst wieder entschlüsseln muss. Dabei kann er sich nicht nur auf sein eigenes Empfinden verlassen, er muss vielmehr wissen, was die jeweiligen Elemente in ihrem ursprünglichen Zusammenhang bedeuteten (etwa im Zeithorizont, aus dem sie stammen, aber auch im Verwendungszusammenhang außerhalb des konkreten Textes). Entsprechend wird man bei der Gedichtinterpretation die schon vorgestellten Einzelschritte beim Interpretieren eines fiktionalen Textes (→ Seite 147) modifizieren müssen.

die Bausteine des Gedichts und ihre Bedeutung

Textwiedergabe

Die Textwiedergabe stellt bereits ein besonderes Problem dar. Es ist nicht immer ein eindeutiger Inhalt auszumachen. (Wenn das aber möglich ist, sollte man ruhig eine knappe Inhaltsangabe an den Anfang stellen! Man sollte sich aber stets dessen bewusst sein, dass es sich bei diesem „Inhalt" nur um eine vordergründige Gegebenheit handeln kann, die jederzeit überholt werden kann durch Einzeluntersuchungen.)

4 Interpretation literarischer Texte

die gestaltete Situation als Inhalt/Thema der Textwiedergabe

In aller Regel wird man sich bei der Textwiedergabe um die gestaltete Situation im weitesten Sinne zu kümmern haben. Dabei wird man von einer Gegenüberstellung „→ lyrisches Ich"–Situation ausgehen. (Auch wenn das lyrische Ich nicht expressis verbis vorhanden ist, kann man es jedem Gedicht gewissermaßen unterstellen.) Man wird also fragen:

Grundfragen an ein Gedicht

- Wie stellt sich in der Situation das Verhältnis lyrisches Ich–Welt dar?
- Man wird nach den einzelnen Aspekten, die die Situation konstituieren, zu fragen haben.
- Man wird nicht zuletzt auch fragen nach der Stimmung, in der man das lyrische Ich vermutet. Freilich ist diese Stimmung nicht immer direkt greifbar. Oft ist es so, dass der Rezipient selbst erst einmal in eine Stimmung versetzt wird oder auch nur verwirrt wird.
- Dann geht es darum, zumindest diese Wirkung, die der Text nach einer ersten Begegnung beim Leser hervorruft, genauer zu beschreiben.

Im Einzelnen wird man zu fragen haben:
- Welche Gefühle ruft der Text hervor?
- Woran erinnern einzelne Teile des Textes mich als Leser?
- Was wirkt vertraut, was wirkt fremd?
- Was spricht mich an? Was stößt mich ab? Was stört?
- Was ist unklar, dunkel, fremd?

Sinnvermutung, Deutungshypothese

Aus dem ersten Eindruck entwickeln wir eine Vermutung zum Sinn. Auch wenn dieser Sinn noch etwas dunkel ist, so versuchen wir doch, ihn festzuhalten. Dieser erste Sinn, den man entdeckt zu haben glaubt, beeinflusst dann das weitere Verstehen grundlegend. Deshalb sollte man das erste Verstehen fixieren und als „Hypothese" für die weitere Arbeit ausformulieren. Diese Sinnunterstellung macht noch nicht die letztendliche Bedeutung eines Textes aus. Wir müssen damit rechnen, dass sich da noch manches verändert. Deshalb wird man immer wieder auf die eingangs formulierte Hypothese zurückschauen und das neu Erkannte vergleichen.

Die Bedeutung darf nicht gleichgesetzt werden mit dem „Inhalt" des Gedichtes. Dieser Inhalt kann oft selbst gewissermaßen zur Großmetapher werden und damit zu einem Gesamtbild, das nun Bedeutungsträger wird.

Gliederung des ersten Interpretationsschritts

So kann der erste Abschnitt der Ausarbeitung untergliedert werden:
1. Erste Wirkung und Deutungshypothesen
    1.1 Erste Eindrücke
    1.2 Inhalte, Themen, Wirkungselemente
    1.3 Vermutungen zur Bedeutung

4.3 Lyrik

Tipp

Achten Sie darauf, wenn Sie sich den Inhalt des Textes klarmachen, dass Sie nicht einfach den Text paraphrasieren. Das Paraphrasieren stellt zwar ein probates Mittel dar, sich den Inhalt eines Textes oder Textabschnitts klarzumachen, doch wird es problematisch, wenn es Elemente aufnimmt, die mit dem Text nichts zu tun haben, die man nur aus der Erinnerung oder aus bestimmten Assoziationen bezieht.

Textbeschreibung

Die Textbeschreibung im weitesten Sinn bemüht sich darum, alle Elemente eines Textes herauszustellen bzw. herauszuarbeiten, die an der Sinnkonstitution beteiligt sind. Da es sich beim Gedicht um eine äußerst „dichte" Komposition handelt, die sehr viele Strukturelemente und Strukturebenen miteinander verbindet, wird man auch auf verschiedenen Ebenen zu arbeiten haben. Beim Arbeiten sollte man sich aber davor hüten, jedes einzelne herausgearbeitete Element sofort in eine Deutung zu überführen. Wohl aber wird man bei jedem Element nach seiner Funktion im jeweils übergeordneten Rahmen fragen müssen. Das heißt, es wird immer wieder zu fragen sein:

Nicht die Einzelelemente isoliert deuten!

- ▸ Was bewirkt das einzelne Element, das ich gerade identifiziert habe, im Textganzen?
- ▸ Und das bedeutet, dass man im Sinne eines Erkenntnisprozesses auch fragt: In welchem Zusammenhang steht das gerade Erarbeitete zu dem, was man schon erarbeitet hat?

Einordnung der Einzelelemente

- ▸ Schließlich wird man sich immer wieder an die eingangs formulierte Deutungshypothese erinnern und feststellen: Gibt es Beziehungen zwischen dem gerade Erarbeiteten und der These? Welcher Art sind diese Beziehungen?

Die wichtigsten Strukturebenen:

Thematischer Aufbau

Zunächst wird man den thematischen Aufbau des Textes in den Blick nehmen. Die meisten Gedichte sind schon vom Äußeren her deutlich gegliedert, sei es, dass sie in Strophen vorliegen, sei es, dass die einzelnen Verse/Zeilen Teilthemen enthalten. So wird zu fragen sein, ob mit der Strophengliederung auch eine Sinngliederung einhergeht. Läuft dann aber der Sinn über das Strophenende hinaus, ist eine besondere Akzentsetzung zu vermuten.

thematische Gliederung

Weitere Untergliederungen können sich vom Klang her ergeben: Der umarmende Reim kann einen Einschnitt setzen, der rhythmische Bogen kann Sinneinheiten abgrenzen. Eine besondere Versform, der → Alexandriner, kennt einen Einschnitt (→ Zäsur) in der Versmitte (nach der dritten Hebung) und macht so die Gegenüberstellung/→ Antithese in einer Zeile möglich.

Klanggestalt und Gliederung

4 Interpretation literarischer Texte

äußere und innere Gliederung

Neben dem äußeren Aufbau wird man auch nach einem inneren Aufbau zu suchen haben, das heißt, man wird gedanklich-thematische Einschnitte herausarbeiten. Besonders interessant wird es aber, wenn beide Gliederungsebenen nicht übereinstimmen und so bestimmte Akzente gesetzt werden, wenn also z. B. ein Satz über das Zeilenende hinaus läuft (→ Enjambement) oder wenn Reimbindungen über Strophengrenzen hinweg Beziehungen herstellen.

funktionale Auswertung formaler Gegebenheiten

Auf jeden Fall wird man darauf achten, dass nicht nur Formalia festgestellt und benannt werden („Wir haben einen Paarreim vorliegen."), sondern dass diese Formalia immer auch funktional ausgewertet werden.

In der Regel wird man sich darauf beschränken, den thematischen Aufbau zu benennen. Es ist aber auch möglich, schon hier erste Deutungsansätze zu versuchen. So kann man etwa Zusammenhänge und Beziehungen über Abschnittsgrenzen hinweg verfolgen, um nach einem ersten „Deutungszentrum", einem Höhepunkt, einem zentralen Motiv usw. zu fragen.

Zeichnen sich im Text verschiedene Phasen eines Ablaufs, einer Entwicklung ab, so wird man über den thematischen Aufbau solche Phasen der Entwicklung genauer bestimmen können.

Die Klanggestalt

Die Wirkung eines Gedichts hängt eng mit seiner Klanggestalt zusammen. Zur Klanggestalt gehören die Lautstrukturen, aber auch metrische und rhythmische Gegebenheiten.

Man muss sich davor hüten, bestimmten Lauten bestimmte Bedeutungen zuzuordnen. (Also etwa anzunehmen, i = hell, strahlend; u = dunkel, bedrohend.) Allerdings: Laute können Stimmungsträger werden und Stimmungen provozieren bzw. erzeugen.

Funktionen des Klangs:
– Stimmungswiedergabe
– Akzentsetzung

Am wichtigsten ist die Klanggestalt, wenn es darum geht, einzelne Textelemente besonders hervorzuheben, zu unterstreichen, Beziehungen herzustellen, Gegensätze bzw. Parallelen zwischen einzelnen Elementen oder Elementgruppen herauszustellen.

– Verbindungen herstellen

Laute können Wörter aufeinander beziehen, können sie verbinden, sei es, dass sie sie in ihrer Bedeutung nebeneinanderhalten oder dass sie Gegensätze unterstreichen.

Offenkundig wird eine solche Funktion im Reim. (Das gilt für den Endreim wie für den → Binnenreim, aber auch für den → Stabreim.)

In den Lautfolgen und Veränderungen von Lautthemen können sich Stimmung und Stimmungsveränderung ausdrücken.

Die Lautstruktur wird immer auch in Beziehung gesetzt zur Untersuchung des Metrums bzw. des Rhythmus. Unter **Metrum** versteht man das Versmaß, den regelmäßigen Wechsel von betonten und unbetonten Silben, während man mit **Rhythmus** die Klangbewegung, die sich beim Sprechen als Folge der Wortakzente und der Betonung von Sinn im Rahmen einer größeren Äußerung ergibt.

Bei der Untersuchung von Metrum und Rhythmus wird man insbesondere die Gesamtwirkung ins Auge fassen, das Regelmäßige sehen, dann aber auch das Abweichende hervorheben und für eine Deutung nutzen. Allerdings sollte man nicht allzu viel in metrische Gegebenheiten hineindeuten.

Wirkung von Metrum und Rhythmus

Bilder und ihre Bedeutung

Bilder, → Metaphern, Vergleiche und → Allegorien sind die zentralen Elemente im Gedicht. Sie setzen ins Bild, teilen mit, was eigentlich unsagbar ist, weil die Sprache an sich ungeeignet oder noch nicht weit genug entwickelt ist, machen verständlich, verdeutlichen, veranschaulichen, machen zugänglich.

Ihr großer Vorzug: Sie sind „zugänglich", während das von ihnen Gemeinte erst erschlossen werden muss. Da liegen dann auch die großen Probleme. Man ist geneigt, sich schnell zu fragen, was das einzelne Bild, hat man es einmal erkannt, bedeutet. Eine solche vorschnelle Suche nach Einzelbedeutungen kann in die Irre führen, da man dann auch schnell versucht ist, die gefundene Einzeldeutung auf das ganze Gedicht auszudehnen. Das würde dann aber den Blick für die übrigen Elemente (auch für die übrigen Bilder in ihrem Eigenrecht) verstellen. Wie geht man nun mit einem Bild sachgerecht um?

Bilder müssen gedeutet werden

- ◉ Man beschreibt, was das Bild konkret bestimmt, aus welchen Elementen es zusammengesetzt ist, was das Bild erkennen lässt.
- ◉ Man bestimmt die besonderen Merkmale des Bildes.
- ◉ Man untersucht, wie die einzelnen Bildteile zusammenhängen.
- ◉ Man sucht nach vergleichbaren Bildern oder Bildteilen im Text, nach Weiterführungen und Ausweitungen.
- ◉ Man fragt nach den übrigen Bildern bzw. Bildteilen, die der Text enthält, und sucht nach Beziehungen. (Man prüft etwa, ob es sich um Parallelen, Ergänzungen, Gegensätze handelt.)

Arbeit an Bildern

Ein Bild entfaltet in seiner kontextuellen Umgebung eine eigene Bedeutung, in die die bisherige Bedeutung zwar einfließt, die aber doch entschieden Eigenständigkeit entwickelt. Um diese Bedeutung nun genauer bestimmen zu können, muss man wissen,

- ◉ was das Bild bisher bedeutete (in den bisherigen Verwendungszusammenhängen, also etwa im Rahmen der Motivgeschichte),
- ◉ was die Bildumgebung im aktuellen Text vorsieht (Wie wird die „Leerstelle" genauer umrissen?).

4 Interpretation literarischer Texte

⊙ Schließlich wird man auch nach den Vorstellungen fragen, die sich beim Lesenden selbst ergeben.

Haben wir mehrere Bilder in einem Text vorliegen, so empfiehlt es sich, die Ordnung der Bilder dadurch nachzuzeichnen, dass man sie in den thematischen Aufbau einordnet. Eine andere Möglichkeit ist darin zu sehen, dass man verwandte Bilder zu Gruppen zusammenordnet und so Bündel gleichgeordneter Elemente erhält. Man wird also nach gemeinsamen Merkmalen Bündel zusammenziehen (hier können unter Umständen auch formale Gegebenheiten wie etwa Lautthemen berücksichtigt werden!), die dann in ihren Beziehungen zueinander beschreibbar sind (Gegensätze, Parallelen ...).

Bilder zueinander in Beziehung setzen

Wenn man dieses Verfahren systematisch anwendet, ergibt sich:

⊙ Alle Bildeinheiten werden notiert.
⊙ Die enger zusammengehörenden Teile werden zusammengezogen.
⊙ Man überlegt: Was bezeichnen die Teile ursprünglich? Was wird im konkreten Fall gesagt?
⊙ Welches Bedeutungsfeld wird von der Gruppe von Bildern erfasst? (Man beachtet in diesem Zusammenhang das gemeinsame Merkmal besonders.)
⊙ Bei der Frage nach der Beziehung zwischen einzelnen Bildgruppen wird man ausgehen von der Suche nach einem „Leitmotiv" (oft im Gedichttitel enthalten) bzw. der zentralen Thematik (wie sie sich etwa im thematischen Aufbau zeigt).

Frage nach dem Leitmotiv

Sprachliche Gestalt

Natürlich wird man die sprachlichen Gegebenheiten im engeren Sinn nicht unberücksichtigt lassen. Schon die Wortwahl oder die Wahl der Sprachebene kann hier von besonderer Bedeutung sein. Aber auch grammatische Phänomene wird man angemessen berücksichtigen.

Nicht umsonst spricht man immer wieder von der „dichterischen Freiheit", die sich gerade Autoren von Gedichten herausnehmen, um etwa den Anforderungen von Metrum, Klang, Reim, Rhythmus usw. noch gerecht werden zu können. Abweichungen von grammatischen Normen sind immer von Interesse. (Man sollte nicht einfach sagen: Er konnte es halt nicht besser!) Insbesondere dann wird man von sinntragenden grammatischen Elementen zu sprechen haben, wenn besonders auffällige Abweichungen vorliegen, wenn also z.B. auf den Einsatz von Verben verzichtet wird, wenn offenkundige Auslassungen (Ellipsen) vorliegen usw.

sprachliche Besonderheiten erfassen

Will man grammatische Phänomene eines Textes in die Deutung einbeziehen, so wird man zu fragen haben:

- Was leistet das untersuchte grammatische Phänomen im sprachlichen „Normalfall"? (z. B.: Im Verb äußert sich Aktion.)
- Was ist im konkreten Text der Fall? (z. B.: keine Verben)
- Wie ist das zu deuten? (Statik, keine Aktion ...)

Man wird auch darauf zu achten haben, wie weit die Gesamtstruktur eines Textes vom konkreten grammatischen Phänomen beeinflusst wird. (Beispiel: Ein Gedicht enthält nur drei Satzzeichen, die wiederum Sinneinschnitte markieren ...)

Die Interpretation/Deutung

Es geht in diesem Schritt darum, die in der Textbeschreibung zusammengestellten wesentlichen Textelemente und Strukturen so in ein Gesamtbild einzufügen, dass sich eine Deutung des Textes ergibt. Nun gibt es verschiedene Wege, zu einer solchen Gesamtdeutung zu gelangen. Am sichersten wird man wohl sein, wenn man ausgeht vom Leitthema, vom zentralen Motiv, wie es gelegentlich schon im Titel des Textes angedeutet wird, oder vom zentralen Bild, das der Text enthält und das man im Rahmen der Bildstruktur herausgearbeitet hat.

Ansatz einer Gesamtdeutung

Offen bleibt zunächst die Frage nach der Richtung, in die man die Deutung entwickeln sollte. Wichtige Hinweise auf diese Richtung geben besonders auffallende Merkmale, die die Textbeschreibung zutage gefördert hat. Diese können auf der Bild- wie auf der Lautebene gefunden werden. Auch die grammatische Ebene könnte einiges zu erkennen geben (wenn etwa verschiedene Tempora aufeinanderfolgen ...).

Schließlich wird man bei den Bildern und ihren Bedeutungen einsetzen und eine Zusammenschau versuchen. Dabei wird man den thematischen Aufbau einbeziehen, der Hinweise für eine Gesamtdeutung geben kann. (So kann z. B. eine steigernde Strophengliederung auf den Höhepunkt hinweisen.)

Einzelaspekte in die Gesamtdeutung einarbeiten

Bei der Formulierung der **Gesamtinterpretation** sollte man sich schon den einzelnen Teilen zuwenden und diese angemessen würdigen. Natürlich wird man sie integrieren und in eine Gesamtdeutung einbinden.
Bei der **Detaildeutung** wird man nicht unbedingt Zeile für Zeile vorgehen, man wird aber doch die wichtigen Momente, die das Gesamtbild prägen, vorführen und auch im Text absichern.

Eine Gesamtdeutung kann in bestimmten Zusammenhängen auch über die Ergebnisse der Textbeschreibung hinausgehen und wichtige Elemente des Zeithorizonts, der Epoche, biografische Gesichtspunkte und dergleichen mehr einbeziehen.

Epochenbezüge

So wird man etwa bei der Suche nach einer Gesamtdeutung epochentypische Elemente ganz besonders berücksichtigen und von ihnen her eine Deutung konzipieren.

Gedichtvergleich

Vergleichen heißt: die Unterschiede darstellen, aber auch das Gemeinsame herausarbeiten

Will man zwei Dinge miteinander vergleichen, so nimmt man an, dass die beiden zu vergleichenden Dinge einiges gemeinsam haben, aber auch, dass sie sich unterscheiden. Entsprechend werden Sie Ihre Arbeit anlegen. Es kann nicht darum gehen, einfach zwei Gedichte zu interpretieren, um dann festzustellen, da und dort kommt man zu verschiedenen Ergebnissen. Sie werden vielmehr zunächst einmal danach zu fragen haben: Was ist das beiden Gedichten Gemeinsame? Dann aber wird es Ihre Aufgabe sein, unter diesem besonderen Gesichtspunkt die beiden Texte jeweils für sich zu befragen und einer ersten Interpretation zuzuführen. Schließlich sind Unterschiede und Gemeinsames im Detail herauszuarbeiten. In einem letzten Abschnitt werden Sie dann noch nach den möglichen Ursachen und Hintergründen der Unterschiede fragen, ehe Sie nach der spezifischen Wirkung schauen, um schließlich zu einer Auseinandersetzung und Bewertung zu kommen.

Die folgenden Arbeitsschritte liegen also nahe.

Erster Arbeitsschritt: Hypothetische Grundlegung

Ziel dieses Arbeitsschrittes ist es, die Schwerpunktbildung für die weitere Arbeit vorzunehmen und zu begründen. Dazu ist es sinnvoll, zunächst nach dem zu suchen, was beiden Texten grundsätzlich gemeinsam ist. Es geht hier noch nicht darum, alles, was sie gemeinsam haben, hervorzuheben. Es soll vielmehr das „Tertium comparationis" gesucht werden, also der „Punkt", von dem aus die Texte miteinander verglichen werden können. Dieser Punkt kann unter anderem sein:

Suche nach dem „tertium comparationis"

- ein zentrales Motiv (z. B. die Rose ...)
- die Thematik (z. B. Entgrenzung des Ich, Befindlichkeit des lyrischen Ich ...)
- Gesamtform, Gesamtaufbau (z. B. Sonett)
- Epochenzugehörigkeit

Man könnte auch feststellen,

- ob sich die Gedichte die etwa gleiche Frage stellen (und dann zu verschiedenen Antworten kommen);

4.3 Lyrik

- ob die Gedichte mittels der gleichen Gestaltungsmittel verschiedene Inhalte thematisieren („Nacht" als Bedrohung – „Nacht" als behütendes Element);
- ob die Gedichte, verschiedenen Epochen zugehörend, dasselbe Thema behandeln (und zu epochenspezifischen Ansichten kommen ...).

Das in diesem Arbeitsschritt erzielte Ergebnis darf zwar noch keinen endgültigen Charakter haben, aber es bestimmt doch das weitere Vorgehen wenigstens so lange, bis sich neue Erkenntnisse einstellen. Das bedeutet: Wenn Sie beim weiteren Arbeiten später feststellen, dass Sie mit Ihrer ersten Hypothese nicht ganz richtig lagen, so bedeutet das nicht, dass Sie alles wegwerfen können, was Sie bis dahin erarbeitet haben. Vielmehr legt dieser Arbeitsprozess Zeugnis ab von der Redlichkeit Ihres Vorgehens. Sie müssen aber bereit sein, die eingangs formulierte Hypothese zu revidieren und mit der neuen Hypothese weiterzuarbeiten.

Zweiter Arbeitsschritt: Untersuchung der Texte

Hier interpretieren Sie jeden der beiden Texte einzeln, das heißt, Sie fertigen für jeden Text eine Textwiedergabe, eine Textbeschreibung und eine Interpretation an, allerdings setzen Sie – das ist die wichtigste Folgerung aus dem ersten Arbeitsschritt – bestimmte Schwerpunkte. Sie werden bei Ihrer Arbeit am einzelnen Text immer wieder ausgehen vom „Tertium comparationis" und zu ihm auch immer wieder zurückkehren.

Einzeluntersuchungen der Texte

> **Beispiel**
>
> Wenn Sie zwei Sonette zu vergleichen haben und der Meinung sind, es sei zunächst einmal die Form des Sonetts das entscheidende Moment, das beide Texte vergleichbar macht, so werden Sie sich immer wieder zu fragen haben, wie und wozu der einzelne Text die Form einsetzt, wieweit er etwa die von der Form her mögliche Antithetik durchhält oder ob er sie von vornherein auflöst usw.

Zwar wird man die übrigen Gesichtspunkte der Textbeschreibung nicht ganz vernachlässigen dürfen (so ist es z. B. immer notwendig, die Bildstruktur zu beachten, vor allem wenn man die thematische Struktur nicht vordergründig an der Oberfläche festmachen möchte), aber das Gewicht und die Bedeutung der Einzelbeobachtungen bestimmt sich immer vom „Tertium comparationis" her.

> **Tipp**
>
> Wenn Sie später die Ergebnisse Ihrer Arbeit ausformulieren, werden Sie natürlich die Ausschnitthaftigkeit und die notwendigerweise immer etwas einseitige Perspektive Ihrer Interpretation betonen.

Dritter Arbeitsschritt: Gemeinsamkeiten, Unterschiede

Vergleiche

Über die Grundgemeinsamkeit der Texte sind Sie sich inzwischen im Klaren. Von ihr ausgehend halten Sie die beiden isolierten Interpretationen gegeneinander und überprüfen, was noch alles ähnlich ist. Sie können dazu ein Arbeitsblatt mit drei Spalten anlegen, wobei Sie in die beiden äußeren Spalten die jeweiligen Interpretationselemente eintragen, während Sie in die mittlere Spalte mit jeweils einer Farbe die beiden gemeinsamen Elemente bzw. das auffallend Unterschiedliche eintragen.

Hintergründe der Gemeinsamkeiten sowie der Unterschiede

Erst in einem zweiten Teilschritt kümmern Sie sich um die Hintergründe und Zusammenhänge, die einerseits zu dem Gemeinsamen und andererseits zu den Unterschieden führen. Dabei sollten Sie nicht allzu sehr ins Detail gehen, aber Sie werden die wesentlichen Unterschiede darstellen müssen. Schließen Sie diesen Arbeitsschritt mit dem Versuch einer „Gesamtschau" ab. Gehen Sie dabei von Ihrer Arbeitshypothese aus und fassen Sie wesentliche Gemeinsamkeiten und Unterschiede zusammen.

Vierter Arbeitsschritt: Würdigung, Stellungnahme

Hier geht es nicht darum zu sagen, das eine Gedicht sei „gut", das andere „schlecht". Natürlich können Sie auch ästhetische Urteile abgeben, die Sie dann allerdings begründen müssen. Wichtiger aber ist eine Stellungnahme zur Gesamtaussage der Texte. Es geht darum, die Aussagen der Texte genauer zu formulieren und sie dann aus dem eigenen Lebenshorizont heraus zu beurteilen, das heißt, nach ihrer „Wahrheit" zu fragen, wie sie sich im eigenen Erleben beweisen würde. Dann dürfte auch die Begründung der jeweiligen Bewertung nicht allzu schwerfallen.

Beispiel

Gedichtinterpretation

Georg Trakl

Kaspar Hauser Lied

Für Bessie Loos

Er wahrlich liebte die Sonne, die purpurn den Hügel hinabstieg,
Die Wege des Walds, den singenden Schwarzvogel
Und die Freude des Grüns.

Ernsthaft war sein Wohnen im Schatten des Baums
Und rein sein Antlitz.
Gott sprach eine sanfte Flamme zu seinem Herzen:
0 Mensch!

4.3 Lyrik

>> **Beispiel**

Stille fand sein Schritt die Stadt am Abend;
Die dunkle Klage seines Munds:
Ich will ein Reiter werden.

Ihm aber folgte Busch und Tier,
Haus und Dämmergarten weißer Menschen
Und sein Mörder suchte nach ihm.

Frühling und Sommer und schön der Herbst
Des Gerechten, sein leiser Schritt
An den dunklen Zimmern Träumender hin.
Nachts blieb er mit seinem Stern allein;

Sah, daß Schnee fiel in kahles Gezweig
Und im dämmernden Hausflur den Schatten des Mörders.

Silbern sank des Ungebornen Haupt hin.

Georg Trakl: Die Dichtungen. Otto Müller Verlag. Salzburg 1938; 13. Auflage (Revidiert nach dem Text der historisch-kritischen Ausgabe), S. 109.

Interpretationsauszüge

In der Figur des Kaspar Hauser führt Georg Trakl einen Menschen vor, der seine bisherige Natur/Umgebung verlässt und in die „Stadt der Menschen" zieht, dort zunächst auch aufgenommen wird, dann aber letztendlich doch zerbricht.

Das Gedicht stellt den Menschen dar, der zunächst gewissermaßen im „paradiesischen" Zustand lebt, sich im Einklang befindet mit Gott und seiner Umgebung, dem auch der Tod noch keine Schrecken bereithält, der dann aber diesen paradiesischen Zustand aufgibt und versucht, sich ins soziale Gefüge menschlicher Gesellschaft einzupassen. Dabei scheitert er, wird im Übertritt unschuldig schuldig und muss zugrunde gehen. Einzig durch die Tatsache, dass er seinen bisherigen „Stand" aufgibt, verliert er den Status der Unschuld und wird empfänglich sowohl für das Leid des Lebens als auch für den Schrecken des Todes.

Der thematische Aufbau folgt dem „Werdegang" des Menschen Kaspar: Die ersten zwei Strophen gelten seinem Sein vor dem Eintritt in die Gesellschaft, vor seinem Gang zu den Menschen in die Stadt. Diese Phase des Daseins wird bestimmt vom Einklang Mensch – Natur und Mensch – Gott. [...]
Die zweite Phase stellt den Übergang dar. Dieser Übergang erfolgt als ein Wollen, allerdings ohne das Wissen. Bisherige Verhaltensweisen werden

>>

>> **Beispiel**

beibehalten. Das wird deutlich im „Stille fand sein Schritt" (Z. 8), aber auch im Bild des ihm folgenden „Busch und Tier" (Z. 11). Ein erster Missklang, die „dunkle Klage" (Z. 9), wird bereits hörbar, und wenn auch Elemente des bisherigen Daseins mit übernommen werden, so deutet sich doch jetzt bereits die Bedrohung als eine unabwendbare an: „Sein Mörder suchte nach ihm." (Z. 13) [...]

Die dritte Phase – im Text die fünfte Strophe – wird bestimmt durch den Wechsel der Jahreszeiten: Frühling, Sommer und Herbst. Kaspar ist nach wie vor der Gerechte. Er bleibt draußen, wird von außen verfolgt. [...]

Das Ende der fünften Strophe macht deutlich: Kaspar Hauser bleibt in der Isolation, und so kann sich in der letzten Phase die Zeit vollenden: Der noch Ungeborene muss sterben. [...]

Die einzelnen Phasen werden bestimmt durch die Bildlichkeit, wobei einzelne Bilder über die Grenzen der Phasen hinwegreichen, gewisse Veränderungen mitmachen und dadurch sowohl Verbindungen herstellen als auch das je Unterschiedliche ins Bewusstsein rücken.

Die Bilder der ersten Phase vergegenwärtigen das Dasein Kaspars in einem zeitlosen, gleichzeitig aber auch „ernsthaften" Raum. Bestimmt wird dieses Dasein durch Sonne, Wald, Grün und auch durch das Bild des Schwarzvogels, der Amsel also, die als der Repräsentant des Todes gelten mag. Die Natur also bestimmt das Leben Kaspars. Der Einklang, der besteht zwischen ihm und dem ihn Umgebenden, umschließt sowohl das Werden als auch das Vergehen. Der Tod ist ein integraler Bestandteil dieser Harmonie, die die menschliche Existenz ernsthaft und gleichzeitig rein sein lässt. [...]

Auch mit Gott weiß sich der Mensch, wie er in dieser Phase in Erscheinung tritt, im Einklang. Er ist offen für die „sanfte Flamme" (Z. 6), die ihn als Menschen anspricht.

Die Bilder der Phase des Übergangs kündigen bereits den Untergang an. Er findet die Stadt „am Abend" (Z. 8), sein Sprechen wird als „dunkle Klage" (Z. 9) dargestellt. [...]

Aber auch bisherige Verhaltensweisen werden beibehalten: Sein Schritt ist noch „[s]tille" (Z. 8), und zentrale Momente aus der ersten Phase begleiten ihn: „Ihm aber folgte Busch und Tier" (Z. 11), während sich die Entmenschlichung bereits ankündigt im Mörder, der nach ihm sucht.

In der dritten Phase zeichnet sich zunächst eine gewisse Dauer ab: Frühling, Sommer und Herbst als Jahreszeiten repräsentieren das Geschehen im Ablauf der Zeit. Der „Gerechte[]" (Z. 15) ist noch aufgehoben im Jahreskreis, der eine Rückbindung an die erste Phase erlaubt, zumindest aber Erinnerungen zulässt. Noch immer sind die Verhaltensweisen zurückhaltend, sein „leiser Schritt" (Z. 15) stört nicht, andererseits vermag er nicht einzutreten. Er bleibt draußen, vor allem nachts bleibt er einsam, ausgeschlossen und muss so die

4.3 Lyrik

>> **Beispiel**

„Vollendung der Zeit", die sich im Schnee andeutet, zur Kenntnis nehmen, eine Vollendung, die kaum etwas Positives mit sich bringt. [...]

Während der Herbst noch als „schön" (Z. 14) empfunden wird, fällt nun Schnee in „kahles Gezweig" (Z. 18). So werden die Bilder der vierten Phase, die das Ende markieren, bestimmt durch die Merkmale Isolation, Kälte und Bedrohung. Gerade die Bedrohung wird besonders deutlich in der „Umwertung der Werte". Lebte früher der Gerechte „[e]rnsthaft [...] im Schatten des Baums" (Z. 4), so sieht er nun im dämmernden Hausflur den „Schatten des Mörders" (Z. 19). Was er ursprünglich wollte mit dem Übergang, nämlich eine Rolle in der Gesellschaft übernehmen, bleibt ihm versagt. Er wird nicht in die Gesellschaft hineingeboren, bleibt „ungeboren" und muss sterben, ehe er in der Gesellschaft Fuß fassen kann. [...]

Kaspar Hauser, von Gott einst als Mensch angesprochen, suchte den Weg in die Gesellschaft, verbrachte eine Zeit in der Gesellschaft, ohne ihr Mitglied werden zu können, blieb der Gerechte, der er war, blieb leise, wurde so immer gefährdeter, bis er schließlich in seiner Isolation zusehen musste, wie das einzige, das von außen zu ihm vordrang, der Schatten seines Mörders war. [...]

Es scheint nach Trakl also nicht möglich, die individuelle Unschuld zu bewahren und gleichzeitig den Weg in die Gesellschaft zu gehen. Dieser Weg bedeutet immer schon ein Sich-Entfernen vom eigentlichen Idealzustand, eine Entfremdung, die zur Schuld wird und an deren Ende keineswegs die „Aufnahme in die Gesellschaft" stehen muss, zumal dann nicht, wenn die Verwurzelung im ursprünglichen (paradiesisch-unschuldigen) Zustand zu stark war. [...]

Text nach: Friedel Schardt, Grundbegriffe; Interpretationsaufsatz;Schroedel Verlag Hannover 1991, S.85 ff.

Überblick

Vorgehensweise bei der Interpretation lyrischer Texte	
1. Textwiedergabe	Die Thematik bzw. der Textinhalt oder die vom Text erzeugte Stimmung wird festgehalten. Eine Deutungsvermutung (Hypothese) wird formuliert.
2. Textbeschreibung	Wichtige Aspekte des Textes werden herausgearbeitet und untersucht: – der thematische Aufbau – die Klanggestalt (Reim, Rhythmus, Assonanzen etc.) und deren Funktion – syntaktische Auffälligkeiten (z.B. Anakoluth, Chiasmus, Parallelismus etc.) und deren Funktion – die Bildlichkeit (Metaphern, Symbole, Vergleiche) sowie ihre Strukturen und Zusammenhänge
3. Texterörterung	Eine Gesamtdeutung wird versucht. An sie kann sich eine Stellungnahme bzw. Bewertung anschließen.

4.4 Dramatik

Mimesis

Das Drama, das stellte schon Aristoteles fest, bildet nachahmend Lebenssituationen ab. Aus diesem „mimetischen (= nachahmenden) Grundzug" leiten sich die grundlegenden Untersuchungsrichtungen und Zugriffe ab, die bei der Bearbeitung eines Problems aus dem Bereich Drama infrage kommen. In den für eine dramatische Abbildung interessanten Wirklichkeitsausschnitten treffen in aller Regel Figuren aufeinander, die handeln und miteinander verhandeln, die in Konflikt geraten, den Konflikt austragen oder sich einigen.

Was für die Wirklichkeit gilt, gilt in besonderem Maße für das Drama, das ja sozusagen ein Modell der Wirklichkeit entwirft. Im Drama haben wir es mit Figuren zu tun. Diese Figuren stehen in einer bestimmten Situation, haben es mit bestimmten Umständen und Bedingungen zu tun, wenn sie aufeinandertreffen. Diese Ausgangssituation wird zu Beginn des Dramas eingeführt (**Exposition**). Von ihr ausgehend sprechen die Figuren miteinander oder äußern sich über ihre Situation, aber sie handeln eben auch mit- bzw. gegeneinander. Es kommt zu Verwicklungen, ein „Knoten" wird geschürzt, ein Konflikt entsteht, der sich dann weiterentwickelt und steigert. Die Handlung schlägt um (**Peripetie**), eine Lösung zeichnet sich ab, wird unter Umständen hinausgezögert (**Retardierung**), ehe sie realisiert wird.

So wird man bei der Bearbeitung eines Themas immer folgende drei Grundstrategien des Arbeitens zu beachten haben:

Tipp

⊙ Man fragt nach den Figuren und ihrem Verhältnis zueinander (also nach der „Konfiguration"),
⊙ man fragt nach dem Sprechen der Figuren und
⊙ man fragt nach den Handlungsstrukturen.

Das bedeutet im Einzelnen, dass Sie das Drama auf alle folgenden Punkte hin untersuchen müssen.

Konfigurationsaspekte

Figuren immer in der Konfiguration betrachten

Figuren, die in einem Drama auftreten, sind keine echten Menschen, sondern eben „Figuren", **Konstrukte**, die eine ganz bestimmte Aufgabe im Rahmen des Dramas haben. Sie sind nur in diesem Drama vorhanden und beziehen sich immer auf die anderen mithandelnden Figuren. Man sollte deshalb eine Figur immer im Rahmen der Mit- oder Gegenfiguren betrachten.

4.4 Dramatik

Bei der Beschreibung einer Figur wird man einerseits die „äußeren" Merkmale wie Alter, Geschlecht, Standeszugehörigkeit usw. beachten, aber auch die individuellen Eigenschaften der Figur berücksichtigen müssen. Diese **individuellen Eigenschaften** kann man auf verschiedene Arten und Weisen klären:

- ⊙ Zunächst einmal ist es möglich, dass der Autor in seinen **Regieanweisungen** oder schon im Inventarverzeichnis einiges sagt.
- ⊙ Darüber hinaus aber passiert es häufig, dass eine Figur sich **selbst charakterisiert**, sei es, dass sie sich – etwa in einem Auftrittslied oder -monolog – direkt an den Zuschauer wendet, oder dass sie in die Handlung eintritt und sich den übrigen handelnden Figuren vorstellt.
- ⊙ Auch **andere Figuren** können Charakteristisches über eine Figur sagen. Wenn wir solche Äußerungen heranziehen, müssen wir beachten, dass sie **immer perspektivisch** zu interpretieren sind, das heißt, wir müssen immer auch sagen, von wem die jeweilige Aussage stammt.
- ⊙ Nicht selten sind wesentliche Merkmale einer Figur aus ihren **Verhaltensweisen** bzw. aus ihrer Art und Weise der Selbstdarstellung, des Sprechens und dergleichen ableitbar.

Charakterisierung einer Figur

Auch ihre **Zielvorstellungen**, die **Motive** ihres Handelns usw. werden von besonderer Bedeutung sein. Dabei müssen wir wiederum beachten, ob diese Motive von uns aus dem Handeln erschlossen oder ob sie von der Figur selbst genannt bzw. von anderen benannt werden. (Gerade wenn solche Motive genannt werden, ist immer wieder Täuschung möglich: sei es, dass eine Figur „falsche" Angaben macht; sei es, dass andere eine Figur und ihre Motive falsch einschätzen.) In jedem Fall ist entscheidend, was eine Figur in ihrem Verhalten und Handeln erreichen will.

Handlungsmotive

Will man eine einzelne Figur beschreiben, dann ist es oft hilfreich, sie mit den übrigen Figuren des Stückes zu vergleichen, sie in eine gleichgesinnte Gruppe einzuordnen oder sie mit Gegenfiguren zu konfrontieren. Was man auch immer in diesem Zusammenhang tut, man sollte die Beziehungen, die bestehen, benennen. Trifft eine **Figur** auf eine **Gegenfigur**, kann sie in einen **Konflikt** geraten. Das ist in der Regel im Drama der Fall. Diese Konfliktsituation sollte beschrieben werden, soweit sie mit den Merkmalen der beteiligten Figuren zu tun hat.

Bei einer Figur sollte man untersuchen:

- ⊙ ihre Eigenschaften,
- ⊙ ihre Ziele und Motive,
- ⊙ ihren „Platz" zwischen den Figuren (und in der Gesellschaft),
- ⊙ ihre „typischen" Verhaltensmerkmale.

Tipp

Das Sprechen der Figuren

Die Figuren auf der Bühne äußern sich in aller Regel, sei es, dass sie miteinander sprechen und verhandeln (**Dialog**), oder dass sie allein auf der Bühne stehen und sich im **Monolog** äußern.

Der Monolog

Der Monolog ist eigentlich eine nicht ganz natürliche „Kommunikationssituation". Auf der Bühne kann er zu ganz bestimmten Zwecken eingesetzt werden.

Was kann im Monolog ausgedrückt werden?

- Er kann genutzt werden, um eine Figur über ihre **innere Situation**, ihr Fühlen und Denken sprechen zu lassen.
- Auch ihre **bisherigen Erfahrungen**, ihre **Weltsicht** und **Wertvorstellungen** kann eine Figur im Monolog darstellen.
- **Planungen**, **Befürchtungen** und **Hoffnungen** lassen sich im Monolog dem Zuschauer mitteilen.

Einbettung des Monologs in die Situation

Will man einen Monolog etwas genauer untersuchen, wird man zunächst die „äußere Situation" beschreiben, in der sich der Sprechende befindet. Das bedeutet: Es ist zu fragen

- nach dem genauen Stand der Handlung zum Zeitpunkt des Monologs,
- der Situation der Figur, die den Monolog spricht,
- nach weiteren Faktoren, die die Situation unter Umständen bestimmen.

Dann wird man den Monolog selbst befragen und beachten:

- Was wird gesagt zur Lage des Sprechenden?

Intentionen des Monologs

- Welche Gefühle/Empfindungen werden geäußert?
- Werden Angaben über Ziele/Zielvorstellungen gemacht?
- Gibt es Hinweise auf Weltsicht und Weltbild des Sprechenden?
- Wird das bisherige Geschehen bewertet?
- Werden andere Figuren bewertet?
- Werden Ideen dargelegt, die die Figur selbst entwickelt?

Zusammenfassend wird man oft zu fragen haben: Welche allgemeinen Auffassungen und Einstellungen, welche Weltsicht, Werte werden deutlich?

Der Dialog

Im **Dialog** verhandeln Figuren miteinander. Der Dialog im Drama ist keine

Dialog als Modell

reale Kommunikationssituation, vielmehr wird auch in ihm **ein Modell** vorgeführt, und entsprechend wird man zu fragen haben:

- Was soll da modellhaft gezeigt werden?
- Mit welchen Interessen und Absichten spricht die einzelne Figur?
- Soll informiert, überredet, getäuscht, dargelegt ... werden?

Man wird natürlich auch beachten müssen, ob es Unterschiede gibt zwischen dem, was einer sagt, und dem, was er vorhat oder meint.

Die **Sprechhaltung** spielt eine ganz besondere Rolle. Hier wird man besonders auf die **Regieanweisungen** und auf die **konkrete Sprachgebung** achten. In der Sprechhaltung werden unter Umständen gesellschaftliche Positionen und Konventionen besonders gut erkennbar. Aber auch die Einstellung zum Gesprächspartner lässt sich aus der Sprechhaltung ableiten. (In diesem Zusammenhang wird man auch die Wortwahl und die Wahl der Sprachebene beachten!)

Sprechhaltung im Dialog

Beachten sollte man darüber hinaus,

- ◉ wie weit sich die Gesprächspartner aufeinander beziehen (oder reden sie ganz aneinander vorbei?),
- ◉ wie weit sie gegenseitig ihre Rede aufnehmen,
- ◉ wie weit sie kommentierend beiseite sprechen,
- ◉ ob sie monologisierend den Gesprächsfluss unterbrechen usw.

Dialog als „Rede" und „Gegenrede"

Schließlich wird man auch die thematische Entwicklung eines Dialogs nachzeichnen:

thematische Entwicklung

- ◉ Was haben die einzelnen Partner zum anstehenden Thema zu sagen?
- ◉ Macht die Verhandlung Fortschritte oder bewegt man sich im Kreis?

Handlungsstrukturen

Eigentlich stellt das Sprechen im Dialog schon Handlung dar und entsprechend wird man die Untersuchung von Dialogen auch einbetten in die Untersuchung des Handlungsverlaufs.

Dialog und Handlung

Will man die Handlungsstrukturen etwas genauer verfolgen, so wird man zunächst den **Gesamtaufbau** des Stückes zu beschreiben haben.

Dabei beginnt man mit der **Ausgangssituation** (der „→ Exposition") und fragt:

Fragen zur Ausgangslage

- ◉ Wer ist beteiligt?
- ◉ Was haben die beteiligten Figuren jeweils vor?
- ◉ In welchen Beziehungen stehen sie am Anfang zueinander?

Dann wird man über eine knappe Inhaltsangabe des Gesamtstückes die einzelnen **Handlungsschritte** feststellen. (Als Handlungsschritt können wir eine Einheit verstehen, die bis zum Beginn eines neuen Abschnitts, einer Wendung, eines neuen Umstandes usw. reicht.)

Fragen zur Handlungsentwicklung

Bei jedem Handlungsschritt ist zu fragen:

4 Interpretation literarischer Texte

- Wer hat diesen Schritt veranlasst?
- In welche Richtung entwickelt sich durch diesen Schritt die Handlung?
- Welche Motive stehen hinter der Veranlassung, auf wen oder was richtet sich der Handlungsschritt? (Wer/was ist betroffen?)

Interessant wird die Frage nach den Handlungsschritten, wenn es um den **Konflikt** geht. Da wird zu fragen sein:

Konfliktentwicklung:
– Schürzung des Knotens
– Peripetie
– Katastrophe

- Wo wird der Konflikt angelegt?
- Wie wird er entwickelt?
- Wo wird der Knoten geschürzt?
- Wo kommt es zum Wendepunkt?
- Wo kommt es zur Katastrophe?
- Wie wird der Knoten gelöst?

Will man die **Bedeutung einer einzelnen Szene** genauer beschreiben, so wird man sie von der Handlungsstruktur her zu erfassen versuchen. Man wird genauer festzustellen haben:

- Wo im Rahmen des Gesamtablaufs befindet sich der (Handlungs-)Teil?
- Welche Aufgabe hat die Szene an dieser Stelle? (Es ist z. B. denkbar: Sie liefert den Konfliktansatz, den Ansatz einer Konfliktlösung, sie stellt den Umschwung dar, sie bringt die entscheidende Wende in der Entwicklung einer Figur, sie leitet die → Katastrophe ein ...)

Retardierung

Szenen, die die Handlung verzögern (Retardierungen), sind gleichfalls von der Handlungsstruktur her zu begreifen. Dabei kommt eine zusätzliche Funktion etwa bei Monologszenen infrage: Es geht darum, Handlungsmotive offenzulegen oder Handlungen zu bewerten usw.

Funktion einer Szene

Beispiel

Johann Wolfgang von Goethe

Götz von Berlichingen

Im bischöflichen Palaste zu Bamberg – Der Speisesaal

[…]

Bischof. Wie sagtet Ihr, daß der Kaiser hieß, der Euer „Corpus Juris" geschrieben hat?

Justinian als Verfasser des „corpus iuris"

Olearius. Justinianus.

Bischof. Ein trefflicher Herr! er soll leben!

Olearius. Sein Andenken!

　　　(Sie trinken.)

Abt. Es mag ein schön Buch sein.

Olearius. Man möcht's wohl ein Buch aller Bücher nennen; eine Sammlung aller Gesetze; bei jedem Fall der Urteilsspruch bereit; und was ja noch abgängig oder dunkel wäre, ersetzen die Glossen, womit die gelehrtesten Männer das vortrefflichste Werk geschmückt haben.

Sammlung aller Gesetze als Buch: für jeden Fall die Lösung bereit

Abt. Eine Sammlung aller Gesetze! Potz! Da müssen wohl auch die Zehn Gebote drin sein.

Olearius. Implicite wohl, nicht explicite.

Abt. Das mein ich auch, an und vor sich, ohne weitere Explikation.

Bischof. Und was das Schönste ist, so könnte, wie Ihr sagt, ein Reich in sicherster Ruhe und Frieden leben, wo es völlig eingeführt und recht gehandhabt würde.

Folgen der Einführung eines solchen Gesetzbuches: sichere Ruhe, Frieden

Olearius. Ohne Frage.

Bischof. Alle Doctores Juris!

Olearius. Ich werd's zu rühmen wissen. *(Sie trinken.)* Wollte Gott, man spräche so in meinem Vaterlande!

Abt. Wo seid Ihr her, hochgelahrter Herr?

Olearius. Von Frankfurt am Main, Ihro Eminenz zu dienen.

Bischof. Steht ihr Herrn da nicht wohl angeschrieben? Wie kommt das?

Olearius. Sonderbar genug. Ich war da, meines Vaters Erbschaft abzuholen; der Pöbel hätte mich fast gesteinigt, wie er hörte, ich sei ein Jurist.

der „Pöbel" und die Juristen

Abt. Behüte Gott!

Olearius. Aber das kommt daher: Der Schöppenstuhl, der in großem Ansehn weit umher steht, ist mit lauter Leuten besetzt, die der Römischen Rechte unkundig sind. Man glaubt, es sei genug, durch Alter und Erfahrung sich eine genaue Kenntnis des innern und äußern Zustandes der Stadt zu erwerben. So werden, nach altem Herkommen und wenigen Statuten, die Bürger und die Nachbarschaft gerichtet.

Schöffen sind der römischen Rechte unkundig

das „alte (einheimische) Recht": nach altem Herkommen

Abt. Das ist wohl gut.

＞＞

>> Beispiel	**Olearius.** Aber lange nicht genug. Der Menschen Leben ist kurz, und in *einer* Generation kommen nicht alle Kasus vor. Eine Sammlung solcher Fälle von vielen Jahrhunderten ist unser Gesetzbuch. Und dann ist der Wille und die Meinung der Menschen schwankend; dem deucht heute das recht, was der andere morgen mißbilliget; und so ist Verwirrung und Ungerechtigkeit unvermeidlich. Das alles bestimmen die Gesetze; und die Gesetze sind unveränderlich.

schwankende Meinung gegen Unveränderlichkeit der Gesetze

Abt. Das ist freilich besser.

Olearius. Das erkennt der Pöbel nicht, der, so gierig er auf Neuigkeiten ist, das Neue höchst verabscheuet, das ihn aus seinem Gleise leiten will, und wenn er sich noch so sehr dadurch verbessert. Sie halten den Juristen so arg, als einen Verwirrer des Staats, einen Beutelschneider, und sind wie rasend, wenn einer dort sich niederzulassen gedenkt. [...]

die Juristen in der Einschätzung des Volkes

Kaiser hat Probleme mit Fehden

Bischof. Der Kaiser hat nichts Angelegners, als vorerst das Reich zu beruhigen, die Fehden abzuschaffen und das Ansehn der Gerichte zu befestigen. Dann, sagt man, wird er persönlich gegen die Feinde des Reichs und der Christenheit ziehen. Jetzt machen ihm seine Privathändel noch zu tun, und das Reich ist, trotz ein vierzig Landfrieden, noch immer eine Mördergrube. Franken, Schwaben, der Oberrhein und die angrenzenden Länder werden von übermütigen und kühnen Rittern verheeret. Sickingen, Selbitz mit einem Fuß, Berlichingen mit der eisernen Hand spotten in diesen Gegenden des kaiserlichen Ansehens –

Faustrecht als Auswuchs des alten Rechts

Abt. Ja, wenn Ihro Majestät nicht bald dazu tun, so stecken einen die Kerl am End in Sack.

Liebetraut. Das müßt ein Kerl sein, der das Weinfaß von Fuld in den Sack schieben wollte.

Bischof ist persönlich betroffen

Bischof. Besonders ist der letzte seit vielen Jahren mein unversöhnlicher Feind, und molestiert mich unsäglich; aber es soll nicht lang mehr währen, hoff ich. Der Kaiser hält jetzt seinen Hof zu Augsburg. Wir haben unsere Maßregeln genommen, es kann uns nicht fehlen. – Herr Doktor, kennt Ihr Adelberten von Weislingen?

Weislingen wird angekündigt

Olearius. Nein, Ihro Eminenz.

Bischof. Wenn Ihr die Ankunft dieses Mannes erwartet, werdet Ihr Euch freuen, den edelsten, verständigsten und angenehmsten Ritter in einer Person zu sehen.

Olearius. Es muß ein vortrefflicher Mann sein, der solche Lobeserhebungen aus solch einem Munde verdient.

Liebetraut. Er ist auf keiner Akademie gewesen.

Bischof. Das wissen wir. (*Die Bedienten laufen ans Fenster.*) Was gibt's?

4.4 Dramatik

Ein Bedienter. Eben reit Färber, Weislingens Knecht, zum Schloßtor herein.

Bischof. Seht, was er bringt, er wird ihn melden.

(Liebetraut geht. Sie stehn auf und trinken noch eins. –
    Liebetraut kommt zurück.)

Bischof. Was für Nachrichten?

Liebetraut. Ich wollt, es müßt sie Euch ein andrer sagen. Weislingen ist gefangen.

Bischof. Oh!

Liebetraut. Berlichingen hat ihn und drei Knechte bei Haslach weggenommen. Einer ist entronnen, Euch's anzusagen.

[...]

Text nach: http://gutenberg.spiegel.de, 05/2006

>> **Beispiel**

Götz hat Bischof geschädigt

Aufgaben

1. Bestimmen Sie Position und Funktion der Szene innerhalb des Dramas „Götz von Berlichingen".
2. Erläutern und erörtern Sie das in der Szene angesprochene Thema.

[...]

Ausgehend von der Gegenüberstellung zweier Rechtsformen, in den Begriffen „römisches Recht" und „altes Recht" zusammengefasst, unterhält man sich über die Situation des Kaisers, der vor lauter innenpolitischer Schwierigkeiten nicht dazu kommt, außenpolitisch aktiv zu werden. Die innenpolitischen Probleme führt man auf das noch geltende Recht zurück. Die Fehden, die zwar verboten sind, aber noch immer einen wesentlichen Teil des Lebens der Ritter ausmachen, machen dem Kaiser so sehr zu schaffen, dass er vor lauter „Privathändeln" nicht dazu kommt, gegen die Türken zu ziehen. So entwickelt sich das Gespräch weiter und kommt zum dritten Punkt, dem Problem des Bischofs, der selbst mit einer solchen Fehde zu tun hat und nun auf Weislingen wartet, der ihm das Problem vom Hals schaffen soll. Statt Weislingen aber kommt einer seiner Knechte und meldet die Gefangennahme seines Herrn.

Im Rahmen der Gesamthandlung des Stückes hat die Szene zunächst einmal die Aufgabe, den Zuschauer mit einigen Figuren des Bamberger Hofes, vor allem eben mit dem Bischof selbst, bekannt zu machen und das, was der Zuschauer bisher kennengelernt hat, nämlich Götz und seine Umgebung, sowie die Gefangennahme Weislingens mit der anderen Seite, dem Bamberger Hof, in Verbindung zu bringen.

In der Szene geht es um Recht und Gerechtigkeit, wobei die Frage aus einer spezifischen Perspektive angegangen wird. Olearius, der Rechtsgelehrte,

Thematik knapp formuliert

Einordnung in den Gesamtverlauf:

Verknüpfung des Bisherigen mit der neuen Perspektive

Das angesprochene Thema >>

>> Beispiel

Behandlung des Themas: Recht im bisher üblichen Verfahren ist Schwankungen ausgesetzt.

der sich in Bologna mit dem Römischen Recht vertraut gemacht hat, vertritt die Meinung, nur dieses Römische Recht könne noch aus der allgemeinen Rechtsunsicherheit herausführen. Die bisherige Rechtsunsicherheit, so sieht es Olearius, hat ihren Grund darin, dass „man glaubt, es sei genug, durch Alter und Erfahrung sich eine genaue Kenntnis des innern und äußern Zustandes der Stadt zu erwerben". Taucht ein Rechtsstreit auf, „so werden nach altem Herkommen und wenig Statuten die Bürger und die Nachbarschaft gerichtet".

Forderung als Konsequenz: Buch mit unabänderlichen Gesetzen

Ein solches Rechtsgebaren mag zwar gemeinhin genügen, doch gibt Olearius zu bedenken, dass eben „der Wille und die Meinung der Menschen schwankend" sind, mit anderen Worten, dass, was heute als Recht gilt, morgen schon Unrecht sein kann, dass also „Verwirrung und Ungerechtigkeit unvermeidlich" sind. Olearius sieht nur einen Weg aus diesem Dilemma: Gesetze müssen fixiert und als immer gültig akzeptiert werden. Die beste Lösung wird dann ein Gesetzbuch sein, eine „Sammlung aller Gesetze", wie sie im Römischen Recht, genauer: in dem Justinian zugeschriebenen Corpus iuris vorliegt. Dass auch ein solches Gesetzbuch seine Probleme mit sich bringt, sieht Olearius allerdings nur in einer bestimmten Perspektive: Es dürfte schwerfallen, ein solches Rechtsdenken beim „Pöbel" durchzusetzen. Vorläufig hält dieser „Pöbel" nichts von diesem Recht. Er vermutet unter den Juristen „Verwirrer des Staats", „Beutelschneider". Zieht man nun noch das zweite Thema der ersten Szene mit heran und berücksichtigt die gegenwärtige Lage des Kaisers, so wird die Argumentation von Olearius noch einsichtiger: Die Rechtsunsicherheit bzw. das „Faustrecht", wie es die Ritter gegenüber dem kodifizierten Römischen Recht vorziehen, beschäftigt den Kaiser so sehr, dass er außenpolitisch handlungsunfähig wird. Der Landfrieden, den er erlassen hat, wird nicht eingehalten. Er würde einen übergreifenden Rechtszustand garantieren, würde aber andererseits die Ritter in ihren angestammten Rechten doch so stark beschneiden, dass sie auf den Kern dieser Rechte, nämlich den eigenen Rechtsstandpunkt in einer Fehde durchzusetzen, verzichten müssten. Das Problem, das sich hier abzeichnet, scheint nur gelöst werden zu können durch einen für alle gültigen Rechtskodex, der dann auch von allen beachtet werden müsste. Nur so wäre eine „Rechtssicherheit" gegeben, die den einzelnen Streitfall nach übergreifenden Kriterien unabhängig von konkreten Bezügen entscheidbar macht.

Das Thema lässt den Konflikthintergrund und die Ursachen aufleuchten: Lage des Kaisers

Einordnung des Problems/Themas: weitere Szene(n), die das Problem darstellen: Perspektive der Gegenseite

Das Problem hat aber noch eine zweite, hier nicht bedachte Seite. In einer späteren Szene, der „Bauernhochzeit", wird diese Perspektive vorgeführt. Da sprechen nicht mehr die Juristen, sondern diejenigen, die einen Rechtsstreit austragen und dabei angewiesen sind auf Rechtskundige, die also in die Abhängigkeit von solchen Rechtskundigen geraten (können). Da wird dann deutlich, dass mit der Kodifizierung des Rechts keineswegs eine Rechtsbeugung schon ausgeschlossen ist. Vielmehr ist auch die Durchsetzung dieses Rechts abhängig vom guten Willen und der moralischen Integrität der Juristen, die, das zeigt sich im konkreten Fall, eben auch anfällig für Bestechungen sind. Angesichts der üblen Erfahrungen (Verschleppung des Prozesses, Bestechung, hohe Kosten) bleiben Bedenken auch gegenüber dem „römischen Recht" berechtigt.

Will man nun die Frage nach der Funktion der Thematik der Szene im Rahmen des Stückes weiter vertiefen, so muss zunächst geklärt werden, welche Rolle die Rechtsproblematik im Stück überhaupt spielt.

Rolle des angesprochenen Problems im Gesamtstück

Betrachten wir das Verhalten von Götz, so wird deutlich: Er ist Ritter, will Ritter sein und als solcher frei handeln. Die Fehde betrachtet er als eine ihm zustehende Möglichkeit, Recht durchzusetzen. Sein Verhalten gründet sich auf Treu und Glauben, sein Rechtsempfinden, das dem Faustrecht eine zentrale Position einräumt, kennt den ritterlichen Kampf als Form der Austragung des Konflikts, wobei allerdings ein Grundvertrauen auf die Einhaltung ritterlicher Regeln vorhanden bzw. gefordert ist. So steht Götz immer zu seinem Wort. Das macht ihn dann auch anfällig gegenüber jenen, die auf einer anderen Rechtsbasis ihn mit der Reichsacht bedrohen, ihn dann als vogelfrei betrachten und glauben, sie seien nicht mehr an ein einmal gegebenes Wort gebunden. So treffen dann zwei verschiedene Rechtsauffassungen an der Wende zweier Zeiten aufeinander. Mittelalterliches Recht, das die Ritter als unmittelbare Lehensträger nur an Weisungen des Kaisers bindet, scheint nicht mehr tragfähig genug zu sein, um etwa auch städtischen Organisationsformen als Basis zu dienen. Das mittelalterliche Recht, das vom Gewohnheitsrecht und einer standesgebundenen ethischen Verpflichtung ausgeht, hat eine wesentliche Voraussetzung, nämlich den „starken Mann", der eben ritterlich handelt. Ein solch starker Mann ist Götz. Allerdings: Fehlt die charakterliche Stärke, so führt diese Rechtsauffassung fast zwangsläufig zum Rechtschaos, der Ritter wird zum Raubritter, die Fehde wird zum Händel, der sich nicht mehr an legitimen Ansprüchen orientiert, sondern nur noch dem Macht- bzw. Besitzerwerb dient.

Zentrales Merkmal der Hauptfigur

Die Grundproblematik

Die Hauptfigur im Spannungsfeld

Dem steht nun ein Recht gegenüber, wie es Olearius vertritt. Gerichtsbarkeit soll unabhängig von Kaiser und Fürsten werden. Es sind feststehende Gesetze notwendig, die für alle gelten. Ein allgemeiner Landfrieden muss dafür sorgen, dass niemand auf eigene Faust (vermeintliche) Rechtsansprüche durchsetzt. Freilich: auch ein solches Recht, das zeigt die angesprochene Bauernszene, schließt einen Missbrauch nicht aus. Juristen betrügen das unwissende Volk, die Fürsten können das Recht einseitig auslegen, der Kaiser selbst kann hinter's Licht geführt werden.

So wird deutlich, dass die Szene das zentrale Problem der Rechtsauffassungen offenlegt und gleichzeitig zumindest indirekt eine Entscheidung an-

Einbindung: Funktionsbestimmung der Szene **>>**

4 Interpretation literarischer Texte

>> **Beispiel**

deutet: Olearius ist negativ gezeichnet, in der Bauernszene erscheinen die Juristen insgesamt als korruptes Gesindel, das nur darauf aus ist, Prozesse in die Länge zu ziehen, um möglichst viel Gewinn zu machen. Erst am Ende des Stückes wird die Problematik nochmals ernsthaft angesprochen und die Frage, wie weit die alte Rechtsauffassung nun doch eine „veraltete" Rechtsauffassung ist, erneut gestellt.

Götz aber steht im Zwiespalt. [...]

Überblick

Vorgehensweise bei der Interpretation dramatischer Texte

Im Drama werden auf der Bühne spielerisch und modellhaft Lebenssituationen nachgeahmt und vorgeführt. Drei Bereiche werden bei der Untersuchung wichtig:

1. Figuren	Man fragt nach den handelnden **Figuren** (Spieler – Gegenspieler), nach ihren Eigenschaften/Merkmalen, Zielen und Motiven. Auch die Beziehungen zwischen den Figuren werden wichtig.
2. Sprechen	Das **Sprechen** der Figuren auf der Bühne kann untersucht werden. Dabei wird man grundsätzlich unterscheiden zwischen **Monolog** (eine Figur spricht „zu sich selbst" und lässt teilhaben an ihren Gedanken und Planungen) und **Dialog** (zwei oder mehrere Figuren sprechen zueinander, setzen sich auseinander, legen dar usw.).
3. Handlung	Besonders wichtig ist die Untersuchung der **Handlung**. Es lassen sich verschiedene Phasen unterscheiden: – Ausgangssituation (Exposition) – Handlungs-/Konfliktansatz – Handlungs-/Konfliktentwicklung – Verzögerungen (Retardierungen) – Handlungsumschwung (Peripetie) – Konfliktlösung

Ist ein **Dramenausschnitt** (Auftritt/Szene …) zu untersuchen, wird zunächst nach dem **Zusammenhang** zu fragen sein, in dem der Ausschnitt steht. Dann ist zu untersuchen, was Neues gebracht wird, welche Veränderungen eintreten, was besonders hervorgehoben oder erläutert wird.

Interpretation von nicht literarischen Texten

5

Sachtexte lesen und verstehen zu können, ist eine Fähigkeit, die weit über den Deutschunterricht hinaus relevant ist. Das Kapitel blickt auf verschiedene Textsorten und Textabsichten und stellt praktikable Vorgehensweisen zur genaueren Auseinandersetzung mit „nicht literarischen Texten" vor. Hinweise zur Beschreibung und Analyse von Filmen ergänzen das Kapitel.

5.1 Grundsätzliches

Wenn es um die Untersuchung von Texten geht, die nicht der Gattung „Literatur" im engeren Sinne zugerechnet werden, spricht man gelegentlich auch von „**Textinterpretation**". Damit meint man allerdings etwas anderes als das, was zu tun ist, wenn es sich um literarische Texte handelt. Genauer gesagt: Bei nicht literarischen Texten geht es darum, den Textinhalt zu erfassen, ihn zu erläutern und sich gegebenenfalls mit ihm auseinanderzusetzen. Will man bestimmen, welche Texte hierher gehören, so wird man zweckmäßigerweise vom Bühler'schen Organon-Modell ausgehen. Dieses Modell wird etwas erweitert und so kommt man zu mindestens vier Gruppen von Texten, denen allen eines gemeinsam ist: Ihr „Redegegenstand" besteht auch ohne diese Texte (während bei fiktional-literarischen Texten der Redegegenstand erst durch den Text entsteht, sozusagen erfunden wird).

Textarten, die hierher gehören

Die verschiedenen Textgruppen, die hierher gehören, lassen sich etwa folgendermaßen beschreiben:

Bei der **ersten Gruppe** richtet sich das Interesse des Sprechers/Schreibers wie das des Lesers/Hörers annähernd ausschließlich auf die zu übermittelnde, die darzustellende „Sache", den Sachverhalt, das Geschehen. Im **Mittelpunkt also steht der Redegegenstand** selbst. Sachlogische Zusammenhänge werden besonders wichtig.

Entsprechend wird man bei der Beschreibung des Textes genau auf diese sachlogischen Zusammenhänge zu achten haben, aber auch auf die Begriffe, die die „Sache" zu erfassen suchen.

informierende Texte

Eine **zweite Gruppe** von Texten lässt sich dadurch näher bestimmen, dass es in ihnen weniger um die einfache Vermittlung von Informationen geht, als vielmehr um die **Auseinandersetzung eines Sprechers/Schreibers mit einem Gegenstand**, einem Problem, einem Sachverhalt. Der Leser wird in diese Auseinandersetzung gleichsam „hineingezogen", er ist eingeladen, sie mitzuverfolgen. Texte, die hierher gehören, sind etwa die Formen des diskursiven Erörterns, des Klärens, der Auseinandersetzung.

erörternde Texte

Entsprechend wird man bei der Beschreibung auf die Präzision und Differenziertheit der Aussagen achten, aber auch auf die verschiedenen Abstraktionsgrade der Begriffe. Vor allem wird man auch auf die Argumentationsabfolge achten und dabei die komplexen grammatischen Strukturen, die inhaltliche Zusammenhänge darstellen, genauer untersuchen.

appellierende Texte

Bei einer **dritten Gruppe** von Texten geht es weniger darum, einen Redegegenstand darzustellen (bei solchen Texten gibt es zwar Redegegenstände, diese spielen aber eine „dienende Rolle"). Die Texte lassen sich kennzeichnen als solche, die eine ganz bestimmt Aufgabe haben, nämlich den Hörer/Leser zu veranlassen, im Sinne des Sprechers ihre **Haltung zu verändern** bzw. beizubehalten, sich also den Intentionen des Sprechers zu unterwerfen.

Will man diese Texte untersuchen, so wird man darauf achten, welche Strategien der Sprecher/Schreiber anwendet, um den Leser/Hörer zur Verhaltensänderung zu bewegen, ihn zu beeinflussen. Natürlich wird der Sprecher/Schreiber die Erwartungen seiner künftigen Empfänger berücksichtigen und in seine Strategien einbeziehen. Auch das muss beschrieben werden. Bei Texten dieser Art – man spricht von **appellierenden Texten** – ist es nicht immer leicht, schon an der Textoberfläche Textmerkmale auszumachen, die auf den appellierenden Charakter schließen lassen.

In aller Regel wird man gerade bei der Beschreibung und Erläuterung solcher Texte auf die konkrete Verwendungssituation zu achten haben und von ihr her die einzelnen Textstrategien genauer bestimmen. So wird es dann möglich, auch Texte mit auf den ersten Blick poetischem Charakter im Sinne einer bestimmten Sprecherintention in konkreten Kommunikationssituationen als appellierende Texte zu erkennen.

verpflichtende Texte

Eine **weitere Gruppe** von Texten lässt sich bestimmen als eine Gruppe, die **menschliches Handeln vorschreibt, festlegt bzw. vereinbart und normiert**. Zwar entstehen auch bei solchen Texten die „Redegegenstände" (eben die Verhaltensnorm) erst durch die jeweils vereinbarten Texte, sie ist aber auch

5.1 Grundsätzliches

ohne diese Texte denkbar. Als Autoren solcher Texte können Einzelne, aber auch Gruppen auftreten, die Normen für Verhaltensregeln, Verträge, Gesetze vereinbaren.

Werden solche Texte untersucht und beschrieben, so ist darauf zu achten, ob die Normierung eindeutig ist, ob Begriffe, aber auch weiterführende Klärungen für solche Eindeutigkeit sorgen. Zwar können die Texte auf die Darstellung begründender Zusammenhänge verzichten (Handeln wird festgelegt und nicht begründet), aber sie müssen Sprachmuster enthalten, die gegebenenfalls potenzielles Fehlverhalten und damit auch Sanktionen vorsehen.

Vorgehensweise

Werden Texte, die einer der jetzt genannten Gruppen zugehören, zur „Interpretation" – wir sprechen besser von „Erläuterung und Auseinandersetzung" bzw. von „Texterörterung" – vorgelegt, so wird es nötig, zunächst einmal das Thema genauer zu bestimmen. So wird man zunächst die Frage formulieren, der sich der Text stellt, und dann die vom Text gegebene Antwort in Worte fassen. Natürlich wird man auch die Gedankengänge, die der Text in Gang setzt und darstellt, die Abfolge der einzelnen Teilthemen und Argumente vorzustellen haben, ehe man sich der Lösung, die der Text anbietet, zuwendet.

drei Schritte der Textanalyse

Auf jeden Fall wird man auch die Kommunikationssituation, aus der heraus der Text zu verstehen ist (damit kann auch die geistesgeschichtliche Situation, in der der Text entworfen wurde, gemeint sein!), gegebenenfalls ins Auge fassen und in die Erörterung mit einbeziehen.

Damit ergibt sich für alle hier infrage stehenden Texte ein Dreischritt, den wir mit den Begriffen „Texterfassen/Textwiedergabe", „Textklärung/Textbeschreibung" und „Auseinandersetzung/Texterörterung" benennen können.

Die Schritte lassen sich im Detail auf alle Textarten bezogen folgendermaßen darstellen:

Textwiedergabe

Der Text stellt ein komplexes Gebilde aus Gedankengängen, Einzeldarstellungen, Einzelthemen usw. dar. Dennoch sollte es möglich sein, ihn zusammenzuziehen und in seiner Gesamtaussage als eine Antwort auf eine Frage zu formulieren. Um so weit zu kommen, wird es notwendig, zunächst die unbekannten Wörter und Begriffe zu klären. Hierfür bieten sich die Verfah-

Hauptaussagen zusammenfassen

ren der Ersatzprobe, aber auch der kontextabhängigen Klärung an. Dann sollte man schwierige Sätze und Zusammenhänge (wenn nicht gar den gesamten Text) in Form einer Paraphrase umsetzen in die eigene Sprache. Hat man den Text so umgesetzt, so empfiehlt es sich, einzelne Sinnabschnitte zu identifizieren und diese Sinnabschnitte wiederum zusammenzuziehen, ehe man schließlich den Text in einem Satz zusammenfasst.

Tipp
Bei der Formulierung der „Grundaussage" des Textes sollten Sie allerdings sprachlich zurückhaltend verfahren und die vorläufig identifizierte Grundaussage als „Hypothese" formulieren.

Textbeschreibung
Bei der Beschreibung der wichtigsten Textphänomene wird man je nach Textart bestimmte Schwerpunkte setzen. Allerdings gilt für alle Texte, dass zunächst der **thematische Aufbau**, der Gedankengang bzw. die Argumentationsstruktur beschrieben wird. Dabei geht man am besten wie folgt vor:

Inhalt und Funktion der Textabschnitte
Man fixiert die einzelnen Sinnabschnitte und fasst deren Inhalte knapp in einem Satz zusammen. Dann untersucht man die funktionalen Zusammenhänge zwischen den einzelnen Abschnitten und benennt diese Funktion im Rahmen einer Argumentation (dabei kann es z. B. um These, Beispiel, Argument, Erläuterung, Vermutung usw. gehen).

Aufbau und Struktur
Nun wird man die Abfolge der einzelnen Gedanken genauer ins Auge fassen und beschreiben. Man wird dabei zu fragen haben:
- ⊙ Welche Beziehungen bestehen zwischen den einzelnen gedanklichen Schritten? (Wird etwa ein Gedanke weitergeführt, erweitert, ergänzt, konkretisiert? Wird ein Gegengedanke angedeutet? Zeichnet sich eine Vermutung ab?)
- ⊙ Schließlich wird man auch den Zielpunkt des Gedankengangs genauer fixieren und feststellen müssen, wohin die Überlegung führt, worin sie gipfelt. Meist geht es dabei um die Formulierung eines Fazits, einer Forderung usw.

Tipp
Formulieren Sie zu jedem der Abschnitte einen Satz.
Überlegen Sie: Welche Aufgabe hat der einzelne Abschnitt im Gesamtzusammenhang?
Achten Sie auf die logischen oder inhaltlichen Verknüpfungen zwischen den Abschnitten.
Beschreiben Sie im Überblick das argumentative Verfahren.

5.1 Grundsätzliches

Viele der für diesen Aufgabentyp infrage kommenden Texte zeichnen sich durch sprachliche Besonderheiten aus. So gibt es etwa appellierende Texte, in denen sich besondere rhetorische Mittel häufen; in anderen Texten herrscht strikte Logik und logische Operatoren werden gezielt eingesetzt. Das bedeutet: Bei der Beschreibung der sprachlichen Besonderheiten wird man je nach Texttyp auf bestimmte Aspekte besonderen Wert legen.

Insgesamt aber wird man sagen können:
- ▶ Beachten Sie die Sprachebene. (Das heißt: Fragen Sie nach den Bereichen, denen die Wortwahl sich zuwendet. Fragen Sie nach den Satzbauplänen. Fragen Sie nach Zusammenhängen zwischen Sprache und Sache. Greift die Sprache zu hoch oder zu tief?)
- ▶ Beachten Sie die Wortwahl und fragen Sie nach den Aufgaben der ausgewählten Wörter. (Benennen oder bewerten sie? Legen sie Urteile nahe oder verleiten sie zum Fragen? Handelt es sich um Fachbegriffe, werden diese richtig verwendet oder wird Fachwissen vorgetäuscht? ...)

Bei der Untersuchung der grammatischen Ebene wird man vor allem die Satzarten genauer untersuchen. Noch wichtiger aber ist es, die Komplexität der Sätze zu beachten und komplexe Satzstrukturen aufzulösen, ohne dass Satz- und Textlogik verloren gehen. Dazu wird man grammatische Größen wie Hauptsatz-Hauptsatz-Verbindungen, Hauptsatz-Nebensatz-Verbindungen usw. genauer untersuchen.

In bestimmten Fällen wird es sich lohnen, die rhetorischen Mittel im engeren Sinn genauer zu untersuchen.

Bei allen Texten aber geht es um bestimmte Sachen oder Sachverhalte, die in Form von Begriffen sprachlich repräsentiert werden. Diese tragenden Begriffe und Begriffszusammenhänge gilt es immer wieder herauszuarbeiten und zu erläutern.

Texterörterung

Der dritte Großschritt setzt sich mit dem Text und seiner Grundaussage, aber auch mit den Teilaussagen auseinander.

Dazu wird es notwendig, den Text unter Umständen in seinem ursprünglichen Kontext zu situieren und die Frage nach ursprünglicher Autorintention und Textwirkung ins Auge zu fassen. Kontextuieren

Bei allen Texten wird man nach dem Verhältnis zwischen dem Text und der „Sache", die er zur Sprache bringt, zu fragen haben, genauer: Man wird klären müssen, ob der Text seinem „Sachanspruch" gerecht wird, ob er „Klarheit" schafft oder eher verwirrt, ob er darlegt oder verschleiert usw. Sachanspruch

Darüber hinaus wird man untersuchen müssen, ob der Text in der Lage ist, entsprechend seiner aus der ursprünglichen Kommunikationssituation ab- Angemessenheit prüfen leitbaren Intention die Erwartungen zu erfüllen (also etwa angemessen zu informieren, themengerecht zu klären usw.).

Stellung nehmen Letztlich wird man mit einer Auseinandersetzung bei der zentralen Textaussage ansetzen. Hier gilt es, die tragenden Gedanken des Textes zu fixieren und zu würdigen. Gegebenenfalls wird man nun mit einer eigenen Argumentation einsetzen.

Würdigen Am Ende sollte es immer zu einem „Fazit" kommen, das heißt: Eine Würdigung des Textes und eine eigene Stellungnahme sollten die Ausführungen abschließen.

Überblick

Textsorten und Textabsichten

Funktion des Textes	Sprachhandlungen	Beispiele
Informierende Texte (Funktion: Information)	informieren, mitteilen, melden, benachrichtigen …	Meldung, Bericht, Reportage
Erörternde Texte (Funktion: Erörterung)	sich auseinandersetzen mit, erörtern, einer Frage nachgehen …	Erörterung, Kommentar, Essay
Appellierende Texte (Funktion: Appell)	auffordern, anordnen, befehlen, beantragen, verlangen	Anleitungstexte, Werbetexte
Verpflichtende Texte (Funktion: Obligation)	versprechen, sich verpflichten, schwören, sich bereit erklären	Diensteid, Vertrag

Teilschritte der Textanalyse

Textwiedergabe	Die Grundaussage und die Absicht des Textes werden benannt. Die zentralen Thesen werden zusammenfassend aufgezählt.
Textbeschreibung	Aufbau und Struktur des Textes werden beschrieben. Hilfsfragen können sein: – Womit beginnt der Text, womit endet er? – Wie sind die Thesen innerhalb des Hauptteils angeordnet? Wird mit der überzeugendsten begonnen oder steht diese am Schluss?
Texterörterung	– Hier wird die Textfunktion nun genauer bestimmt. Die Zuordnung wird am Text belegt. – Der Kontext wird hergestellt. – Qualität und Umfang des Mitgeteilten werden beschrieben. – Auf sprachliche Mittel und ihre Wirkung kann eingegangen werden. – Am Schluss wird ein Fazit oder eine Stellungnahme formuliert.

5.2 Die Analyse einer Rede

Noch deutlicher als bei der Untersuchung eines Sachtextes bedarf es bei der professionellen Redeanalyse zahlreicher Kenntnisse, die sich aus den spezifischen Eigenarten der Textsorte ergeben. Vieles, was in einer Redeanalyse herausgefunden werden muss, ergibt sich nicht allein aus einer textimmanenten Untersuchung. Die besonderen Eigenheiten der Textsorte „Rede" basieren teilweise auf der langen Tradition der Rhetorik, den spezifischen Redeabsichten, festen Aufbauschemata und auffälligen Besonderheiten in der Sprachverwendung und Argumentationsweise. All diese Bereiche müssen bei einer Redeanalyse berücksichtigt werden.

Die Geschichte der Rhetorik

Als **Rhetorik** (gr.: *„rhetoriké techné"* = Redekunst) bezeichnet man die Theorie und die Praxis des öffentlichen Redens als eine Kommunikationsform, die um Überzeugung und effektvoll-anschauliche Sprachgestaltung bemüht ist.

Ausgehend von **frühgriechischen** Feldherren-, Gerichts- und Leichenreden entwickelt sich die Redekunst während der Antike zu einer wichtigen wissenschaftlichen Disziplin, sodass sie in der **Spätantike** als eine der „sieben freien Künste" zu einem zentralen Ausbildungsgegenstand an Universitäten und Schulen wird.

sieben freie Künste

> Als die **sieben freien Künste** (lat.: *septem artes liberales*) galten die Disziplinen, die seit dem 5. Jahrhundert während des gesamten Mittelalters die Grundlage jeglicher wissenschaftlich-universitären Ausbildung bildeten. Es handelt sich um die Disziplinen Grammatik, Rhetorik, Dialektik (sogenanntes „Trivium") und Geometrie, Arithmetik, Musik, Astronomie (sogenanntes „Quadrivium").

Wissen

Schon in griechischer und römischer Zeit entstehen rhetorische Theorien, in denen wesentliche Anforderungen an den Redner und eine Rede formuliert werden, die bis heute Gültigkeit haben. Frühe Redetheoretiker sind zum Beispiel der griechische Philosoph **Aristoteles** (384−322 v. Chr.) und der römische Staatsmann **Cicero** (106−43 v. Chr.). Eine umfangreiche und langfristig einflussreiche Rhetoriktheorie, die sich an den griechischen und römischen Vorgaben orientiert, verfasst auch **Quintilian** (35−100 n. Chr.).

rhetorische Theorien in der Antike

Auch im **Mittelalter** orientiert sich die Rhetorik an den antiken Grundlagen. Praktische Anwendung finden diese vor allem in Kanzleibriefen und Predig-

5 Interpretation von nicht literarischen Texten

Weiterführung der antiken Rhetorik

ten. Eine größere Rolle spielen die überlieferten Redetheorien schließlich in der **Renaissance** und im **Barock**. Man bemüht sich um die Vermittlung einer an der Antike orientierten humanistischen Wertvorstellung, bei welcher der Rhetorik eine enorme Bedeutung zukommt. Sehr ernst genommen und zur wirksamen Vermittlung der eigenen Standpunkte benutzt werden Reden in der Zeit der **Reformation** und der **Gegenreformation**. Die Erfindung des Buchdrucks erlaubt in dieser Zeit eine bequeme Verbreitung der Rede- und Argumentationstexte. Wegen ihrer manipulativen und der Wahrheit damit nicht immer zuträglichen Tendenzen spielt die Rhetorik im Lehrbetrieb der **Aufklärung** zunächst keine große Rolle. Es folgen differenzierte philosophische Auseinandersetzungen und Bewertungen der Rhetorik.

19. und 20. Jahrhundert: politische Reden

Politische Reden gewinnen seit der **Französischen Revolution** große Bedeutung in Europa. Vor allem das kompetente und überzeugende Auftreten des Redners wird während des **19. Jahrhunderts** zum Gütekriterium einer guten Rede. Spätestens in der **Weimarer Republik** wird die Rede dann als gezielt einsetzbares Massenmedium entdeckt. Die Reden aus dem Kontext der **nationalsozialistischen Machtergreifung** und Propaganda sind Belege für den Missbrauch der Rhetorik im Kontext von politischer Propaganda und Manipulation.

Rhetorik heute

Heute findet man Reden in vielen gesellschaftlichen Bereichen, sie werden zur Darstellung von Sachverhalten und zur Durchsetzung von Ideen – auch in der Werbung – genutzt. Die Grundlage der wissenschaftlichen und systematischen Auseinandersetzung mit der Rhetorik bilden auch heute noch die in der Antike entstandenen Kriterien.

Absichten einer Rede

Mit dem Halten seiner Rede verfolgt ein Redner bestimmte Absichten, die bei der Analyse der Rede erkannt und berücksichtigt werden müssen. Seit der Antike unterscheidet man in diesem Zusammenhang zunächst typische **Redeanlässe** bzw. Redegegenstände (genera causarum). Reden begegneten damals als Gerichtsreden (**genus iudiciale**), als Beratungsreden/Staatsreden (**genus deliberativum**) und als Gelegenheitsreden/Festreden (**genus demonstrativum**) – eine Einteilung, nach welcher auch moderne Reden kategorisiert werden können.

officia oratoris

Daneben unterscheidet man seit der Antike die Aufgaben eines Redners hinsichtlich der **Wirkung** seiner Rede auf das Publikum (officia oratoris). Es besteht die traditionelle Einteilung in die Absicht des Belehrens (**docere**), des

Erfreuens (**delectare**) und des emotional Bewegens (**movere**). Auch diese Einteilung lässt sich auf heutige Redesituationen übertragen und in einer Redeanalyse verwenden. Viele Redner bedienen sich in einer einzigen Rede mehrerer dieser Wirkabsichten.

Der Aufbau einer Rede

Bis heute orientiert sich ein kompetenter und anspruchsvoller Redner beim Verfassen und Vortragen seiner Rede an einer Vorgehensweise, die bereits in antiken Rhetoriklehrbüchern beschrieben wird und noch immer den Aufbau eines rhetorischen Lehrbuchs bestimmt.

Der erste Schritt beim Vorbereiten einer Rede ist die **Sammlung** passender Gedanken zum Thema (inventio). Der Redner sammelt in einer Art Brainstorming alle brauchbaren Thesen, Argumente, Beweise und Beispiele, die ihm im Zusammenhang mit dem Thema einfallen.

inventio

Nun müssen die gesammelten Gedanken in eine sinnvolle **Ordnung** gebracht werden, die den Absichten und Aufgaben des Redners gerecht werden (dispositio). Der Redner kann sich dabei an der traditionellen Einteilung des Redeaufbaus (partes orationis) orientieren, die sich in vielen historischen und modernen Reden nachvollziehen lässt.

dispositio

Die traditionellen Redeteile (partes orationis)

Wissen

- ⊙ **Exordium**: Anrede und Begrüßung, Einleitung der Rede
- ⊙ **Narratio**: Schilderung des Sachverhaltes und Erzählen von vorgefallenen Ereignissen, die mit dem Thema der Rede in einem Zusammenhang stehen.
- ⊙ **Propositio**: Darstellung der Redegliederung und der verfolgten Absichten
- ⊙ **Argumentatio**: Argumentationsführung zum Thema der Rede
- ⊙ **Conclusio/Peroratio**: Darlegung der Schlussfolgerungen und Abschluss der Rede

Ist sich der Redner über die Anordnung und Gliederung seiner Rede im Klaren, kann er mit der **sprachlichen Ausformulierung** und der stilistischen Gestaltung (elocutio) beginnen. Er muss entscheiden, auf welchem Stilniveau er seine Rede hält und welche Ausschmückungen er verwendet. Als typischer Redeschmuck gilt das Benutzen von rhetorischen Figuren und → Tropen.

elocutio

5 Interpretation von nicht literarischen Texten

memoria Im nächsten Schritt wird sich ein guter Redner darum bemühen, die Rede auswendig zu lernen (memoria). Die meisten rhetorischen Lehrbücher befassen sich mit verschiedenen **Memoriertechniken** und Tricks beim Auswendiglernen. Bei der Analyse einer Rede ist dieser Bereich allerdings weniger wichtig. Es genügt meistens der Hinweis, ob die Rede auswendig gehalten oder abgelesen wurde. Oft sind Reaktionen auf Zuhörereinwürfe oder ein spontanes Abschweifen vom Thema Kennzeichen für ersteres.

actio Der letzte Schritt ist schließlich das **Vortragen** der Rede (actio). Hierzu werden in rhetorischen Lehrbüchern ebenfalls Regeln und Tipps vermittelt. Auch für die Redeanalyse ist die Berücksichtigung des konkreten Redevortrags wichtig. Es kann untersucht werden, in welchem Tempo, in welchem Tonfall und in welcher Lautstärke der Redner an den verschiedenen Stellen seiner Rede spricht. Außerdem kann es interessant sein zu erkennen, wo Pausen gemacht werden oder wo bestimmte Gruppen im Publikum direkt angesprochen werden.

Wissen Seit der Antike werden drei verschiedene **Stilebenen** (lat. genera elocutionis) einer Rede unterschieden. Vor allem sprachliche Kennzeichen wie die Wortwahl oder der Satzbau lassen erkennen, auf welchem Stilniveau sich ein Redner bewegt.
Man unterscheidet:
- den **einfachen Stil** (lat. genus humile/genus subtile)
- den **mittleren Stil** (lat. genus medium/genus mediocre)
- den **hohen Stil** (lat. genus grande/genus sublime)

Je nachdem, zu welchem Anlass und vor welchem Publikum die Rede gehalten wird, wählt der Redner eine bestimmte Stilebene für seine Rede aus.

Argumentationsweise und Sprache von Reden

Eine Rede – egal zu welchem Anlass sie gehalten wird – möchte in ihrer Wirkung auf das Publikum meist über das hinausgehen, was ein einfacher sachlicher Vortrag leisten kann. Dazu bedient sie sich verschiedener Möglichkeiten, die sich häufig in der Gestaltung ihrer Argumente und dem Einsatz bestimmter sprachlicher Mittel zeigen.

Schlüsse und Scheinschlüsse

Syllogismus Der **logische Schluss** (Syllogismus) besteht aus einem plausiblen logischen Dreischritt, bei welchem aufgrund zweier anerkannter Voraussetzungen (Prämissen) die Richtigkeit einer dritten Aussage (Konklusion) logisch gefolgert werden kann. Ein einfaches Beispiel eines solchen Schlusses stellt der

5.2 Die Analyse einer Rede

Satz dar: „Wenn alle Menschen Fehler machen und Lehrer Menschen sind, dann machen auch Lehrer Fehler."

Der sogenannte **rhetorische Schluss** (Enthymem) erinnert nur beim ersten Blick an den logischen Schluss. Hier wird versucht, Glaubwürdigkeit und Wahrhaftigkeit zu vermitteln, ohne dass die Richtigkeit der Voraussetzungen bewiesen ist. Häufig findet sich diese Argumentationsweise in manipulativen Reden, denen echte Argumente fehlen. Weil diese Form des Schlussfolgerns nur scheinbare Wahrheiten vermittelt, spricht man auch von Scheinschlüssen. Das entsprechende Beispiel könnte lauten: „Alles, was belesene Menschen über ihr Fachgebiet äußern, stimmt. Lehrer sind belesene Menschen, also stimmt alles, was Lehrer über ihr Fachgebiet äußern." Dass die hier angesprochene Fachkompetenz nur scheinbar bewiesen ist, wird deutlich: Beide Voraussetzungen sind unbewiesene Behauptungen.

Enthymem

Eine andere Definition bezeichnet auch solche rhetorischen Schlussverfahren als Enthymeme, die – anders als der logische Schluss – nicht alle benötigten Voraussetzungen aussprechen, sondern bestimmte Bedingungen als allgemein anerkannt unterstellen. Das Beispiel müsste dann lauten: „Lehrer sind belesen. Was sie über ihr Fachgebiet äußern, stimmt also." Die unbewiesene Behauptung, dass der Belesene alles über sein Fach weiß, würde nicht ausgesprochen, sondern ungeprüft vorausgesetzt.

Im Unterschied zum logischen und rhetorischen Schluss, bei welchem aufgrund von allgemein anerkannten Regeln besondere Einzelfälle bewiesen werden sollen (deduktive Vorgehensweise), finden sich in der Rhetorik auch Beweisverfahren, die aufgrund der Richtigkeit von **Einzelbeispielen** die Richtigkeit eines weiteren Einzelbeispiels belegen wollen (induktive Vorgehensweise). Um zu beweisen, dass Lehrer Maier sehr gebildet ist, nennt man einfach eine Anzahl anderer Lehrer, deren Bildung längst bewiesen ist, also: „Lehrerin Schmidt ist gebildet, Lehrer Müller ist gebildet und Lehrer Kaiser ist gebildet – deshalb muss auch Lehrer Maier gebildet sein."

Induktion

> **Tipp**
>
> Achten Sie bei der Untersuchung einer Rede immer genau auf die Argumentationstricks. Je häufiger ein Redner auf Scheinschlüsse zurückgreift, umso weniger echte Beweise könnte es geben und umso deutlicher ist es, dass er sein Publikum zu manipulieren versucht.

Tropen und Figuren

Neben den verschiedenen Möglichkeiten der Schlussfolgerung ist eine Rede in der Regel durch eine Vielzahl von **rhetorischen Mitteln** „geschmückt".

5 Interpretation von nicht literarischen Texten

Häufig dienen diese nicht bloß der sprachlichen Schönheit, sondern werden gezielt eingesetzt, um die Wirkung einer Rede auf das Publikum zu verstärken.

Grundsätzlich unterscheidet man bei den typischen rhetorischen Mitteln zwischen Tropen und Figuren.

Tropen und Figuren

Von **Tropen** spricht man, wenn in einem rhetorischen Zusammenhang bestimmte Einzelwörter in einer anderen Bedeutung gebraucht werden als in der Alltagssprache. → Allegorien, → Euphemismen und → Metaphern sind Beispiele für diese Form des rhetorischen Mittels.

Häufig wird die besondere Sprachwirkung innerhalb einer Rede nicht durch eine bildhafte oder uneigentliche Verwendung eines Begriffes erzielt, sondern lediglich durch die wirkungsvolle Verwendung des Begriffs in besonderen Zusammenhängen und Satzkonstruktionen. Derartige rhetorische Mittel, bei welchen die Bedeutung der verwendeten Begriffe durchaus mit der Alltagssprache übereinstimmt, nennt man **rhetorische Figuren**. So ergeben sich zum Beispiel Besonderheiten, wenn man einzelne Wörter mit anderen wirkungsvoll kombiniert. Die auffällige Kombination von Wörtern mit gegensätzlicher Bedeutung (Beispiel: „ein lebender Toter") ist ein häufig verwendetes Stilmittel. Man spricht in diesem Fall von einem → Oxymoron. Neben dieser Art von **Wortfiguren** lassen sich auch **Satzfiguren** wirkungsvoll einsetzen. Satzfiguren entstehen, wenn Einzelwörter innerhalb eines Satzes in eine auffällige − von der Alltagssprache abweichende − Reihenfolge gebracht werden oder wenn einem Satz notwendige Satzglieder fehlen. Man unterscheidet dabei entsprechend zwischen **Anordnungs- und Auslassungsfiguren.**

Beispiel

Tropen → Wörter und Phrasen werden in einer anderen, übertragenen Bedeutung verwendet und dadurch wirkungsvoll. „Sicher geht Ihnen nun ein Licht auf!" Mit dieser Metapher soll deutlich gemacht werden, dass der Zuhörer zu einer bestimmten Erkenntnis gelangen wird. Natürlich kündigt die Aussage nicht an, dass irgendwo ein wirkliches Licht angeschaltet wird.
Figuren →Wörter und Phrasen werden in bestimmten Kontexten und Satzkonstruktionen wirkungsvoll. „Die Kunst ist lang und kurz ist unser Leben." Dieser Satz ist als Chiasmus konstruiert, er blickt wirkungsvoll auf das Verhältnis von Kunst und Leben, wobei alle Begriffe ihre alltägliche Bedeutung behalten.

Vorgehensweise bei der Analyse von Reden

Bis heute orientiert sich die Rednerausbildung an den bereits genannten traditionellen Vorgaben. Wer einer Rede auf den Grund gehen, ihren Inhalt, ihren Aufbau, ihre Sprache und ihre Absichten professionell analysieren will, muss daher den theoretischen Hintergrund berücksichtigen. Folgendermaßen könnte eine Redeanalyse aufgebaut sein:

Zunächst bringt man in einem prägnanten **Einleitungssatz** das zentrale inhaltliche Thema und die Hauptaussageabsicht auf den Punkt. Die Verwendung passender Sprachhandlungsverben kann diesen Einleitungssatz präzisieren: Man formuliert dann beispielsweise: *In der Rede anlässlich der Entgegennahme des Nobelpreises kritisiert/ ruft ... auf/mahnt/erörtert/ ...*

Inhalt und Aussage zusammenfassen

Danach fasst man wie in einer **Textwiedergabe** den Inhalt und die zentralen Themen der Rede zusammen. Sollten bestimmte Begriffe, Wortfelder oder Themenbereiche besonders deutlich und häufig angesprochen sein, kann dies hier berücksichtigt werden.

Nun sollte man ausdrücklich auf die feststellbaren Redeabsichten („officia oratoris") eingehen, da dies für die ausführliche Interpretation maßgeblich ist und man sich bei den Ausführungen immer wieder darauf beziehen kann.

Redeabsichten benennen

> Wenn Ihnen die lateinischen Fachbegriffe der Rhetorik geläufig sind, sollten Sie sie in Ihrer Redeanalyse benutzen. Auch in der modernen Rednerausbildung – z. B. in Politik und Wirtschaft – sind diese noch gebräuchlich.

Tipp

Der **Hauptteil** der Redeanalyse beginnt schließlich mit einer ausführlichen Beschreibung der Redestruktur. Dabei kann man sich an inhaltlichen Abschnitten orientieren und diese immer wieder auf ihre intendierte Wirkung untersuchen. Bewusst oder unbewusst orientieren sich die meisten anspruchsvollen Reden an den antiken „partes orationis", deren Vorhandensein und Ausgestaltung im Hauptteil der Redeanalyse berücksichtigt werden kann. Eine ausführliche Analyse der Argumentationsstruktur und eine Überprüfung der Schlüssigkeit der Argumente vor dem Hintergrund der oben beschriebenen Argumentationsweisen erfolgt natürlich im Zusammenhang mit der Beschreibung der „argumentatio".

Orientierung an der Redestruktur

Die Untersuchung des Sprachstils und einzelner sprachlicher Besonderheiten samt ihrer Wirkung kann entweder in den vorausgehenden Arbeitsschritt integriert oder als eigenständiger Abschnitt angehängt werden. Auch die gründliche Beschreibung und Interpretation der **rhetorischen Mittel**, die

Untersuchung der Sprache

in der Rede verwendet werden und die ihrerseits zu der festgestellten Wirkung beitragen, muss in diesem Zusammenhang berücksichtigt werden.

Interpretation der Vortragsart

Wenn die Möglichkeit besteht, den Vortrag der Rede – etwa auf einer CD – anzuhören, sollte auch beschrieben werden, wann und wie der Redner durch seine **Vortragsart** die Wirkung zu verstärken sucht. Reaktionen des Publikums können in diesem Zusammenhang beschrieben werden.

Am Ende der Analyse sollte eine **Zusammenfassung** noch einmal die offensichtliche Absicht der Rede und die wichtigsten festgestellten Mittel zum Erreichen dieser Absicht benennen.

Überblick

Schema zur Analyse einer Rede	
Einleitungssatz	Inhalt und Aussageabsicht der Rede werden präzise zusammengefasst.
Textwiedergabe	Zusammenfassende Beschreibung des Inhaltes und der angesprochenen Themen der Rede. Eventuell kann auf bestimmte Begriffe und Wortfelder eingegangen werden.
Angabe der Redeabsicht	Traditionelle Absichten (officia oratoris) sind: – Belehrung (docere) – Erfreuen (delectare) – Bewegen (movere)
Analyse der Rede und der Argumentationsstruktur	In vielen anspruchsvollen Reden ist eine Orientierung am traditionellen Aufbau einer Rede (partes orationis) möglich. Hiernach unterscheidet man zwischen – Einleitung (Exordium) – Ausführung (Narratio) – Darlegung der Gliederung und der Redeabsicht (Propositio) – Argumentation (Argumentatio) – Abschluss und Zusammenfassung (Conclusio/Peroratio). Ein Schwerpunkt der Redeanalyse wird auf der genauen Untersuchung der Argumentationsstrukturen liegen. Typische Argumentationsformen sind – logische Schlüsse (Syllogismen): Aus bewiesenen Prämissen wird die Richtigkeit einer darauf aufbauenden Behauptung abgeleitet. – rhetorische Schlüsse (Enthymeme): Die Behauptung beruht auf nur scheinbar bewiesenen Grundlagen. – induktive Argumentation: Eine Behauptung wird durch die Ansammlung bewiesener Einzelbeispiele gestützt.
Sprachstil und rhetorische Mittel	Die Untersuchung des Sprachstils und der rhetorischen Mittel samt den damit verbundenen Wirkungen kann in die obige Analyse integriert oder als eigenständiger Abschnitt der Deutung angeschlossen werden.
Beschreibung der Vortragsart	Auffälligkeiten in der Vortragsart können beschrieben und der Deutung zugeordnet werden.
Zusammenfassung	Die einzelnen Aspekte werden zu einer Gesamtdeutung kombiniert.

5.3 Analyse von theoretischen oder philosophischen Texten

Intentionen/Themen der Texte

Im Zentrum der hier zu behandelnden Texte steht in der Regel ein Grundgedanke, eine Idee, eine These. Der Text artikuliert diesen seinen „Redegegenstand" und entfaltet ihn. Meist geht er dabei argumentativ erklärend vor.

Will man einen solchen Text bearbeiten, so wird man zunächst versuchen müssen, diese Thematik, das Grundproblem, um das sich der Text kümmert, genauer zu fassen. Dafür bieten sich verschiedene Wege an.

Die Überschrift des Textes

Die meisten Texte haben eine Überschrift, ein Thema. Die Überschrift kann – bei kurzen Texten ist das in der Regel so – vom Autor des Textes formuliert sein. Oft haben wir es aber mit Textausschnitten zu tun, die aus größeren Zusammenhängen entnommen sind. In solchen Fällen wurden die Überschriften oft erst später gebildet. Dennoch können wir davon ausgehen, dass sie wichtige Hinweise auf das Problem enthalten, um das es im Text geht. Allerdings: Darauf verlassen sollte man sich nicht in jedem Fall. Deshalb wird man einen zweiten Weg nicht ganz vernachlässigen.

Erfassen des Grundproblems

Hinweise im Text

Ein Text, der sich mit einem Problem auseinandersetzt, formuliert dieses Problem gewöhnlich auch aus. Diese Formulierung kann direkt oder indirekt erfolgen. Das Problem kann z. B. direkt benannt werden, es kann aber auch in einer Frage versteckt sein. Es kann in einem Bild, in einem Beispielfall, in einer Parabel, einer Beispielerzählung, einer Fabel usw. zum Ausdruck gebracht sein.

Texthinweise nutzen

Immer aber gibt es sprachliche Hinweise darauf, dass wir es mit dem zentralen Textproblem zu tun haben. Solche sprachlichen Signale sollte man suchen und dann das jeweilige Textumfeld genauer ansehen. Formulierungen in diesem Sinn könnten sein:

- ⊙ „... damit sind wir beim Kern des Problems ...",
- ⊙ „... ich beschäftige mich hier vor allem mit ...",
- ⊙ „... im Grunde geht es doch um ...",
- ⊙ „Das folgende Beispiel sagt mehr als alle theoretischen Überlegungen ...",
- ⊙ „Nichts könnte unser Problem besser veranschaulichen als dies die Fabel vom ... tut".

Gemeint sind also all jene Stellen, an denen der Textautor sein eigenes Sprechen bzw. seine Zielsetzungen thematisiert. Man wird diese Stellen markieren und zusammentragen, um dann von ihnen ausgehend die zentrale Frage zu formulieren, die der Text zu beantworten sucht.

Beachtung des Kontextes

Kontext heranziehen

Ein Text steht immer in „Zusammenhängen". Er stellt einen Ausschnitt dar, ist aus einem Anlass geschrieben, irgendwo veröffentlicht. Oft kann man aus solchen Zusammenhängen wichtige Schlüsse ziehen hinsichtlich der zentralen Problematik des Textes.

- ⊙ Handelt es sich z. B. um einen Textauszug in einem Buch, so könnte der Buchtitel wichtige Rückschlüsse auf den thematischen Gesamtrahmen zulassen, innerhalb dessen der Text zu sehen ist.
- ⊙ Auch Textsammlungen erscheinen oft unter einem Sammeltitel, der vielleicht Aufschluss über Leitlinien gibt. Deshalb sollte man unbedingt auch die bibliografischen Angaben am Ende des Textes beachten.
- ⊙ Übrigens: Auch das Erscheinungsjahr eines Textes kann wichtig sein.

Schritte hin zum Verstehen

Paraphrasieren

Paraphrasieren, um das Verstehen zu überprüfen

Eine wichtige Technik, den Text zu verstehen, stellt die **Paraphrase** dar. Man gibt Satz für Satz, Aussage für Aussage in eigenen Worten wieder. Dabei wird man vor allem lange Sätze in kürzere Einheiten umwandeln. Bei einer solchen Umwandlung muss man allerdings darauf achten, dass die logischen Beziehungen nicht verloren gehen.

Untersuchung des Textaufbaus

Text in Sinnabschnitte gliedern

Der Gesamtsinn eines Textes setzt sich aus verschiedenen Sinnteilen zusammen. Deshalb wird man diese einzelnen Teile zunächst identifizieren.

- ⊙ Dazu wird man den Text in Sinnabschnitte gliedern und die Informationen eines jeden Abschnitts in einem Satz zusammenfassen.
- ⊙ Anschließend untersucht man, welche Aufgabe der gerade betrachtete Abschnitt im Textganzen hat (handelt es sich um eine These, eine Annahme, eine Vermutung, ein Argument, ein Beispiel, eine Schlussfolgerung, eine Weiterführung, eine Forderung, einen Vergleich usw.?).

Die **Textstruktur** erfasst man am besten dadurch, dass man:
- ⊙ die zentrale Aussage, den Kern des Textes fixiert,
- ⊙ bei den übrigen Teilen nach der funktionalen Beziehung zu diesem Kern fragt (geht es um Erklärung, Stützung, weiterführende Information?),

5.3 *Analyse von theoretischen oder philosophischen Texten*

- die logischen Verknüpfungen (Konjunktionen, Satzteile, Sätze, satzverbindende Adverbien usw.) zwischen den einzelnen Aussagen genauer untersucht (so wird die Funktion des einzelnen Abschnitts deutlich),
- die Angaben zur Modalität genauer beachtet (also die Modalverben, die Modi der Verben usw. untersucht; so könnte z. B. der Konjunktiv den Entwurf eines Denkmodells signalisieren).

Die Logik eines Textes spielt eine ganz besondere Rolle. Sie muss daher auch genauer nachvollzogen werden. Das heißt:

- Sie sollten die Abfolge der Argumente untersuchen.
- Sie sollten die logischen Zusammenhänge zwischen den einzelnen Aussagen beschreiben.

Logische Zusammenhänge beachten

Bei der Beschreibung solcher Funktionen werden Sie auf metasprachliche Wendungen zugreifen, die das Tun des Autors benennen (... der Autor belegt sein Argument ..., der Autor kommt zur Schlussfolgerung ..., der Autor wagt hier die These ...).

Begriffsarbeit

Theoretische Texte sind darauf angewiesen, ihre zentralen Redegegenstände begrifflich zu fassen. Diese Begriffe müssen, will man einen Text verstehen, erfasst und geklärt sein.

Begriffe und Begriffszusammenhänge

- Oft kann man dabei auf den Text selbst zurückgreifen. Er definiert seine Begriffe, gegebenenfalls erläutert er sie.
- Die Definitionen wird man dann nachzeichnen (Paraphrase, → Seite 206) und erläutern.
- Schließlich wird zu fragen sein: Was leistet der Begriff bzw. das vom Begriff Benannte? Wenn Sie die Frage beantworten, denken Sie erst einmal vom Text aus, um dann bei Bedarf eigene Erfahrungen (auch: eigene Sprachkompetenz!) in die Überlegungen einzubeziehen.

Wenn Sie sich der **Begrifflichkeit** eines Textes annähern wollen, gehen Sie am besten so vor:

Tipp

- Markieren Sie die zentralen Begriffe und schreiben Sie sie heraus.
- Notieren Sie zu diesen Begriffen die Bedeutung in der „Normalsprache", sofern Ihnen solche Bedeutungen geläufig sind.
- Notieren Sie die im Text vorhandenen Definitionen und Begriffserklärungen. (Diese können unter Umständen versteckt sein oder müssen aus negativen Nennungen erschlossen werden („Realismus heißt nicht ...").
- Vielleicht stellen Sie fest, dass Bedeutungen als bekannt vorausgesetzt werden oder dass ein Verweis auf das „allgemein Übliche" eine Erklärung ersetzt. Dann haben Sie zu fragen: Was ist nun „allgemein üblich"?

Klären Sie das „**Begriffssystem**" eines Textes, indem Sie feststellen:

Das Begriffs-system klären

- ⊙ Gibt es Gegenbegriffe?
- ⊙ Gibt es Nachbarbegriffe?
- ⊙ Gibt es Überordnungen, Unterordnungen, Zuordnungen?
- ⊙ Gibt es logische Zusammenhänge (führt zu ...) zwischen den Begriffen?

Da Sie in der Prüfungssituation kaum die Gelegenheit haben werden, auf ein Lexikon zuzugreifen, bleiben Ihnen für die Erläuterung eines Begriffes nur drei Verfahren:

- ⊙ Einmal die kontextabhängige Klärung (Sie müssen im Rahmen des Textes klären, was der Begriff bedeutet). Dazu sollten Sie die Hinweise beachten, die der Autor Ihnen gibt.
- ⊙ Dann aber sollten Sie die konkrete Begriffsverwendung genauer untersuchen und gegebenenfalls versuchen, Ersatzbegriffe einzusetzen, um den ins Auge zu fassenden Begriff etwas deutlicher abzuklären.
- ⊙ Schließlich werden Sie auch die Begriffe im Umfeld des Textes heranziehen.

Bilder, Geschichten und Beispiele

Viele philosophische Texte arbeiten nicht nur mit Begriffen, Definitionen und Erläuterungen, sondern sie versuchen das, was sie mitteilen wollen, auch „ins Bild zu setzen", den Lesern ihr Anliegen zu verdeutlichen anhand von Beispielen, Beispielerzählungen, Geschehnissen, die konstruiert werden, von Bildern und dergleichen mehr. In solchen Fällen ist es notwendig, die Beispiele im weitesten Sinn zu untersuchen.

Im Text enthaltene Verstehenshilfen nutzen und analysieren

- ⊙ Dabei wird man zunächst beschreiben, was das Beispiel konstituiert,
- ⊙ welche Elemente festzustellen sind und
- ⊙ wie diese Elemente zusammenhängen.
- ⊙ Man wird dann aber vor allem nach dem Vergleichsmoment, dem „Tertium comparationis" zu fragen haben, um festzustellen, was Bild- und Sachhälfte gemeinsam haben.
- ⊙ Schließlich wird man noch fragen müssen, was nun das Beispiel besonders deutlich profiliert, betont, hervorhebt.

Wie geht man mit einer Beispielerzählung, einer Parabel, einem Gleichnis um?

Zunächst wird man die Handlung, das Geschehen in den Blick nehmen:

- ⊙ Wer oder was ist beteiligt?
- ⊙ Was beginnt wie?
- ⊙ Was läuft ab?
- ⊙ Wie gestaltet sich der Ablauf?
- ⊙ Wie sieht das Ergebnis/Ende aus?
- ⊙ Gibt es besondere Bedingungen und Folgen?

5.3 Analyse von theoretischen oder philosophischen Texten

Dann wird man nach Parallelen im Bereich der Wirklichkeit, der Sachhälfte also, suchen, ehe man sich das Ziel der Beispielerzählung klarmacht, indem man feststellt, wo der besondere Akzent liegt, welche Faktoren besonders hervorgehoben werden, welche Schwerpunkte gesetzt werden usw.

Vergewisserung/Stellungnahme

Dass man einen Text „verstanden" hat, ihn einzuordnen versteht und auch eine geistige Auseinandersetzung nicht scheut, kann man am besten durch folgendes Verfahren unter Beweis stellen:

Das Verstandene einordnen

- ⊙ Man fasst das Textverständnis knapp in einem Resümee zusammen.
- ⊙ Man stellt die Verfahrensweise des Textes im Überblick dar.
- ⊙ Man ordnet die Aussagen des Textes in übergreifende Zusammenhänge (etwa epochaler, geistesgeschichtlicher, soziologischer ... Art) ein.
- ⊙ Man nimmt zur Kernaussage des Textes aus der eigenen Position heraus Stellung und begründet diese Position.

Überblick

Vorgehensweise bei der Analyse theoretischer oder philosophischer Texte	
Bei der Analyse eines theoretischen bzw. philosophischen Textes geht man folgendermaßen vor:	
1. Formulierung des Kernproblems, um das es im Text geht	Dabei beachtet man – die Überschrift des Textes („Thema"), – sprachliche Verweise innerhalb des Textes („... damit sind wir beim Grundproblem ..."), – den Kontext und den Zeithorizont des Textes.
2. Verstehen des Textes	Dabei können folgende Verfahren angewendet werden: – Paraphrase (Wiedergabe in eigenen Worten), – Untersuchung des Textaufbaus (Abfolge der Teilthemen und Aussagen), – Untersuchung der logischen Zusammenhänge.
3. Fixierung und Untersuchung der tragenden Begriffe	Dabei geht es um – die Frage nach der Bedeutung (Definition, Erläuterung) dieser Begriffe, – die Untersuchung der Beziehungen zu den anderen Begriffen
4. Klärung der Bedeutung/Funktion von Bildern, Geschichten und Beispielen	Zu fragen ist dabei: – Was wird verdeutlicht? – Was wird hervorgehoben?
Als Abschluss der Analyse fasst man die wesentlichen Aussagen in einem **Resümee** zusammen und ordnet sie in größere (geistige, geschichtliche, soziale ...) Zusammenhänge ein.	

5.4 Analyse medial vermittelter Texte

Über die Fähigkeiten im Umgang mit Texten hinaus erfordert die Analyse medial vermittelter Inhalte Kompetenzen im Umgang mit Text-Bild- und Text-Bild-Ton-Beziehungen. Aufgabenstellungen, deren Bearbeitung entsprechende Kompetenzen erfordert, beziehen sich auf unterschiedlichste Arten medial vermittelter Texte, die jeweils spezifischen inhaltlichen und formalen Kriterien genügen. Die Bearbeitung wird sich in der Regel auf Ausschnitte aus den folgenden Medientextsorten beziehen:

- Untersuchung einzelner Filmsequenzen
- Analyse von Filmtrailern
- Analyse von Fernsehserien
- Analyse von Interviews
- Analyse journalistischer Textsorten

Untersuchung von Filmsequenzen

Grundsätzliches

Filmsequenzen sind einzelne Szenen eines Spielfilms, die durch einen inhaltlichen Zusammenhang, einen Ortswechsel oder eine Veränderung der Figurenkonstellation als Einheit aufgefasst und von anderen Sequenzen abgegrenzt werden können. Die Untersuchung einer Filmsequenz wird sich in der Regel am Gesamtfilm orientieren und bedient sich der **Methodik der Filmanalyse**.

Makroanalyse

Zur Beschreibung und Deutung der Filmsequenz kann man auf die Kriterien der Makroanalyse zurückgreifen. Hiernach werden der Sequenzaufbau, der Handlungsverlauf, die Problementwicklung und die Figurenkonstellation eines Films untersucht und interpretiert. Schon mithilfe weniger zentraler Begriffe und Kriterien lässt sich eine angemessene Sequenzanalyse durchführen.

Differenzierte Szenenanalyse

Einige der zu untersuchenden Bereiche lassen sich dabei mit den gängigen Methoden der Literaturwissenschaft – etwa der Dialoganalyse und der Figurencharakterisierung – erfassen. Vor allem aber die exakte Analyse einer Einzelszene bedarf darüber hinaus der Begrifflichkeit der **Filmsprache**, die im Wesentlichen aus der Fachsprache der Filmproduktion entstanden ist.

Die Filmsprache als Analysegrundlage

Bereits die einfachen und grundlegenden Kategorien und Begrifflichkeiten der Filmsprache können bei der Beschreibung und Deutung einer Filmsequenz sehr hilfreich sein und sowohl bei der Vorbereitung als auch bei der

5.4 Analyse medial vermittelter Texte

Ausformulierung von Antworten auf entsprechende Prüfungsfragen benutzt werden.

Zunächst lohnt sich zum Beispiel eine Untersuchung und Deutung der **Kamera-Einstellungsgrößen**, die in verschiedenen Stufen zwischen extremer Entfernung und extremer Annäherung beschrieben werden.

Einstellungsgrößen der Filmkamera

- **Weit**: Ganze Landschaften und Stadtansichten werden gezeigt. Es kommt nicht auf Einzelheiten an.
- **Total**: Auch hier erhält der Zuschauer einen Überblick aus der Distanz, im Mittelpunkt steht allerdings meist eine Handlung, die viel Raum einnimmt und aus der Entfernung gezeigt wird.
- **Halbtotal**: Einigermaßen distanzierter Blick auf Handlungen und Menschen, die noch im Ganzen zu sehen sind. Körperhaltungen können differenziert werden, Gesichtsausdrücke eher nicht.
- **Halbnah** und **Amerikanisch**: Kommunikative Situationen und Beziehungen werden erkenn- und deutbar, wenn die Personen von den Knien oder den Hüften an aufwärts gezeigt werden.
- **Nah**: Entspricht etwa dem Brustbild einer Person.
- **Groß**: Gezeigt wird das Gesicht eines Menschen, sodass der Zuschauer die Mimik sehr genau erkennen kann.
- **Detail**: Hierbei wird nur ein Ausschnitt einer Person oder eines Gegenstandes gezeigt, auf den besondere Aufmerksamkeit gelenkt werden soll.

Auch die **Kameraperspektive** ist bei der Analyse und Interpretation von Filmen und Film-Text-Beziehungen von großer Wichtigkeit. Je nachdem, in welchem Höhenverhältnis sich die Kamera und die gezeigten Gesichter oder Gegenstände zueinander befinden, spricht man von **Normalsicht, Untersicht** („Froschperspektive") und **Obersicht** („Vogelperspektive").

Höhenverhältnis zwischen Kamera und Gezeigtem

Kamera- und Objektbewegungen können ebenfalls berücksichtigt werden. Neben der feststehenden Kamera gibt es die Möglichkeit einer Kamerabewegung aus einer festen Position heraus, einer Kamerafahrt, einem Zoom oder der Arbeit mit der Handkamera („subjektive Kamera"). Je nachdem, in welchem Verhältnis der Kamerablick zur Handlungsachse (z. B. einer beschriebenen Kommunikationssituation) steht, unterscheidet man verschiedene Grundformen, bei denen Kameraachse und Handlungsachse entweder rechtwinklig zueinander stehen, parallel liegen oder identisch sind.

5 Interpretation von nicht literarischen Texten

Auch die **Beleuchtung** des Films und die kompositorische Anordnung der Figuren und Gegenstände innerhalb einer Filmsequenz (man spricht vom **Mise en scène**) sollten bei der Filmdeutung berücksichtigt werden.

Filmanalyse im Deutschunterricht

Neben all den angesprochenen filmtechnischen Kriterien wird der Schwerpunkt der Aufgabenstellung innerhalb des Deutschunterrichts sicherlich auf der Untersuchung der **Wort-Bild-Ton-Beziehung** liegen und eine Beschreibung und Deutung des Verhältnisses der drei verschiedenen Zeichensysteme Bild, Sprache und Filmton erwarten. Auch hierzu gibt es eine differenzierte Untersuchungs- und Beschreibungsterminologie:
Zunächst muss unterschieden werden, ob hörbare Texte und andere Töne als **On-Töne** oder **Off-Töne** begegnen, das heißt, ob ihre Quelle auf dem Bild zu sehen ist („On the screen") oder nicht („Off the screen"). In weiterer Differenzierung kann beachtet werden, in welchem Verhältnis das zu sehende Bild und der zu hörende Text stehen und wie groß das inhaltliche Eigengewicht des einen Zeichensystems gegenüber dem anderen ist. Man spricht von der „Wort-Bild-Schere", die dann eng geschlossen ist, wenn das Gesprochene inhaltlich genau zum bildlich Dargestellten passt, die aber dann weit auseinanderklafft, wenn beide Ebenen einen eigenen Inhalt und eine eigene Aussage vermitteln, die eben nicht zusammengehören. Letzteres wird oft eingesetzt, um bestimmte Wirkungen zu erzielen, stellt aber eine große Herausforderung an die Verstehensleistung des Rezipienten dar. Ein Beispiel für

Wort-Bild-Schere

ein weites Auseinanderklaffen der Wort-Bild-Schere ist etwa die Filmsituation, in der eine bestimmte gezeigte Handlung mit einem rückblendenden oder vorausschauenden Off-Text kombiniert wird. Der Zuschauer nimmt dann mit den Augen und den Ohren jeweils unterschiedliche Zeitstufen innerhalb der Filmstory auf, was zu einer bestimmten Wirkung führen kann.

Weiterhin muss man die Rolle der **Filmmusik** und die Funktion auftretender **Geräusche** untersuchen, die ihrerseits wieder Einfluss auf die Deutung der Filmsequenz haben können.

Eventuell wird man auch auf **Leitmotive** achten müssen, die sich während des Films wiederholen und den Filmszenen eine immanente Bedeutung verleihen, die über das direkt Gezeigte hinausgehen kann.

Die Arten der Aneinanderreihung einzelner Szenen und Sequenzen nennt man **Schnitt** oder **Montage**. Auch hierbei gibt es äußerst unterschiedliche Möglichkeiten, durch welche die Wirkung eines Films beeinflusst werden kann.

5.4 Analyse medial vermittelter Texte

Montage-techniken

- **Erzählende Montage:** Schnitte werden kaum wahrgenommen, da die Einstellungen einfach dem Handlungsverlauf folgen.
- **Kontrastmontage:** Unmittelbar abfolgende Konfrontation von Gegensätzen, z. B. wenn eine gerade noch lachende Person plötzlich weinend gezeigt wird.
- **Assoziationsmontage:** Unterschiedliche Einstellungen, die zunächst in keinem Zusammenhang stehen, werden aneinandergereiht. Der Zuschauer soll selbst einen Zusammenhang herstellen.
- **Parallelmontage:** Mehrfach wechselnde Einstellung zwischen zwei gleichzeitig verlaufenden Handlungssträngen.

Vorbereitung durch einen Sequenzplan

Ein Sequenzplan, der tabellarisch angelegte Rubriken für die beschriebenen Bereiche vorsieht, kann bei der Analyse des Films behilflich sein. Beim Betrachten der Szene – man wird dies ja in der Regel mehrfach wiederholen dürfen – können die einzelnen Rubriken ausgefüllt und später in die Interpretation einbezogen werden. Wie differenziert der Sequenzplan aussieht, wird vom konkreten Unterricht und der Aufgabenstellung abhängen müssen. Auf jeden Fall sollte neben den beschriebenen Einzelheiten noch vermerkt werden, wie lange die Szene dauert, welche Figuren auftreten und welchen Inhalt die Szene hat.

Die Ausformulierung der Deutung

Nach der gründlichen Vorbereitung lässt sich die Deutung formulieren. Hierbei ist eine Orientierung am Ablauf und an einzelnen Abschnitten der Textinterpretation sinnvoll.

Zunächst formuliert man in einem zusammenfassenden **Einleitungssatz**, worum es in der dargestellten Sequenz inhaltlich geht und welche Bedeutung die Sequenz hat. Auf filmtechnische Besonderheiten, durch welche die angesprochene Deutung unterstützt wird, kann man dabei schon eingehen. Nun folgt eine Beschreibung der Sequenz, bei welcher zunächst deren **Inhalt** zusammengefasst wird. Wie bei der Analyse eines Roman- oder Dramenauszugs ordnet man die Filmsequenz danach in den **Kontext** ein und beschreibt ihre Funktion für den ganzen Film.

Ausführungen zur Vorbereitung der Analyse

Bevor die Sequenz interpretiert wird, werden zunächst die **Beobachtungen zu den verschiedenen Bereichen** der Filmanalyse beschrieben. Die Deutung der Beobachtungen kann entweder schrittweise im Zusammenhang mit den Deutungen von Inhalt, Figurencharakteristik oder -konstellation und Dialoganalyse erfolgen oder wird als eigenes Kapitel an die Deutungen angehängt. In beiden Fällen ist es wichtig, die Erkenntnisse zu den einzelnen Bereichen auf die Deutung zu beziehen und auf die intendierte Wirkung einzugehen.

Beschreibung

5 Interpretation von nicht literarischen Texten

aspektorientierte Analyse

Wie bei der Analyse dramatischer oder erzählender Texte wird auf einzelne Aspekte wie Figurencharakteristik und -konstellation, Konfliktentwicklung und Dialogführung eingegangen. Rückbezüge auf die eingangs formulierte Deutungshypothese und regelmäßige Zusammenfassungen verbessern auch hier die Lesbarkeit und Strukturiertheit der Ausführungen.

Analyse journalistischer Textsorten

Bei der Analyse von Zeitungstexten kann auf die gängigen Methoden der Textanalyse und -erörterung zurückgegriffen werden. Über das Herausfinden inhaltlicher und argumentativer Zusammenhänge hinaus muss hierbei allerdings nach der vorliegenden journalistischen Textsorte gefragt werden.

Journalistische Textsorten

Textintention: informieren

Eine große Rolle in der journalistischen Praxis spielen zunächst die **informierenden** Textsorten, die den Leser relativ objektiv und sachlich über Ereignisse informieren wollen.

Ein kurzer Text, der sachlich über ein einziges Ereignis berichtet, sich auf die Faktendarstellung konzentriert und ein gewisses Vorwissen seitens des Lesers unterstellt, ist die **Meldung**. Ihre Inhalte sind in der Regel überprüfbare und einsichtige Sachverhalte. Ihr Ziel ist es, diese Sachverhalte unbewertet mitzuteilen oder ein zukünftiges Ereignis anzukündigen.

Auch die **Nachricht** ist eine häufig vorkommende informierende journalistische Textsorte, wobei zwischen sogenannten „harten" und „weichen" Nachrichten unterschieden wird. Die **harte Nachricht** befasst sich meist mit Themen aus Politik und Wirtschaft oder anderen ernst zu nehmenden Bereichen der Gesellschaft. Ihr Ziel ist die Wissensvermittlung. Derartige Nachrichtentexte sind gekennzeichnet durch einen achronologischen Textaufbau, bei welchem bereits in der Überschrift und im Untertitel das Wichtigste angekündigt und im Text nach abnehmender Wichtigkeit ausgeführt wird. Zwischen Untertitel und Haupttext wird das zu Berichtende durch einen Vorspann, der durch eine andere Schriftgröße in der Regel auch optisch gekennzeichnet ist, zusammenfassend vorweggenommen. In Nachrichten bemüht man sich um große Verständlichkeit. Glaubwürdigkeitssignale – etwa das Hinweisen auf Quellen und seriöse Nachrichtenagenturen – fundieren den Objektivitätsanspruch der Textsorte. **Weiche Nachrichten** widmen sich eher zwischenmenschlichen und unterhaltenden (Klatsch-)Themen. Ihre Aufmachung ist um Leserwerbung bemüht, die Artikel sind kürzer und so angelegt, dass sie ganz gelesen werden. Die Sprache der weichen Nachrichten bemüht sich um einen gewissen Unterhaltungswert und arbeitet mit Spannung, Überzeichnungen und Übertreibungen.

5.4 Analyse medial vermittelter Texte

Inhaltlich und formal komplexer und vielfältiger als eine Nachricht ist die journalistische Textsorte **Bericht**. Durch eine attraktive, auffallende und prägnante Überschrift soll das Interesse des Lesers geweckt werden. Der Aufbau des Berichtes orientiert sich an dem typischen **Lead-Stil**. Anders als die rein informierende Nachricht enthält der Bericht Zitate von Beteiligten – auch in wörtlicher Rede –, Hintergrundinformationen und kommentierende Stellungnahmen zum Geschehen. Neben der Information versucht er, dem Leser eine größtmögliche Nähe zum Geschehen zu vermitteln.

Der typische Bericht-Aufbau ist nach der Bezeichnung der auffälligen, prägnanten und Interesse weckenden Überschrift – englisch: *lead* – benannt. Ergänzt wird diese Überschrift durch einen Untertitel, der weitere Informationen enthält. Der Hauptteil des Berichtes folgt der Chronologie der Ereignisse. Am Schluss folgt eine Stellungnahme, eine Prognose oder eine pointierte Wiederaufnahme des Einstiegs.

Lead-Stil

Eine weitere sehr verbreitete informative Textsorte ist die **Reportage**. Reportagen tragen deutlich die persönliche Färbung ihres Autors, dessen Name an einer offensichtlichen Stelle auch angegeben ist. Zwar sind Sachvermittlung und Information das zentrale Anliegen dieser Textsorte, präsentiert werden die Inhalte allerdings aus einer eindeutig subjektiven Sicht. Gefühle, Eindrücke und Wertungen werden vorgenommen, oft werden umgangssprachliche Satz- und Wortformen benutzt. Durch Zitate, direkte Reden und präzise Orts- und Zeitangaben soll der Leser gefesselt und aufgerüttelt werden.

Die zweite große Gruppe der journalistischen Textsorten sind die **meinungsbetont-persuasiven** Texte. Sie zielen nicht darauf ab, den Leser sachlich über einzelne Vorfälle zu informieren, sondern bemühen sich um die Vermittlung von Standpunkten und Einstellungen.

Textintention: überzeugen

Eine typische meinungsbetonte Zeitungstextsorte ist der **Kommentar**. Kommentare beziehen sich oft auf Themen, die in der Öffentlichkeit diskutiert werden, und beinhalten eine deutende und wertende Auseinandersetzung mit diesen Themen. Die Textstruktur des Kommentars ist entsprechend argumentativ. Begründungen und Beispiele unterstützen geäußerte Behauptungen. Ein typisch aufgebauter Kommentar formuliert zunächst eine Problematisierung eines Sachverhaltes und zeigt ihn als strittig auf. Bevor die eigentliche Stellungnahme beginnt, werden häufig noch die Gegenargumente genannt. In der Stellungnahme selbst kommt es schließlich zu einer Vermischung von Faktendarstellungen, -interpretationen und -wertungen. Dieser Teil bemüht sich um Glaubwürdigkeit und Überzeugungskraft.

Als deutlich polemische und pointierte Texte begegnen **Glossen**, welche ebenfalls zu den persuasiven Textsorten gezählt werden. Aufgrund der Verwendung von ironisch-satirischen und grotesken Zügen wirken Glossen meist auch unterhaltend. In der Regel setzen Glossen bei ihren Lesern den Konsens bereits voraus und zielen allein auf die Verstärkung der vorhandenen Einstellung.

Auch **Kritiken** zu Theateraufführungen, Filmen oder anderen kulturellen Ereignissen zählen zu den meinungsbetonten Textsorten. Schon in der Überschrift wird in der Regel angegeben, auf welches Ereignis sich der Text bezieht, bevor dann im Haupttext sein Inhalt und einzelne Aspekte der Deutung beschrieben oder ausgeführt werden.

Überblick

Wichtige journalistische Textsorten	
Informierende Textsorten	
Meldung	– bezieht sich auf ein einziges Ereignis – kurze, sachliche und überprüfbare Faktendarstellung
harte Nachricht	– Themen aus Politik und Wirtschaft; zielt auf Wissensvermittlung – achronologischer Aufbau: Ankündigung des Themas in Überschrift und Untertitel, dann zusammenfassender Vorspann und Ausführungen mit abnehmendem Grad an Wichtigkeit – bemüht sich um Verständlichkeit und enthält Glaubwürdigkeitssignale
weiche Nachricht	– widmet sich Klatsch-Themen, kurze, leserwerbende Artikel – sprachlicher Unterhaltungswert, Überzeichnungen, Übertreibungen
Bericht	– informiert und baut eine große Nähe zum Geschehen auf – aufgebaut nach dem typischen Lead-Stil – enthält Zitate von Beteiligten, Hintergrundinformationen, Kommentare
Reportage	– informiert, trägt aber die persönliche Färbung des Autors – enthält Zitate, direkte Rede, Orts- und Zeitangaben – will den Leser aufrütteln
Meinungsbetont-persuasive Textsorten	
Kommentar	– bezieht sich auf ein öffentlich diskutiertes Thema – deutet, wertet und bezieht Position – folgt einer argumentativen Textstruktur – typischer Aufbau: einleitende Problematisierung, Nennen der Gegenargumente, Ausführen der eigenen Stellungnahme – Im Hauptteil werden Darstellungen und Deutungen verwischt.
Glosse	– pointierte und ironische Stellungnahme zu einem bestimmten Thema – setzt Vorinformiertheit der Leser voraus – hat auch die Absicht, den Leser zu unterhalten – zielt auf die Verstärkung einer bereits vorhandenen Einstellung
Kritiken	– Stellungnahmen zu kulturellen Ereignissen und Veröffentlichungen – Angabe des Themas im Titel – Wiedergabe von inhaltlichen Aspekten und Deutungen im Hauptteil

Textproduktion

6

Ein Thema differenziert zu erörtern, ist eine der größten Herausforderungen im Deutschunterricht. Gefordert ist hierbei zum einen die komplexe Auseinandersetzung mit den Vorgaben, zum anderen die präzise schriftliche Umsetzung der eigenen Gedanken. Die folgenden Kapitel erklären die unterschiedlichen Formen der Erörterung, beschreiben die konkreten Anforderungskriterien und geben Ratschläge zur Planung und Ausführung der Texte.

6.1 Erörterndes Erschließen ohne Textvorlage – Die freie Erörterung

Die freie Erörterung besteht aus einer eingehenden und gründlichen schriftlichen Auseinandersetzung mit einer vorgegebenen Themen- oder Problemstellung. Es wird in der Regel um ambivalent zu beurteilende anthropologische, soziale oder kulturelle Fragen gehen, die im Deutschunterricht der Oberstufe tangiert wurden.

Problemstellung wird vorgegeben

Geprüft und bewertet werden im Zusammenhang mit der freien Erörterung die Fähigkeiten, eine Problemstellung präzise zu erfassen, Für- und Gegenargumente zu finden und zu einer sinnvoll gegliederten und verständlichen Erörterung ausformulieren zu können.

Erörterung des Problems

Darüber hinaus wird erwartet, dass die Themenstellung sinnvoll und richtig in literarische, geistesgeschichtliche und kulturelle Kontexte und Traditionen eingeordnet wird. Eine abschließende persönliche Abwägung der Argumente und das Ziehen eines begründeten Fazits kann ebenfalls zum Anforderungsbereich der freien Erörterung gehören.

Einordnung in Kontexte

Bewertungskriterien der freien Erörterung
- ⊙ präzises Erfassen der Problemstellung
- ⊙ Finden sinnvoller Für- und Gegenargumente
- ⊙ sinnvoll gegliederte und verständliche Ausformulierung
- ⊙ kompetente Einordnung der Themenstellung in Kontexte
- ⊙ fundierte Stellungnahme

Wissen

Das Klären der Themenstellung

Die Fragestellung zu einer freien Erörterung wird oft in Form eines **Zitats** oder einer **These**, also einer Behauptung oder eines Aussagesatzes, formuliert. Zu dieser Fragestellung soll dann Stellung genommen werden.

Um welche Frage geht es?

Bevor man mit der eigentlichen Auseinandersetzung beginnt, ist es daher wichtig, sich klarzumachen, was mit der Vorgabe überhaupt gemeint ist und welche diskutierbare Fragestellung sich hinter dem Zitat oder der These verbirgt.

Ein erstes Ziel der Auseinandersetzung sollte es daher sein, die Ausgangsformulierung in **eigenen Worten** zu umschreiben bzw. eine passende Fragestellung zu formulieren, an welcher man sich bei der folgenden Ausarbeitung orientieren und zu der man am Schluss eine zusammenfassende Antwort formulieren kann. Das exakte Erfassen und Verstehen der Vorgabe ist bei der freien Erörterung sehr wichtig. Die Gefahr, am eigentlichen Thema vorbeizuschreiben oder in seinen Ausführungen zu weit abzuschweifen, muss möglichst reduziert werden.

Im Einzelnen sind folgende Schritte dabei hilfreich.

Klären von Unverständlichem

Begriffe klären

Am Anfang jeder Auseinandersetzung mit einem Thema muss die Frage stehen: Verstehe ich überhaupt, was angesprochen wird? Begriffe, die beim ersten Lesen unklar waren, muss man herzuleiten versuchen. Auch das im Folgenden beschriebene Klären des Kontextes und die Definition von Begriffen können dabei hilfreich sein.

Kontext klären

Themenbereiche erfassen

Es ist wichtig, die Fragestellung einem bestimmten Themenbereich zuzuordnen. Hier muss gefragt werden, auf welche grundsätzliche gesellschaftliche Diskussion die Vorgabe anspielt, welche Lebensbereiche sie betrifft, welche historischen Tendenzen sie tangiert und welche Positionen zur Themenstellung eventuell schon aus dem Unterricht bekannt sind.

Um dies zu fundieren, kann selbstverständlich auch auf Fachinhalte anderer Schulfächer zurückgegriffen werden. Werden derartige Vernetzungen hergestellt und in der Ausformulierung berücksichtigt, wirkt diese differenzierter und überlegter. Die Erörterung bekommt ein höheres Niveau. Auch Erkenntnisse, die nicht direkt aus dem Schulunterricht stammen, dürfen mit der Ausgangsfrage in Beziehung gebracht werden. Wer ein Buch gelesen, eine Fernsehreportage gesehen oder eigene Erfahrungen im angesprochenen Themenbereich gemacht hat, darf diese natürlich mit einbringen.

6.1 Erörterndes Erschließen ohne Textvorlage – Die freie Erörterung

Besteht die Vorgabe aus einem Zitat, ist es in der Regel wichtig und hilfreich zu berücksichtigen, in welchem Kontext und zu welchem Anlass die Äußerung formuliert wurde. Außerdem kann die Situation des Urhebers des Zitates berücksichtigt werden. Hierbei kann zum Beispiel gefragt werden, welchen Beruf er ausübt, welcher politischen Richtung er angehört, welcher Gesellschaftsschicht er entstammt, was diese Äußerung für ihn bedeutet.

Zitate kontextuieren

Begriffe klären und definieren

Um in der Ausformulierung nicht zu weit vom Thema abzuschweifen und präzise auf die Fragestellung eingehen zu können, ist es unbedingt erforderlich, die Begriffe der Themenstellung zu klären oder zu definieren. Nahezu alle bedeutungsrelevanten Wörter der Vorgabe müssen daraufhin überprüft werden, welche Bedeutung sie im geäußerten Kontext haben. Gerade auch bei Formulierungen, in denen Ziel- und Personengruppen pauschalisiert werden – etwa durch Verwendungen von Pronomina und der Form „man" – muss exakt geklärt werden, auf wen sich die Äußerung bezieht. Auch abstrakte Begriffe bedürfen häufig einer exakten Eingrenzung und Definition, bevor sie im Zusammenhang eines Zitates erörtert werden können.

Um diese Begriffsklärung leisten zu können, sollte man sich das vorgegebene Zitat zunächst genau anschauen und klärungsbedürftige Begriffe unterstreichen. Nacheinander versucht man dann, die einzelnen Begriffe zunächst für sich genommen, dann auch im vorliegenden Zusammenhang zu klären. Ausgehen kann man dabei meist von der alltagssprachlichen Bedeutung der Begriffe. Es muss gefragt werden: Wann wird der betreffende Begriff von welcher Personengruppe verwendet und was bedeutet er in diesem Zusammenhang? Eine Präzisierung und Konkretisierung dieses Arbeitsschrittes kann erreicht werden, wenn man typische Sätze formuliert, in denen der Begriff vorkommen könnte, und seine Bedeutung davon ausgehend zu erfassen versucht.

Begriffe definieren

Schließlich muss kritisch überprüft werden, ob diese typische Verwendung auch auf das Zitat übertragbar ist. Wenn möglich, kann darüber hinaus nach der Bedeutungsgeschichte (Etymologie) der Begriffe gefragt werden. Manchmal kann es auch hilfreich sein, gegenteilige Begriffe zur Klärung heranzuziehen. Auf jeden Fall sollte man für jeden einzelnen uneindeutigen Begriff zu einer möglichst sicheren Bedeutungsfüllung gelangen. Gelegentlich wird man nicht umhinkommen, die präzise Bedeutung selbst zu definieren. In der späteren Ausformulierung kann dann stehen: *„Ich gebrauche den Begriff im Folgenden in der Bedeutung ..."*

6 Textproduktion

Tipp	Zur Klärung einer Begriffsbedeutung ist es hilfreich, folgendermaßen vorzugehen:

① Nachbarbegriffe und Synonyme sammeln, gegenteilige Begriffe sammeln

② Typische Sätze notieren, in denen der Begriff vorkommen könnte

③ Bedeutungsgeschichte des Begriffs klären

④ Begriff nun definieren

⑤ Übertragbarkeit der Definition auf das vorgegebene Zitat überprüfen

Formulieren einer eigenen Fragestellung

Oft sind die vorgegebenen Thesen und Zitate poetisch, polemisch, satirisch oder anderweitig zugespitzt formuliert, wodurch sie sich nicht ohne Weiteres erörtern lassen. Es ist in diesen Fällen sehr hilfreich, eine eigene, passende Fragestellung zu formulieren, die zu der Vorgabe passt, sich aber einfacher und sachlicher diskutieren lässt. In der Verschriftlichung kann an dieser Stelle dann eine Formulierung stehen wie: *„Im Grunde genommen muss doch hier überprüft werden, ob … Dabei werden sich die Aussagekraft und die Angemessenheit des Zitats klären lassen."*

Thema in eigenen Worten formulieren

Die Stoffsammlung

Es gibt verschiedene Möglichkeiten, eine effiziente Stoffsammlung durchzuführen. Neben dem bloßen Sammeln von Ideen und Brainstorming-Ergebnissen oder dem Anlegen einer einfachen Pro-Contra-Tabelle ist das Arbeiten mit einer Mindmap sinnvoll, da es übersichtlich und erweiterbar ist und die spätere gegliederte Ausformulierung erleichtert.

Mindmap

Um eine übersichtliche Sammlung zu Für- und Gegenargumenten zu ermöglichen, trennt man die Mindmap entweder in zwei Hälften oder fertigt zwei eigene Mindmaps an. Dies ist erforderlich, wenn die vorgegebene Fragestellung eindeutig nach Zustimmung oder Ablehnung fragt.

In der Mindmap sammelt man nun alle Ideen, die einem zum gestellten Thema einfallen. Die folgenden Fragen können bei verschiedenen Themenstellungen hilfreich sein. Ihre Antworten könnten in die Mindmap aufgenommen werden:

⦿ Was lässt den Urheber des Zitats wohl zu seiner Behauptung kommen?

⦿ Welche biografischen und historischen Erfahrungen stecken eventuell hinter den Aussagen?

⦿ Welche Gründe finde ich in meiner Erfahrung, die für oder gegen die Aussage sprechen?

6.1 Erörterndes Erschließen ohne Textvorlage – Die freie Erörterung

- Welche Gründe finden andere Gesellschaftsgruppen für oder gegen die These?
- Welche allgemeingültigen Gründe und menschlichen Erfahrungen sprechen für oder gegen die These?
- Welche Themen des Deutschunterrichts und der anderen Fächer tangieren die Fragestellung?
- Welches aktuelle Ereignis tangiert die Fragestellung?
- Welche Beispiele gibt es, anhand derer die These veranschaulicht, gestützt oder widerlegt werden kann?

> **Tipp**
>
> Die Mindmap wird für die spätere Ausformulierung noch brauchbarer, wenn bereits optisch zwischen der Argument- und Beispielebene unterschieden wird, die Beispiele den Argumenten also untergeordnet oder nachgeordnet werden.

Wem die Arbeit mit einer Mindmap nicht liegt, der kann auf eine einfache Stoffsammlung zurückgreifen. Alle Ideen zum Thema werden auf einem Notizzettel notiert und in einem weiteren Arbeitsschritt sortiert. Die Sortierung orientiert sich dann an dem Aufbau der Erörterung.

Die Ausformulierung der Erörterung

Nach der gründlichen Vorbereitung sind die wesentlichen Inhalte der folgenden Ausformulierung bereits geklärt. Sie müssen nun in einer sinnvollen Reihenfolge und einem angemessenen Stil ausformuliert werden.

Einleitung

Das zentrale Anliegen der Einleitung ist es, die Themenstellung zu klären und exakt die zu diskutierende Frage zu formulieren. Hier wird natürlich auf die Ergebnisse aus der Vorbereitungsphase zurückgegriffen.
Zunächst bettet man die vorgegebene Fragestellung in einen einleitenden Text ein. Hierzu kann man auf einen aktuellen Bezug, eine Statistik oder allgemein bekannte Fragestellungen eingehen und das Zitat zu diesen in Beziehung setzen.
Eine einfache Vorgehensweise zur Umsetzung dieser Idee sieht folgendermaßen aus: Man notiert das vorgegebene Zitat und schließt einen Einleitungssatz an, etwa: „[Zitat] – *Eine Aussage, über die sich angesichts* [hier nennt man den aktuellen Bezug] *sicherlich diskutieren lässt ...*"

Einleitungssatz

Anschließend wird man die exakte Themenklärung aus der Vorbereitungsphase ausformulieren. Ein Überleitungssatz kann etwa lauten: *„Bevor die Angemessenheit dieser Aussage beurteilt werden kann, ist es wichtig, einige*

*Begriffe zu klären. Was meint der Urheber des Zitats eigentlich, wenn er von ...
oder ... spricht?"*
Im Zusammenhang mit dieser genauen Themenstellung können dann auch
die Überlegungen zu den einzelnen Begriffen und ihren Definitionen berücksichtigt und in die Einleitung integriert werden.

Am Ende des Einleitungsteils steht schließlich die selbstständig formulierte
Frage, die sich aus dem Zitat und den Begriffsklärungen ergibt und an der
sich die Ausformulierungen des Hauptteils orientieren werden. Eingeleitet
werden kann diese Fragestellung mit der Phrase *„Im Grunde genommen
muss also hier gefragt werden: ..."*

Mögliche Anordnung des Hauptteils

Ausformulieren der Stoffsammlung

Der Hauptteil erörtert nun die formulierte Fragestellung unter Berücksichtigung der Notizen in der Mindmap beziehungsweise der Stoffsammlung.
Ausführungen zur Fragestellung, Pro- und Kontra-Argumente, Unterstüt-
zendes und Ablehnendes können dabei berücksichtigt und ausformuliert
werden. Der im Folgenden beschriebene Aufbau zeigt eine sinnvolle Vorgehensweise.

① **Überleitung und Ausarbeitung der zustimmenden Argumente**: Nach einer knappen Einleitung, die die Tendenz und die Wertung der folgenden
Ausführungen bereits deutlich machen sollte, werden die einzelnen Argumente schrittweise ausgeführt und durch Beispiele veranschaulicht.
Zwischen den einzelnen Argumenten stehen natürlich passende und ab-
wechslungsreiche Überleitungen.
Als Einleitung und Hinführung zum ersten Argument kann etwa formuliert werden: *„Viele Gründe sprechen dafür, dass die Aussage des Zitates
zutrifft, so ist ja schließlich allgemein bekannt, dass* [es folgt das erste Ar-
gument]*."*
Zur Überleitung von einem Argument zum nächsten können die typischen Formulierungen wie *darüber hinaus, außerdem, weiterhin* benutzt
werden.
Am Ende dieses Abschnittes sollte eine Zusammenfassung stehen, welche die Argumente gegebenenfalls nochmals unter passenden Oberbegriffen zusammenfasst. Hier könnte etwa stehen: *„Insgesamt zeigen die
vielen aufgeführten Gründe also, dass der Autor mit seiner Aussage recht
hat – vor allem, wenn man es auf die Bereiche* [Oberbegriffe nennen] *bezieht."*

② **Überleitung und Formulierung von Einwänden gegen die These:** In ähnli-
chem Aufbau folgen nun die Einwände und Gegenargumente. Auch diese werden kurz eingeleitet, miteinander verbunden und am Schluss zu-

sammengefasst. Formuliert wird zum Beispiel: *„Bei genauer Betrachtung spricht allerdings auch einiges dafür, dass der Autor im Unrecht ist. Betrachtet man zum Beispiel die Aussage des Autors zu ... [das erste Argument wird ausgeführt] ...“*

③ **Überleitung und Ziehen eines Fazits:** Die These, die in einer Klausur diskutiert werden soll, wird in der Regel eine differenzierte Auseinandersetzung verlangen und nicht durch eine bloße Zustimmung oder Ablehnung zu bewältigen sein. Am Schluss des Hauptteils steht auf jeden Fall eine Zusammenfassung der Auseinandersetzung, die entweder eine Entscheidung für oder gegen die Aussage formuliert oder einen Kompromiss zu finden versucht.

differenziertes Fazit am Schluss

Tipp

Um die Ambivalenz einer diskutierten Fragestellung auszudrücken und eine kompromisshafte Lösung anzudeuten, genügt es nicht, die Fragestellung in eine diffuse subjektive Entscheidungssituation zu überführen und zu formulieren, dass jeder selbst entscheiden müsse, wie er zu der Frage steht, oder dass die Frage sich von Situation zu Situation unterschiedlich beantworten lasse.
Eine derartige Formulierung zeigt nicht, wie demokratisch und tolerant der Verfasser ist, sondern entlarvt vielmehr eine pseudotolerante Meinungslosigkeit.
Auch bei einer Ausgewogenheit von Für- und Gegenargumenten lässt sich das Fazit differenziert formulieren.
Wie bei den Zwischenzusammenfassungen kann hier nämlich nach Oberbegriffen und verschiedenen Wirklichkeitsbereichen unterschieden werden.

Der Schluss

Sollte es im Unterricht so abgesprochen oder von der Aufgabenstellung ausdrücklich gefordert sein, wird man am Schluss eine persönliche Stellungnahme zur Fragestellung formulieren. Hierbei kann man die wichtigsten Argumente noch einmal nennen.

Auf jeden Fall muss am Schluss der Erörterung die eingangs formulierte präzisierende Fragestellung wieder auf das Ausgangszitat bezogen werden. Auch hier hilft ein einfacher Überleitungssatz: *„Die Frage nach ... scheint mir nun dahingehend beantwortet, dass ... Damit wird auch deutlich, dass das Einstiegszitat ...“*

Rückbindung an das Ausgangszitat

6 Textproduktion

Beispiel

Musteraufgabe:

Erörtern Sie folgende Fragestellung: „Leben wir in einem aufgeklärten Zeitalter?"

1. Begriffsbestimmung

Was heißt „leben"?

Präsentische Formulierung: Es geht also um die aktuelle Gegenwart.

Es geht nicht um Wünsche oder Ziele, sondern darum, ob die Prinzipien verwirklicht sind, im Alltag spürbar sind.

Was heißt „wir"?

Man muss evtl. unterscheiden zwischen der westlichen Welt und anderen Ländern;

angesprochene Personengruppe z. B. junge Menschen in Europa.

Was heißt „aufgeklärtes Zeitalter"?

Sollte inhaltlich gefüllt sein:

— Grundsätzliches Menschenbild
— Einhalten der Menschenrechte
— Demokratische Grundlagen der Politik
— Errungenschaften von Naturwissenschaft und Technik
— Kritischer Umgang mit diesen Errungenschaften

2. Formulieren einer eigenen Fragestellung

[...] möchte ich die Fragestellung folgendermaßen präzisieren und erweitern: Welche grundsätzlichen, politischen und wissenschaftstheoretischen Ziele der Aufklärung erleben junge Menschen in Europa heute als verwirklicht und wo stoßen die Ansätze der Aufklärung heute an ihre Grenzen?

Überblick

Vorgehensweise bei einer freien Erörterung	
Themenstellung klären	— Genau überlegen: Um welche konkrete(n) Frage(n) geht es hier eigentlich? — Teilschritte: Unverständliches klären, Kontext klären, Begriffe klären und definieren — Tipp: Es ist hilfreich, die Themenstellung zu einer konkreten Fragestellung umzuformulieren.
Stoffsammlung	— Formen: Brain-Storming, Tabelle, Mind-Map
Ausformulierung der Erörterung	— Einleitung: Hinweis auf die Relevanz des Themas und Vorstellen der eigenen Fragestellung — Möglicher Aufbau für den Hauptteil: Zustimmende Argumente, Einwände, Fazit — Schluss: Rückbezug zur Ausgangsfrage, differenzierte Antwort

6.2 Verfassen einer Erörterung zu einem Text

Worum geht's?

Die komplexen Aufgabenstellungen im Zusammenhang mit einer textgebundenen Erörterung fordern im Wesentlichen Kompetenzen in zwei Bereichen. Erstens ist es wichtig, einen vorgegebenen – in der Regel sachlich-pragmatischen – Text inhaltlich und in Bezug auf seine Argumentationsführung zu erfassen und zu analysieren. Darauf aufbauend soll – zweitens – eine qualifizierte und begründete Stellungnahme zu dem Text und seinen Argumenten formuliert werden, die auch die eigene Meinung zum Thema und seiner Darstellung ausdrücken soll.

Textanalyse und Stellungnahme

Das Thema des Textes wird in der Regel Möglichkeiten zu einer differenzierten Beurteilung bieten. Oft bezieht es sich auf grundsätzliche Themen, die Gegenstand des Deutschunterrichts waren und in anderen Zusammenhängen bereits besprochen wurden. Zur thematischen Vorbereitung einer entsprechenden Aufgabe in Prüfungsklausuren ist es empfehlenswert, die besprochenen Grundsatzthemen nochmals zu rekapitulieren. Unterschiedliche Menschenbilder, die Diskussion verschiedener Kunstvorstellungen, das Verhältnis zwischen Kunst und Gesellschaft oder die Position von Autoren und ihren Werken angesichts bestimmter gesellschaftlicher Fragestellungen sind übliche Themenfelder einer derartigen Aufgabenstellung.

typische Themen

Vorgehensweise bei der Texterörterung

Erste Textbegegnung/Leseverständnis
Um die Ausführungen zu dem vorgelegten Text sinnvoll und pragmatisch vorzubereiten, kann man bereits beim ersten oder zweiten Lesen auf bestimmte Aspekte achten. Fragen, die den Textzugriff etwas vereinfachen können, sind zum Beispiel:

- ⊙ Worum geht es in dem Text grundsätzlich?
- ⊙ Welche Hauptthesen/-aussagen sind im Text ausgesprochen?
- ⊙ Welche einzelnen Textabschnitte gibt es?
- ⊙ Mit welchen Themen beschäftigen sich die einzelnen Abschnitte jeweils?
- ⊙ Welche Schlüsselwörter fallen auf?

Lesehilfen

Es ist hilfreich, die entsprechenden Hinweise zu den einzelnen Fragen mit unterschiedlichen Farben zu markieren und kurze, zusammenfassende Notizen an den Rand des Textes zu schreiben. Die Markierungen und Notizen können dann im nächsten Schritt ausformuliert werden.

Die Ausarbeitung der Texterörterung

① Formulieren der Themenstellung

Bevor man sich gründlicher und ausführlicher dem Text zuwendet, formuliert man zunächst die Zusammenfassung seiner Gesamtaussage. Ähnlich der Deutungshypothese bei der Interpretation von literarischen Texten berücksichtigt man bei dieser prägnanten Textzusammenfassung zwei Ebenen. Es gilt zu beschreiben, **welche Absicht** der Text verfolgt und **wie** diese Absicht **umgesetzt** wird. Bei der Formulierung der Hauptaussageabsicht ist es hilfreich, passende Sprechhandlungsverben zu benutzen. Formulierungen wie *„Der Text beschreibt/kritisiert/erörtert/zeigt auf"* usw. erlauben eine klare Beschreibung der vom Text verfolgten Absichten und vermeiden die zu häufig bemühte Wendung *„in dem Text geht es um …".*

Gesamtaussage zusammenfassen

Auf welche Art der Text versucht, seine Aussageabsicht zu vermitteln, lässt sich zusammenfassend durch einen Modalsatz mit *indem* vorschalten oder anschließen.

② Textwiedergabe

Um der ausführlichen Textanalyse nicht zuviel vorwegzunehmen und allzu viele Redundanzen zu vermeiden, sollte die Textwiedergabe sehr kurz gehalten werden. Hier beschreibt man zusammenfassend die Aussagen der einzelnen thematischen Abschnitte. Auch bei der zusammenfassenden Textwiedergabe bietet es sich an, die oben genannten Sprechhandlungsverben zu benutzen.

Aussagen der Abschnitte zusammenfassen

③ Analyse des Textes

Es folgt nun eine ausführliche Analyse des Textes, die ihrerseits verschiedene Aspekte berücksichtigen muss.

In erster Linie geht es um die Beschreibung der Argumentationsstruktur. Auch wenn die Argumentationsebenen in vielen Fällen kaum eindeutig bestimmt und auf verschiedene Arten in Bezug gesetzt werden können, sollten die Hauptaussagen des Textes schrittweise genannt und zusammengefasst werden. Belegende **Argumente** und veranschaulichende **Beispiele** sollten in der Textanalyse ebenfalls genannt werden. Stammen mehrere Argumente oder Beispiele aus demselben Wirklichkeitsbereich, können diese auch zusammengefasst werden (z. B. *„Er belegt seine Aussagen durch Beispiele aus der aktuellen politischen Situation in Deutschland")*.

Argumentationsstruktur beschreiben

6.2 Verfassen einer Erörterung zu einem Text

Falls einzelne Ebenen der Argumentation fehlen, falls also nur mit Beispielen begründet wird, muss diese Besonderheit erwähnt und kritisch beurteilt werden. Eventuell weist das Fehlen auf eine Unsicherheit oder die Schwäche eines Arguments hin, was in der Textanalyse auf jeden Fall berücksichtigt werden muss.

Argumentationsstruktur bewerten

Insgesamt gilt es bei der Beschreibung der Argumentationsstruktur, sehr kritisch auf Manipulationstechniken zu achten, die in dem Vernachlässigen der oberen Argumentationsebenen, im Verwischen der Ebenen oder im Verwenden von Polemiken, Enthymemen oder induktiven Beweisen versteckt sein können. Man kann an dieser Stelle auch die Reihenfolge der Argumente erwähnen und zur Absicht des Textes in Bezug setzen. In der Regel verfolgt der Autor auch mit der Anordnung seiner Argumente eine bestimmte Wirkung. Bei sehr langen oder komplizierten Texten ist es insgesamt hilfreich, die eigenen Ausführungen in der Texterörterung durch regelmäßige Zusammenfassungen zu strukturieren.

auf Manipulationstechniken achten

Ebenfalls innerhalb der Textanalyse beschreibt man die Sprache des vorliegenden Textes. Über die Beschreibung des gesamten Stils oder auffälliger Stilveränderungen hinaus müssen alle Ebenen der Sprachbeschreibung untersucht werden. Beginnt man bei der Beschreibung auf der Textebene, können die Textsorte und die Textlänge berücksichtigt werden. Auf syntaktischer Ebene fragt man nach der Länge der Sätze und dem Niveau der Satzkonstruktionen, also nach der Verwendung von Hypotaxe und Parataxe. Auf der Wortebene lässt sich der Stil des Textes exakter untersuchen. Es gilt zu fragen, ob Fachjargons, Umgangssprache oder andere sprachliche Auffälligkeiten festzustellen sind. Alle Merkmale, die sich auf der sprachlichen Ebene feststellen lassen, müssen zur festgestellten Aussageabsicht des Textes in Bezug gesetzt werden. Mindestens wird man festzustellen haben, ob die verwendete Sprache der Aussageabsicht und der Zielgruppe entspricht oder ob sie diesen entgegensteht. Trifft das Letztgenannte zu, muss spekuliert werden, welche Absicht hinter der Diskrepanz stecken könnte.

Sprache beschreiben

Mit einer Gesamtzusammenfassung wird die Textanalyse abgerundet. Hier wird nochmals auf die wichtigsten Feststellungen eingegangen.

Ergebnisse zusammenfassen

④ Eigene Stellungnahme

Die eigene Stellungnahme muss zunächst auf zwei Ebenen stattfinden, die dann allerdings kombiniert werden können. Einerseits muss man nach der Überzeugungskraft des Textes fragen. Als Hilfe lässt sich dazu die Frage formulieren, wie überzeugend der Text auf den Leser wirkt. Alle Auffälligkeiten aus der obigen Beschreibung können dabei berücksichtigt werden, ebenso lassen sich potenzielle Manipulationstricks hier nochmals einbeziehen und benennen.

Überzeugungskraft des Textes beurteilen

persönlich zum Text Stellung nehmen

Auf der zweiten Ebene geht es um eine persönliche Stellungnahme zu der diskutierten Fragestellung und zu einzelnen Aussagen des Textes. Beginnen wird man diese Stellungnahme mit einer kurzen Zusammenfassung der eigenen Position, die ja entweder in der Zustimmung zum Text, in seiner Ablehnung oder in einer differenzierten Meinung besteht.

Schrittweise wird man die Aussagen des Textes aufgreifen, bewerten und zu seiner eigenen Meinung in Beziehung bringen, wobei man sich jeweils auf die Art der Argumentation oder ihren Inhalt – oder auf beides – beziehen kann.

Eigene Argumente und Beispiele zum Thema können ebenso wie Bezüge zu Unterrichtsinhalten selbstverständlich in die Stellungnahme einbezogen werden.

Auch am Ende dieses Abschnittes sollte eine Zusammenfassung der Ausführungen stehen.

Überblick

Überblick: Vorgehensweise beim Verfassen einer textgebundenen Erörterung	
Leseverständnis	– Thema klären – Hauptthesen markieren – Gliederung untersuchen – Themen der einzelnen Abschnitte klären – Schlüsselwörter markieren
Ausarbeitung	– Themenstellung formulieren – Berücksichtigung der Textabsicht und der Vorgehensweise des Textes
Textwiedergabe formulieren	kurzes Nennen der Hauptthesen und der dazugehörenden Argumente

Text gründlich analysieren	– Argumentationsstruktur beschreiben
	– auf Besonderheiten der Argumentationsstruktur eingehen
	– auf Manipulationstechniken achten
	– Ergebnisse regelmäßig zusammenfassen
	– Sprache beschreiben, z. B.
	    Textsorte, Textlänge,
	    Satzbau (Hypotaxe, Parataxe),
	    Wortwahl (Fachsprache, bestimmte Wortfelder)

eigene Stellungnahme formulieren	Stellung nehmen zu Inhalt und Art der Argumentation

6.3 Gestaltendes Erschließen

Grundsätzliche Anforderungen

Kreative und offenere Schreibaufgaben spielen im Deutschunterricht der Oberstufe eine große Rolle, sodass auch in einer Abiturprüfung mit einer entsprechenden Aufgabenstellung gerechnet werden muss. Nur auf den ersten Blick erscheinen derartige Aufgaben allerdings als anspruchsloser, einfacher und weniger wissenschaftlich. Auf keinen Fall darf davon ausgegangen werden, die offeneren Aufgaben bedürften keiner fundierten Sachkompetenz und keiner gründlichen Textarbeit.

Auf welchem hohen Niveau die Aufgaben liegen, zeigen die Erwartungsprofile, wie sie von den Prüfungsgremien formuliert werden. Wie bei den analytischen Aufgaben ist es sehr hilfreich und wichtig, sich vorher über die Anforderungen klar zu sein.

So gehören das Erfassen der Textvorlage und des thematischen Bezugs sowie die Berücksichtigung von sprach- und literaturhistorischen Besonderheiten zu den wichtigsten Voraussetzungen. Die Strukturierung der Ausführungen, das stimmige Verwenden bestimmter Textsorten bei den eigenen Ausführungen, die sprachliche und stilistische Angemessenheit des eigenen Textes, eine erkennbare Berücksichtigung des vorgegebenen Kontextes, die Stimmigkeit möglicher Argumentation und die Erläuterung der eigenen Vorgehensweise gehören neben den hohen Anforderungen an den eigenen Ideenreichtum und die eigene Kreativität zu den Erwartungs- und Bewertungsbereichen des gestaltenden Erschließens.

Anforderungen der Erwartungshorizonte

Auf der Grundlage dieser allgemeinen Anforderungsformulierungen lassen sich sechs Kriterienbereiche beschreiben, die dem Schüler bei der Vorbereitung und Ausarbeitung und dem Lehrer bei der Bewertung der Schreibergebnisse eine Anleitung und eine Hilfe bieten können.

① Zunächst muss darauf geachtet werden, dass sich die Ausarbeitung angemessen und sachkompetent auf den Ausgangstext bezieht – man spricht von der **Adäquanz** des Schülertextes. Trotz seiner kreativen Offenheit muss der Text erkennen lassen, dass der Inhalt und die Absicht der Vorlage erkannt und verstanden wurden. Explizit wird dies deutlich durch konkrete Bezugnahmen, Anspielungen und Zitate, die angemessen integriert, kontextuiert oder kommentiert werden müssen. Implizit zeigt sich die Adäquanz der Ausgestaltung in der gesamten Konzeption und Ausrichtung. Darüber hinaus hat die Forderung nach der Angemessenheit auch eine quantitative Komponente, indem nämlich darauf zu achten ist, dass alle wesentlichen

richtiger Bezug zum Ausgangstext

Gedanken, Argumentationslinien und Entwicklungen wahrgenommen und berücksichtigt sind.

innere Stimmigkeit des gestalteten Textes

② Ein weiteres wichtiges Qualitätskriterium ist die Stimmigkeit des gestalteten Textes – auch **Kohärenz** genannt. Das Geschriebene sollte als Ganzes lesbar und nicht etwa eine Aneinanderreihung von kreativ verpackten, poetisch oder umgangssprachlich formulierten Stellungnahmen zu einzelnen Textstellen der Vorlage sein. Der Text sollte ein sinnvolles Gesamtkonzept erkennen lassen (**Komposition**) und die Merkmale der gewählten Textsorte (z. B. Tagebucheintrag, Brief, Zeitungskommentar oder Leserbrief) konsequent beachten.

Sprachstil

③ Eng damit verbunden ist auch die Wahl der **richtigen Stilebene**. Sowohl der Gesamtstil der Stellungnahme wie auch der gewählte Sprachstil im Einzelnen (Wortwahl, Komplexität des Satzbaus, Niveau der Argumentation) sollten zur gewählten Textsorte, zur Position und Situation des Schreibers und zu den fiktiven Adressaten passen.

Einbindung historischer Informationen

④ Je nach Vorbereitung und Zielrichtung der formulierten Aufgabenstellung kann es auch wichtig sein, **literatur- und sozialgeschichtliche Informationen** bei der Ausgestaltung zu berücksichtigen und auf eine entsprechende Stimmigkeit zu achten. Grundsätzliche epochale Wertvorstellungen und Denkrichtungen sollten, vor allem wenn es um eine Stellungnahme innerhalb eines Konfliktes geht, erkennbar in die Ausführungen integriert werden.

Schreiberperspektive umsetzen

⑤ Ein wichtiges und besonderes Kriterium beim gestaltenden Erschließen von Texten ist auch das Bemühen um **Anschaulichkeit und Lebendigkeit** der Ausgestaltung. Hier kommt es vor allem darauf an, die Persönlichkeit und die Intention des Schreibenden, die Besonderheiten der vorgegebenen oder gewählten Schreibsituation und die Einstellungen gegenüber dem Leser bzw. die Erwartungen an diesen Leser zu berücksichtigen und in den Ausformulierungen umzusetzen. Möglichkeiten, eine gewisse Anschaulichkeit herzustellen, bieten sich auf der inhaltlichen wie auf der stilistischen Ebene.

Bemühung um Kreativität

⑥ Im Blick auf die gesamte Schreibaufgabe wird letztlich auch die Kreativität eine Rolle bei der Beurteilung spielen. Da Kreativität selbstredend kaum angemessen bewertet werden kann, wird vor allem auf die **Bemühungen um Kreativität** geachtet werden. Über die Möglichkeiten hinaus, die bei den vorausgehenden Bewertungskriterien bereits angedeutet sind, wird man das Augenmerk hierbei auch auf besondere Ideen, pointierte Formulierungen, überraschende, aber plausible Einfälle oder das Verwenden rhetorischer Mittel achten, die natürlich alle aufeinander abgestimmt werden müssen.

Gerade bei den gestaltenden Aufgaben ist es wichtig zu wissen, welche Beurteilungsschwerpunkte die Lehrkraft setzen wird. Vielleicht sollte man sie auch rechtzeitig vor der Klausur darauf ansprechen. Selbst wenn nur wenige Kriterien ausdrücklich benannt und gefordert werden, wird sich die Orientierung am oben Beschriebenen sicher lohnen.

Allgemeine Kriterien beim gestaltenden Erschließen: **Wissen**
- ⊙ erkennbare und sachverständige Bezugnahme auf den Ausgangstext
- ⊙ Stimmigkeit des gestalteten Textes insgesamt
- ⊙ stilistische Angemessenheit des gestalteten Textes
- ⊙ literatur- und sozialhistorische Stimmigkeit
- ⊙ Anschaulichkeit und Lebendigkeit der Ausgestaltung
- ⊙ Bemühen um Kreativität

Gestaltendes Erschließen literarischer Texte

Grundsätzliche Erwartungen
Zusätzlich zu den oben beschriebenen grundsätzlichen Erwartungen an die Aufgaben des gestaltenden Erschließens müssen bei der Erschließung literarischer Texte weitere Besonderheiten schwerpunktmäßig berücksichtigt werden. Das Entwickeln überraschender Einfälle und Pointen, das plastische, anschauliche und vor allem konsequente Beschreiben von Figuren, die überzeugende und begründete Darstellung von Handlungsweisen und Urteilen, das Aufgreifen von Motiven, die zur Vorlage passen, sowie die stimmige Form und stilistische Angemessenheit sind wichtige Kriterien bei der Beurteilung entsprechender Aufgaben.

Auch bei den Aufgaben zum gestaltenden Erschließen wird das Verständnis   **Tipp**
einer Textvorlage und die Kenntnis der dazugehörigen Rahmenbedingungen abgeprüft. Die Ausarbeitungen derartiger Aufgaben sollten erkennen lassen, dass der Verfasser über die entsprechenden Kompetenzen verfügt.

Vorgehensweise
Obwohl die Aufgaben zum gestaltenden Erschließen dazu verlocken, der Kreativität freien Lauf zu lassen und ohne weitere Überlegungen mit der Ausformulierung zu beginnen, lohnen sich einige Vorüberlegungen und Vorbereitungen. Ohne dass die Kreativität darunter leidet, können dadurch die oben beschriebenen Anforderungsbereiche sorgfältiger und stimmiger in

die Arbeit integriert werden. Nachträgliches Überarbeiten und mehrfaches Neuschreiben der Texte kann dadurch vermieden werden.

Noch wichtiger als bei den rein analytischen Aufgaben ist zunächst die kritische Überprüfung, ob man mit der geforderten Schreibsituation etwas anfangen kann. In der Regel merkt man nach ein paar Minuten der Beschäftigung, ob sich die Aufgabenauswahl lohnt und ob die geforderte Kreativität geleistet werden kann. Gerade weil sich das kreative Schreiben nur schwer im Vorfeld einer Klausur üben lässt und vor allem unter Prüfungsbedingungen schwerfällt, sollte man sich auch nicht vor der Entscheidung scheuen, die kreative Aufgabe zu vermeiden und stattdessen ein anderes Thema auszuwählen.

Hilfsfragen zur Vorüberlegung

Fragen, die bei dieser Entscheidung hilfreich sein können, sind etwa:

- ⊙ Kann ich mit dem Charakter der Figur, aus deren Perspektive geschrieben werden soll, etwas anfangen?
- ⊙ Kann ich mir vorstellen, in welcher Stimmung sich die Person, aus deren Perspektive geschrieben werden soll, befindet?
- ⊙ Kenne und verstehe ich die Konflikte, die möglicherweise in der Person selbst angelegt sind?
- ⊙ Kenne und verstehe ich das Verhältnis zwischen der Person, aus deren Perspektive geschrieben werden soll, und dem potenziellen Adressaten des Textes?

Sollten sich auch nach gründlicheren Überlegungen auf diese Fragen keine Antworten ergeben, ist es sehr ratsam, die zugehörige Aufgabenstellung zu vermeiden. In den meisten Fällen werden demjenigen, für den die Aufgabe geeignet ist, sofort einige Ideen zu den Fragen einfallen, die in die Ausarbeitung integriert werden können.

Wenn Sie sich sicher für die Aufgabe des gestaltenden Interpretierens entschieden haben, kann die folgende Vorgehensweise bei der Vorbereitung und der Ausgestaltung hilfreich sein. Neben den gerade erwähnten Fragen müssen nun einige weitere Grundfragen angegangen und erklärt werden. Sicherlich lohnt es sich, Notizen zu den einzelnen Fragen anzufertigen.

Tipp

Wenn man sich Notizen zu den vorbereitenden Fragen macht, ist es sehr wahrscheinlich, dass man die Ergebnisse verinnerlicht, das heißt, derartig intensiv übernimmt, dass sie bei den folgenden Ausführungen stets unterschwellig mitbedacht werden. Dies verhilft dem Gesamttext zu einer einheitlicheren und authentischeren Ausgestaltung!

Falls es gefordert ist, können diese Notizen auch zur Darstellung und Begründung der Vorgehensweise genutzt werden.

6.3 Gestaltendes Erschließen

Folgende Fragen können bei der gründlichen Vorbereitung behilflich sein. Manches wird sich aus der Textvorlage oder dem besprochenen Kontext ableiten lassen, einzelne Aspekte müssen vielleicht phantasievoll selbst konstruiert werden.

Vorbereitung des gestalteten Textes

- Aus wessen Perspektive soll geschrieben werden?
- In welcher Situation und Stimmung befindet sich diese Figur zum Zeitpunkt des Schreibens?
- An wen soll das Schreiben gerichtet sein?
- In welchem Verhältnis stehen Schreiber und Leser zueinander und wie offen verhält sich der Schreiber gegenüber dem Adressaten?
- Welches Thema und welcher Konflikt müssen angesprochen werden und wie sind die Positionen des Schreibers und des Adressaten zu diesen?
- Welche sprachliche Varietät (Dialekt, Jugendsprache, Fachsprache usw.) verwendet der Schreiber möglicherweise in der vorgegebenen Schreibsituation und wie könnte sich diese – etwa in der Wortwahl und im Satzbau – konkretisieren?

Thematische Vorbereitung

Sind die beschriebenen Fragen, die ja eher der Einfühlung in die beteiligten Figuren, Positionen und Situationen dienen, geklärt, sollte über das inhaltliche Konzept der Ausarbeitung nachgedacht werden. Gerade bei Aufgaben mit kreativen Elementen ist die Gefahr groß, die Ideen einfach ohne schlüssige Struktur aneinanderzuhängen und einen abgerundeten und abgestimmten Aufbau zu vernachlässigen. Wenn es nicht ausdrücklich dem Charakter der Figur widerspricht, muss auf eine sinnvolle inhaltliche und argumentative Strukturierung und Textführung geachtet werden.

Ähnlich wie bei der Stoffsammlung zur Vorbereitung einer Erörterung lohnt es sich daher auch beim gestaltenden Erschließen, wichtige Gedanken und Ideen zu sammeln und zu sortieren. Überlegt und notiert werden können zum Beispiel Antworten zu folgenden Fragen:

Ideen sortieren und strukturieren

- Welche Positionen und Gedanken sollen aus der Sicht der vorgegebenen oder ausgewählten Figur geäußert werden?
- Welche Argumente für die geäußerten Positionen ergeben sich aufgrund von Erfahrungen, die die Figur innerhalb des Werks macht oder anspricht?
- Mit welchen Einwänden seitens des Adressaten wird die sprechende Figur rechnen müssen?
- Auf welche Aussagen, Situationen und Figuren des vorgegebenen Textes könnte aus der Sicht der sprechenden Figur eingegangen werden?

6 Textproduktion

Gliederung muss zur Textsorte passen

Die Gliederung des Textes ergibt sich sicherlich aufgrund der Textsorte, welche dem Schreibauftrag zugrunde liegt. Je nachdem, ob ein Brief, ein Zeitungsbericht, ein Tagebucheintrag oder Ähnliches verfasst werden soll, wird die Gliederung die entsprechenden Textsortenmerkmale berücksichtigen müssen.

Ausführungen

Die Ausführung integriert nun die gesammelten Vorbereitungen in einen zusammenhängenden Text. Dass wesentliche Züge dieses Textes in irgendeiner Form kreativ sein können, versteht sich aufgrund der Aufgabenstellung von selbst. Dennoch sollten die systematischeren Aspekte der Vorbereitung nicht vernachlässigt werden. Neben allen offenen und kreativ gestalteten Ideen sollten die folgenden Kriterien berücksichtigt werden:

Tipps für die Ausgestaltung

- Regelmäßige Bezugnahmen zum vorgegeben Text verdeutlichen, dass dieser verstanden und in die Ausführungen einbezogen wurde.
- Das Schildern von Positionen und innerer Handlung zeigt, dass der Charakter der Figur verstanden wurde.
- Meinungsäußerungen und direkte Anreden der Adressatenperson zeigen darüber hinaus, dass das Verhältnis zur Adressatenfigur verstanden wurde.
- Anspielungen auf andere Textstellen des Gesamtwerks belegen die Textkompetenz des Verfassers und unterstützen eine ausführlichere Darstellung.
- Anspielungen auf epochale und zeittypische Denkrichtungen und Wertvorstellungen stellen eine weitere Möglichkeit zur Ausweitung der Darstellung dar und belegen die literaturgeschichtliche Kompetenz des Verfassers.
- Eine klare Struktur des Textes in Orientierung an der gewählten oder vorgegebenen Textsorte erleichtert das Lesen, zeigt Schreibkompetenz und belegt, dass eine gründliche vorbereitende Interpretationsleistung stattgefunden hat.

Insgesamt sollte natürlich – trotz aller analytischen Vorbereitungsarbeit – darauf geachtet werden, dass der Text stimmig und abgerundet wirkt.

Gestaltendes Erschließen pragmatischer Texte

Auch das gestaltende Erschließen eines pragmatischen Textes dient der tiefergehenden Auseinandersetzung mit einer Textvorlage, die zuvor gründlich analysiert werden muss. Gegenstand der Auseinandersetzung wird in der Regel ein anspruchsvoller argumentativer Text sein, der Gestaltungsauftrag wird sich auf eine vorgegebene Kommunikationssituation oder einen bestimmten Verwendungszweck beziehen. Textsorten, die sich bei einer solchen Aufgabenstellung anbieten, sind Redeteile, Debattenbeiträge, Briefe, Kommentare, Essays, die ihrerseits ein argumentatives Schreiben erlauben oder sogar verlangen.

Kriterien, die bei der Beurteilung einer Aufgabe zum gestaltenden Erschließen eines Sachtextes eine Rolle spielen, sind:

Anforderungen der Erwartungshorizonte

- ⊙ Wurden der Inhalt und die Argumentation des Vorlagentextes richtig verstanden?
- ⊙ Zeigt die eigene Ausgestaltung eine sachgerechte und kompetente inhaltliche Bezugnahme und Schwerpunktsetzung?
- ⊙ Ist die eigene Meinung plausibel und textsortengemäß formuliert?
- ⊙ Stimmt die Argumentationsstruktur des eigenen Textes?
- ⊙ Sind die vorgegebene Kommunikationssituation und die potenzielle Zielgruppe des neuen Textes ausreichend berücksichtigt?
- ⊙ Passt die sprachliche Ausgestaltung des Textes zur Kommunikationssituation und zur Textsorte?

Die Vorbereitung

Einen wesentlichen Schritt zur Vorbereitung der gestaltenden Ausformulierung wird man bereits durch die gründliche Textanalyse – wie sie sicherlich von einer der vorausgehenden Aufgaben erwartet wird – geleistet haben. Bevor mit der eigenen Stellungnahme begonnen wird, ist es wichtig, sich über folgende Fragen im Klaren zu sein:

- ⊙ Welche Position und Intention impliziert der Vorlagentext insgesamt und welche Einstellung und Bewertung soll durch den neuen Text zum Ausdruck kommen? Neben der eigenen Einstellung sollten hier auch die vermuteten Einstellungen der Zielgruppe berücksichtigt werden.

Hilfsfragen zur Vorbereitung

- ⊙ Welche Thesen, Argumente und Beispiele führt der Vorlagentext im Einzelnen auf und wie sollen diese im neuen Text bewertet werden?

Hat man diese Fragen beantwortet, sollte entsprechend der vorgegebenen Textsorte ein Konzept zur Gliederung des neuen Textes vorbereitet werden. Da es sich bei dem neuen Text mit großer Wahrscheinlichkeit auch um einen argumentativen Text handeln wird, sollten sich die Ausführungen im Wesentlichen am Aufbau einer Erörterung orientieren.

Gliederungskonzept erstellen

6 Textproduktion

Wissen	**Möglicher Aufbau des erörternden Hauptteils:**

- Aufgreifen der Gesamtaussage des Vorlagentextes und Formulieren einer Gesamtposition, die sowohl die eigene Meinung als auch die der potenziellen Adressaten berücksichtigt.
- Schrittweises Aufgreifen derjenigen Argumente des Vorlagentextes, die der intendierten Position des neuen Textes widersprechen, samt deren Entkräftung.
- Argumentatives und rhetorisches Ausarbeiten der eigenen Positionen unter Berücksichtigung der Positionen im Vorlagentext.

Ausführungen

Die Ausformulierung fasst die gründlichen Vorbereitungen zusammen. Neben den inhaltlichen und gliedernden Aspekten, die bereits beachtet wurden, sollten folgende Kriterien berücksichtigt werden:

- Der Gesamtaufbau und die Sprache des neuen Textes sollten der vorgegebenen Kommunikationssituation und der Textsorte entsprechen.
- Das Verwenden typischer Phrasen, die zu der jeweiligen Textsorte passen, und das Einbeziehen der Adressaten – etwa durch Anreden – verleihen dem Text größere Anschaulichkeit und verbessern den Eindruck.
- Regelmäßige Bezugnahmen auf den Vorlagentext belegen die gründliche Textarbeit in der Vorbereitungsphase.

typische Textsortenmerkmale berücksichtigen

Es ist wichtig, bei den Ausführungen die typischen Merkmale der verwendeten Textsorte erkennbar und offensichtlich zu verwenden. Die folgende Aufzählung nennt die wichtigsten Kennzeichen der infrage kommenden Textsorten.

- **Rede/Debatte:** Orientierung am typischen Redeaufbau (→ 199). Regelmäßiges Ansprechen des Publikums, klare Argumentationsführung, Verwendung rhetorischer Stilmittel.
- **Brief:** Orientierung an den gängigen Formkriterien. Anrede des Adressaten. Regelmäßiges Eingehen auf die potenziellen Gefühle und Gedanken des Adressaten („Wenn Sie das lesen, denken Sie vielleicht …"), Schlussformeln.
- **Kommentar:** Orientierung am typischen Aufbau (→ Seite 215), Vermischung von Darstellungen, eigenen Deutungen und Wertungen.
- **Essay:** Betrachten des Themas aus verschiedenen Perspektiven, nachvollziehbares und ausdrückliches Entwickeln der eigenen Gedanken, Aussprechen von offenbleibenden Fragen, Verwenden satirischer und pointierter Formulierungen, sprachliche Verständlichkeit.

6.3 Gestaltendes Erschließen

Überblick

Gestaltendes Erschließen literarischer Texte

grundsätzliche Erwartungen	– Entwickeln überraschender Einfälle und Pointen – plastische, anschauliche und konsequente Figurenbeschreibung – überzeugende und begründete Darstellung von Handlungsweisen und Urteilen – Aufgreifen von Motiven, die zur Vorlage passen – stimmige Form und stilistische Angemessenheit (→Wissen-Kasten auf Seite 231)
Vorgehensweise	Mithilfe der Entscheidungsfragen überprüfen, ob Ideen zur Ausgestaltung vorhanden sind
direkte Vorbereitung durch Hilfsfragen	– Aus welcher Perspektive wird geschrieben? – In welcher Situation und Stimmung befindet sich die Figur? – An wen soll geschrieben werden? – In welchem Verhältnis stehen Schreiber und Adressat? – Welche Positionen müssen angesprochen werden? – Was für eine Sprache verwendet der Schreiber?
Ausführungen	Zusammenfassung der Vorbereitungen als Gesamttext unter Berücksichtigung weiterer Tipps: – Regelmäßig auf den Vorlagetext Bezug nehmen – Positionen und innere Handlungen formulieren – Adressaten direkt ansprechen – Andere Textstellen einbeziehen – Epochale und zeittypische Wertvorstellungen erwähnen – Strukturierte Berücksichtigung der Formkriterien der vorgegebenen oder gewählten Textsorte

Gestaltendes Erschließen pragmatischer Texte

grundsätzliche Erwartungen	– Verständnis des Vorlagentextes – sinnvolle und sachgerechte Schwerpunktsetzung der eigenen Ausgestaltung – plausible Formulierung der eigenen Argumente – Beachten einer stimmigen Argumentationsstruktur – Berücksichtigung der vorgegebenen Kommunikationssituation – kompetente Ausgestaltung der vorgegebenen Textsorte (→ Wissen-Kasten auf Seite 231)
Vorbereitung	– Grundlage der Stellungnahme wird die gründliche Analyse des Vorlagentextes sein, demgegenüber eine stimmige Position hinsichtlich der Gesamtaussage und der Einzelargumente bezogen werden muss. – Der Hauptteil der Ausführungen orientiert sich an den Aufbaumöglichkeiten einer Erörterung.
Ausführungen	Unter Beachtung der bereits berücksichtigten Kriterien zu Form und Inhalt wird ein stimmiger Gesamttext formuliert. Weitere Qualitätskriterien sind: – Aufbau und Sprache des Textes müssen zur Kommunikationssituation und zur Textsorte passen. – Einbeziehen des Vorlagentextes durch regelmäßiges Bezugnehmen

Glossar

Akrostichon
Eigenheit literarischer Texte, die darin besteht, dass die Anfangsbuchstaben, -silben oder -wörter einzelner Verse oder Strophen zusammen ein Wort ergeben, das oft als Anspielung auf den Empfänger, den Verfasser oder den Inhalt des Textes zu deuten ist. Bis heute werden Akrosticha als Stilmittel eingesetzt, auch Reklamesprüche greifen manchmal auf Akrosticha zurück.

Akt
Größerer, in sich geschlossener Hauptabschnitt eines Dramas, der selbst noch in mehrere Szenen gegliedert ist.

Alexandriner
Sechshebiger jambischer Vers mit einem deutlichen Einschnitt („Zäsur") nach der dritten Hebung. >> **Wir sind doch nunmehr gantz / ja mehr denn gantz verheeret!** (Gryphius, *Tränen des Vaterlandes,* anno 1636).

Allegorie
Bildhafte Darstellung eines Gedankens, einer Idee oder eines anderen abstrakten Sachverhaltes. Oft tritt der Gedanke, die Idee als Person („personifiziert") auf. So ist etwa die bekannte >> **Justitia-Figur** mit den verbundenen Augen und der Waage eine Allegorie der Gerechtigkeit.

Alliteration
Wiederholung des gleichen Lautes am Beginn der betonten Silbe benachbarter Wörter. >> **mit Stumpf und Stiel** ...

Alternation
Regelmäßige Abwechslung von Hebung und Senkung nach jeweils einer Silbe im Metrum eines Verses.

Anagramm
Umstellung der Buchstabenreihenfolge eines Wortes, eines Satzes oder eines Namens, aus der sich ein anderer Sinn oder eine Verschlüsselung ergibt. Die einzige Regel der Umstellung besteht darin, dass alle Buchstaben wieder verwendet werden müssen. Ein Beispiel für ein Anagramm findet sich in der lateinischen Übersetzung des Bibelverses *Joh. 18,38*:

In der Frage des Pilatus: **Quid est veritas?**, liegt die anagrammatische Antwort: >> **Est vir qui adest. (Was ist die Wahrheit? – Sie ist der Mann, der hier steht)**.

Anakoluth (auch Satzbruch)
Wechsel der begonnenen Satzkonstruktion während des Sprechens, der zum Beispiel aus mangelnder Satzplanung oder nachträglichen Korrekturen entsteht und zu grammatisch nicht kohärenten Formulierungen führt. >> **deswegen, weil wir im Augenblick eine große Wandlung sich vollzieht**.

Anapäst
Dreisilbiger Versfuß mit zwei unbetonten Silben vor einer betonten Silbe (xxx́).

Anapher
Wiederholung eines Wortes oder einer Wortgruppe am Anfang mehrerer aufeinanderfolgender Verse, Strophen, Sätze oder Satzteile. >> **Das Wasser rauscht', das Wasser schwoll** (Goethe, *Der Fischer*).

Anthologie
Textsammlung, welche Texte unterschiedlicher Quellen und Autoren enthält, die unter bestimmten Gesichtspunkten neu zusammengestellt wurden.

Antiheld
Protagonist in dramatischen oder epischen Texten, dem im Gegensatz zu einem Helden heroische (heldenhafte, mutige, draufgängerische) und aktive (d. h. zur Handlung bereite) Momente in seinem Charakter fehlen. Er setzt sich dem Geschehen passiv, resignativ oder gelangweilt aus und zeigt kein Bemühen, die Ereignisse von sich aus zu beeinflussen.

Antiklimax
Umgekehrte Steigerung, Reihung von Begriffen und Ausdrücken in abnehmender Wichtigkeit und Hierarchie.

Antithese
Gegenüberstellung von gegensätzlichen Ausdrücken wie >> **gut und böse**.

Glossar

Antonomasie
Umschreibung bzw. Ersatz eines Eigennamens durch charakteristische Beiwörter. Etwa >> „der Dichter" für Goethe oder „der Galiläer" für Jesus.

Aphorismus
Kurzer Gedanke, der in knapper sprachlicher Form eine Erkenntnis, Wahrheit oder ein Werturteil über einen allgemeinen oder aktuellen Sachverhalt geistreich zum Ausdruck bringt. Durch die Verwendung rhetorischer Formen und eines gehobenen sprachlichen Niveaus unterscheidet sich der Aphorismus vom verwandten Sprichwort. Besondere Verbreitung erfährt die Textsorte in der Epoche der Aufklärung.

Aposiopese
Abbruch mitten im Gedanken >> Euch werde ich ...!

Archaismus
Altertümlich klingende (oder auch tatsächlich altertümliche) Wendung. >> Eulenspiegel wurde vom Meister gedungen.

Aristotelisches Drama
Drama, das entsprechend der Theorie des griechischen Philosophen Aristoteles (384–322 v. Chr. *Über die Dichtkunst*) aufgebaut ist, welche von ihm durch Zusammenfassung der Betrachtung des zeitgenössischen Theaters gewonnen wurde. Kennzeichnend für diese Theaterform, die auch als geschlossene Form des Dramas bezeichnet wird, ist die Berücksichtigung der „Drei-Einheiten-Regel" oder mindestens der Einheit der Handlung, die Beachtung der Katharsislehre, die logische Kausalität der Handlung und das Vorhandensein identifizierbarer Figuren. Der Gegensatz zum aristotelischen Theater ist das nicht aristotelische Theater, das auch als → offene Form des Dramas bezeichnet wird und im epischen Theater Brechts seine wohl bekannteste Ausformung gefunden hat.

Assonanz
Halbreim, der in der Prosa, im Versinneren oder als Versverbindung auftritt und durch den Gleichklang der Vokale bei verschiedenen Konsonanten wirkt (>> Zugabe – Flughafen).

Asyndeton
Unverbundene Aneinanderreihung von Satzgliedern: >> Mangel an Disziplin, Mangel an Übersicht, Mangel an Einsicht, das sind die entscheidenden Faktoren.

Auftakt
Teil des Versanfangs vor der ersten Hebung in der Dichtung. Der Auftakt kann aus einer Silbe oder mehreren Silben bestehen.

Ballade
Die Ballade wird als *Erzählgedicht* umschrieben und steht eigentlich auf der Grenze zwischen den einzelnen literarischen Gattungen. Weist sie formal eindeutig lyrische Elemente wie Reim, Strophen und Verse auf, so ist ihr Inhalt, der in dialogisch-dramatischer Weise dargeboten wird, in der Regel episch-erzählender Art. Balladen erzählen meist düstere, geheimnisvolle, schreckliche oder tragische Ereignisse und lehnen sich oft an Mythen oder Sagen an.

Belletristik
(aus franz. *belles lettres:* schöne Literatur) Bezeichnung desjenigen Teils der Literatur, der sich als „schöngeistig" von der wissenschaftlichen und fachlich orientierten Literatur abhebt.

Bewusstseinsstrom
Erzähltechnik. Unmittelbare Darstellung von Vorgängen im Bewusstsein einer literarischen Figur. Das Verfahren wurde erstmals in der englischsprachigen Literatur erprobt (James Joyce, *Ulysses*, 1922). Im deutschen Roman des 20. Jahrhunderts findet sich die Technik beispielhaft in Alfred Döblins *Berlin Alexanderplatz*, 1929.

Bildungsroman
Spezifisch deutsche Art des Entwicklungsromans, bei der die harmonisch-humanitäre Charakterentwicklung des Helden weniger aus seiner Konfrontation mit dem Lebensschicksal als aus dem wirksamen Einfluss der objektiven Kulturgüter und der vorbildhaften personalen Umwelt erwächst. >> Goethe *Wilhelm Meister*, Wieland *Agathon*

Binnenhandlung

Handlungsstrang eines literarischen Werks, der von einer Handlung oder mehreren anderen Handlungssträngen desselben Werks eingerahmt wird.

Binnenreim

Reimform, bei der die Reimwörter nicht am Zeilenende, sondern innerhalb des gleichen Verses stehen. >> **Leg deinen Schatten auf die Sonnenuhren,/ und auf den Fluren lass die Winde los.** (Rilke, *Herbsttag*).

Blankvers

Fünfhebiger, ungereimter jambischer Vers, wie er seit Lessing in zahlreichen deutschen Dramen verwendet wurde. >> **Heraus in eure Schatten, rege Wipfel / Des alten, heilgen, dichtbelaubten Haines, / Wie in der Göttin stilles Heiligtum, / Tret ich noch jetzt mit schauderndem Gefühl ...** (Goethe, *Iphigenie*).

Botenbericht

Darstellungsmittel, das im Drama verwendet wird. Meist in monologischer Form berichtet eine Figur als Bote von Ereignissen, welche außerhalb der Bühne stattgefunden haben, die aber eine Wirkung auf die dargestellte Handlung besitzen und deren Fortgang beeinflussen.

Briefroman

Romanform, deren Handlung ganz oder zum Großteil anhand von (fiktiven) Briefen vermittelt wird. Bekanntestes deutschsprachiges Beispiel ist >> **Goethes *Die Leiden des jungen Werthers***.

Bürgerliches Trauerspiel

Dramengattung ab Mitte des 18. Jahrhunderts, in der nun auch, was bis dahin nicht üblich war, Bürger als Hauptfiguren auftreten, denen bis dahin die Komödie vorbehalten war. Bedingt wurde dieses in Deutschland erst mit Lessing aufkommende Drama durch Vorläufer (insbesondere in England) und die immer stärker werdende gesellschaftliche Position des aufstrebenden Bürgertums. Inhaltlich gewinnen die bürgerlichen Trauerspiele ihre Tragik entweder durch Konflikte im eigenen Stand, durch Auseinandersetzung mit dem Adel aufgrund der Standesschranken oder durch Konfrontation mit der auf-

kommenden Arbeiterbewegung. Beispiele für diese Dramenform sind >> **Lessing *Miss Sara Sampson* oder *Emilia Galotti*, Schiller *Kabale und Liebe*, Hebbel *Maria Magdalena***

Chiasmus

Nach dem griechischen X benannte Form der über Kreuz gestellten Wiederholung von Satzgliedern. >> **von Berg zu Tal, von Tal zu Berg; Die Kunst ist lang, und kurz ist unser Leben.** (Goethe, *Faust* I)

Correctio

Zurücknahme eines schwächeren Ausdrucks und Ersetzen durch einen stärkeren. >> **... doch dieser Mann lebt. Er lebt? Schlimmer noch: Er kommt gar noch in den Senat.**

Daktylus

Dreisilbiger Versfuß mit zwei unbetonten nach einer betonten Silbe (x́xx) >> **Pfingsten, das liebliche Fest, war gekommen ...** (Goethe, *Reineke Fuchs*)

Debatte

Öffentliche Aussprache, die aus Rede und Gegenrede besteht und bestimmten Regeln, an die sich die Gesprächspartner halten müssen, verpflichtet ist. Debatten dienen der Ausführung und Klärung von Standpunkten sowie der diskursiven Kompromissfindung bei unterschiedlichen Standpunkten. Die Gesprächsform der Debatte findet sich vor allem in politisch-parlamentarischen Zusammenhängen.

Detektivroman

Im Angloamerikanischen entstandene Sonderart des Kriminalromans, in welcher die Darstellung der Aufklärung eines zunächst undurchschaubaren Verbrechens durch einen der Kombination außergewöhnlich fähigen Detektiv im Vordergrund steht.

Deus ex machina

(lat. *der Gott aus der Maschine*) Heute gebräuchlich als Bezeichnung für Lösungen von Konflikten in letzter Sekunde, die durch plötzliche, unmotiviert eintretende Ereignisse, Personen oder außenstehende Mächte herbeigeführt werden.

Dialekt

Der Dialekt (auch Mundart) einer Sprache ist ein Sprachsystem, welches zwar ein hohes Maß an Parallelen zu seiner Bezugssprache aufweist, daneben aber auch gebietstypische, in der regionalen Verbreitung also eingeschränkte Elemente enthält und in der Regel nur als gesprochene Sprache existiert. Neben der eingeschränkten geographischen Ausdehnung, die oft durch außersprachliche Einflüsse – wie etwa Flüsse, Berge, Konfessionszugehörigkeit der Sprecher – bedingt ist, gehören auch der geringere Bestand an grammatischen Formen (z. B. fehlende Tempus-Stufen), sein eigener Wortschatz, sein Verwendungsbereich (z. B. Familie, Wohnort, Arbeitsstelle) und lautliche Besonderheiten zu den Merkmalen des Dialektes.

Dinggedicht

Rein gegenständlich orientiertes Gedicht, das im Gegensatz zu subjektiver und gefühlsbetonter Dichtung zunächst auf die objektive Beschreibung eines Gegenstandes zielt, häufig mit dem Ziel, diesen in seinem Wesen zu verstehen oder symbolisch zu überhöhen.

Distichon

Strophe, die aus einem daktylischen Hexameter und einem Pentameter als Verspaar besteht. **>> Froh empfind ich mich nun auf klassischem Boden begeistert; / Vor- und Mitwelt spricht lauter und reizender mir.** (Goethe, *Römische Elegien*)

Dokumentartheater

Stilrichtung des modernen Theaters, welche zunächst in den 20er-Jahren des 20. Jahrhunderts einen ersten Höhepunkt fand, dann aber wieder in den 60er-Jahren u. a. von Rolf Hochhut (*Der Stellvertreter*) oder Peter Weiss (*Die Ermittlung*) aufgegriffen wurde. Das Dokumentartheater greift historisch verbürgte, durch z. B. Fotos, Akten, Protokolle oder andere Schriften greifbare, faktische Geschehnisse auf und verarbeitet diese Materialien, um größtmögliche Authentizität und Glaubwürdigkeit zu erreichen.

Elegie

Bestimmte Form lyrischer Dichtung, die im Versmaß des Distichons verfasst ist. Inhaltlich drückt die Elegie meist Trauer oder (enttäuschte) Liebe aus. Beispiele aus der deutschsprachigen elegischen Dichtung sind etwa **>> Goethes *Römische Elegien* oder die *Duineser Elegien* von Rilke**.

Ellipse

Rhetorische Figur, die sich durch die Aussparung von Redeteilen, also die grammatische Unvollständigkeit von gesprochenen oder geschriebenen Sätzen auszeichnet. **>> „Was nun?", anstatt „Was machen wir nun?"**

Emblem

Sinnbild, veranschaulichendes Zeichen. Das Emblem arbeitet auf zwei Ebenen: Zum einen enthält es die Darstellungsebene („res significans"), die wiederum die Rätselstellung („inscriptio") sowie das Bild, Abbild oder einen Text („pictura") beinhaltet, zum anderen bringt es in Form der Rätselerklärung („significatio") eine Deutung bzw. Auslegung, die als Essenz, Epigramm bzw. allgemeingültige Aussage im erklärenden Untertitel („subscriptio") mitgeliefert wird.

Emphase

Stilmittel, welches der gesprochenen Rede durch Betonungsveränderung, Stimmhebung oder Verstärkung der Lautstärke besonderen Nachdruck und Prägnanz verleihen soll.

Enallage

Fehlerhafte Zuordnung eines Wortes im Zusammenhang mehrerer verbundener Wörter. Liegt zum Beispiel vor, wenn ein Adjektiv sich inhaltlich nicht auf sein eigentliches Bezugswort, sondern auf ein anderes Substantiv des Satzes bezieht, zu dem es logisch nicht gehört. **>> der sechsstöckige Besitzer des Hauses**

Enjambement

Zeilensprung, der entsteht, wenn Satz- und Versgrenze in einem Gedicht nicht identisch sind und sich der Satz im folgenden Vers fortsetzt. **>> Arm am Beutel, krank am Herzen, / Schleppt ich meine langen Tage.** (Goethe, *Der Schatzgräber*)

Entwicklungsroman

Der Entwicklungsroman verfolgt den Werdegang eines Menschen, dessen anfänglich unausgeprägte Anlagen in ständiger Auseinandersetzung mit Umwelteinflüssen und Kultur zu einer inneren und äußeren Reifung finden, wobei auf eine Nachvollziehbarkeit der Psychologie und der Romanhandlung geachtet wird. Die Grenzen zum → Bildungsroman sind fließend, es geht im Entwicklungsroman jedoch deutlicher um die Entwicklung des Helden aus seinen eigenen Anlagen und aus seiner eigenen Kraft heraus und weniger um den Einfluss von Bildung und Pädagogik auf seinen Werdegang. Ziel dieser Persönlichkeitsentwicklung ist oft ein subjektives oder epochentypisches Idealbild. **>> Wieland *Agathon*, Goethe *Wilhelm Meisters Lehrjahre*, Keller *Der grüne Heinrich*, Hesse *Peter Camenzind***

Enumeratio
Rhetorische Figur; Gesichtspunkte werden aufgezählt; die Aufzählung wird signalisiert **>> erstens, zweitens ...**

Epigramm
Kurzer Sinnspruch, der in prägnanter Form Gedanken, Gefühle oder Stimmungen ausdrückt.

Episches Theater
Form des modernen Theaters, die in den 20er-Jahren des 20. Jahrhunderts von Bertolt Brecht geschaffen wurde und dem aristotelischen Drama entgegengesetzt ist. Die epische Bühne soll dem Zuschauer kritisierbare gesellschaftliche Zustände „zeigen". Die Illusion der Bühne wird dabei z. B. durch Verfremdungseffekte oder direkte Ansprache des Publikums zerstört. Der Schauspieler soll nicht in seiner Rolle aufgehen, der Zuschauer soll zu einer kritischen Betrachtung des Ganzen geführt werden.

Epos
Großform erzählender Dichtung/Epik, die in gehobener Sprache und Versen abgefasst ist und früher für den Vortrag in der Öffentlichkeit bestimmt war.

Erlebnislyrik
Lyrik, die in besonderem Maße als Ausdruck des subjektiven Erlebnisses und Gefühls des Autors interpretiert wird, wobei die Bezeichnung heute als überholt gilt, da sie auf nahezu jede Dichtung angewandt werden kann.

Erlebte Rede
Darbietungsart in erzählenden Texten, die der Wiedergabe innerer Vorgänge aus subjektiver Sicht der Figur dient und deren Emotionen, Gedanken und Fragen wiedergibt. Sie ist durch besondere grammatikalische Merkmale (3. Person, Präteritum, Indikativ und Hauptsatzwortstellung) gekennzeichnet.

Erregendes Moment
Steht im Drama im Zusammenhang mit der steigenden Handlung und kann als entscheidender Anstoß des weiteren Geschehens betrachtet werden. Ein Konflikt, Interessengegensatz oder eine durch diesen ausgelöste Intrige scheint auf und erzeugt eine Spannung, die Interesse für die weitere Handlung und dadurch auch für die Lösung am Ende weckt. Insofern zu verstehen als eine Art Brücke zwischen Exposition und Höhepunkt. Oft am Ende des ersten oder zu Beginn des zweiten Aktes.

Erzählte Zeit
Die Zeit, über die sich die erzählten Geschehnisse erstrecken.

Erzählzeit
Die Zeit, die die Darstellung bzw. das Lesen des Erzählten benötigt.

Essay
Bewusst subjektive, kurze Abhandlung über einen wissenschaftlichen Sachverhalt oder eine aktuelle Frage, die auf hohem geistigen Niveau stattfindet, ohne dabei den Anspruch einer wissenschaftlich-systematischen und objektiven Analyse zu erheben.

Euphemismus
Sprachlicher Ausdruck, welcher negative Dinge, Sachverhalte oder Verhaltensweisen verharmlost und beschönigt, wie **>> „vollschlank" statt „fett", „dahinscheiden" statt „sterben".**

Exposition
Erster Handlungsabschnitt im Drama, der der Einführung des Zuschauers in das Geschehen dient. In der Exposition werden die wichtigsten Personen des Stücks, eine potenzielle Vorgeschichte und die relevanten Konflikte vorgestellt.

Glossar

Fabel

1. Literaturwissenschaftlicher Terminus zur Bezeichnung des Grundplans im Handlungsverlauf von epischen oder dramatischen Texten. 2. Knappe, pointierte, auf eine lehrhafte, zum Teil auch witzig-satirische Wirkung zielende Textgattung in Vers oder Prosa, in der im Normalfall Tiere in Rede und Gegenrede eine moralische Lehre verdeutlichen. Bisweilen wird diese am Ende konkret formuliert. Bestimmte menschliche Verhaltens- und Handlungsweisen werden analog im tierischen Bereich dargestellt und so stärker veranschaulicht. Hierdurch soll der Mensch zu einer Übertragung der Aussage auf seine eigene Erfahrungswirklichkeit, sein eigenes Tun angehalten werden. Die bekannteste Fabelsammlung, durch die auch die deutsche Tradition beeinflusst wurde, sind unter vielen anderen die Fabeln des wohl nur der Sage nach existierenden Sklaven Äsop (6. Jh. v. Chr.).

Fallende Handlung

Handlungsabschnitt im Drama nach Exposition, steigender Handlung und Höhepunkt/Peripetie. Die Handlung strebt in diesem Abschnitt dem Ende zu, wird jedoch durch das sogenannte retardierende Moment noch einmal aufgehalten, wodurch eine letzte Spannung erzielt wird. Ein Umschlagen der Handlung, eine alternative Lösung des Konflikts scheint doch noch möglich (z. B. Rettung des Helden).

Fallhöhe

Auf das Drama bezogener Begriff, der die sogenannte → Ständeklausel begründet. Demnach kann das Scheitern höhergestellter Figuren, wie z. B. das von Königen oder Fürsten, eine weit intensivere Wirkung auf das Publikum erzielen, da sie von der höheren Position aus äußerlich tiefer stürzen und Hilfe kaum möglich erscheint.

Figura etymologica

Rhetorische Figur, die mit etymologisch verwandten oder gleichen Wörtern spielt. Meist wird ein Verb mit einem Nomen mit demselben Stamm verbunden. **>> Wer andern eine Grube gräbt**. Oft wird auch das Nomen durch ein Attribut noch präzisiert **>> Er spielte ein böses Spiel**.

Fragment

Nicht vollständig überliefertes bzw. nicht abgeschlossenes literarisches Werk.

Frauenliteratur

Von Frauen für Frauen verfasste Schriften, die nicht unbedingt programmatisch feministischen Charakter haben müssen, wobei eine grundsätzliche geschlechtsspezifische Differenzierung von Literatur sowohl thematisch wie auch stilistisch und formal kaum möglich und allenfalls tendenziell zu leisten ist.

Freie Rhythmen

Verse, die an kein festes Metrum gebunden sind, sondern dem inneren Rhythmus der Sprache folgen.

Freytag-Pyramide

Schematisierende und dadurch vereinfachende Darstellung des Aufbaus des klassisch-aristotelischen Dramas durch den Literaturwissenschaftler Gustav Freytag (*Die Technik des Dramas*, 1863). Die Struktur des Dramas wird von Freytag mit der Form einer Pyramide in Verbindung gebracht und seine Handlung in fünf Abschnitte gegliedert: Exposition, steigende Handlung mit erregendem Moment, Höhepunkt oder Peripetie, fallende Handlung mit retardierendem Moment und Katastrophe.

Gedankenlyrik

Lyrik, die im Gegensatz zur Erlebnislyrik mehr oder weniger theoretische Reflexionen und Überlegungen des Autors ausdrückt.

Gemination

Wiederholung eines Wortes oder einer Wortgruppe. **>> mein Gott, mein Gott, warum habt ihr das getan?** Die Gemination signalisert eine pathetische Steigerung.

Genie

Intuitiv und eigenschöpferisch, unabhängig von der Rationalität gestaltender und (kunst-)schaffender Mensch. Das Genie wird vor allem im 18. Jahrhundert zu einem Ideal des Künstlers, der dem aufgeklärten Rationalisten in unterschiedlicher Nuancierung entgegengehalten wird. Namentlich die Dichter des Sturm-und-Drang preisen das Originalgenie, welches seine eigenen Regeln entwirft, als erstrebenswertes Ideal.

Geschlossenes Drama
→ aristotelisches Drama

Großstadtdichtung
Dichtung, die sich thematisch mit Erfahrungen, Problemen und anderen Spezifika der Großstadt beschäftigt, wobei es häufig um den Ausdruck von Ängsten und Bedrohungen geht, die mit der anonymen, entfremdenden Welt der Großstadt verbunden sind.

Haufenreim
(auch Reimhäufung) liegt vor, wenn sich mehr als zwei Wörter reimen.

Hendiadyoin
Rhetorische Figur; etwas wird durch zwei gleichbedeutende Wörter zum Ausdruck gebracht. **>> sie stammeln und stottern herum.** Hat verstärkende Wirkung.

Hexameter
Versmaß aus der griechischen Verslehre. Der auf die deutsche Sprache übertragene Hexameter-Vers besteht aus 6 Daktylen, in deren ersten 4 jeweils zwei unbetonte Silben zu einer Silbe zusammengezogen werden können. Der 6. Versfuß wird aus einer betonten und einer unbetonten Silbe gebildet (x́xx x́xx x́xx x́xx x́xx x́xx). Der Hexameter kann zusammen mit dem Pentameter ein Distichon bilden. **>> Aus den Gärten komm' ich zu euch, ihr Söhne des Berges!** (Hölderlin, *Die Eichbäume*)

Historischer Roman
Romanform, die geschichtliche Ereignisse und Personen zum Inhalt hat, ohne dass diese immer exakt mit den tatsächlichen historischen Gegebenheiten übereinstimmen.

Historisches Drama
Unterform des Dramas, zu der alle Dramen gehören, die historische Stoffe und Themen quellentreu oder künstlerisch frei bearbeiten.

Hymne
Form lyrischer Dichtung, feierlicher Lobgesang.

Hyperbaton
Form der → Inversion; künstliche Trennung syntaktisch zusammengehörender Wörter. **>> „Die Freiheit reizte mich und das Vermögen" statt „Die Freiheit und das Vermögen reizten mich".** (Schiller, *Wallenstein*)

Hyperbel
Übertreibung als Stilmittel **>> Ich hab's jetzt schon hundertmal gesagt.**

Hysteron proteron
Verkehrung der logischen zeitlichen Reihenfolge. **>> Ihr Mann ist tot und lässt Sie grüßen.** (Goethe, *Faust*)

Interjektion
Ausruf, der als Ausdruck körperlicher oder seelischer Empfindungen dient: **>> au!, ach!, oh!, pfui!** Interjektionen stehen vor oder zwischen Sätzen oder werden unverbunden in Sätze eingefügt: **>> Ach! Das ist ja mal was Neues. Die Menschen, pfui, die sind heute ganz schlecht.** Sie stellen kein Satzglied dar und man kann sie nicht erfragen.

Inversion
Rhetorisches Mittel; bezeichnet eine von der üblichen Form abweichende Anordnung der Satzglieder. **>> Und das alles sagt uns was?**

Ironie
Auf den ersten Blick ernsthaftes Sprechen, das aber etwas anderes meint als es sagt. Beim Sprechen kommt die Ironie insbesondere durch die Betonung zum Ausdruck. **>> Na, großartig!**

Jambus
Zweisilbiger Versfuß, der aus einer unbetonten vor einer betonten Silbe besteht (xx́).

Kadenz
Begriff der Metrik zur Bezeichnung der Art des Versausgangs, der im Allgemeinen aus weiblichem oder männlichem Reim besteht. Der weibliche Reim besteht aus einem zweisilbigen Reim mit Hebung und Senkung am Ende des Verses (z. B. schlá-gen – sá-gen), der männliche Reim aus einem einsilbigen Reim mit einer Hebung (z. B. Nót - Brót). Unterschieden wird so die stumpfe, männliche Kadenz

auf einer Hebung von der klingenden, weiblichen Kadenz auf Hebung und Senkung.

Kalendergeschichte

Kurze Erzählung, die dem Namen gemäß ursprünglich in Kalendern des 16. Jahrhunderts abgedruckt war und volkstümlichen Charakter besaß. Neben dem Zweck der Unterhaltung vermittelte die Kalendergeschichte zumeist einfache (moralische) Lehren für die überwiegend bäuerliche Bevölkerung. Später lösten sich diese Geschichten von der Bindung an den Kalender und wurden bereits im 19. Jahrhundert in eigenen Textsammlungen zusammengefasst (Johann P. Hebel, *Schatzkästlein des rheinischen Hausfreundes*, 1811). Mit Bertolt Brechts *Kalendergeschichten* (1949) bekam die Textgattung eine politisch-programmatische Ausrichtung, jedoch blieb die einfache Gestaltung und die damit verbundene emanzipatorische Absicht erhalten.

Katachrese

1. verblasste Metapher **>> Tischbein**
2. Bildbruch, Stilblüte **>> Da kräht heute kein Arsch mehr danach.**

Katastrophe

Abschließender Teil der Handlung eines Dramas, der die Auflösung des Konfliktes zeigt. Die Lösung bringt in der Tragödie den Untergang des Helden mit sich, wobei jedoch dessen Tod häufig mit einer Verklärung seiner Einstellung und Haltung verbunden ist und als eigentlicher, innerer Triumph zu sehen ist.

Katharsis

(griechisch *Reinigung*) Aristoteles definierte mit diesem Begriff die Wirkung der Tragödie als Läuterung (Reinigung) durch die Erregung von Mitleid und Furcht.

Kehrreim

Regelmäßig wiederkehrende Formulierungen verschiedenen Umfangs in der strophischen Dichtung, Refrain.

Klimax

Rhetorische Figur der Steigerung auf einen Höhepunkt hin. **>> Freunde, Mitbürger, Römer!**

Knittelvers

Alte Versart, der Füllungsfreiheit folgend, die in den 1770er-Jahren durch Goethe wieder in die deutsche Versdichtung eingeführt wurde. Er kann auftaktlos, mit einfachem oder mit zweisilbigem Auftakt gebildet werden, Senkungen können ein- oder mehrsilbig sein, auch zum Teil ganz ausfallen. Unveränderliche Merkmale sind aber seine Vierhebigkeit und seine Bindung zu Reimpaaren.

Kriminalroman

Romanform, in der ein Verbrechen mit seinen Hintergründen, seiner Ausführung bis hin zu seiner Aufdeckung und der Verurteilung des Verbrechers dargestellt wird.

Lautmalerei

Wortbildung, die dadurch zustande kommt, dass Naturlaute in der Sprache nachgeahmt werden **>> Kuckuck, miau, kikeriki.** In unterschiedlichen Sprachen kann der gleiche Naturlaut unterschiedlich wiedergegeben werden, wie z. B. *kikeriki*, schweizerdeutsch *güggerügü*, französisch *cocorico*. Das Fremdwort für solche Lautmalereien lautet Onomatopöie.

Litotes

Hervorhebende oder einschränkende Bejahung durch doppelte Verneinung. **>> Das war nicht einmal unklug von ihm; das war nicht falsch.**

Lyrisches Ich

Jenes „Ich", welches als erlebendes, fühlendes oder sprechendes Subjekt in Gedichten auftritt. Das lyrische Ich kann durchaus die Einstellungen des Gedichtverfassers widerspiegeln, es darf aber keinesfalls automatisch mit ihm gleichgesetzt werden!

Mauerschau

Auch *Teichoskopie*. Dramentechnisches Mittel zur Darstellung von Ereignissen, die auf der Bühne nur sehr schwer umzusetzen sind, wie z. B. große Schlachten. Die Vermittlung dieser Ereignisse geschieht durch eine Figur, die von einer höheren Position auf der Bühne (Hügel, Turm, Mauer) ein Geschehen überblicken und berichten kann, das von den anderen Figuren und damit auch dem Publikum nicht gesehen werden kann.

Metapher

Eine bekannte Wortbedeutung wird in einem übertragenen Sinn gebraucht; oft handelt es sich um einen verkürzten Vergleich, dem das *wie* fehlt. In der Metapher wird Auseinanderliegendes zusammengebracht und Unsagbares im Bild mitteilbar gemacht. **>> Aber bei Ihnen herrschte Funkstille ...**

Metrik

Lehre von den Versmaßen, vom Rhythmus und vom Strophenbau.

Metrum

Versmaß; Folge von langen und kurzen oder betonten und unbetonten Silben in einer bestimmten Regelmäßigkeit.

Neologismus

Wortneubildung, die in den allgemeinen Sprachgebrauch eingegangen ist. Neubildungen bezeichnen einen neuen oder bekannten Inhalt mit einem neuen Wort. Neologismen begegnen heute vermehrt in den Fachwissenschaften.

Ode

Bestimmte Form lyrischer Dichtung mit einem festen, reimlosem Strophenaufbau, deren Ursprung in der antiken griechischen Verslehre liegt. Neben den strengen formalen Kriterien sind Oden meist gekennzeichnet durch einen weihevollen, erhabenen Ton.

Offene Form des Dramas

Dramenform, die sich im Gegensatz zur geschlossenen Form des Dramas nicht an strenge Aufbauprinzipien wie die Drei-Einheiten-Regel hält. Es können im offenen Drama mehrere Handlungsstränge nebeneinanderher laufen. Der Gang der Handlung muss nicht straff und kausal bestimmt sein, d. h. die Einzelszenen müssen in ihrem Ablauf nicht aufeinander aufbauen, sondern können auch relativ unverbunden nebeneinander stehen. So ist es in einigen offenen Dramen möglich, Einzelszenen zu vertauschen, ohne die Aussageabsicht des Dramas zu beeinträchtigen. Zudem ist die Figurenanzahl meist viel höher als bei geschlossenen Dramen und es findet oft ein reger Schauplatzwechsel statt.

Oxymoron

Zusammenstellung zweier gegensätzlicher Begriffe bzw. von zwei Elementen oder Vorstellungen, die nicht zueinander passen. **>> dieser stumme Schrei ...**

Paarreim

Ein Paarreim liegt vor, wenn sich zwei unmittelbar aufeinanderfolgende Verse reimen.

Parabel

Lehrhafte Erzählung, die auf einem Vergleich gründet. Im Unterschied zum Gleichnis fehlt der Parabel der direkte Vergleich durch Vergleichspartikeln (so – wie). Der Transfer von der Bildebene zur Sachebene muss daher vom Leser selbst geleistet werden. Dieser schließt auf eine allgemeine Erkenntnis oder Wahrheit. Neben den biblischen Parabeln ist Gotthold E. Lessings Ringparabel im Drama *Nathan der Weise* (1779) sehr bekannt. Im 20. Jahrhundert treten als Verfasser neuzeitlicher P. insbesondere Franz Kafka (*Die Verwandlung*, 1915) und Bertolt Brecht (*Geschichten vom Herrn Keuner*, 1930) in Erscheinung.

Paradoxon

Eine auf den ersten Blick widersinnige Aussage oder Behauptung, die sich bei näherer Betrachtung aber durchaus als richtig erweisen kann **>> Vor lauter Individualismus tragen sie Uniform.**

Parallelismus

Wiederholung des Satzbaus in aufeinanderfolgenden Sätzen oder Satzteilen **>> Wir werden aufmerksam zuhören, wir werden kritisch beobachten, und wir werden immer wieder fragen.**

Parataxe

Nebeneinanderordnung, -reihung von Sätzen. Als Stilmittel eingesetzt bezeichnet P. Texte, die überwiegend die nebenordnende Reihung von Sätzen einsetzen. **>> Wir werden da sein, wir werden kämpfen, wir werden nichts zu verschenken haben**. (Gegenteil: Hypotaxe)

Pars pro toto

Stilfigur, bei welcher ein Teil eines Gegenstandes, einer Person oder eines Sachverhaltes zum Ausdruck des Ganzen benutzt wird.

>> Alle Räder stehen still, wenn dein starker Arm es will ...

Pentameter
Zweigeteilter daktylischer Vers. Jeder der Teile enthält zwei vollständige Daktylen und eine weitere betonte Silbe. Zwischen den beiden Teilen entsteht eine deutliche Zäsur. Zusammen mit dem Hexameter kann der Pentameter ein Distichon bilden. >> **Nicht die eherne Brust rührt es des stygischen Zeus.** (Schiller, *Nänie*)

Peripetie
Plötzlicher Wendepunkt in der Handlung des Dramas (aber auch in der Epik), der zu einem Umschlag des Geschehens ins Gute (Komödie) oder Schlimme (Tragödie) führt.

Periphrase
Umschreibung von Wörtern, die es erlaubt, anstößige, tabuisierte Wörter zu vermeiden und deren Inhalt doch darzustellen. Auch abgegriffene alltägliche Formulierungen lassen sich so vermeiden. >> **Er ging hin, wohin auch der Kaiser von China zu Fuß hinzugehen pflegt.**

Personifikation
Die Ausstattung eines Dinges, eines Sachverhalts oder abstrakten Begriffs mit menschlichen Zügen nennt man Personifikation. >> **Noch träumen Wald und Wiesen, Unheimlich nicket die Föhre.**

Pleonasmus
Rhetorische Figur; übertriebene Anhäufung von Wörtern gleicher oder ähnlicher Bedeutung; oft auch nur unnötige Doppelung >> **weißer Schimmel**. Durch die Anhäufung wird nichts Neues gesagt, es wird vielmehr versucht, dem Gesagten besonderen Nachdruck zu verleihen.

Polysemie
Bezeichnung für die Mehrdeutigkeit eines sprachlichen Ausdruckes, d. h. mit einem sprachlichen Ausdruck sind mehrere Bedeutungen verknüpft: >> **Birne: Leuchtkörper, Frucht; Pferd: Tier, Turngerät, Schachfigur.**

Polysyndeton
Reihung gleichartiger Satzglieder bzw. Sätze, die durch Bindewörter (z. B. *und*) verbunden sind. >> **Plötzlich wollen Sie Bäume retten und Flüsse reinigen und das Meer sauber halten und ... und ... und.**

Prolepse
Vorwegnahme eines Satzteiles zur besonderen Kennzeichnung des Vorweggenommenen: >> **Der Kerl, wie er an ihr herumgreift.**

Prolog
Einleitende Worte zu Beginn eines Dramas, vor der eigentlichen Handlung. Der Prolog kann unterschiedliche Funktionen besitzen, wie z. B. die Begrüßung der Zuschauer, die Offenlegung des dichterischen Programms oder die Offenlegung von Informationen zum Stück (Figuren, Ort, Zeit, Inhalt). Ausgeweitete Formen des Prologs hin zum Vorspiel dienen schon der Einführung in die folgende Handlung. Gegenstück: Epilog (Schlussrede, Nachspiel am Ende eines Dramas).

Rahmenhandlung
Handlungsstrang eines literarischen Werks, der einen anderen Handlungsstrang innerhalb desselben Werks umschließt.

Redewendung
Eine feststehende, zusammengehörige, aus mehreren Gliedern (Wörtern) bestehende Wortgruppe mit bestimmter, festgelegter Bedeutung, die nicht der der einzelnen Glieder entspricht, wie >> **auf die Palme bringen**.

Reihung
Rhetorisches Mittel; Aneinanderreihung von drei oder mehr gleichgeordneten Wörtern, Wortgruppen, Satzgliedern oder Sätzen. Im Barock häufig angewandtes Stilmittel, das einzelne Momente anhäuft, um ein Gesamtbild zu entwerfen.

Reim
Gleichklang zweier oder mehrerer Wörter vom letzten betonten Vokal an.

Retardierendes Moment
Handlungsverzögerung innerhalb der fallenden Handlung eines Dramas, die noch einmal eine Lösung des Konfliktes aufscheinen lässt und insofern der Spannungssteigerung dient.

Rezension

Heute vor allem journalistische Form; gibt einen knappen Überblick über ein literarisches Werk, einen Film, eine Theateraufführung u. Ä. und liefert eine kritische Bewertung.

Rhetorische Frage

Der Form nach ein Fragesatz; inhaltlich beantwortet sich die Frage selbst bzw. wird vom Redner beantwortet. **>> Erwarten Sie etwa, dass Ihnen das einer glaubt?**

Rührender Reim

Diese Reimform liegt vor, wenn innerhalb eines Endreims auch die Konsonanten vor der betonten Reimsilbe bei zwei bedeutungsverschiedenen Wörtern übereinstimmen **>> zeigen – erzeigen**. Rührende Reime waren zwar in der mittelhochdeutschen Dichtung verbreitet, gelten aber heute als unschön.

Sarkasmus

Rhetorische Figur im weiteren Sinne; beißender Hohn und Spott wird formuliert; ins Unversöhnliche gesteigerte Ironie.

Satire

Literarische Gattung, deren Ziel es ist, durch Ironie und Übertreibung spöttische Kritik an Personen, Geisteshaltungen und Zuständen zu üben und diese lächerlich zu machen.

Satzbruch

→ Anakoluth

Schlüsselliteratur

Literatur, in der nicht rein erfundene Personen, Orte und Geschehnisse dargestellt werden, sondern Personen, Geschehnisse usw., die in der Wirklichkeit existieren. Die „verschlüsselt" dargestellten Elemente lassen sich „entschlüsseln" und in der Wirklichkeit wiederfinden.

Schwank

Eine meist lustige Erzählung, die den Zuhörer/Leser unterhalten will; enthält nicht selten auch eine Lehre. Die ins Komische gewendete Darstellung des Geschehens erlaubt es, die Lehre besonders deutlich und lesernah vorzustellen. Die handelnden Figuren sind meist Typen, d. h. auf wenige Eigenschaften reduzierte Figuren. Die Dummheit bzw. Borniertheit einzelner Personen(gruppen), die

sich für besonders klug halten, wird oft aufs Korn genommen.

Schweifreim

Reimform, bei der sich in einer Gruppe von sechs Versen der erste und zweite, wie auch der vierte und fünfte paarweise reimen (Paarreim) und der dritte Vers sich mit dem sechsten reimt (Schweifreim). Das Reimschema ist entsprechend *a a b cc b*. Schweifreime finden sich häufig im Minnesang und in Volksliedern.

Sentenz

Knapp formulierte Erkenntnis; leicht verständlich, einprägsam, oft redensartliche oder bildhafte Wendung, oft auch Zitat, das aus seinem ursprünglichen Zusammenhang herausgelöst wurde und auch so verständlich und anwendbar bleibt.

Sonett

Form lyrischer Dichtung, deren Strophen und Verse nach bestimmten festen Schemata gebaut sind. In einer gängigen Bauform begegnet das Sonett zum Beispiel als vierstrophiges Gedicht mit vierzehn fünffüßigen jambischen Versen, welche wiederum in einen Aufgesang von zwei vierzeiligen Strophen (Quartette) und in einen Abgesang von zwei dreizeiligen Strophen (Terzette) gegliedert sind. Die Quartette haben die verbindliche Reimfolge abba, die Terzette können freier gestaltet werden. Im Barock bevorzugte man als Versmaß den → Alexandriner.

Soziales Drama

Etwas unscharfe Bezeichnung für bestimmte Dramen, die sich inhaltlich mit gesellschaftspolitischen Fragen beschäftigen und sich insbesondere kritisch mit sozialen Missständen in der Gesellschaft auseinandersetzen, die z. B. durch die gesellschaftlichen Veränderungen im 19. (Industrielle Revolution) oder 20. Jahrhundert (zunehmende Technisierung und Arbeitslosigkeit als soziales Problem) hervorgerufen wurden.

Spondeus

Zweisilbiger Versfuß, bei dem beide Silben nach dem Schema x́x́ betont sind.

Sprachgesellschaften

Vereinigung von Dichtern und Adligen im Deutschland des 17. und 18. Jahrhunderts, die sich nach einem italienischen Vorbild für die Reinerhaltung und Förderung der deutschen Sprache einsetzten. Man versuchte, fremde Einflüsse abzuwehren und die poetische Ausdrucksfähigkeit des Deutschen zu erhöhen. Bekanntestes Beispiel dieser Sprachvereine ist die 1617 gegründete „Fruchtbringende Gesellschaft".

Stabreim

→ Alliteration

Ständeklausel

Forderung an die figurale Ausgestaltung der Tragödie, dass nur dem Stand entsprechend hohe Persönlichkeiten, also Kaiser, Könige, Fürsten usw., auftreten sollen, während in den Komödien bürgerliche Figuren erlaubt sind.

Steigende Handlung

Begriff zur Kennzeichnung des Handlungsabschnittes im aristotelischen Drama, der der Handlung den entscheidenden Anschub gibt und zur Entwicklung des tragischen Konfliktes beiträgt, z. B. durch die Auslösung einer Intrige oder sonstiger Verwicklungen. Die Handlung wird hierdurch auf den Höhepunkt und die Auflösung am Ende hin gelenkt.

Stream of consciousness

→ Bewusstseinsstrom

Strophe

Verbindung mehrerer Verszeilen zu einer – eventuell wiederkehrenden – in sich geschlossenen gliedernden Einheit. Strophen finden sich vor allem in der Lyrik, teilweise auch im Epos. Die Verbindung der einzelnen Verse kann durch das Metrum, die Reime sowie die Versart und -zahl gegeben sein.

Symbol

Anschauliches Zeichen, das etwas vergegenwärtigt, was gegenwärtig nicht da ist oder das selbst überhaupt nicht Gestalt annehmen kann. **>> Ring als Symbol der Treue**

Synästhesie

Vermischung verschiedener Sinneseindrücke, gleichzeitiges Wahrnehmen mittels verschiedener Sinne. **>> warme Farben**

Synekdoche

Rhetorische Figur im weiteren Sinn; es wird – um eine Wortwiederholung zu vermeiden – ein engerer Begriff an die Stelle eines weiteren gesetzt. Möglich ist auch die Ersetzung des Ganzen durch einen Teil oder die Verwendung der Einzahl statt der Mehrzahl. **>> Edel sei der Mensch** (Goethe, *Das Göttliche*)

Tautologie

Kombination von Wörtern mit gleicher Bedeutung. **>> immer und ewig** oder **einzig und allein**

Tragödie

Gattung des Dramas, bei der im Unterschied zur Komödie das Tragische das wesentliche Kennzeichen ist. Grundstoff ist der dramatische Konflikt, in den der Held aufgrund schicksalhafter Fügung gerät und aus dem er nicht selten nur durch Tod entkommt.

Trikolon

Ein aus drei Teilen bestehender sprachlicher Ausdruck. Trikola werden zumeist mit dem Ziel der Steigerung eingesetzt.

Trilogie

Dreiteiliges literarisches Werk, dessen einzelne Teile zwar meist durch bestimmte Stoff- oder Motivzusammenhänge verbunden sind, trotzdem aber auch für sich als Einzelwerke verständlich bleiben.

Trivialliteratur

Im Unterschied zur sogenannten hohen Literatur inhaltlich, sprachlich und stilistisch als weniger wertvoll eingeschätzte Literatur, welche vorrangig Unterhaltungszwecken dient.

Trochäus

Zweisilbiger Versfuß, bei dem eine unbetonte Silbe einer betonten folgt (x́x).

Tropen (Einzahl: Trope, Tropus)

In der Rhetorik Sammelbegriff für alle bildhaften Ausdrücke und alles uneigentliche Sprechen; jeder Ausdruck, der etwas anderes sagt als das, was gemeint ist; zu den Tropen zählen: Allegorie, Euphemismus, Hyperbel, Ironie, Litotes, Metapher, Personifikation.

Umarmender Reim
Zwei im Paar gereimte Verse werden von zwei weiteren, ihrerseits gereimten Versen umschlossen: Schema: *a b b a.*

Unreiner Reim
Reim, bei welchem die gereimten Laute in ihrer Aussprache nicht völlig übereinstimmen. **>> neige / Du Schmerzensreiche** (Goethe)

Verfremdungseffekt
Nach Bertolt Brecht versteht man unter dem Verfremdungseffekt dasjenige Mittel im Drama, welches das Hineinversetzen in die dargestellte Wirklichkeit hemmen soll, um eine Identifikation des Zuschauers mit den Figuren auf der Bühne zu verhindern und eine distanzierte Reflexion zu ermöglichen.

Vers
Wortreihe/Zeile eines Gedichtes, die metrisch gegliedert, formal und optisch als Einheit erscheint. Nicht immer ist der Vers mit der syntaktischen Gliederung des Beschriebenen identisch. Wo ein Satz das Versende überspringt, spricht man von einem →Enjambement oder Zeilensprung.

Volksliedstrophe
Bezeichnung für eine vierzeilige Gedichtstrophe, die aus regelmäßigen drei- oder vierhebigen Versen mit wechselnd männlichem oder weiblichem Reim besteht und die häufig in Volksliedern verwendet wird. In Verbindung mit einprägsamen Melodien ermöglicht die recht einfach gebaute Volksliedstrophe die Übernahme durch das Volk, die weite Verbreitung und die lange mündliche Überlieferung des Volksliedes.

Zäsur
Einschnitt, vor allem im Metrum eines Verses.

Zeugma
Rhetorische Figur; ein Satzteil wird auf mehrere andere Wörter, Satzteile oder gar Sätze bezogen. Dabei passt seinem Hauptsinn nach nur ein Wort so richtig zum Bezugswort und es ergibt sich eine beabsichtigte (oder unbeabsichtigte) komische Wirkung. **>> Er suchte und fand das Weite.**

Stichwortverzeichnis

A

Akrostichon 238
Akt 238
Alexandriner 24, 169, 238
Allegorie 238
Alliteration 171, 238
Althochdeutsch 121, 124
Anakoluth 238
Anapäst 238
Anapher 238
Ankunftsliteratur 115
Anthologie 238
Antiheld 238
Antiklimax 238
Antithese 169, 238
Antonomasie 239
Aphorismus 239
Aposiopese 239
Archaismus 239
Aristoteles 180, 239
Arnim, Achim von 53, 55
Assonanz 239
Asyndeton 239
Aue, Hartmann von 20
Aufklärung . . . . 27 ff.
Auftakt 239

B

Ballade 43, 239
Barock . . . . 22 ff.
Becher, Johannes R. 98, 114
Belletristik 239
Benn, Gottfried . . . . 98, 100 ff.
Bewusstseinsstrom 239
Bichsel, Peter 116
Biermann, Wolf 115
Bildbruch 238
Bildungsroman . . . . 31 f., 49, 239

Binnenhandlung 240
Binnenreim 240
Bitterfelder Weg . . . . 114 f.
Blankvers 240
Böll, Heinrich . . . . 107 ff., 113
Borchert, Wolfgang . . . . 107, 109 f.
Botenbericht 240
Brecht, Bertolt . . . 114, 116, 242, 245 f., 250
Brentano, Clemens 55, 60
Briefroman . . . . 43 ff., 240
Bühler'sches
    Kommunikationsmodell . . . . 131 f., 134
Bürgerliches Trauerspiel 240

C

Chiasmus 240
Chiffre 96, 104
Correctio 240

D

Dadaismus . . . . 95 ff., 100, 104
Daktylus 240
Debatte 236, 240
Detektivroman 240
Deus ex machina 240
Dialog . . . . 129 ff., 182 f.
Dinggedicht 69, 241
Diphthongierung 123
Distichon 241
Döblin, Alfred 98, 104
Dokumentartheater 241
Drama . . . . 42, 69, 97, 180 ff.
– aristotelisches 239
– geschlossenes 244
– historisches 244
– offene Form 246
– soziales 248
Drei-Einheiten-Regel 239

Dürrenmatt, Friedrich 116

E

Eco, Umberto 144
Eichendorff, Joseph von . . . . . . 54 f., 57 ff.
Elegie 241
Ellipse 241
Emblem 241
Empfänger 129
Emphase 241
Enallage 241
Enjambement 241
Entwicklungsroman . . . . . . 69 f., 150, 241 f.
Enumeratio 242
Epigramm 242
Epik . . . . 19, 148 ff.
Episches Theater 242
Epos 20, 242
Erlebnislyrik 242
Erlebte Rede 242
Erörterndes Erschließen . . . . 217 ff.
Erörterung . . . . 217 ff.
Erregendes Moment 242
Erzählperspektive . . . . . 147, 149, 154, 156 f.
Erzählte Zeit 147, 156, 242
Erzählzeit 147, 156, 242
Erziehungsroman 31
Eschenbach, Wolfram von . . . . 20 f.
Essay 242
Euphemismus 242
Exposition 180, 183, 150, 190, 242
Expressionismus . . . . 88, 93, 95 ff.

F

Fabel . . . . 29 f., 31, 39, 149, 243
Fallende Handlung 243
Fallhöhe 243
Figura etymologica 243
Figuren . . . . 157, 180 ff., 190, 201 f.
Filmsequenzen . . . . 210, 212 f.
Filmtrailer 210

Fin de siècle . . . . 88 ff.
Fontane, Theodor . . . . 69 f., 71 ff., 79
Fragment . . . . 53 f., 60, 243
Frauenliteratur 108, 113, 243
Freie Rhythmen 243
Freytag-Pyramide 243
Frisch, Max 116
Frühneuhochdeutsch . . . . 120, 122 f.
Frühromantik . . . . 52 f., 54 f., 60

G

Gedankenlyrik 243
Gedichtvergleich . . . . 174 ff.
Gellert, Christian Fürchtegott 30, 39
Gemination 243
Genie . . . . 41 f., 243
George, Stefan . . . . 90 f., 94
Gerhardt, Paul 25
Gesellschaftsroman 70
Gestaltendes Erschließen . . . . 229 ff.
Glosse 216
Goethe, Johann Wolfgang von . . . . . .
          40, 42 f., 44 ff., 47 ff., 51 f., 56 ff.
Gottsched, Johann Christoph . . 29 ff., 39
Grass, Günter . . . . 107, 109 f., 113
Grimmelshausen . . . . 25 f.
Grimm, Jakob und Wilhelm . 53, 125, 128
Großstadtdichtung 244
Gruppe 47 107
Gryphius, Andreas . . . . 23 ff., 32 ff., 26, 238
Günderrode, Karoline von 53

H

Handlungsstruktur . . . . 183 f.
Haufenreim 244
Hauptmann, Gerhart . . . . 82 ff.
Hein, Christoph . . . . 115 ff.
Heldenepik . . . . 19 f.
Hendiadyoin 244
Herder, Johann Gottfried . . . .
          40, 42 f., 46 f., 49 f.

Hesse, Hermann 91, 94
Hexameter 244
Heym, Georg 98, 104
Historischer Roman 150, 244
Hochhuth, Rolf 109
Hoddis, Jakob van (Hans Davidson) ..
   98, 104
Hoffmann, E. T. A. .... 54 f., 60, 63
Hölderlin, Friedrich 50
Holz, Arno .... 81 ff., 87
Hörspiel .... 109 f., 113
Humboldt, Wilhelm von .... 136 f.
Hymne 244
Hyperbaton 244
Hyperbel 244
Hysteron proteron 244

I

Impressionismus .... 88 ff., 94
Interjektion 244
Interpretation .... 101 ff.
Inversion 244
Ironie 244

J

Jahrhundertwende .... 88 ff.
Jambus 244
Jesuitendrama 24
Johnson, Uwe 107, 109
Journalistische Textsorten .... 214 ff.
Jugendstil 90, 94

K

Kadenz 244
Kafka, Franz 246
Kalendergeschichte 245
Kameraperspektive 211
Kant, Immanuel .... 28, 30, 38 f.
Katachrese 245
Katastrophe 184, 245
Katharsis 245

Kehrreim 245
Keller, Gottfried 70
Klanggestalt .... 170 f.
Klassik .... 47 ff.
Kleist, Heinrich von 50, 69
Klimax 245
Knittelvers 245
Koeppen, Wolfgang 107, 113
Kommentar .... 215 f.
Kommunikationsmodell, einfaches ..
   129 ff.
Kontextuierung .... 153 f.
Kreuzlieder 19
Kurzgeschichte   81, 107, 110, 113, 152, 149 f.

L

l'art pour l'art 89, 94
Lasker-Schüler, Else .... 98 f., 104
Lautmalerei 245
Lautverschiebung, zweite .... 120 f.
Lehrgedicht 29, 39
Leitmotive .... 150, 154, 156 f., 172
Lenz, Siegfried 107
Lessing, Gotthold Ephraim ....
   31, 34 ff., 39, 69
Lexikologie 128
Lichtenberg, Georg Christoph 32, 39
Litotes 245
Lyrik .... 167 ff.
Lyrisches Ich 168, 245

M

Mann, Thomas 91, 94, 114
Mauerschau 245
Metapher 168, 171, 179, 202, 246
Metrik .... 147, 170 ff., 246
Minnesang 19
Mittelhochdeutsch .... 18, 120, 122 f., 124
Monolog 182
Monophthongierung .... 123 f.
Morphem .... 127 f.

Morphologie .... 127 f.
Motive 157

N

Nachricht .... 129 ff., 133 f.
Naturalismus ...... 76, 80 ff., 87 ff., 90 f.
Neologismus 246
Neuhochdeutsch .... 120, 123 f.
Nietzsche, Friedrich 90, 94
Novalis (Georg Philipp Friedrich
    Freiherr von Hardenberg) ....
    53 ff., 60
Novelle ....
    54 f., 57, 64, 70 f., 79, 81 ff., 87, 89,
    91, 150

O

Ode 24, 26, 246
Opitz, Martin 23, 26
Oxymoron 246

P

Paarreim 246
Parabel 246
Paradoxon 246
Parallelismus 246
Parataxe 246
Pars pro toto 246
Pentameter 247
Peripetie 247
Periphrase 247
Personifikation 247
Phonetik .... 126 f.
Phonologie .... 126 f.
Plenzdorf, Ulrich .... 115 f.
Pleonasmus 247
Politisierung 106, 109, 113
Polysemie 247
Polysyndeton 247
Prolepse 247
Prolog 247

R

Rahmenhandlung 247
Ransmayr, Christoph 119
Rede .... 197 ff.
Redewendung 247
Regieanweisungen 181, 183
Reihung 247
Reim 247
− rührender 248
− Schweifreim 248
− Stabreim 249
− umarmender 250
− unreiner 250
Retardierendes Moment 247
Rezension 248
Rhetorik .... 197 ff.
Rhetorische Figuren .... 201 f.
Rhetorische Frage 248
Rhythmus .... 170 f., 179
Rilke, Rainer Maria .... 90 - 94
Rittertum .... 17 f.
Roman .... 24 f., 29, 54
Romantik .... 52 ff.
Rousseau, Jean Jacques 29, 41, 46

S

Sapir, Edward 137
Sapir-Whorf-Hypothese .... 136 f., 146
Sarkasmus 248
Satire 248
Satzbruch 238
Satzfiguren 202
Saussure, Ferdinand de 126
Schiller, Friedrich von .... 47 - 50, 66
Schlaf, Johannes .... 82 f., 87
Schlegel, Friedrich 53, 60
Schlink, Bernhard .... 110 ff.
Schlüsselliteratur 248
Schnitzler, Arthur 91, 94
Schwank 248
Schweifreim 248

Seghers, Anna 114
Sekundenstil . . . . 82 f., 87
Sender . . . . 129 ff.
Sentenz 248
Shakespeare, William 24, 31, 41, 43
Short Story 149
Sonett 248
Sozialistischer Realismus 114, 116
Sprachgeschichte . . . . 120 ff.
Sprachgesellschaften . . . . 123 f.
Sprachphilosophie . . . . 135 ff.
Sprachsystem . . . . 125 ff.
Sprachwissenschaft . . . . 125 f.
Sprachzeichen . . . . 126, 128, 130 f., 139
Sprechhaltung 183
Ständeklausel 249
Steigende Handlung 249
Stellungnahme 148, 159, 166, 176, 179
Storm, Theodor . . . . 70 f., 79
Stramm, August 97, 99, 104
Straßburg, Gottfried von . . . . 20 f.
Stream of consciousness 239
Strophe 249
Sturm und Drang . . . . 40 ff.
Süskind, Patrick 119
Syllogismus 200
Symbol 54, 249
Symbolismus . . . . 88, 90 f.
Synästhesie 249
Synekdoche 249
Syntax 128

T

Tagelieder 19
Tautologie 249
Textbeschreibung . . . .
    147 f., 154 ff., 163 f., 166, 169 ff.
Textsorten 124, 147, 150
Textwiedergabe 153
Thun, Schulz von . . . . 133 f.
Toller, Ernst 99, 104

Tragödie 249
Trakl, Georg 99, 104
Trilogie 249
Trivialliteratur 249
Trochäus 249
Tropen . . . . 199, 201 f., 249
Troyes, Chrétien de 20
Trümmerliteratur 107, 109

V

Vanitas . . . . 22, 24 f., 26
Verfremdungseffekt 250
Vers . . . . 148 f., 169, 250
Vogelweide, Walther von der . . . . . . 20 f.
Volksliedstrophe 250

W

Walser, Martin 109
Watzlawick, Paul . . . . 132 f.
Weimarer Klassik . . . . 47 ff.
Whorf, Benjamin Lee . . . . . 136 f., 140, 146
Wiedervereinigung 105, 115
Wieland, Christoph Martin 31, 39
Wohman, Gabriele 152
Wolf, Christa . . . . 115 ff.

Z

Zäsur 169, 250
Zeichen . . . . 126, 128, 130 f., 139
Zensur 61, 63
Zeugma 250
Zitat . . . . 218 ff., 220 ff., 229
Zola, Émile 81

fit fürs abi

Abi-Wissen in Bestform

- Alle wichtigen Prüfungsthemen
- Hilfreiche Hinweise in der Randspalte
- Kurz-Zusammenfassungen zum Wiederholen und Merken
- Mit Glossar im Buch und als App: Wichtige Fachbegriffe schnell auffrischen

Jetzt für dein Smartphone! Die kostenlose Fit-fürs-Abi-App

978-3-507-23042-2 • € (D) 15,95
978-3-507-23044-6 • € (D) 15,95
978-3-507-23048-4 • € (D) 15,95

Gibt es für die Fächer:
- Biologie
- Chemie
- Deutsch
- Englisch
- Erdkunde
- Geschichte
- Mathematik
- Physik
- Referat und Facharbeit

www.schroedel.de

Schroedel. Gut gemacht.